Hans Dieter Betz
als Gruß aus dem
alten Marburg und
Chicago.

Basel, 20. Aug. 1984

[signature]

RUDOLF BULTMANN

Das verkündigte Wort

Predigten – Andachten – Ansprachen
1906–1941

In Zusammenarbeit mit Martin Evang
ausgewählt, eingeleitet und herausgegeben
von Erich Gräßer

J. C. B. Mohr (Paul Siebeck) Tübingen 1984

CIP-Kurztitelaufnahme der Deutschen Bibliothek

Bultmann, Rudolf:
Das verkündigte Wort : Predigten – Andachten –
Ansprachen ; 1906–1941 / Rudolf Bultmann. In
Zusammenarbeit mit Martin Evang ausgew., eingeleitet
u. hrsg. von Erich Grässer. – Tübingen :
Mohr, 1984.
  ISBN 3-16-144844-8

© J. C. B. Mohr (Paul Siebeck) Tübingen 1984
Alle Rechte vorbehalten. Ohne ausdrückliche Genehmigung des Verlages ist es auch nicht gestattet, das Buch oder Teile daraus auf photomechanischem Wege (Photokopie, Mikrokopie) zu vervielfältigen.
Printed in Germany.

Inhaltsverzeichnis

Einleitung von Erich Gräßer V

17. 6. 1906	Phil 2,12 f.	1
26. 5. 1907	Röm 11,33–36	8
26. 12. 1907	Mk 4,21	17
8. 6. 1908	2 Kor 3,4–6	25
12. 4. 1909	2 Kor 4,6–11	35
26. 12. 1910	1 Kor 13	45
14. 5. 1911	Joh 16,16–23	56
10. 12. 1911	1 Kor 7,29–31	65
8. 4. 1912	1 Kor 15,53–58	76
23. 6. 1912	»Leben und Erleben«	86
1. 1. 1913	Lk 12,54–57	96
12. 7. 1914	»Diesseits- und Jenseitsreligion«	104
20. 9. 1914	Mt 10,28–31	115
29. 8. 1915	Gal 6,2	126
27. 5. 1917	1 Kor 2,9–12	135
1. 7. 1917	Mk 10,13–16	148
23. 5. 1920	Joh 3,1–8	163
13. 2. 1921	2 Kor 4,5–7.16	173
5. 6. 1921	Röm 8,26 f.	182
Dez. 1921(?)	»Stimme des Schicksals – Gottes Stimme« (Traueransprache)	190
18. 2. 1922	»Nacht« (Andacht)	194
8. 7. 1922	1 Joh 3,1 f. (Andacht)	198
31. 7. 1924	Gen 32,11; Phil 3,13 (Andacht)	203
19. 12. 1924	1 Joh 4,7–9.16–19 (Andacht)	208
1. 3. 1925	»Gedenken an die gefallenen Brüder« (Friedhofsansprache)	216
5. 5. 1925	Lk 12,54–56 (Andacht)	222
17. 12. 1926	Joh 1,14; 3,16 (Ansprache bei der Akademischen Weihnachtsfeier)	230
16. 12. 1931	Joh 3,19–21	239
2. 7. 1933	1 Joh 4,7–12	247

1. 7. 1934	1 Kor 8,4–6	261
20. 8. 1934	1 Kor 10, 31 (Trauungsansprache)	274
6. 4. 1935	Joh 6,60–69	279
1. 12. 1935	Röm 13,11 f.	293
23. 12. 1941	Ps 90,1–6.10.12; Mt 5,8 (Traueransprache)	305

Anhang: 311

1. Zur Textgestalt 311 – 2. Gesamtübersicht zu R. Bultmanns Predigtwerk 313 – 3. Bibelstellenregister (Predigttexte und Zitate) 343

Einleitung

von Erich Gräßer

Es gibt gute Gründe, zum Gedenken an Rudolf Bultmanns hundertsten Geburtstag am 20. August 1984 eine weitere Predigtsammlung des bedeutenden Theologen vorzulegen. Bei einem Gelehrten von so hohem Rang steht das wissenschaftliche Werk ganz selbstverständlich im Vordergrund. Dieses wissenschaftliche Werk war aber – was nicht allgemein bekannt sein dürfte – zeitlebens begleitet von gewissenhaftester Predigtarbeit, die alles andere als ein bloßes Akzidens zu jenem darstellt. Im Gegenteil! Zur rechten Würdigung des wissenschaftlichen Werkes und der theologischen Existenz Rudolf Bultmanns gehören seine Predigten unverzichtbar hinzu.

Rudolf Bultmann hat zu Lebzeiten fünfundzwanzig Predigten veröffentlicht, davon einundzwanzig in den »Marburger Predigten«, die 1956 ebenfalls vom Verlag J. C. B. Mohr (Paul Siebeck) in Tübingen verlegt wurden. In dem seit Bultmanns Tod am 30. Juli 1976 immer noch nicht vollständig gesichteten Nachlaß fanden sich indes fast hundert weitere Predigten bzw. der Gattung ›Predigt‹ im weiteren Sinn zuzurechnende Texte. Die erste Predigt (Bultmanns Examenspredigt) wurde am 17. Juni 1906 in zwei Dörfern bei Marburg (Sarnau und Goßfelden?) gehalten, die letzte am 26. 4. 1959 in Syracuse in den USA. Die Predigttätigkeit erstreckt sich also über mehr als 50 Jahre. Das heißt, daß Bultmann nicht sehr häufig, aber eben kontinuierlich den Verkündigungsdienst versah, was bei einem so intensiv der wissenschaftlichen Forschung und Lehre zugewandten »Laien« (Bultmann war nicht ordiniert) keineswegs die Regel war und auch heute nicht ist. Aber es war eben sehr charakteristisch für den theologischen Forscher und Lehrer Rudolf Bultmann, der zeitlebens in der Verkündigung den Ernstfall der Theologie sah und ganz selbstverständlich danach handelte.

Es wurden ja – zumal im Zusammenhang mit der Entmythologisierungsdebatte in den fünfziger Jahren – Zweifel daran geäußert, ob Rudolf Bultmann überhaupt ein Mann der Kirche sei, ob von ihm in dieser Hinsicht nicht eher zerstörende als aufbauende Kräfte ausgingen. Solche Zweifel waren und sind keiner ernsthaften Widerlegung wert. Die jetzt zusätzlich zu den »Marburger Predigten« vorgelegte Predigtauswahl unterstreicht das auf ihre Weise.

Denjenigen, die sich in die Tabula Gratulatoria zu seinem 80. Geburtstag eingetragen hatten, schickte Rudolf Bultmann die folgenden handschriftlich abgefaßten Zeilen: »Ich bin all denen von Herzen dankbar, die meiner mit ihren Wünschen gedachten, und freue mich der Verbundenheit, die sie bezeugen. Aber ich bin auch beschämt und kann meinen Dank nur beschließen, indem ich mir die Bibelworte zum Bewußtsein bringe, mit denen ich einst auch meine Vorlesung beim Abschied von meinem Amt beschloß: 1 Mose 32,10; 1 Kor 4,7.«

Der erste der beiden genannten Texte (Gen 32,11 – doch Bultmann folgte der Verszählung seiner alten Lutherbibel) zieht sich wie ein Leitthema durch Rudolf Bultmanns Predigten: »Herr, ich bin zu gering aller Barmherzigkeit und aller Treue, die du an deinem Knechte getan hast.« Immer wieder taucht dieses Wort Jakobs in seinen Predigten auf. Es versammelt in sich wie in einem Brennglas die Theologie und Verkündigung Rudolf Bultmanns. Selbst wenn Kräfte des Leibes und des Geistes vorhanden sind und mit ihnen etwas Sinnvolles geleistet wird, »wir dürften es vor Gott nicht rühmend nennen, vor dem menschliche Größe keinen Anspruch erheben kann« (Traueransprache für K. Kippenberg am 12. Juni 1947, Privatdruck S. 5). Denn: »Was hast du, das du nicht empfangen hast? So du es aber empfangen hast, was rühmst du dich denn, als ob du es nicht empfangen hättest?« (1 Kor 4,7) Aus dieser Grund-Einsicht folgt als Verständnis der eigenen Existenz das, was Rudolf Bultmann »das Entscheidende« nennt: »sich der Gnade Gottes vertrauend auszuliefern«, »ihm ganz sich preisgebend, ihn als Den walten lassen, der der Herr ist über Tod und Leben« (ebd.).

Ein anderes, in seiner Durchgängigkeit ebenfalls besonders auffälliges Thema, das neben jenen »Ruf der Gnade« als »Ruf der Forderung« tritt, ist mit dem Stichwort *Arbeit* genannt. Schon der Examenskandidat intoniert es, wenn er sagt: Ohne Freude und Arbeitslust »kann man ja überhaupt nicht arbeiten« (unten S. 1). Arbeit aber ist als »innerer Beruf« für Rudolf Bultmann etwas ganz Unverzichtbares: »Als Menschen, die arbeiten sollen, sind wir in diese Welt hineingestellt« (S. 97). »In der Arbeit wachsen die Tugenden der Willensstärke und Klarheit, der Ausdauer und Geduld« (S. 67). Und noch in einer Nachkriegspredigt aus dem Jahre 1947 hofft Rudolf Bultmann nach all dem Schrecklichen der zurückliegenden Jahre neben vielem anderen vor allem auch darauf, »daß wir wieder gedeihliche Arbeit treiben können« (Marburger Predigten S. 210). Ja, er versteht den »Ruf in Verantwortung und Pflicht« als den Ruf Gottes, der »unserer Gegenwart den Sinn der Ewigkeit« gibt (so am 25. Juli 1950 in der letzten der »Marburger Predigten«, S. 221). Rudolf Bultmann hat ganz offensichtlich die Sinnfrage des Lebens eng mit der sinnvollen Arbeit verknüpft, jedoch nicht identifiziert. Unser Leben geht nicht in der Arbeit auf; zu ihm gehören ebenso Ruhe und Muße. Erst recht nicht wird – wie im Bürgertum und Liberalismus – die Arbeit zur modernen Religion, wie denn Rudolf Bultmann überhaupt gegen jede Form der Vergötzung, sei es der Kunst, der Arbeit, der nationalen Gesinnung usw., theologisch immun war. Aber Rudolf Bultmann hat in der Arbeit ein Mittel der Selbstverwirklichung und Weltgestaltung gesehen, wobei sie für ihn primär ein anthropologischer (J. G. Fichte), kein ökonomischer (K. Marx) Grundbegriff gewesen ist. Freilich, auch darin zeigt sich Rudolf Bultmann als Schüler von Wilhelm Herrmann, er hat die »sozialistische« Komponente keineswegs übersehen. Das tritt in den Breslauer Jahren 1916–1920 und besonders in der Predigt vom 1. Juli 1917 hervor (unten S. 148 ff.). »Der Fluch der Arbeit« bildet hier den nötigen Kontrapunkt zum »Segen der Arbeitswelt« (vgl. S. 148. 150). »Glücklichsein gibt es nur in der Welt des Spiels« (S. 157), nicht in der Arbeitswelt. In der »Spannung« dieser beiden Welten leben wir: »dort das eigene Schaffen, hier das Sich-Schenkenlassen..., dort das ewig Unvollkommene, hier der Reichtum des Vollendeten...« (S. 162).

So tritt Rudolf Bultmann also mit seinen Predigten durchaus im Kontext des Geistes seiner Zeit auf, ohne diesen doch unkritisch als Zeitgeist zum Verkündigungsinhalt werden zu lassen. Vielmehr nimmt er den hermeneutischen Zirkelschlag vor von der Situation zum Text und umgekehrt vom Text zur Situation, um aus den Sätzen der Bibel das heute anredende Wort werden zu lassen.

Die beste Probe aufs Exempel bilden die Kriegspredigten. Rudolf Bultmann hat bei Ausbruch des Ersten Weltkrieges 1914 die allgemeine nationale Gesinnung geteilt; er war von der sittlich läuternden Kraft des Krieges überzeugt und zweifelte nicht daran, daß Deutschland das Recht zum Waffengang auf seiner Seite hätte. Um so bemerkenswerter sind jene Züge, die sich *nicht* in die allgemeine Stimmung und die gängige Form der Kriegspredigt einfügen. Nirgendwo gibt es z. B. eine Verherrlichung des Kaisers als des obersten Kriegsherrn. Auch kommt er nicht mit einer hochtönenden Glorifizierung des Krieges daher. Beides ist da: die Größe der geschichtlichen Stunde und ihre Düsternis. In der völlig veränderten geschichtlichen Situation des Zweiten Weltkrieges sind Rudolf Bultmanns Predigten dann auch ganz anders. Am 4. August 1940 z. B., also nur wenige Wochen nach dem erfolgreichen Frankreichfeldzug, predigt er über Lk 18,9–14 und stellt die Frage: »Wem gleichen wir: dem Pharisäer oder dem Zöllner?« (Marburger Predigten S. 109) Kein Wort vom Sieg oder Heldenruhm! »Ob Krieg ist oder nicht«, so heißt es in der ersten Predigt nach Beginn des Zweiten Weltkrieges (Marburger Predigten S. 98), »ob Krieg ist oder nicht«, die ruhige Besinnung auf das, was der Text sagt, steht im Vordergrund. Der Krieg selbst wird allenfalls in Nebensätzen erwähnt. Als geschichtlicher Hintergrund ist er sehr gegenwärtig, weil es für Rudolf Bultmann eine Selbstverständlichkeit war, daß die Predigt auch an der jeweiligen Situation der Hörer orientiert sein muß.

Die eigentliche Berechtigung der vorliegenden Edition ist m. E. jedoch in einer ganz anderen Richtung zu suchen. Wenn der Redemptoristenpater Franz Peerlinck in seinem Buch »Rudolf Bultmann als Prediger« (1970) recht daran tut – und er tut es! –, Bultmanns »Verkündigung als Vollzug seiner Theologie« zu qualifizieren (im Untertitel), dann gibt uns die hier vorgelegte Predigtsammlung erstmals eine Möglichkeit an die Hand, diese Theologie in ihrer *ganzen* Entwicklung zu verfolgen, und zwar beginnend bei dem 21jährigen Examenskandidaten bis hin zum 74jährigen Emeritus. Dabei macht man eine ganz erstaunliche Beobachtung.

Einleitung

Wohl spiegeln die Predigten ebenso wie die wissenschaftlichen Arbeiten Rudolf Bultmanns jenen Prozeß der Räumung klassisch liberaler Positionen wider, wie er sich etwa ab 1920 begibt. Aber trotzdem kann man nicht von einem *Bruch* sprechen, sondern allenfalls von einer neuen Stufe in der Hinentwicklung zu einer immer größeren Klarheit in der Formulierung dessen, was in Rudolf Bultmanns Denken schon immer die Sache der Theologie gewesen ist. Die Predigten aus über fünf Jahrzehnten jedenfalls überzeugen durch eine ganz außergewöhnliche Konstanz im Formalen und Sachlichen. Im Formalen: Fast durchweg versucht Rudolf Bultmann, einen vom Text her uns angehenden Sachverhalt (häufig als *Thema* formuliert) durch existentiale Interpretation zu einer gegenwärtigen Anrede werden zu lassen. »Angesichts der Verderbnis der Thema-Predigten u. aus erzieherischen Gründen« empfiehlt er freilich seinen Studenten die *Homilie* bzw. »exegetische Predigt« (vgl. Karl Barth – Rudolf Bultmann, Briefwechsel 1922–1966. Hrsg. von B. Jaspert, Zürich 1971, S. 162). An der Form der eigenen Predigt ändert sich dadurch im Prinzip nichts.

Ebenso eindrucksvoll ist die Konstanz im Sachlichen: Das verkündigte Wort läßt Rudolf Bultmann als Wort von Gericht und Gnade so in die Existenz der Hörer hineinsprechen, daß es deren geschichtliches Erleben und Handeln in die Freiheit des ὡς μή (»als ob nicht«) einweist und die eigene Existenz als von der Gnade gehalten verstehen lehrt. Jedenfalls ist schon 1909 vom ὡς μή als der inneren »Freiheit von der Welt« die Rede (unten S. 42). Durch die Jahrzehnte wird es vielfältig variiert, in der Sache aber niemals verändert. Das ist es, was Karl Jaspers gespürt haben mag, als er Rudolf Bultmann einmal nach einer Predigt und einem Vortrag in Heidelberg wie »einen unerschütterlichen Granitblock« sah (vgl. F. Peerlinck, a.a.O., S. 21). Auf den Verfechter der einmal als wahr erkannten theologischen Sache und offensichtlich auch auf den *Prediger des Evangeliums* trifft das Urteil zu; den *Menschen* Rudolf Bultmann verfehlt es. Das mag eine andere Äußerung, ebenfalls von einem Philosophen, zeigen. Julius Ebbinghaus schreibt anläßlich des 85. Geburtstages Rudolf Bultmanns am 20. 8. 1969 einen Brief an den Marburger Kollegen und Freund, in dem es heißt: »29 Jahre habe ich nun mit Ihnen zusammen wandern dürfen – und eine gute Reihe davon waren Jahre des gemeinsamen Wirkens und Kämpfens. Wenn ich diese Kämpfe habe unbeschädigt durchstehen können, so habe ich das niemandem mehr zu verdanken als der ruhigen Selbstsicherheit, mit der Sie dabei allezeit neben mir gestanden haben. Es war dieselbe Ruhe und Selbstsicherheit, die unsere Freundschaft auch gegen alle Gefahren schützte, die aus Meinungsverschiedenheiten zwischen der Theologie und der Philosophie so leicht entspringen können. Diese Ruhe und Selbstsicherheit scheint mir aber auch die Prägung zu sein, unter der sich Ihr persönliches Bild allen Ihren Freunden und Verehrern darstellt – gleichsam als eine beispielhafte Erfüllung der Mahnung, die Polonius an seinen Sohn Laertes richtet:

> This above all: to thine own self be true
> And it must follow, as the night the day,
> Thou canst not then be false to any man.«*

Mehr als der »Granitblock« sind es »Ruhe und Selbstsicherheit«, die Rudolf Bultmanns aus dem Glauben kommende Haltung prägen. Und gerade seine Predigten geben davon einen starken Eindruck.

Umstritten wie seine Theologie ist natürlich auch Rudolf Bultmanns Predigtweise. Davon ist hier nicht ausdrücklich zu handeln. Drei biographische Episoden mögen immerhin verdeutlichen, worum es dabei geht.

Von der beim evangelischen Oberkirchenrat in Oldenburg eingereichten Examenspredigt ist die Beurteilung erhalten geblieben. Im Erstgutachten des Geheimen Oberkirchenrates D. Hansen heißt es, der Verfasser habe »auf seine Weise den Text ernstlich durchdacht«, doch könne er »seine homiletische Textbehandlung nicht höher als ›ziemlich gut‹ einschätzen«. Die »Disposition« sei »logisch unanfechtbar, aber homiletisch unzweckmäßig«. Zur »Ausführung« meint er, sie sei »durchdacht und gedankenreich«, ziehe aber auch »mehr oder weniger fernliegende Gedanken« heran. Das Urteil über die Sprache lautet:

---

* Original des Briefes in meinem Besitz. Das Zitat aus W. Shakespeare, Hamlet I,3, Z. 78–80.

»sachgemäß, aber z. T. zu doktrinär«. Kritischer noch ist der Zweitgutachter, Pfarrer Iben aus Vechta: »Die Predigt ist nicht *textgemäß*. Das Wort des Paulus ist ein Aufruf zum ernsten Schaffen, zu heiliger Wachsamkeit, zum Mutbehalten; der Predigt aber haftet etwas von einer exegetischen Abhandlung an, sie will Begriffe und Gedankengänge klar machen ... *Das Heil* als *Aufgabe* und als *Gabe* tritt weder nach Inhalt noch nach Form genügend hervor.« (Nachweis siehe Anhang)

Das zweite Beispiel fällt in die Zeit der Anfänge als Marburger Professor. Eine Andacht Rudolf Bultmanns (unten S. 194 ff.), die er im »Michelchen« hielt, der am Berghang gegenüber der Elisabethkirche gelegenen Sankt-Michaels-Kapelle also, die Karl Barth – von Göttingen kommend – miterlebte, wurde von letzterem als »Michelchen-Kult« verspottet: »Bultmann leitete den Zauber. Thema: Die Nacht. Die Nacht der Traurigkeit und des Todes, die mystische und die gewöhnliche Nacht, alles was mit Nacht, Dunkelheit, Schlaf, Ruhe, ›Stille‹, Dämmerung, Bett etc. zusammenhängt, wurde in Wort, Lied und Gebet bis zur Erschöpfung behandelt und erwogen. Der gute Bultmann verdarb sich freilich das Spiel dadurch, daß er in seiner Kultrede die Hälfte der Zeit mit der ehrlichen Überzeugung zubrachte, wie sehr doch für uns moderne Menschen (im Gegensatz zu Paul Gerhardt) die Nacht den Zauber des ›Schaurigen‹ verloren habe; immerhin: ein Gleichnis sei sie auch für uns, wurde man nicht ganz glaubwürdig versichert« (Karl Barth–Eduard Thurneysen, Briefwechsel Bd. 2, 1921–1930. Bearbeitet und herausgegeben von E. Thurneysen, Zürich 1974, S. 48).

Das letzte Beispiel stammt aus der Zeit des Dritten Reiches (1935). Rudolf Bultmann schickte zwei hier abgedruckte Predigten (»Echtes Bekenntnis«, S. 279 ff., und »Advents-Bereitschaft«, S. 293 ff.) an Karl Barth mit der Bitte, er möge sie in der »Theologischen Existenz« veröffentlichen (vgl. Karl Barth–Rudolf Bultmann, Briefwechsel S. 161). Karl Barth schickte sie ihm mit der Bemerkung zurück, er sähe darin »nicht eigentlich Christus verkündigt«, sondern »den glaubenden Menschen expliziert« und fände sie »langweilig« (ebd. S. 164). Bei Rudolf Bultmanns »Kreisen um die Existenz des Glaubenden« sah Barth Gefahr im Verzug, daß die Gotteslehre zur Anthropologie verkomme – ein Mißverständnis, das sich bei Karl Barth als unausrottbar erwies und dem eben auch die beiden genannten Predigten zum Opfer fielen. Rudolf Bultmann hat sich dadurch in seiner theologischen Grundüberzeugung nicht beirren lassen, daß man von Gott nicht in allgemeinen Sätzen reden kann, »die wahr sind ohne Beziehung auf die konkrete existentielle Situation des Redenden« (Glauben und Verstehen I, S. 26). Gerade seine Predigten zeigen, wie er damit Ernst gemacht hat.

Es bleiben noch einige Bemerkungen, die dem Leser der hiermit vorgelegten Edition nützlich sein können.

Lange haben Verlag und Herausgeber gezögert, ob eine Gesamtausgabe nicht einer weiteren Predigt*auswahl* vorzuziehen sei. Wenn wir schließlich darauf verzichtet haben, so nicht deswegen, weil sich eine Auslese von »guten« aus »schlechten« Predigten nahegelegt hätte (das gerade nicht!), sondern weil wir die Edition nicht mit Dubletten aufblähen wollten. Denn – von der häufigen Wiederholung bestimmter Predigt*gedanken* ganz abgesehen – Rudolf Bultmann hat manche Predigt in überarbeiteter Form mehrmals an verschiedenem Ort und zu verschiedener Zeit gehalten. Im Anhang findet der Leser jedoch eine Zusammenstellung *aller* bis jetzt ausfindig gemachten Predigten und predigtähnlichen Texte Rudolf Bultmanns.

Bei der Auswahl haben wir darauf geachtet, daß möglichst alle von Rudolf Bultmann wahrgenommenen Predigt*anlässe* wenigstens einmal repräsentiert sind, seien sie durch das Kirchenjahr oder durch Kasualien gegeben. Bewußt haben wir Predigten, die aus heutiger Sicht besonders »anstößige« Passagen enthalten, mit aufgenommen. Nur einem ungeschichtlichen Denken wird das ein Anlaß sein, den moralischen oder auch theologischen Zeigefinger zu erheben!

Bedauerlich ist, daß dieser Band keinen Eindruck vermittelt von der Mühe, die Rudolf Bultmann auf seine Predigtarbeit verwandt hat. Man müßte die Manuskripte vor Augen haben, um etwas von der großen Gewissenhaftigkeit zu verspüren, mit der Rudolf Bultmann sich vorbereitet hat. Fast alles ist sauber auf- und ausgeschrieben, zum Teil sogar die liturgischen Stücke. Die Randbemerkungen zeugen nicht selten von Überarbeitung und Verbesserung der ersten Niederschrift. In der Frühzeit hat Rudolf Bultmann auch die Disposition der Predigt nicht nur an den Rand geschrieben, sondern auf einem Extrablatt am Schluß noch einmal zusammengefaßt (um sie mit auf die Kanzel zu nehmen und i.w. frei zu sprechen?). Erst in späteren Jahren fällt sie weg.

Was sonst zur formalen und inhaltlichen Gestaltung der vorliegenden Predigtsammlung wichtig ist, möge der Leser dem Anhang entnehmen.

Am Schluß dieser Einführung hat ein vielfältiger Dank zu stehen. Frau Prof. Antje Bultmann-Lemke, die den Nachlaß ihres Vaters sammelt, ordnet und die Verantwortung dafür trägt, hat zunächst Herrn Prof. Dr. Gerhard Krause, Bonn, um die Publikation der nachgelassenen Predigten Bultmanns gebeten. Erste Vorarbeiten waren bereits angelaufen, als Gerhard Krause 1982 ganz plötzlich verstarb. Danach bin ich mit der Aufgabe betraut worden, die ich im Gedenken an meinen Lehrer Rudolf Bultmann gerne übernommen habe. Frau Bultmann-Lemke gilt vor allen anderen mein Dank für das große Interesse, die Ratschläge und mancherlei Hilfestellung, mit denen sie das Entstehen dieses Bandes allererst ermöglicht hat.

Dem Verleger, Herrn Georg Siebeck, und seinen Mitarbeitern in Tübingen danke ich für die vollkommen problemlose Zusammenarbeit und den in schöner Ausstattung vorgenommenen guten Druck.

Dank gebührt auch meinen Mitarbeitern, Frau Brigitte Schmitz, Frau stud. theol. Yasmine Geppert und Herrn stud. theol. Josef Groß, wie auch Herrn cand. theol. Ralf Grigoleit, Heidelberg, für die Herstellung des Typoskriptes. Insbesondere aber habe ich meinem Assistenten, Herrn Martin Evang, zu danken. Der wissenschaftliche Charakter dieser Ausgabe ist ganz sein Verdienst. Er hat nicht nur die das gesamte Predigtwerk Rudolf Bultmanns aufschließenden Register angefertigt, sondern auch mit Zähigkeit und Phantasie Predigtmanuskripte, Predigtdaten, -orte und Zitate aufgespürt, die dazu nötigen Reisen gemacht und Korrespondenzen geführt. Auch an der Auswahl der 34 Predigten, Andachten und Ansprachen hat er entscheidend mitgewirkt. Mein Dank gilt also einer Hilfe, die weit über das bloß Technische hinausging.

Bonn, im Februar 1984

Philipper 2,12–13

Unsere ernste Arbeit an der Seligkeit, wie sie begründet ist durch Gottes Arbeit an uns

Predigt zum 1. theol. Examen beim Ev.-luth. Oberkirchenrat Oldenburg (1906/07), gehalten am 17. Juni 1906 (1. Sonntag nach Trinitatis) in zwei Dörfern bei Marburg

Schaffet, daß ihr selig werdet, mit Furcht und Zittern. Denn Gott ist's, der in euch wirket beide, das Wollen und das Vollbringen, nach seinem Wohlgefallen!

Liebe Gemeinde! Seltsam klingt das Wort, das der Apostel uns zuruft: »Schaffet, daß ihr selig werdet, mit Furcht und Zittern!« Ist nicht Seligkeit die höchste *Freude*? Und wie sollten wir anders an unserer Seligkeit arbeiten als frohen Herzens, leuchtenden Auges? Und ist nicht Paulus der Apostel des Evangeliums, das heißt der frohen Botschaft von der Gnade Gottes? Wie mahnt er uns denn zu Furcht und Zittern!

Doch muß uns schon eines nachdenklich machen, ob wir den Apostel nicht falsch verstehen. Das Wort steht in dem Briefe an die Philipper, und in keinem anderen Briefe mahnt der Apostel so oft zur Freude wie in diesem. »Ihr sollt euch freuen!« ruft er aus. Und er wird nicht müde, ihnen dasselbe noch einmal zu schreiben: »Freuet euch in dem Herrn!« und wiederum: »Freuet euch in dem Herrn allewege, und abermal sage ich: Freuet euch!« (Phil 2,18; 3,1; 4,4) Das scheint doch: Paulus wußte wohl, daß zur Arbeit an der Seligkeit rechte Freude und Arbeitslust gehört; denn ohne die kann man ja überhaupt nicht arbeiten. Aber um so mehr müssen wir nachdenken, welches denn der *Ernst* ist, zu dem uns Paulus hier in unserem Textwort mahnt. So wollen wir uns denn miteinander vertiefen in unser Textwort. Es redet *von unserer ernsten Arbeit an der Seligkeit,* wie sie begründet ist durch Gottes Arbeit an uns. Und wir wollen zuerst sehen, welches der falsche Ernst ist, vor dem wir durch unser Textwort gewarnt werden, und dann, welches der rechte Ernst ist, zu dem es uns mahnt.

I

Der falsche Ernst

»Schaffet, daß ihr selig werdet, mit Furcht und Zittern!« Es gibt manchen, der mit Furcht und Zittern an seiner Seligkeit arbeitet, und Paulus hätte doch nicht sein Gefallen an ihm gehabt. Auch Paulus hatte einst mit Furcht und Zittern gearbeitet, daß er selig würde, und keiner hatte es ihm an Eifer zuvorgetan. Der Gott, den er als Jude gekannt hatte, war ein strenger Gott. Er hatte das Gesetz gegeben mit Hunderten von Vorschriften für jeden Tag, ja fast für jede Stunde des Tages. Und mit Furcht und Zittern mußte jeder eifrige Jude darauf bedacht sein, dies Gesetz zu halten. Er glaubte, wenn er alle diese Gebote erfüllte, dann sei Gott mit ihm zufrieden. Aber er fühlte die Last des Gesetzes, und er fühlte seine eigene Schwäche, und mit Furcht und Zittern war seine Seele erfüllt, ob es ihm gelingen würde, den Willen seines Gottes zu erfüllen.

Meint Paulus diese Furcht hier auch? Sagt er auch: »Fürchtet euch, denn eure Aufgabe ist schwer und eure Kraft ist gering! Zittert, denn Gott ist ein strenger Gott!«? Nein; er sagt etwas ganz anderes: »Arbeitet mit Furcht und Zittern, denn Gott ist's, der in euch wirkt, der mit euch arbeitet!«

Die Philipper waren einst Heiden gewesen und hatten auch ihren Göttern mit Furcht und Zittern gedient. Sie hatten auf den Knieen gelegen und zu den Sternen fragend aufgeschaut, den Willen der Gottheit zu erforschen. Aber sie kannten den wahren Gott nicht, und ihr Herz bebte in Zweifel und Sorgen: »Tun wir, was Gott von uns verlangt? Ist es ihm recht so? Genügen unsere Opfer?« Furcht und Zittern hielt die Heidenwelt gefangen; Gott war ihnen fern, und sie wußten nicht, wie sie seinen Willen erfüllen sollten. Ja, von Furcht getrieben hatte man selbst dem »unbekannten Gott« Altäre gebaut, um keinen Gott zu vergessen und seinen Zorn auf sich zu laden (vgl. Apg 17, 23).

Meint Paulus diese Furcht? Sagt er: »Ihr müßt euch fürchten vor Gott, denn er ist fern von euch, und ihr wißt nicht, wie ihr ihn befriedigen könnt!«? Nein; das Gegenteil sagt er: »Gott selbst wirkt in euch das Wollen und das Vollbringen!«

So lernen wir also zuerst an unserem Textwort, welches der falsche Ernst ist. Welches die Furcht ist, die wir nicht haben sollen: Die knechtische Furcht ist es, die vor Gott zittert, ihn fürchtet, ihm fern ist. Paulus weiß wohl: Mit dieser Furcht im Herzen kann man überhaupt nicht schaffen. Man kann höchstens einen Anlauf nehmen und dann zusammensinken. Der Kämpfer, der vor dem Feinde zurückbebt, kann nicht in die Schlacht ziehen. Hätten wir diese Furcht, so müßten wir verzweifeln, und es hätte gar keinen Sinn, daß Paulus uns zuruft: »Schaffet, daß ihr selig werdet!« Denn das ist das erste, was wir haben müssen, wenn wir arbeiten wollen: Zuversicht, daß etwas aus unserer Arbeit wird!

Aber der Apostel schreibt nicht an solche, auf denen die Schwere des Gesetzes lastet. Er schreibt nicht an solche, die fern vom wahren Gott sich abmühen in der Furcht vor dem unbekannten Gott. Er schreibt an Christen, die durch Jesus ihren Vater im Himmel kennengelernt haben. »Schaffet, daß ihr selig werdet, denn Gott ist's, der in euch wirket beide, das Wollen und das Vollbringen, nach seinem Wohlgefallen!« »Nach seinem Wohlgefallen«, das heißt nach seinem gütigen Willen, der an unserem Heil Wohlgefallen hat, nach seinem Gnadenwillen. Paulus erinnert die Philipper also an den Gnadenwillen Gottes, den sie erfahren haben und noch erfahren. Aus jener Furcht vor Gott hatte sie das Evangelium, das Paulus verkündigte, herausgeführt zur Erkenntnis des Vaters Jesu, der auch ihr Vater war. Nun waren sie von jener falschen Gottesfurcht befreit; nun konnten sie Mut fassen, zu arbeiten an der Seligkeit; nun konnte Paulus ihnen zurufen: »Schaffet, daß ihr selig werdet!«

So war auch der Weg des Paulus gewesen. Unter dem Gesetz war er zusammengebrochen mit dem verzweifelnden Rufe: »Ich elender Mensch, wer wird mich erlösen von dem Leibe dieses Todes!« (Röm 7,24) Aber Gottes Gnade, die sich ihm in Jesus offenbarte, hatte ihn wieder emporgehoben und ihm gezeigt: Keine Verdammnis gibt es für die, die in Jesus sind (vgl. Röm 8,1). Nun hatte er wieder Zuversicht, zu arbeiten, daß er selig würde.

Wir haben nie unter der Last des Gesetzes gestöhnt, uns war Gott nie ein ferner unbekannter Herrscher, nach dessen Willen wir bangen, zweifelnden Herzens forschen mußten. Wir haben seit den Tagen unserer Jugend durch Jesus unseren Vater im Himmel kennen gelernt. Aber doch auch wir sind in Gefahr, in diese falsche Furcht zurückzufallen. Wenn wir mit schuldbeladenem Gewissen daniederliegen, möchten wir dann nicht verzweifeln an uns selbst? Verhallt dann nicht ungehört der Ruf: »Schaffet, daß ihr selig werdet!«? Wozu noch schaffen und ringen! Müssen wir nicht immer wieder zusammensinken unter der Last unserer Schuld? Aber sieh zu, wie Paulus seine Mahnung begrünet! Gott ist's, der in dir wirkt nach seinem Gnadenwillen! Du brauchst nicht zu verzweifeln, denn Gott selbst reicht dir die Hand und will dich hinaufziehen in die Gemeinschaft mit ihm. Du brauchst nur seine Hand zu ergreifen. »Kommt her zu mir alle, die ihr mühselig und beladen seid, ich will euch erquicken!« ruft er uns durch Jesu Mund zu. Bei Jesus kannst du Ruhe finden für deine Seele (vgl. Mt 11,28 f.); nun kannst du wieder von deiner Schuld frei werden und kannst Mut fassen, den Kampf mit dem Schlechten wieder aufzunehmen. Nun weckt in dir der Zuruf des Paulus: »Schaffet, daß ihr selig werdet!« neue Lust zum Kampf. Gott selbst ist es, der in dir wirkt! Nun ist Seligkeit nicht ein wehmütiger Trostgedanke, den das verzweifelte Herz im Druck des Lebens ersinnt, an den es seine Wünsche und Hoffnungen anklammert und der vom Sturm des Lebens nur zu bald hinweggeweht wird. Nicht mehr das Land eines unbekannten Gottes, zu dem du den Weg nie finden konntest und von dem du schließlich nicht mehr reden hören mochtest. Du hast ja erfahren, daß Gott selbst in dir wirkt, daß er dein Heil beschlossen hat. Jetzt weißt du, daß kein Sperling vom Dache fällt ohne den Willen deines Vaters im Himmel; du weißt, daß deine Haare auf deinem Haupte gezählt sind; du weißt, daß denen, die Gott lieben, alle Dinge zum Besten dienen (vgl. Mt 10,29 f.; Röm 8,28). So brauchst du nicht mehr mutlos aus dem Kampfe zu scheiden. Willst du zagen? Gott ist es, der in dir wirkt! Fühlst du dich zu schwach? Seine Kraft ist in den Schwachen mächtig! (vgl. 2 Kor 12,9) Also: »Schaffet, daß ihr selig werdet! Denn Gott ist's, der in euch wirket beide, das Wollen und das Vollbringen, nach seinem Wohlgefallen!«

II

Der rechte Ernst

Aber wie nun? Sollen wir die Worte »mit Furcht und Zittern« aus unserem Textwort streichen? Scheint es uns nun nicht, als seien sie ganz und gar unnötig? Nein; so dürfen wir Paulus nicht verstehen! Wir haben diese Worte nur fürs erste einmal zurückgestellt, um sie nicht falsch zu verstehen, um nicht zu denken, Paulus ermahne uns zu Knechtsfurcht und Sklavenzittern, um zu begreifen, daß es überhaupt einen Sinn hat, wenn er uns mahnt: »Schaffet, daß ihr selig werdet!« Jetzt aber, wo wir das begriffen haben, wollen wir auch diese Worte betrachten und wollen sehen, welches der *rechte* Ernst ist, den Paulus meint, und wie auch dieser Ernst hervorgeht aus der Arbeit Gottes an uns.

Paulus war ein gesetzeseifriger Jude gewesen; er hatte es ernst genommen, und sein Herz war deshalb voll gewesen von Furcht und Zittern. Er sah aber auch in seinem Volke andere. Die nahmen es leicht. Die hatten kein Auge für die Gewalt des Gesetzes. Sie hörten nur: »Wenn du dies und das tust, so ist Gott dir gnädig.« Und sie wagten noch, vor Gott hinzutreten und zu sprechen: »Ich faste zweimal in der Woche, und ich gebe den Zehnten von allem, was ich habe! Ich habe meine Pflicht und Schuldigkeit getan, und Gott muß mich dafür mit himmlischen Gütern belohnen!« (vgl. Lk 18,12) Da wallt der Zorn des Paulus auf über solche niedrige Gesinnung. Ist Gott ein Kaufmann, der seine Ware verhandelt? Wenn du ihm dies und das dafür gibst, dann muß er sie dir lassen? Nein! Ein solches Gut ist die Seligkeit nicht. Nicht *so* heißt es hier: »Ich habe das Meinige getan, jetzt tut Gott das Seine.« Nein! Gott hat das Seinige getan, und jetzt sollst du das Deine tun!

So ist es doch schon unter uns Menschen. Ein rechtes Kind tut den Willen seiner Eltern nicht, weil es dafür von seinen Eltern belohnt sein will, sondern weil es von seinen Eltern so reiche Liebe erfahren hat, daß es gar nicht anders kann, als ihnen nun alles zuliebe zu tun. So weist uns auch Paulus auf den Gnadenwillen Gottes, den wir erfahren haben. »Gott ist's, der in euch wirket beide, das Wollen und das Vollbringen, nach seinem Wohlgefallen!« Wer das erfahren hat, der kann nicht mehr in jenen niedrigen Sinn zurücksinken, in Gott nur den zu sehen, der seine Wünsche erfüllt. Der hat erfahren: In der Gemeinschaft mit Gott muß ein neues Leben beginnen. Da zerbricht alles, was früher einen Wert hatte, und die Ziele, denen wir früher nachliefen, sind vergessen, unser Leben hat ein neues Ziel gewonnen.

Jesus hatte lange Zeit in seinem Volke gewirkt, und die Jünger, die ihn stets begleitet hatten, hatten seine Worte gehört und seine Taten gesehen und hatten die göttliche Macht seiner Gemeinschaft gefühlt. Und als er sie dann fragte: »Wollt ihr von mir gehen?«, da antwortete Petrus: »Herr! Wohin sollen wir gehen! Du hast Worte des ewigen Lebens!« (Joh 6,67f.) So auch wir, wenn wir die Macht Gottes in unserem Leben gefühlt haben: Wohin sollen wir gehen! Dann füllt nur noch *ein* Gedanke unser Herz: mit Ernst zu arbeiten, daß uns diese Gemeinschaft mit Gott erhalten bleibe; nur noch auf *eines* richtet sich unser Sinn: die Hand, die Gott uns entgegengestreckt hat, festzuhalten. Das ist der Ernst, den Paulus von uns fordert!

Gott hat an unserer Seele gewirkt; jetzt haben wir erfahren, daß sie einen unvergänglichen Wert hat. Jetzt erst erkennen wir den Sinn des Wortes, das große Männer vorchristlicher Zeit ahnend zu sprechen wagten: »Wir sind göttlichen Geschlechts« (Aratus, Phaenomena 5; vgl. Apg 17,28f.). Bei Gott ist unser Ziel und unsere Heimat. Nun haben wir unseren wahren Wert erkannt, und aus unserem Wert erwächst uns unsere Pflicht. Nun lernen wir Jesu Wort verstehen: »Was hülfe es dem Menschen, wenn er die ganze Welt gewönne und nähme doch Schaden an seiner Seele?« (Mk 8,36 par.) Gott hat deine Seele geadelt, und wie könntest du sie wieder verlieren im Leben des Alltags! »Leben wir im Geist, so lasset uns auch wandeln im Geist!« (Gal 5,25)

Wir kennen alle die Geschichte von dem Zöllner Zachäus. Durch manche unlauteren Wege war er zu seinem Reichtum gekommen. Da aber kam der Tag, da seinem Hause Heil widerfuhr, da Jesus in sein Haus trat. Da traf ein Strahl göttlichen Lebens sein Herz; nun erfuhr er, welches der wahre Wert seines Lebens war, und daß alles, was er bisher erarbeitet hatte, nur Schein war. Nun hatte Gott an ihm gewirkt und ihm den rechten

Weg gewiesen. Und er zögert nicht lange; er kann gar nicht anders; jetzt soll ein neues Leben für ihn beginnen. »Herr!« ruft er aus, »die Hälfte meiner Güter will ich den Armen geben, und wenn ich jemanden betrogen habe, vierfältig will ich es ihm ersetzen!« (vgl. Lk 19,1–10)

So erkennen wir: »Schaffet, daß ihr selig werdet, mit Furcht und Zittern, denn Gott ist's, der in euch wirkt!« Wäre Seligkeit eine schöne Phantasie, die ein Dichter ersonnen hat und die uns eine Zeit lang mit schönen Träumen erfüllt: wie bald wäre dann der Gedanke an sie aus unserem Herzen hinweggespült von den Wellen des täglichen Lebens; und bald würden wieder die Gedanken an andre Wünsche und Freuden unser Herz füllen. Aber Gott hat an unserer Seele gewirkt, hat uns selbst die Seligkeit seiner Gemeinschaft fühlen lassen. Da versinkt hinter uns, was uns sonst schön und begehrenswert zu sein schien. Wir suchen in allem, was uns dieses Leben schickt, Gottes Hand festzuhalten. Durch die Gemeinschaft mit ihm die Freuden dieser Welt zu adeln, die Aufgaben dieser Welt in ihm zu erfüllen. Dann wird Seligkeit zu einer Aufgabe. Dann heißt es: alle Kräfte zusammen! Den Blick nach vorwärts, ohne umzuschauen, wie der Läufer in der Rennbahn! Da gilt, was Paulus sagt: »Ich jage ihm nach, ob ich's auch ergreifen möchte, *nachdem ich von Christus Jesus ergriffen bin*. Ich vergesse, was dahinten ist, und strecke mich nach dem, was vorne ist, und jage nach dem vorgesteckten Ziel, nach dem Kleinod, welches vorhält die himmlische Berufung Gottes in Christus!« (Phil 3,12–14)

So, liebe Gemeinde, verstehen wir recht das Wort des Apostels: »Schaffet, daß ihr selig werdet, mit Furcht und Zittern; denn Gott ist's, der in euch wirket beide, das Wollen und das Vollbringen, nach seinem Wohlgefallen!« Und nun brauchst du nicht mehr zu fragen: Wie weit wirkt Gott in mir, und wo fängt meine Arbeit an? So fragt der Zweifel! Du, der du Gottes Arbeit an deiner Seele erfahren hast, du fragst nicht weiter, du kannst gar nicht anders, als nun selbst auch die Arbeit aufzunehmen, zu schaffen, daß du selig werdest. Eine ernste Arbeit! Und doch kannst du sie voll Zuversicht und Vertrauen angreifen; Gottes Wirken treibt dich dazu. »Der in euch angefangen hat das gute Werk, der wird es auch vollführen!« (Phil 1,6)

Römer 11,33–36

Die Früchte aus der Erkenntnis des Reichtums Gottes

Predigt zum Saatfest am 26. Mai 1907 (Trinitatis) in Ofen/Oldb.

O welch eine Tiefe des Reichtums, der Weisheit und der Erkenntnis Gottes! Wie unbegreiflich sind seine Gerichte und unerforschlich seine Wege! Denn wer hat des Herrn Sinn erkannt, oder wer ist sein Ratgeber gewesen? Oder wer hat ihm vorher gegeben, das ihm wieder ersetzt werden müßte? Denn von ihm und durch ihn und zu ihm sind alle Dinge. Ihm sei Ehre in Ewigkeit! Amen.

Das erste, was wir aus unserem Abschnitte heraushören, ist der Klang des Jubels und der Begeisterung. Der Apostel versenkt sich staunend in die Betrachtung des göttlichen Reichtums. Er hat in dem vorhergehenden Abschnitt die Geschichte der Völker in großen Zügen betrachtet, und der Blick für Gottes wunderbare Leitung der Völkergeschicke ist ihm dabei aufgegangen: »O welch eine Tiefe des Reichtums, der Weisheit und der Erkenntnis Gottes!« Und indem sein Blick rückschauend auf diesen Gedanken verweilt, bricht er begeistert in den Lobpreis aus: »Ihm sei Ehre in Ewigkeit! Amen.«

So soll auch unsere Stimmung heute sein. Die Reihe der großen Feste ist mit dem Pfingstfeste vorübergegangen. Sie wollten uns den »Reichtum« Gottes wieder zum Bewußtsein bringen und uns mahnen, uns an die Offenbarung seiner Liebe, seines Geistes zu halten. Froh unseres Besitzes sollen wir auch sprechen können: »O welch eine Tiefe des Reichtums Gottes! Ihm sei Ehre in Ewigkeit! Amen.«

Aber unser Blick darf nicht nur rückwärts schauen. Unser Besitz soll sich bewähren, indem er uns für die Zukunft tüchtig macht. Und ganz besonders sind wir heute geneigt, unseren Blick in die Zukunft zu richten. Es ist das Saatfest, und die

Arbeit, deren wir heute vor Gott gedenken, ist ja ganz besonders eine Arbeit für die Zukunft.

So wollen wir denn die Worte des Paulus noch einmal genauer daraufhin ansehen, welche Weisung für die Zukunft in ihnen enthalten ist, welche Früchte aus dem gegenwärtigen Besitz, der Erkenntnis des Reichtums Gottes, erwachsen sollen.

I

Die Demut als Frucht der erfahrenen Gnade

Jubel ist das erste, das uns entgegen klingt. Und wenn wir dann zum zweitenmal die Worte hören: »Wie unbegreiflich sind seine Gerichte, und wie unerforschlich seine Wege! Denn wer hat des Herrn Sinn erkannt, oder wer ist sein Ratgeber gewesen? Wer hat ihm zuvor gegeben, daß es ihm wieder vergolten werden müßte? Denn von ihm und durch ihn und zu ihm sind alle Dinge!« – was ist es, was uns dann entgegentritt? Es ist eine Stimmung der Ehrfurcht und der Demut. Und fast mag es merkwürdig erscheinen, daß grade diese Stimmung sich mit dem Jubeltone paaren kann. Wie ist das möglich? Welches ist die Demut, die sich zu dem Jubeltone aufschwingen kann: »Ihm sei Ehre in Ewigkeit!«?

»Wie unbegreiflich sind seine Gerichte und unerforschlich seine Wege!« Das unbegreifliche, alles Denken übersteigende Wesen Gottes verehrt der Apostel in Ehrfurcht und Demut. Und dies demütige Anschauen des Unbegreiflichen, dieser Verzicht, es zu erfassen, muß uns erfüllen, wenn wir vor Gott treten. Einen Gott, dessen Wesen wir genau erkennen könnten, dessen Pläne wir ohne Mühe erklären und dessen Wege wir auch für die Zukunft schon voraussagen könnten: ein solcher Gott wäre zu sehr ein Gott nach unserem Bilde. Und dieser Gefahr, uns Gott zu menschlich vorzustellen, ihn nur als einen weisen, »vernünftigen« Herrscher uns zu denken, verfallen wir wohl kaum. Das Leben mit allem Unerwarteten und Unbegreiflichen schützt uns davor.

Wir erkennen gerne das Unnahbare, Geheimnisvolle des göttlichen Wesens an und sind gern bereit, in des Dichters Wort einzustimmen:

> »Wer darf ihn nennen
> Und wer bekennen:
> Ich glaub Ihn!
> Wer empfinden
> Und sich unterwinden
> Zu sagen: ich glaub Ihn nicht!«
>
> (J. W. v. Goethe, Faust I, Z. 3432–3437)

Gott scheint dem Dichter viel zu groß, und er weiß keinen Namen zu finden, mit dem er das ewige Geheimnis, das um ihn drängt und webt, bezeichnen soll.

In dieser Stimmung der Demut treten wir gern vor Gott. Aber ist das genug? Auch diese Stimmung birgt eine große Gefahr in sich. Mancher wagt nur in scheuer Ehrfurcht den Namen des Unerforschlichen auszusprechen; er wagt sich ihm kaum zu nahen; Gott scheint ihm zu groß und unbegreiflich, als daß er ein Auge für ihn haben könnte. Aber für den, dem Gott in solch unnahbaren Fernen steht, besteht die Gefahr, daß ihm Gott einst ganz entschwindet. Er kann Gott nicht nahen; er weiß nicht, was Gott ihm zu sagen hat und grade von ihm verlangt. Gewiß, er will in Demut Gottes allmächtiges Walten verehren. Aber wenn er nicht Gottes Walten grade im eigenen Herzen bemerkt, so ist seine Demut auch nur eine flüchtige Stimmung und kein Grundton seines Lebens. Dann täuscht er sich selbst, denn sein Tun und Treiben hat er nicht auf Gott gestellt. Nicht Demut, sondern falscher Stolz erfüllt ihn.

Oder ein andrer, der kühnen Mutes mit dem Leben rang, bis er auf Hindernis um Hindernis stieß; dem alle Pläne scheiterten und alle Hoffnungen zerbrachen! Schließlich läßt er die Hände sinken. Das Geschick ist übermächtig, er will nicht länger kämpfen. Unbegreiflich sind des ewigen Wesens Gerichte, unerforschlich seine Wege! Was dem Menschen bleibt, ist dumpfes Verzichten, aus dem nur noch die Flamme des verzweifelten Zornes emporschlagen kann:

> »Ich dich ehren? Wofür?
> Hast du die Schmerzen gelindert
> Je des Beladenen?

Hast du die Tränen gestillet
Je des Geängsteten?«

(J. W. v. Goethe, Prometheus, Z. 37–41)

Er kann stille stehen, wenn das Unbegreifliche ihm entgegentritt, aber er kann das Haupt nicht froh erheben, sondern er senkt es und wendet sich ab, nicht Demut im Herzen, sondern Stolz und Trotz.

Beides ist nicht die Demut, die sich aufschwingen kann zu dem Jubelruf: »Dir sei Ehre in Ewigkeit!« Die ist anders begründet.

Gewiß! Wenn Gott *nur* das Unbegreifliche, Geheimnisvolle wäre, so würden wir freilich höchstens dann und wann einen frommen Gedanken zu ihm erheben, wenn wir uns nicht gar unwillig von ihm abwendeten. Aber so steht Paulus nicht zu Gott, Paulus, der schreiben kann: »Uns aber hat es Gott geoffenbart durch den Geist« (1 Kor 2,10). *Eins* ist dem Christen offenbar und gewiß: Gottes Heilswille. Er weiß sich in Gottes Hand geborgen, er weiß, daß Gott ihn berufen hat und ihn auf seinen Platz gestellt hat, und daß er hier der Liebe Gottes immer gewiß sein kann. Nicht darin besteht das Unbegreifliche des göttlichen Wesens, daß der Mensch nicht wüßte, was Gott mit ihm vorhat. Vielmehr weiß der Christ, daß weder Tod noch Leben, weder Gegenwärtiges noch Zukünftiges ihn scheiden können von der Liebe Gottes (vgl. Röm. 8,38 f.).

Aber worin besteht dann das Unbegreifliche, das der Mensch in Demut verehrt? Für Paulus ist das Unbegreifliche, vor dessen Betrachtung er sich beugt, das: Gott weiß alle Menschen, alle Völker zu sich zu ziehen. Wenn es auch aussieht, als entfernten sie sich von ihm, er weiß alles menschliche Handeln so zu lenken, daß es seinem Heilsratschluß dienen muß. Wie unbegreiflich sind seine [Gerichte], wie unerforschlich seine Wege, daß er grade auch den, der dessen am unwürdigsten scheint, zu sich zu ziehen weiß.

So besteht das Unbegreifliche Gottes darin, daß der Mensch nicht fassen kann, warum grade auf ihn die Liebe Gottes sich richtet. Er sieht, daß Gottes Reichtum auch ihm geschenkt ist, aber er versteht nicht, wie er zu diesem Geschenke kommt, dessen er sich unwürdig fühlen muß. Wenn er sein Leben überblickt, von Stufe zu Stufe, wie er es sich gedacht hatte, was er gesorgt und geplant hatte, und er sieht jetzt, was daraus geworden ist: Er hatte wohl nach dem Wege gesucht, aber in Wahrheit war es Gott, der seine Schritte lenkte. Und wenn er jetzt überdenkt, was er war und was er geworden ist, so kann er nicht anders, als in Demut und Ehrfurcht sprechen: »Herr, ich bin viel zu gering aller Barmherzigkeit und Treue, die du an deinem Knechte getan hast« (Gen 32,11). Das ist die Demut, die wir gewinnen, wenn wir an den Reichtum der göttlichen Gnade denken, die uns geschenkt ist. So sehen wir heute nicht im Vertrauen auf eigene Pläne und eigenes Können in die Zukunft, sondern wir treten unsern Weg an in Demut: Gott hat ihn uns gewiesen. Und wie es bisher gelautet hat, so soll es auch ferner heißen: »*Ihm sei Ehre in Ewigkeit!*«

Und wenn wir heute am Saatfest an Gottes Walten in der Natur denken, was sollen wir sagen? Wir stehen der Natur nicht mehr so gegenüber wie wilde, ungebildete Völker, denen sie mit ihren unheimlichen Kräften etwas Schreckendes ist. Sondern weil wir sie kennen und ihre Fruchtbarkeit erfahren haben, streuen wir den Samen aus. Aber in Demut soll es geschehen, und nicht in falscher Sicherheit. Voraussehen können wir die Zukunft nicht. Ein schlechter Sommer, ein Nachtfrost, ein Hagelschlag kann die ganze Saat vernichten. Nicht an uns liegt das Gedeihen, sondern am Walten höherer Mächte. Wir wollen tun, was in unserer Kraft liegt, möge Gott das Gedeihen dazu geben! In Demut sprechen wir:

>»Allgütiger, allein von dir
>Fließt alles Heil uns zu.
>Geschöpfe deiner Hand sind wir,
>Und unser Schutz bist du.«
>
>(P. Gerhardt, Ich singe dir mit Herz und Mund,
>7. Str. im Oldenburgischen Gesangbuch)

II

Das Vertrauen als Frucht der erfahrenen Gnade

Diese Demut aber birgt in sich ein Vertrauen, ein Vertrauen zu Gottes Vaterhand, auf das wir nun noch unseren Blick richten müssen, wenn wir die Stimmung des Apostels ganz erfassen wollen. Von Gott und durch [Ms.: »zu«] Gott sind alle Dinge; seiner Macht und seiner Güte verdanken wir, was wir haben. Und »zu ihm« sind alle Dinge. Seiner Macht und Güte stellen wir anheim, was wir auf dem Herzen haben.

»Zu *ihm* sind alle Dinge«; und weil *er* es ist, so ist auch dies Vertrauen von besondrer Art, gewinnt eine eigentümliche Färbung. Es ist gleichweit entfernt von dem leichtsinnigen Gedanken: »Gott sorgt! Was brauche ich mich noch viel um meine Aufgabe und Arbeit zu kümmern!« wie von dem frevelhaften Vertrauen auf ein ganz besondres Eingreifen Gottes, das uns des Zufassens in den schwierigsten Lagen enthebt.

Es gibt manche Leute, die in schwierigen Lagen des Lebens, wenn sie eine wichtige Entscheidung für die Zukunft treffen sollen, darauf verzichten und glauben, sie müßten es ganz Gottes Willen anheimstellen. Sie wissen nicht, daß sie grade dann ihr Leben in Gottes Hand stellen, wenn sie die Weisungen, die er ihnen in ihrem Leben gibt, recht zu erkennen suchen und die Kräfte, die er ihnen geschenkt hat, recht benutzen und dann den Erfolg aus seiner Hand entgegennehmen. Als einst im Mittelalter die Heere der abendländischen Christenheit zum Kreuzzuge auszogen, gegen die Türken zu kämpfen, da glaubten einige Abteilungen, sie könnten darauf verzichten, den Weg genau auszukundschaften, sich zu erkundigen, ob der Weg geeignet sei für den Durchmarsch des Heeres, ob man hier Lebensmittel erhalten könne. Sie liefen einem einfältigen Tiere, einer Gans oder einer Ziege, nach und sagten: »Wir vertrauen auf Gott; Gott wird das Tier führen und uns dadurch den rechten Weg weisen.« Oder zu anderen Zeiten glaubten Menschen, die fromme Christen sein wollten, sie könnten Gottes Willen am sichersten dadurch erfahren, daß sie ganz auf eigenes Entscheiden verzichteten, wenn sie sich ganz auf das verließen, was von ihrem eigenen Ermessen ganz unabhängig war, auf den Zufall des Losens. In wichtigen

Fragen des Lebens zogen sie das Los. Und das wurde gar nicht frommer durch die Art ihres Losens, daß sie nämlich die Bibel aufschlugen und den Vers, auf den sie zufällig zuerst stießen, als eine besondere Weisung Gottes für ihre Verhältnisse ansahen.

Wir fühlen, daß das nicht rechtes Gottvertrauen ist. Was würde der Landmann erleben, wenn er im Vertrauen auf Gott sein Feld nicht mehr bestellen, keinen Samen mehr streuen wollte? Sein Feld würde Unkraut bringen. Der Gott, zu dem alle Dinge geschaffen sind, ist ein Gott der Tat, und wenn wir von seinem Wesen etwas gespürt haben, so treibt es uns gleichfalls zur Tat. Als nach Jesu Tod seine Gemeinde in Jerusalem sich immer mehr ausbreitete und seine Gegner ernstlich beratschlagen mußten, wie sie sich dazu stellen sollten, da schlug auch einer diesen falschen Weg des Abwartens ein. Er sprach: »Wir wollen unsere Hände davon lassen. Stammt dies Werk von Menschen, so wird es von selbst zu Grunde gehen. Stammt es aber von Gott, so können wir es doch nicht vernichten« (vgl. Apg 5,38 f.). Jesus hatte einst gesprochen: »Ihr Heuchler! Die Zeichen von Erde und Himmel könnt ihr beurteilen, aber die Zeichen der Zeit versteht ihr nicht!« (vgl. Lk 12,56; Mt 16,3).

So soll sich also das Vertrauen zu Gott nicht darin bewähren, daß wir die Hände in den Schoß sinken lassen, sondern darin, daß wir die Lage, in die uns Gott gestellt hat, als eine von Gott gegebene hinnehmen. Wir haben von seinem Reichtum erhalten, wir haben erfahren, daß von ihm und durch ihn alle Dinge sind; so wissen wir auch, daß er die Welt *so* geschaffen hat, daß wir in ihr seinen Willen erfüllen, im Reiche seines Lebens und seines Geistes mitarbeiten können.

So sollen wir uns fragen, was Gott uns sagen will. Welche Weisungen und Aufgaben er uns damit gegeben hat, daß er uns in solche Verhältnisse hineinstellte, uns diese Fähigkeiten und Kräfte gegeben hat. Und dann sollen wir unsre Arbeit freudig angreifen; jeder soll sein Pfund benutzen, an seinem Platze tun, was er schuldig ist.

Mit diesem frohen Gottvertrauen sollen wir unsere Arbeit angreifen, und im Aufblicke zu ihm sollen wir sie weiterführen. Haben wir die rechte Ehrfurcht und Demut vor Gott gelernt, so versteht sich das von selbst, so wird uns nie bei unsrer Arbeit der

Gedanke verlassen: »Was wir arbeiten, tun wir mit dem Gut und den Kräften, die uns von Gott verliehen sind«, und wir kommen nicht in die Versuchung, uns und unsrer Tüchtigkeit allein zuzuschreiben, was wir erarbeiten. Aber umgekehrt sollen wir auch nicht, wenn unsre Arbeit Mühe und Sorge mit sich bringt und wenn wir den erwünschten Erfolg noch lange nicht sehen, verzweifeln und das Vertrauen zu ihm verlieren. Können wir Ansprüche an ihn machen? »Wer hat ihm etwas vorhergegeben, daß es ihm wieder vergolten werden müßte?« Nein! Wenn wir die Kraft zu arbeiten haben, so haben wir sie von ihm, und wenn wir zunächst noch keinen Lohn unsrer Arbeit sehen, so sollen wir Gott doch schon dafür danken, daß wir arbeiten dürfen. Und wir brauchen dabei gar nicht von trüben Gedanken erfüllt zu sein. Haben wir ihn einmal kennen gelernt und aus seinem Reichtum geschöpft, so haben wir das Bewußtsein: Er wird uns nicht verlassen, er hält seine Hand über uns, so ist auch unsre tägliche Arbeit ein Gottesdienst. Wer ohne das Bewußtsein arbeitet, von Gottes Hand geschützt zu sein, an Gottes Sache mitzuarbeiten, der wird bald mutlos und verzweifelt und geht stumpf und dumpf seines Weges wie ein Lasttier. Wer aber weiß: »Von ihm und durch ihn und zu ihm sind alle Dinge«, der behält auch bei aller Arbeit und ihrer Sorge eine Freudigkeit, und seine Augen leuchten, als ruhte jetzt schon ein Widerschein des friedevollen Abendglanzes auf ihnen.

Und der bangt auch nicht um den Erfolg seines Werkes. Es ist ja Gottes Werk, an dem er mithelfen darf. Er weiß zwar nicht, wie sein Erfolg äußerlich aussehen wird. »Unbegreiflich sind Gottes Gerichte, und unerforschlich sind seine Wege.« Aber das, was ihm an dem unbegreiflichen Gott schon vorher offenbar und gewiß war, daß Gott über ihm seine Vaterhand hält, das wird ihm bei seiner Arbeit klarer und klarer; und so legt er gern allen äußeren Erfolg in Gottes Hand. Bringt seine Saat Frucht, so nimmt er sie dankbar als eine Gabe Gottes. Fällt die Ernte anders aus, als er gehofft hatte, so findet er auch dann Kraft zu sprechen: »Ihm sei Ehre in Ewigkeit!«

Wie es mit der Saat dieses Jahres werden wird, wir wissen es nicht. Aber ihm, der über uns wacht, befehlen wir sie an und sprechen voll Demut und Vertrauen:

»Herr, dir in die Hände
Sei Anfang und Ende,
Sei alles gelegt.«

(Ed. Mörike, Zum neuen Jahr. Kirchengesang, Z. 16–18)

Markus 4,21
Die Zukunft im Licht der Weihnacht

Predigt am 26. Dezember 1907 (2. Weihnachtstag) in Marburg

Zündet man auch ein Licht an, daß man's unter einen Scheffel oder unter einen Tisch setze? Mitnichten! Sondern daß man's auf einen Leuchter setze.

Liebe Gemeinde! Vorüber ist der Weihnachtsabend und der erste Festtag. Als die Lichter des Weihnachtsbaums erglüht waren, da erfaßte eine wunderbare Stimmung das Herz. »Friede und Freud wird uns verkündiget heut!« (G. Tersteegen, Jauchzet ihr Himmel, 2. Str.) Man war herausgehoben aus dem alltäglichen Leben; im Licht der Weihnacht schien eine neue Welt zu erstehen. Ein anderes Gesicht zeigte alles um uns her; anders begegneten wir den Unseren. Was hinter uns lag, war wie ausgelöscht, und was vor uns lag, kümmerte uns nicht. Auch morgen werden die Lichter des Weihnachtsbaums brennen! Das alltägliche Leben ist, wer weiß, wie fern!

Aber am zweiten Weihnachtstag? Es ist ein Gesetz in unserem Leben, daß die Stunden frohster Begeisterung am schnellsten vergehen. Bald mischt sich die Stimmung des Alltags, seine Sorgen und Fragen in die Freude des Festes. So ist die Stimmung am zweiten Weihnachtstag immer schon eine ganz andre als am ersten. Der Blick richtet sich vorwärts. Was wird morgen und übermorgen sein?

Nun, was soll da unser Gottesdienst am Abend des zweiten Weihnachtstages? Wir können nicht künstlich eine Stimmung festhalten, die im Entschwinden begriffen ist. Wir können nicht die Gedanken an das Morgen bannen mit einem Zauberwort. So wollen wir denn diesen Gedanken fest ins Auge schauen. Und statt wehmütig zu klagen: »Schon vorbei, worauf man sich so lange gefreut, wozu man so lange gerüstet hatte«, wollen wir darin eine Aufgabe sehen: Ist denn wirklich die Weihnachtsfreude schon vorüber? Hat das Licht der Weihnacht nur für ein, zwei

Tage geschienen, oder kann es seinen Schein auch in die Zukunft werfen? Wir müssen an die verlesenen Worte denken: »Zündet man auch ein Licht an, daß man's unter einen Scheffel oder unter einen Tisch setze? Mitnichten! Sondern daß man's auf einen Leuchter setze.« Ist das Weihnachtsfest nur ein Augenblick träumenden Selbstvergessens, so daß wir uns scheuen müßten, unter dem Weihnachtsbaum unseres übrigen, alltäglichen Lebens zu denken? Mitnichten! Sondern es soll seinen Schein werfen in unser ganzes kommendes Leben! Aber wie? Darüber laßt uns nachdenken! *Die Zukunft im Licht der Weihnacht!*

I

Falsche Betrachtung der Zukunft im Licht der Weihnacht

Sollen wir uns unter den Weihnachtsbaum setzen und uns die Zukunft ausmalen in hellen, leuchtenden Farben? Die höchsten Pläne fassen? die schönsten Träume träumen? Wir würden bald grausam enttäuscht, wenn uns das Getriebe des täglichen Lebens wieder erfaßt. Unsere Träume zerfliegen, und wir verwünschen sie und mit ihnen die Weihnacht, die sie uns vorspielte. Die Weihnacht ist uns selbst nur ein Traum gewesen, keine Wirklichkeit, die standhielt und Kraft gab. Ihr Licht blieb eingeschränkt auf ein, zwei Tage. Darüber hinaus konnte es nicht dringen.

Aber wie dann? Sollen wir ernsten Blicks in die Zukunft schauen? Sollen wir sagen: »Wir wollen uns nicht gefangen nehmen lassen von dem Zauber der Weihnacht! Nicht alle Tage brennt der Christbaum! Schwere Stunden werden kommen, und wir müssen uns auf sie gefaßt machen!« – sollen wir so reden? O, wir fühlen gleich, wie undankbar das wäre. Wie wir dann das Beste vergessen hätten zu nehmen, das uns Gottes Hand am Feste bot. Kein Weihnachtsleben ist uns dann geschenkt! Wir haben nur einen Augenblick Ruhe in der Selbstbetäubung gefunden, und nun geht es wieder weiter die alte staubige Straße von gestern und vorgestern.

Es gibt ein wunderbar ergreifendes Gedicht, in dem geschildert wird, wie ein Mensch Traum und Wirklichkeit verwechselt. Von dem schönsten Augenblick, der ihm zuteil wird, hat er nichts, weil er nicht die Kraft hat, ihn als Wirklichkeit zu erfassen:

> »Ein müder Pilger kommt aus weiter Ferne,
> Er streckt sich hin, zu dumpfem Schlaf ermattet.
> Durch milden Blütenregen weckt ihn gerne
> Der Baum, der still und freundlich ihn beschattet.
> Halb wacht er schon. Da leuchten alle Sterne,
> Ihn kühlt ein Hauch, mit dem ein Duft sich gattet,
> Der ganze Himmel neigt sich auf ihn nieder.
> Er seufzt: ein Traum! und schließt die Augen wieder.«

(Fr. Hebbel, Liebesgeheimniß, 2. Str.)

In dieser Gefahr sind wir am Weihnachtsfest, daß wir das zum Traume machen, was uns höchstes, wahrstes Leben sein will. Solange uns die Weihnacht nicht mehr ist als ein schöner, schimmernder Traum, so lange sind wir weit entfernt, ihre Kraft erfaßt zu haben. So lange ist sie uns noch kein Licht, das auf den Leuchter gesetzt ist; so lange kann ihr Schein die Zukunft nicht erhellen.

II

Die Bedingung für den rechten Blick in die Zukunft

So muß erst die wichtigste *Bedingung* erfüllt sein: Das Weihnachtsfest muß uns das Allerwahrste, Allergewisseste gezeigt haben, das es gibt. Es muß uns Gott offenbart haben. Ein Blick auf das Kind der Wiege – o wie ist dies Bild mit einem Hauch von Poesie, von Glanz und Duft umsponnen, daß es jeden immer wieder in seinen Bann zieht! – *ein Blick:* er genügt nicht. Beim Bilde des Kindes wollen wir auch an den Mann denken, zu dem das Kind ward:

> »Lasse seine milden Blicke
> Tief in deine Seele gehn,
> Und von seinem ewgen Glücke
> Sollst du dich ergriffen sehn.«

(Novalis, Fern im Osten wird es helle, Z. 19–22)

Und was erlebst du dann? Der Liebe Gottes will er uns versichern. Die Liebe Gottes, die sich uns offenbart, erscheint uns wohl als ein Wunder, als ein Licht, das plötzlich hereinbricht und mit seinen Strahlen alles verzehrt und erfüllt. Aber nun kommt es darauf an, daß wir nicht nur einen Augenblick mit vollen Zügen diesen berauschenden Glanz genießen und dann wieder seufzen: »Ein Traum!« und das Auge schließen. Nein!

»Lasse seine milden Blicke
Tief in deine Seele gehn!«

Jetzt müssen wir erkennen lernen, daß wir mit allen Fasern unseres Seins an diesem Wunder der göttlichen Liebe hängen, bis uns das Wunder zum Allernatürlichsten, zur selbstverständlichen Gewißheit wird.

Und wie geschieht das?

Wir wollen erst einmal einen Blick rückwärts werfen in die Vergangenheit. Als einst den ersten Christen die Gewißheit geworden, daß Jesus der gottgesandte Heiland war, da erschien ihnen mit einem Schlage die ganze Vergangenheit, die ganze Geschichte ihres Volkes im Lichte dieser neuen Erkenntnis. Auf ihn wies ja alles hin, was sie in ihren heiligen Urkunden lasen; jeder Zug seines Wesens fand sich schon geweissagt. Siehe, alles war neu geworden! (vgl. 2 Kor 5,17). Aber doch nicht neu! Sondern schon längst stand es in Gottes Ratschluß. Es war nichts Niederschmetterndes, sondern etwas so Selbstverständliches: Gottes Gnade neu offenbart, aber doch die alte.

So wollen auch wir den Blick rückwärts wenden. Hat uns die Liebe Gottes ergriffen, so ist es für uns ganz natürlich, daß Gott uns nicht bisher hat im Dunkeln auf selbstgewählten Wegen irren lassen. Ja, unseren Augen war es ein Dunkel; aber jetzt ist es uns selbstverständlich, daß er es alles so gelenkt und gefügt hat. Ja, wir glaubten unseren Weg zu suchen, aber der Herr war es, der unsere Schritte lenkte. Die Liebe, die wir jetzt fühlen, sie war uns bisher fern? Unmöglich! Dein Ringen und Streben war vor seinen Augen verborgen? Unmöglich! Herrlich hat er es ja gelohnt! Damit fällt ein ganz neues Licht auf unser Leben und unsere Lebensverhältnisse. Diesen Verhältnissen war Gott nicht fremd. Ihre Gaben und Aufgaben kamen von ihm, und ihre Freuden und

Leiden waren nach seinem Rate verliehen. Das erkennst du jetzt, wie ein Kind am Weihnachtsfest beschämt erkennt, daß alles, was seine Eltern ihm in den früheren Wochen geboten oder verboten hatten, gut war, auch wenn es ihm unbequem war und wenn die Absicht nicht zu erkennen war. Und daß die Gaben, die es jetzt empfängt, die Krönung all der unverdienten Liebe und Güte waren, die es schon bisher genossen. Was dir vorher ein wirres Durcheinander schien, das erblickst du jetzt als ein wunderbares Gewebe goldener Fäden, von Gottes Meisterhand gewebt. Was du geworden bist, so wie du heute vor ihn trittst, bist du das aus eigener Kraft geworden? Beschämt sinkst du nieder und sprichst: »O Herr, ich bin viel zu gering aller Barmherzigkeit und Treue, die du an deinem Knechte getan hast!« (Gen 32,11) Oder ist es der Würfelfall eines blinden Schicksals? Hast du einen Hauch von Gottes Liebe verspürt, so kennst du den, der mächtiger ist als das Schicksal. Fühlst du wirklich, daß dich Gottes Hand umfängt, dann fühlst du auch, daß du mit allem, was du warst und geworden bist, ein Werk seiner Hand bist!

Mit allem?

> »Lasse seine milden Blicke
> Tief in deine Seele gehn!«

Mit allem? Muß nicht bald die Empfindung folgen: doch nicht mit allem!? Erhebt sich nicht bald so manches aus deiner Vergangenheit vor deinen Augen, daß du dich beschämt abwenden möchtest? Ja, fast möchten wir das vorhin Gesagte umkehren! Jetzt, wenn Gott sich dir offenbart, so fühlst du erst, wie fern du ihm warst, wie vieles in deinem Leben sich scheuen muß, in den Glanz des Weihnachtslichtes zu treten! Ja, das Licht der Weihnacht gibt uns ein deutliches Gefühl dafür, zu unterscheiden, was unser Werk und was Gottes Werk ist.

Aber doch muß es heißen: Du, so ganz, wie du bist, ein Werk aus Gottes Hand! Wohl erkennst du jetzt, was an dir Gott fremd war; aber du erkennst zugleich, daß es auch *dir selbst* fremd war! Und damit ist alle Schuld und Scham von dir gewichen, und freudig kannst du aufblicken. Das in dir, was in deinen besten Stunden auflebte, was dein höchstes Sehnen erfüllte, was du am liebsten immer als dein eigentliches Wesen hingestellt hättest und doch nicht konntest: das hat jetzt seine Erfüllung und Vollendung gefunden. Gott hat sich dir offenbart, aber keine fremde Macht ist in dein Leben getreten, dein Selbst betäubend, Unterwerfung erzwingend durch einen Machtanspruch; sondern eine Macht, nach der dein ganzes Sein hinstrebte wie der Bach die Felsen hinab zum Strom, wie der Strom zum Meere. Jetzt sprichst du: »Du hast uns zu dir hin geschaffen, und unser Herz ist unruhig, bis es Ruhe findet in dir!« (Augustinus, Bekenntnisse I, 1) Du weißt jetzt, daß Gott die Macht ist, die dich und alles umfängt, die allein eine Macht ist, hinter der alles versinken muß. Und das ist seine Bürgschaft für die Zukunft!

III

Der rechte Blick in die Zukunft

»Zündet man auch ein Licht an, daß man's unter einen Scheffel oder unter einen Tisch setze? Mitnichten, sondern daß man's auf einen Leuchter setze.«

Hast du die Macht Gottes in seiner Liebesoffenbarung gefühlt, so weißt du, wie widersinnig es wäre, an der Schwelle der Zukunft zu zögern oder den Blick schmerzlich zurückzuwenden! Du hast eine Macht kennen gelernt, die erhaben ist über alles, was wir sonst als Mächte des Lebens kennen, die nicht ein Glied in der Kette der weltwirkenden Kräfte ist, sondern die weit über dem allen steht und dich heraushebt, empor zu sich. Was die Zukunft in buntem Wechsel bringen mag: Gott ist immer derselbe. Deine eigene Kraft wirst du jetzt nicht mehr überschätzen, und dein Blick in die Zukunft wird kein träumendes Spielen sein. Den Erfolg deines Strebens wirst du einem anderen überlassen:

> »Herr, dir in die Hände
> Sei Anfang und Ende,
> Sei alles gelegt!«
>
> (Ed. Mörike, Zum neuen Jahr. Kirchengesang, Z. 16–18)

Und auch kein banges Sorgen wird dich, wenn du an die Zukunft denkst, befallen, denn du weißt, »daß weder Tod noch

Leben, weder Gegenwärtiges noch Zukünftiges dich scheiden können von der Liebe Gottes« (vgl. Röm 8,38f.).

Aber doch nicht als ein Fremder wirst du in dieser Welt deinen Weg gehen. Vielmehr wie Gottes Liebe dich gewiß machte, daß dein Leben und seine Verhältnisse von Gott geordnet waren und ihm als Mittel dienten, dich zu sich zu ziehen, so erkennst du jetzt auch, daß diese Welt nichts ihm Fremdes ist, sondern daß Gott dir in ihr deine Aufgaben zeigt, in denen du seinem Willen treu sein kannst. Nicht zurückscheuen wollen wir unter dem Weihnachtsbaum vor dem Gedanken an die alltägliche Arbeit. Nein! Das Licht der Weihnacht wirft seinen verklärenden Schimmer auch über sie. Wir können jetzt jede Arbeit betreiben in seinem Dienst, können das Kleine tun, als wäre es etwas Großes, und das Große, als wäre es etwas Kleines. In allem wird es uns gelingen, seine Hand treu zu halten.

Und zu welchem Ziel läuft denn all das Arbeiten und Streben der Menschen hinaus? Wo finden wir den Maßstab für unsere alltäglichen Pflichten? Noch eine besondere Weisung für die Zukunft gibt uns die Weihnacht.

»Zündet man auch ein Licht an, daß man's unter einen Scheffel oder unter einen Tisch setze? Mitnichten, sondern daß man's auf einen Leuchter setze.« Im Evangelium des Matthäus steht dieser Spruch in einem besonderen Zusammenhang. Er ist zu den Jüngern gesprochen. So wenig wie der Schein des Lichtes verborgen bleiben kann, so wenig können Menschen untätig und verborgen sein, in denen Jesus neues Leben geweckt hat (vgl. Mt 5,14–16). Der Gott, dessen Wirklichkeit uns Jesus offenbart hat, ist der Gott der Liebe. Hat er uns ergriffen, so fühlen wir zugleich, wie wir an seinem Wesen teilhaben: in der Liebe. Die Liebe ist uns dann kein Gebot mehr, zu dem wir uns zwingen müssen, sondern sie kommt uns selbstverständlich aus unserem Herzen. Es ist wie bei Kindern unter dem Weihnachtsbaum. Wenn es vorher vielleicht manche Uneinigkeiten gab: am Weihnachtsbaum ist alles vergessen. Eins zeigt dem anderen seine Geschenke, freut sich mit ihm und läßt es teilnehmen an seiner Freude. So soll es auch bei uns sein. Wir müßten uns schämen, wenn wir am Weihnachtsfest irgend an Haß oder Streit denken könnten. »Friede auf Erden!« singen die Engel den Hirten (Lk 2,14), und »Friede auf

Erden!«, so klingt es auch uns. Das Alte, was zwischen uns stand, ist gewichen, ein neuer Boden ist geschaffen, auf dem wir bauen können. Es ist, wie wenn jemand nach langer Zeit aus der Ferne in die Heimat zurückkehrt. Nur das Gute und Schöne der Heimat hat er behalten. Alles Kleinliche, Häßliche ist vergessen. Mit neuem Mut und mit neuer Freude kann er mit den Seinen die Arbeit beginnen. Wie wir gefunden haben, daß jeder an seiner Stelle mit den ihm gegebenen Mitteln Gott dienen kann, so weiß er jetzt auch, worauf dieser ganze Gottesdienst hinausläuft: Ein Reich der Liebe, ein Reich Gottes soll emporwachsen auf der Erde. Ein Herz für die Unseren im engen und im weiten Kreis! Hilfreiche Teilnahme an des anderen Leid, herzliche Mitfreude an seiner Lust, treue Mitarbeit an seinem Werk! So wird das Licht der Weihnacht hinausscheinen, und auch die fern Stehenden wird sein Strahl treffen, daß sie herzukommen und den »mit vollen Händen in unserer Mitte Stehenden« (vgl. Novalis, a.a.O., Z. 17) sehen, der uns zur Offenbarung der göttlichen Liebe geworden ist.

Ich denke, damit können wir unsere Andacht beschließen. Frohen Blicks können wir in die Zukunft sehen. Reich genug ist sie: denn Gott tut eine Welt vor uns auf. Sicher genug ist sie auch: denn Gott hält uns an seiner Hand. Keinen Traum haben wir gesehen, sondern was unserem Leben Kraft und Inhalt gibt, ist unser:

> »Unser ist sie nun geworden,
> Gottheit, die uns oft erschreckt,
> Hat im Süden und im Norden
> Himmelskeime längst geweckt.
> Und so laßt im vollen Gottesgarten
> Treu uns jede Knosp' und Blüte warten!«

(Novalis, a.a.O., Z. 31–36)

2. Korinther 3,4-6
Begeisterung

Predigt am 8. Juni 1908 (Pfingstmontag) in Marburg

Solches Vertrauen haben wir durch Christus zu Gott. Nicht daß wir von uns selbst aus kräftig wären mit eigenen Gedanken; sondern unsere Kraft stammt von Gott, der uns kräftig gemacht hat zu Dienern des neuen Bundes, nicht des Buchstabens, sondern des Geistes. Denn der Buchstabe tötet. Aber der Geist macht lebendig.

>»O du fröhliche, o du selige,
>Gnadenbringende Pfingstenzeit!«,
>
>(J. D. Falk)

so klingt es wieder in diesen Tagen. Und wieder wendet sich unser Blick zurück auf jene Schar der ersten Christen, die in der Tempelhalle zu Jerusalem in heiliger Begeisterung versammelt war. Zu jener Zeit, da das Feuer des Geistes die Jünger erfüllte und ihrem Leben eine Kraft und Frische ohnegleichen gab. Wo wir hineinsehen in die Urkunden jener Zeit, da klingt uns entgegen die Freude, diesen Geist zu besitzen, da leuchtet uns entgegen dies Bewußtsein des Lebens und des Sieges. Und dies Bewußtsein spricht auch aus den verlesenen Worten des Paulus. Vorüber war die dunkle Zeit des Gesetzesbuchstabens, die Zeit der Gottferne, des Todes. Gott hat ihm seine Kraft geschenkt, ihn zum Diener eines neuen Bundes gemacht im Geist des Lebens.

Und wieder werden wir gemahnt, unsre Zeit mit jener zu vergleichen. Ist auch unsre Zeit eine Zeit der Begeisterung? Hat jener Geist ausgebrannt, oder ist er noch lebendig unter uns? Wir zögern, gleich mit einem runden Ja oder Nein zu antworten. Wir fühlen: Zu schmerzlich wäre es, müßten wir nein sagen. Und doch hindert uns unser Gewissen, gleich fröhlich ja zu rufen. Wir fühlen: Es ist keine Frage der Neugier, sondern an der Antwort hängt etwas für uns; es ist eine bange Frage:

»O Licht, o Tröster, bist du, ach!
Nur jener Zeit, nur jener Schar verkündet?
Nicht uns, nicht überall, wo wach
Und Trostes bar sich eine Seele findet?«

(A. v. Droste-Hülshoff, Am Pfingstsonntage, Z. 36–39)

So laßt uns denn versuchen, ob wir eine Antwort finden können in den Worten des Paulus, in denen er von der Kraft des Geistes redet, die ihn erfüllt.

I

Es gibt zwar eine Klasse von Menschen, die wollen von dieser Frage nichts wissen; sie halten sie für höchst überflüssig. Begeisterung! Begeisterung ist Schwärmerei. Ruhe und klarer Blick ist im Leben notwendig. Begeisterung umnebelt das Auge; nur ruhige Überlegung kann jeden Schritt abmessen. Wir haben es vielleicht schon selbst erlebt, daß wir mit Menschen zusammen waren, die ganz erfüllt waren von frischer Begeisterung, deren Worte ganz getragen waren vom Siegesbewußtsein, so gar nicht angekränkelt von Grübelei und Zweifel: *wir* konnten uns nicht so geben, und das hielten wir für unsere Stärke. Wir zuckten vornehm die Schultern:

»Original, fahr hin in deiner Pracht!
Wie würde dich die Einsicht kränken!«

(J. W. v. Goethe, Faust II, Z. 6807 f.)

Wo die Begeisterung nur Licht und Glanz erblickt, da sieht die kalte Überlegung tiefe Schatten und Schwierigkeiten. Wo die Begeisterung hinausstürmt auf neuen Pfaden, da bleibt die kalte Überlegung zurück; sie weiß, daß Schmerz und Enttäuschung heute wie am ersten Tag des Menschen Spuren folgen. Wo die Begeisterung sich zum Mittelpunkt alles Seins macht und Kraft genug fühlt, die ganze Welt neu zu gestalten –

»Die Welt, sie war nicht, eh ich sie erschuf« –,

da erwidert kalt die Vernunft:

2. Korinther 3, 4–6

Wer kann was Dummes, wer was Kluges denken,
Das nicht die Vorwelt schon gedacht?«

(ebd., Z. 6794. 6809 f.)

So laßt uns denn sehen, welchen Weg uns die Vernunft führen will, wie sie mit dem Leben fertig wird. Sie kann rechnen. Sie kennt ihr Vermögen und die Grenze ihrer Kraft. Sie weiß die Verhältnisse der Welt abzuschätzen; sie betrachtet die Menschen mit kritischem Blick. Sie hofft nicht zuviel von ihnen. Sie kennt ihre selbstsüchtigen Neigungen und spekuliert mit ihnen. Keine Träume von Welterneuerung und Besserung der Menschen! Es bleibt doch alles, wie es war; so nimmt man es, wie es ist, und sucht sich so ein möglichst behagliches Leben zu zimmern.

Wir könnten fragen: Kann der Mensch es denn so aushalten in der Welt? Kann er so kühl und ruhig seinen Weg gehen bei allem Widerstand der Welt und allem Widersinn des Geschehens? Braucht er nicht etwas, was ihn erhebt über das Weltgetriebe, was ihm unverloren bleibt, wenn alles zerfällt?

Aber die kalte Vernunft würde antworten: Das ist ein schöner Wunsch! ein lockender Traum! weiter nichts. Gewiß, es geht nicht ab ohne Schmerz und Enttäuschung. Sie sind nie ausgeblieben und werden nie ausbleiben. Man muß sich von vornherein damit abfinden, dann nimmt man ihnen ihren Stachel. So fest, so kalt, so hart gilt es zu werden, daß keine Freude das Herz schwellen lassen, keine Hoffnung den Sinn begeistern kann. Dann wird auch kein Schmerz mehr dem Auge Tränen erpressen, keine Enttäuschung in Verzweiflung bringen. Das ist der Weisheit letzter Schluß: »Alles ist eitel!« (vgl. Pred 1,2)

Wie ist einem solchen Menschen zu helfen? Aber dürfen wir überhaupt von »helfen« reden? Hat er nicht recht? Wir fühlen es: Die Antwort muß »nein« lauten. Ein solches Leben ist kein wahrhaftes Leben, es ist die Maske des Lebens, es ist in Wahrheit der Tod.

Eine Erzählung berichtet von einem Mann, dessen Sinn hart und verknöchert geworden war. Er kannte nur kaltes Überlegen und Rechnen. Freude und Begeisterung waren aus seinem Leben gestrichen. Am Weihnachtsfest, wo alles um ihn her zum Jubel erwachte, wo alle Herzen warm und froher Begeisterung voll wurden, da hüllte er sich nur noch fester in seinen Mantel der Kälte und Abgeschlossenheit. Da hat er in der Weihnachtsnacht einen Traum. Der Geist der Weihnacht führt ihn zurück in seine Kindheit und zeigt ihm, wie er einst Weihnacht gefeiert, eh dieser Geist der Strenge und Kälte in ihm herrschte. Er sieht, wie viel reicher und glücklicher sein Leben damals war, als es durchzogen war vom Geist der Freude und Liebe. Und der Geist der Weihnacht führt ihn weiter in zahlreiche Häuser, in denen Weihnacht gefeiert wird. Da sieht er strahlende Gesichter, leuchtende Augen. Er sieht, wie reich und glücklich die Begeisterung die Menschen macht. Er sieht, wie arm und unglücklich er ist; wie dunkel und tot es in ihm aussieht. Und als er erwacht, ist er ein anderer Mensch (Ch. Dickens, Der Weihnachtsabend).

Auf diesem Wege können auch wir, wenn unser Herz erstarrt und kalt ist, erkennen lernen, wieviel wir verloren haben. Wenn wir mit einem Menschen zusammen waren, der solcher frohen Begeisterung fähig war, so mochten wir ihn wohl bedauern in selbstgewissem Mitleid und uns erhaben dünken im Besitz unserer besseren Weisheit. Aber nachher, wenn wir allein waren, beschlich uns doch ein anderes Gefühl. Wir mußten jenen Menschen beneiden. Und mögen hundertmal alle seine Hoffnungen unerfüllt vergehen: *etwas* lebt in ihm, was ihn [Ms.: »uns«] glücklicher macht, als wir sind; *etwas* ist in uns erstorben, was nicht ersterben dürfte. Wo wir ein solches siegesgewisses Leben sehen, das Liebe und Freude mit vollen Händen ausstreut, das andre Herzen entzündet, das um sich her einen Glanz verbreitet von Frieden und Reinheit und von Frische und Kraft, da müssen wir uns abwenden mit bösem Gewissen. Wir werden unser selbst unsicher. Wir fühlen: Das ist nicht das kurze Aufflackern jugendlicher Unbesonnenheit, sondern wir spüren da etwas von dem Walten einer höheren Macht, die jenen heraushebt aus der Kette irdischen Geschehens und ihn beseligt. An seinem Reichtum geht uns unsre Armut auf. Uns ist jene Macht fremd; wir stehen allein in der Welt.

»Der Buchstabe tötet, aber der Geist macht lebendig!« sagt Paulus. Diesem Wort liegt jene Erfahrung zu Grunde. Einst hatte Paulus unter dem Buchstaben des Gesetzes gelebt. Das Gesetz stellte ihn auf sich allein, es legte sein Wohl und Wehe in seine

2. Korinther 3, 4–6

Hand. Er stand allein der Welt gegenüber. Und er hatte erfahren: Ein solches Leben, das den Menschen nur auf sich selbst stellt, führt zum Tod. Aber Gottes Hand hatte ihn herausgerissen, ihn eine höhere Kraft schmecken lassen, ihm heilige Begeisterung geschenkt, ihm Mut und Leben verliehen. »Der Buchstabe tötet, aber der Geist macht lebendig.«

Und wenn heute am Pfingstfest unser Blick auf jene ersten Christen schaut: welche Begeisterung brannte in ihrem Leben! Wo sie die ganze Welt gegen sich hatten, da konnten sie erfüllt sein von stolzem Siegesbewußtsein in der Kraft des Geistes. Welcher Gegensatz menschlicher Berechnung und himmelstürmender Begeisterung:

> »Als die Verführer, und doch wahrhaftig!
> Als die Unbekannten, und doch bekannt!
> Als die Sterbenden, und siehe: wir leben!
> Als die Gezüchtigten, und doch nicht getötet!
> Als die Traurigen, und doch allezeit fröhlich!
> Als die Armen, und doch viele reich machend!
> Als die, die nichts innehaben, und die doch alles haben!«

(2 Kor 6,8–10)

Das ist ein Klang, der uns eine Ahnung von dem Glück und dem Reichtum gibt, den die Begeisterung verleiht! Jene Menschen waren Herren über die Welt und konnten festen Fuß fassen in der Welt, weil eine höhere Macht ihr Herz über die Welt erhob. Und wir, die wir nur die Welt und ihren immer gleichen Wellenschlag kennen, – wir haben die Heimat verloren! Wir sind fern von jener wärmenden, belebenden Sonne; um uns ist es Winter geworden; und dann:

> »Weh dem, der keine Heimat hat!«
>
> (Fr. Nietzsche, Vereinsamt, Z. 24)

Was ist uns die Welt geworden, uns, die wir jene weltfremden Schwärmer verlachten?

> »Die Welt – ein Tor
> Zu tausend Wüsten, stumm und kalt!

Wer das verlor,
Was du verlorst, macht nirgends Halt.«

(ebd., Z. 9–12)

Also so steht es? So sind wir denn auf ewig »zur Winter-Wanderschaft verflucht« (ebd., Z. 14)? Und es gibt keinen Rückweg mehr in die Heimat, in das Land der Sonne und Wärme? Oder könnte auch unser ausgestorbenes Herz wieder warm werden? Kann auch aus der Asche unsres Herzens die Flamme der Begeisterung wieder emporschlagen?

»O Licht, o Tröster, bist du, ach!
Nur jener Zeit, nur jener Schar verkündet?
Nicht uns, nicht überall, wo wach
Und Trostes bar sich eine Seele findet?
Ich schmachte in der schwülen Nacht;
O leuchte, eh das Auge ganz erblindet!
Es weint und wacht.«

(A. v. Droste-Hülshoff, a.a.O., Z. 36–42)

II

Wie gelangen wir dahin, daß auch uns dieser Geist zu teil wird, diese frohe Begeisterung, die reich und glücklich macht?

Haben wir erst einmal das Leben ohne jene höhere Kraft geführt, so geraten wir leicht auf einen falschen Weg, wenn wir nach besserem suchen. Wir hatten unsrer eigenen Kraft vertraut, und es ist schwer, das zu verlernen.

Die Verhältnisse des Lebens, in denen wir uns bewegten, waren starr und unlebendig. So wenden wir uns von ihnen ab. Ganz geht es freilich nicht. Wir sind an unseren Beruf gefesselt. Nun, so sehen wir unser Berufsleben nicht mehr als unser eigentliches Leben an. Wir machen es ab, so weit es nötig ist, damit es getan ist. Aber der Schwerpunkt unseres Lebens liegt anderswo. Er liegt da, wo wir nach unserer Arbeit Erholung, Erfrischung suchen, in Natur oder Kunstgenuß oder was es sei. Für eine Stunde alles vergessen! Sich alle Mühseligkeiten und Sorgen aus dem Sinn schlagen! Uns von den Klängen überwältigender Musik

2. Korinther 3, 4–6

begeistern zu lassen. Uns bei den Bildwerken großer Meister erheben in eine Sphäre reinerer Luft, fern vom Alltagsstaub. Da wollen wir Begeisterung trinken und Kraft schöpfen. Solche Augenblicke sollen unser Leben durchziehen, wie die brennenden Feuer in der ersten Mainacht hier und dort im Dunkeln aufleuchten auf den Bergen.

Aber was haben wir davon? Unser Leben ist ein wildes, zerrissenes Leben, ohne Frieden und Ruhe. Unsere Arbeit ist ein unerträglicher Sklavendienst, und unserem Genuß ist der Gedanke an das Aufhören als bitterer Nebengeschmack beigemischt. Wir finden nicht Selbsterhebung, sondern Selbstzerstreuung. Unser tiefstes Sehnen bleibt ungestillt.

Darum wollen uns andere Stimmen auf einen anderen Weg weisen. Abwendung von aller Welt! Sich fernhalten von ihren Gaben und Aufgaben. Verzicht auf alles Schöne und Erfreuende. Zurückgezogenheit in die Stille, Betrachtung, Andacht. Da, in weihevoller Stunde, flammt es in der Seele auf! Begeisterter Genuß des Göttlichen erhebt sie über das Irdische! Es ist das Leben eines Mönchs.

Aber nehmen wir es ernst, so kommen wir auch damit nicht zum Ziel. Wir Menschen sind so geschaffen, daß unsere Seele verknüpft ist mit dem Denken und Fühlen des natürlichen Lebens. Wir mögen uns drehen und wenden, wie wir wollen: wir kommen nicht heraus. Und meinen wir es doch zu können, so ist es Selbsttäuschung, wie uns nachher bitter bewußt wird. Es ist Selbstbetäubung, nicht Erhebung unseres ganzen Selbst. Zu einer frohen, freien Begeisterung kann es der Mensch im mönchischen Leben nicht bringen. Es ist ein zerrissenes Leben voll ängstlicher Gesetzlichkeit, voll Selbstvorwürfen, Enttäuschung, Niedergeschlagenheit, Verzweiflung.

Aber wer führt uns dann auf die Höhe, wo die reine Luft des Geistes weht? »Nicht daß wir von uns selbst aus kräftig wären mit eigenen Gedanken; sondern unsere Kraft stammt von Gott«, sagt Paulus. Wir können von uns selbst aus nichts tun, sondern müssen uns ganz in seine Hand geben. Solange wir uns mühen aus eigener Kraft, nach eigenem Plane, solange wir uns noch sträuben, unser *ganzes* Leben von seinem Geist durchdringen zu lassen: so lange sind wir auf dem verkehrten Wege, und es gilt immer noch von uns: »Der Buchstabe tötet.« Diese Begeisterung kann uns nur geschenkt werden von Gott.

Wenn uns eine höhere Macht niederwirft, die wir als erhaben über alle irdische Macht anerkennen müssen, eine Macht, die uns doch zugleich erhebt und der wir uns zugehörig und verwandt fühlen, dann erst kann uns dieses Siegesbewußtsein zu teil werden, dann erst kann die Flamme der Begeisterung emporschlagen: »Ist Gott für uns, wer mag wider uns sein!« (Röm 8,31)

Freilich herbeizwingen können wir diese Macht nicht. Was uns zu tun bleibt, ist nur eins: auf eigene Kraft verzichten, uns ganz Gott zu überlassen. Unser Herz ihm offenhalten, warten und lauschen auf das, was er uns zu sagen hat, auf seine Offenbarung, und aufrichtig bereit sein zu dem, was er aus uns machen will.

Es mag sein, daß uns am Ende langer Erfahrungen allmählich die selige Gewißheit aufgeht, daß Gottes Hand über uns waltet. Und es mag sein, daß es in *einer* wundervollen Stunde unser Herz erfaßt wie ein Sturm. Darauf kommt es nicht an, und das ist bei jedem Menschen verschieden. Wir können dem Wirken des Geistes kein Gesetz vorschreiben. Aber darauf kommt es an, daß wir einen offenen Sinn und ein williges Herz für Gott und sein Wirken behalten. Und wo eine Seele aufseufzt zu dem Licht, dem Tröster:

»Ich schmachte in der schwülen Nacht;
O leuchte, eh das Auge ganz erblindet!
Es weint und wacht« –

da, des dürfen wir gewiß sein, ist Gott nicht fern. »Wenn ihr, die ihr böse seid, euren Kindern gute Gaben geben könnt, wieviel mehr wird der Vater im Himmel den heiligen Geist geben denen, die ihn bitten!« sagt Jesus (Lk 11,13).

III

Und würdigt er uns seines Geistes, wie wird es dann in unserem Leben aussehen? Noch viele ungelöste Fragen liegen uns auf der Lippe!

Ist es dann im Leben vorbei mit allem Schmerz und Leid? So

ist es nicht. Und es wäre eine falsche Begeisterung, jetzt die ganze Welt in rosigem Lichte zu erblicken, nur auf Freuden und Erfolge gefaßt zu sein. Es wäre eine Begeisterung, die schnell verglühen müßte. Nein, das sollen wir wissen: Die Welt bleibt, wie sie ist, und dornenreich wird unser Weg auch fernerhin sein. Aber begeistert ist unser Herz ja nicht für unser eigenes Wohlergehen, sondern für Gottes Sache. Und Gottes Sache – das wissen wir – muß durch Leiden und Freuden hindurchdringen zum Siege. So werden wir auch bei jedem Schmerz fragen, was Gott uns damit sagen will. Und finden wir auch einen Augenblick die Antwort nicht, so wissen wir doch, »daß denen, die Gott lieben, alle Dinge zum Besten dienen« (Röm 8,28).

Und doch ist es nicht richtig, was wir eben sagten: Die Welt bleibt, wie sie ist. Unser ganzes tägliches Leben, unsere Berufsarbeit, die wir einst als drückende Last trugen, erhält jetzt ein anderes Gepräge. Wir sahen vorhin: Mit unzähligen Banden sind wir an die natürliche Welt geknüpft, und wir retten uns nicht vor der Sklaverei unter sie dadurch, daß wir der Welt den Rücken kehren. Aber jetzt wissen wir den rechten Weg. Jetzt erkennen wir in ihr die Aufgabe, die uns Gott gegeben hat, daß wir in ihr ihm dienen. Haben wir seinen Geist verspürt, so gehen uns die Augen auf, und wir lernen die Hand seines Geistes erkennen in unserem Tagewerk. Dann wird uns eine ganz andere Lust erfüllen bei der Arbeit. Nicht wir tragen die Sache, sondern die Sache trägt uns. Nicht Sklavendienst tun wir, sondern Gottes Spuren gehen wir nach, suchen sein Wesen herrlicher zu erkennen, seiner Wahrheit den Weg zu bereiten. Es ist nicht eine Begeisterung, die das Auge trübt, sondern eine begeisterte Liebe, die das Auge erst recht öffnet für die Schönheit der Sache. Und auch in dunklen Stunden, in denen uns der Mut fast schwinden will, kann uns das Bewußtsein Licht geben: Gottes Sache ist es auch in der geringsten Arbeit, die wir zu leisten haben. Gesetzesarbeit drückt nieder; Arbeit in Gottes Sache hebt empor. »Der Buchstabe tötet, aber der Geist macht lebendig.«

Und noch eins. Unsere Arbeit, die in dem großen Ineinandergreifen und Ineinanderwirken menschlichen Arbeitens steht, kann nicht vergeblich sein. Denn haben wir Gottes Macht über unser Herz gespürt, so wissen wir, daß jedes Menschenherz nach ihm hin geschaffen ist und daß alles Suchen und Ringen doch darauf hinauslaufen muß, Ruhe zu finden in ihm (vgl. Augustinus, Bekenntnisse I, 1). Und wenn wir im Dienste dieses großen göttlichen Heilsplans stehen, so muß auch unsere geringe Arbeit Frucht bringen.

Wir wissen vielleicht schon von solchen Erfahrungen zu reden, wo wir ganz, getragen von Gottes Geist, unsrer, seiner Sache uns hingaben. Aber nichts Menschliches ist mit einem Schlage vollkommen, und wir fühlen alle, wieviel uns noch fehlt. So soll uns denn das Pfingstfest wieder dazu mahnen, unser Herz dem Geiste Gottes zu öffnen, bereit zu sein, Kraft zu nehmen von ihm, daß sich diese Stimmung der Begeisterung und Freude über unser ganzes Leben verbreitet, damit es in Wahrheit ein Leben ist. Und unser aller Bitte, wie weit wir auch auf dem Wege sind, muß lauten:

> »O komm mit Brausen, heiliger Geist!
> Komm, Flamme, siegende, rasche!
> Und sprenge die Grüfte, und wecke zumeist
> Der Lebenden Herzensasche!
>
> Bring einen Hoffnungslenz herbei
> Den Herzen der Geringsten,
> Und leg den verzäunten Himmel frei!
> Komm, fröhliches, seliges Pfingsten!«

(Pr. E. v. Schoenaich-Carolath, Kirchgang, 14. u. 19. Str.)

2. Korinther 4,6–11
Hineinwachsen in das Leben des Herrn

Predigt am 12. April 1909 (Ostermontag) in Hammelwarden/Oldb.

Der Gott, der sprach: »Aus Finsternis soll Licht leuchten«, hat es in unsern Herzen Tag werden lassen und die Erkenntnis von der Herrlichkeit Gottes auf dem Antlitz Christi aufleuchten lassen. Wir haben aber diesen Schatz in tönernen Gefäßen, auf daß die überschwengliche Kraft sich als Gottes Kraft erweise und nicht als von uns.

Wir haben allenthalben Trübsal, aber wir ängsten uns nicht,
Uns ist bange, aber wir verzagen nicht,
Wir werden verfolgt, aber wir werden nicht verlassen,
Wir werden unterdrückt, aber wir kommen nicht um.
Wir tragen allezeit den Tod Jesu an unserm Leibe umher,
Damit auch das Leben Jesu an unserem Leib sich offenbare.
Denn immerdar werden wir bei Leibesleben um Jesu willen in den Tod gegeben,
Damit auch das Leben Jesu an unserem sterblichen Fleisch sich offenbare.

> »Die Losung ist gegeben:
> Es lebet unser Herr!
> Wir sollen mit ihm leben
> Zu seines Namens Ehr.«

So klingt es am Osterfest. »Wir sollen mit ihm leben!« Eine tröstliche Botschaft, daß uns am Ende unsrer Erdenwanderschaft sich ein neues, unvergängliches Leben auftut. Aber wie manchem von uns geht es wie dem Dichter:

> »Die Botschaft hör ich wohl,
> Allein mir fehlt der Glaube.«
>
> (J. W. v. Goethe, Faust I, Z. 765)

Finden wir einen Weg heraus aus dem Schwanken zwischen Hoffnung und Zweifel? Gibt es wirklich ein Jenseits? Oder ist es nur ein Traum, erfunden, uns in den Mühen und Nöten der Welt zu trösten? ein schöner Betrug? Wer ihn erkannt hat, muß verzweifeln!

Auf diese Frage hat nur der eine Antwort, der jetzt schon etwas von diesem neuen Auferstehungsleben in sich spürt. Paulus spricht von diesem Leben als einem Schatz, den er schon jetzt besitzt, freilich in einem tönernen Gefäß. Wer von diesem Schatz noch nichts hat, der wird auch einst leer dastehen, wenn das Gefäß zerbrochen wird. Darüber hinaus hat nur der eine Hoffnung, der schon jetzt dies unvergängliche Leben in sich wirken spürt. Sollen wir einst Erben sein, so müssen wir jetzt schon Kinder sein; denn nur die Kinder erben (vgl. Gal 4,7; Röm 8,17). Das Leben der Ewigkeit ist eine Frucht, zu der die Saat schon in unserem jetzigen Leben gestreut sein muß, die schon jetzt treiben und keimen und Blüten treiben muß. Fühlen wir davon noch nichts, so können wir auch nicht mit froher Zuversicht auf die Frucht hoffen.

Im vorhergehenden Kapitel redet Paulus davon, daß wir in sein [des Herrn] Bild umgewandelt werden von Klarheit zu Klarheit, von Herrlichkeit zu Herrlichkeit (vgl. 2 Kor 3,18). Von diesem Umgewandeltwerden in das Bild des zur Herrlichkeit Erhöhten, von diesem Hineinwachsen in sein Leben wollen wir reden.

I

Hineinwachsen in Jesu Tod

Paulus spricht davon, daß das Leben Jesu an unserem Leibe sich offenbare. Aber er setzt vorher den Satz: »Wir tragen allezeit den Tod Jesu an unserem Leibe umher.« Wollen wir hineinwachsen in das Leben des Auferstandenen, so müssen wir auch hineinwachsen in seinen Tod.

Paul Gerhardt besingt in seinem Osterliede »Auf, auf, mein Herz, mit Freuden« den Sieg, den Jesus über den Tod erkämpft hat, und weiter, wie der erlöste Mensch der Fahne Christi nachfolgt, mit ihm im Siegeszuge »durch Welt, durch Sünd, durch Tod« (vgl. ebd., 6. Str.). Der Herr führt seinen getreuen Gefolgsmann sicher zum Ziel. Zum Schlusse heißt es:

> »Er bringt mich an die Pforten,
> Die in den Himmel führt,
> Daran mit güldnen Worten
> Der Reim gelesen wird:
> Wer dort wird mit verhöhnt,
> Wird hier auch mit gekrönt;
> Wer dort mit sterben geht,
> Wird hier auch mit erhöht.«
>
> (ebd., 8. Str.)

In diesen Worten hat der Dichter das ausgedrückt, worauf es ankommt, wenn wir teilhaben wollen am Siege Jesu. Die Worte stehen wie ein Spruch in leuchtenden Goldbuchstaben über dem Tore, das zur Ewigkeit führt:

> »Wer dort wird mit verhöhnt,
> Wird hier auch mit gekrönt;
> Wer dort mit sterben geht,
> Wird hier auch mit erhöht.«

Wir müssen hineinwachsen in Jesu Leiden, in seinen Tod. Wie ist das gemeint? Im Mittelalter gab es Mönche und Nonnen, die meinten, es sei ein Zeichen von Vollkommenheit, wenn man die Spuren der Leiden Jesu an seinem eigenen Körper aufweisen könne; wenn man selbst die Nägelmale in Händen und Füßen und die Wunde in der Seite trage. Und es wird erzählt, daß einige dieser sonderbaren Heiligen im überreizten Zustand ihrer Nerven die Wundemale an sich wahrzunehmen glaubten. Das war eine Verirrung der Phantasie. Wir sollen uns nicht besondere Leiden suchen, sondern wir sollen die Leiden tragen lernen, die Gott uns in unserem Leben schickt. Das Leben ist ein Kampf mit feindlichen Gewalten. Ein Dichter antwortet auf die Frage, welche Grabinschrift man ihm setzen solle:

> »Nicht so vieles Federlesen!
> Schreibt auf meinen Leichenstein:

Dieser ist ein *Mensch* gewesen,
Und das heißt ein *Kämpfer* sein.«

(vgl. J. W. v. Goethe, Divan, Paradies, Einlaß, Z. 13–16)

Nur darauf kommt es an, daß wir den Kampf kämpfen, wie Jesus ihn gekämpft hat, daß es wirklich ein Kampf ist, der dem seinen gleichgestaltet ist, daß wir wirklich im Schmerz mit ihm zusammenwachsen, daß wir wirklich, wie Paulus sagt, den Tod Jesu an unserem Leibe umhertragen. Wohl bäumte sich in der höchsten Stunde der Not sein Inneres einmal auf und legte ihm die Worte auf die Lippen: »Mein Vater! Ist es möglich, so gehe dieser Kelch von mir!« Aber doch beugte er sich in Demut: »Doch nicht wie ich will, sondern wie du willst« (Mt 26,39). Nur wenn es uns gelingt, unser Leid hinzunehmen als Gottes Willen, als eine Prüfung, die er uns schickt, nur dann ist es wirklich ein Leiden, das dem seinen gleichgestaltet ist.

Aber ein Christ hat freilich nicht nur die Leiden hinzunehmen, die der Weltlauf so mit sich bringt. Er hat noch ganz besondere Leiden. Wenn es gilt: *Mensch* sein heißt Kämpfer sein, so gilt es noch viel mehr: *Christ* sein heißt Kämpfer sein.

Sehen wir auf Paulus! Er redet in unserm Text davon, daß er allenthalben Trübsal hat, daß ihm bange ist, daß er verfolgt und unterdrückt wird, daß er so immerdar bei Leibesleben in den Tod gegeben wird. Als Christ hatte er einen neuen Beruf an die Menschheit bekommen, und sein ganzes Leben in der Ausführung dieses Berufs war ein Kampf. Er zählt es einmal den Korinthern auf, was es heißt, ein Diener Christi zu sein. Er ist ein solcher Diener Christi:

»In Mühsal – überreichlich,
In Gefängnissen – überreichlich,
Unter Schlägen – übers Maß,
In Todesgefahr – wie so oft!
Dreimal bin ich gestäupt, einmal gesteinigt;
Dreimal habe ich Schiffbruch gelitten;
Einen Tag und eine Nacht trieb ich auf den Wellen!
Ferner, wie so oft auf der Wanderung!
Gefahren der Flüsse, Gefahren von Räubern,

Gefahren von meinem Volk, Gefahren von Heiden,
Gefahren in der Stadt, Gefahren in der Wüste,
Gefahren auf dem Meer, Gefahren unter falschen Brüdern!
Mühsal und Beschwerde, Nachtwachen wie oft!
Hunger und Durst, Fasten wie oft!
Kälte und Blöße!
Und neben allem Übrigen das tägliche Überlaufenwerden,
Die Sorge für alle meine Gemeinden!
Wer ist schwach, und ich wäre es nicht?
Wer ist in Versuchung, und ich brenne nicht?«
(2 Kor 11,23.25–29)

Das war sein Leben, und ein solches Leben ist wahrhaftig ein Kampf.

Wir haben nicht den Apostelberuf; aber doch gilt es für uns alle: Christ sein heißt Kämpfer sein. Auch wir müssen oft Arbeit und Mühe auf uns nehmen um unsres Nächsten willen. Für einen Kranken wachen, für einen Müden einen Weg machen. Da geht es oft nicht ohne Kampf. Wir waren vielleicht grade mit der eigenen Arbeit fertig und wollten uns die wohlverdiente Ruhe gönnen. Da sahen wir, daß ein andrer sich noch mühte und sich nicht helfen konnte. Haben wir in dem Kampf mit unsrem Herzen gesiegt, unsre eigene Bequemlichkeit vergessen und sind ihm beigesprungen? Wir hatten uns vielleicht grade die Mittel gespart für ein besonderes Vergnügen, wir hatten uns darauf gefreut und uns schon ausgemalt, wie schön es würde. Da lasen wir von einem Unglücksfall, durch den viele Familien in Armut und Not gebracht sind. Haben wir im Kampf gesiegt, auf unser Vergnügen verzichtet und unser Erspartes zur Unterstützung und Linderung der Not gesandt? Wenn wir immer auf die leise Stimme unseres Gewissens hören, so merken wir bald: Christ sein heißt Kämpfer sein.

Im Johannesevangelium ist es einmal stark so ausgedrückt: »Wer sein Leben *haßt,* der wird es erhalten zum ewigen Leben« (vgl. Joh 12,25). Unser Leben hassen! Ist es nicht etwas Unmenschliches, Unmögliches? Wie kann dabei die Welt bestehen, wie kann es dann noch Arbeit und Fortschritt geben? Sollen wir uns alle wie Mönche in die Einsamkeit zurückziehen und die

Stunde unsres Todes herbeisehnen? So ist es freilich nicht gemeint. Ein Mensch, der es ernst nimmt mit seinem Leben, der einem hohen Ziele nachstrebt, der kennt diesen Haß gegen das Leben. Er kennt den Schmerz, den ihm oft die Gebundenheit an das leibliche Leben verursacht hat. Er wurde aufgehalten durch Schwäche und Müdigkeit, der Flug seines Geistes wurde gehemmt durch kleinliche Nahrungssorgen, und er wünschte, sein Geist sei frei, ledig von diesem Leibesleben, und er begann dies Leben zu hassen. Der Christ, der dem Ewigen zustrebt, sieht oft mit Schmerz, wie er mit niederdrückenden Ketten an dies irdische Leben gefesselt ist. Er möchte Gutes tun und kann es nicht, da ihm die Mittel fehlen. Er möchte für Gottes Sache wirken und sieht, wie sich das Leben der Welt ihr entgegenstellt, und er beginnt dies Leben zu hassen. Er sieht, wie sein eigenes Leben mit der Welt durch tausend Bande verknüpft ist; wie oft hindern ihn Furcht und Schwäche, seiner besseren Überzeugung zu folgen, wie oft unterliegt er im Kampf mit der Versuchung, und er beginnt sein eigenes Leben zu hassen. So wird das Dasein zu einem Kampf mit sich selbst, er stirbt diesem Leben ab. »Ständig werden wir bei Leibesleben um Jesu willen in den Tod gegeben; wir tragen immerdar den Tod Jesu an unserem Leibe umher.«

II

Hineinwachsen in Jesu Leben

Aber die Worte des Paulus haben noch eine andere Seite: »Wir tragen immerdar den Tod Jesu an unserem Leibe umher, damit auch das Leben Jesu an unserem Leib sich offenbare. Ständig werden wir bei Leibesleben um Jesu willen in den Tod gegeben, damit auch das Leben Jesu an unserem sterblichen Fleisch sich offenbare.«

Das Bild unseres Lebens ist nicht nur ein trübes, graues Gemälde, sondern es ist durchzogen von leuchtenden, hellen Linien. Es gilt nicht nur: hineinwachsen in den *Tod* Jesu, sondern auch: hineinwachsen in sein *Leben*. Es gilt nicht nur: Christ sein heißt *Kämpfer* sein, sondern auch: Christ sein heißt *Sieger* sein.

Wer gelernt hat, sein Leben zu hassen, der wird bald merken, daß er so erst zur rechten *Freiheit* über das irdische Leben gekommen ist. Desto leichter wird ihm der nötige Verzicht auf ihre Freuden, desto leichter trägt er Schmerz und Verlust. Eine Ruhe und Sicherheit kommt über ihn. »Mein Reich ist nicht von dieser Welt«, sagt Jesus; »wäre es von dieser Welt, so würden meine Diener darum kämpfen« (Joh 18,36). Dann würde es Aufregung und Krieg geben, und mit Jesu Gefangennahme wäre seine Sache verloren. Aber ruhig steht Jesus da, im Innern herrscht Freiheit und Friede, denn sein Reich ist nicht von dieser Welt, und Haß und Bekämpfung dieser Welt können ihm deshalb nicht schaden.

So sollen auch wir in diese Freiheit hineinwachsen. Haben wir einmal den Haß gegen die Welt und ihr Leben empfunden, so haben wir die Freiheit von ihr erlangt. Wir schauen aus nach dem Ewigen, Bleibenden, wir sind bereit, hineinzuwachsen in das Leben Christi. Wie wachsen wir hinein in dies Leben? »Es gibt nur einen Weg, auf dem wir dieses Lebens teilhaftig werden können: ,Wer an mich glaubt', heißt es, ,der wird leben' [Joh 11,25]. An ihn glauben heißt, die Seele verlangend auf ihn gerichtet halten, sich ihm vertrauensvoll und willig aufschließen, sich seinen Wirkungen aussetzen wie die Blume den Strahlen der Sonne. Wo das geschieht, da kann dies Leben in unser Inneres eindringen und von dort aus auf unser ganzes Wesen und Leben wirken, es erneuern, es umgestalten, es reinigen, es nähren, es tragen« [Ms.: »Benz«, s. G. Benz, In der Gewalt Jesu, 1905, S. 113]. Dann soll es weiterhin nicht bei diesem Haß [gegen die Welt] bleiben, sondern wir können uns ruhig in ihr bewegen, an der Arbeit in der Welt teilnehmen, auch ihre Freuden dankbar genießen, wenn wir nur stets im Herzen frei von ihr sind, das heißt, wenn wir bereit sind zu verzichten, wenn es um Gottes Sache willen sein muß.

Den Apostel Paulus fragten einst die Korinther, ob die christliche Freiheit von der Welt nicht darin bestände, daß man auf alle Anteilnahme an der Welt verzichte. Darf man heiraten? Darf man teilnehmen an ihrer Freude und ihrem Leid? Darf man Handel treiben? Und er antwortet ihnen ganz ruhig: Gewiß, das darf man alles. Aber, sagt er,

»Die Weiber haben, sollen sein, als hätten sie keine,
Die weinen, als weinten sie nicht,
Die sich freuen, als freuten sie sich nicht,
Die kaufen, als ob sie nichts behalten,
Die mit dieser Welt verkehren, als ob sie nichts davon haben.
Denn die Gestalt dieser Welt geht dahin.«

(1 Kor 7,29–31)

Das heißt, wir sollen teilnehmen an dieser Welt, aber doch im Herzen frei davon sein; denn diese Welt ist vergänglich. Wer sein Herz an die Vergänglichkeit hängt, mit dem ist es vorbei, wenn er aus dieser Welt scheidet. Wer aber frei geworden ist von dieser Welt, für den hat Vergänglichkeit und Tod nichts Schreckendes mehr; er kennt etwas Ewiges, Bleibendes; er ist hineingewachsen in das Leben Christi.

Und dies neue Leben zeigt seine Kraft nicht nur in der Freiheit von der Welt, sondern auch in der *Herrschaft* über die Welt.

Wohl hielten die Feinde Jesus gefangen und glaubten mit ihm zu tun, was sie wollten. In Wahrheit mußte ihr Tun nur dazu dienen, seinem Leben den Sieg zu bereiten. Und das Kreuz, das das Wahrzeichen seiner Schande und Niederlage zu sein schien, wurde, ihnen zum Ärgernis, das Wahrzeichen seines Triumphs. Das Kreuz wurde die Siegesfahne, unter der seine Sache von Land zu Land drang und seinem Geiste die Erde untertan macht.

Je mehr wir hineinwachsen in dies Leben, desto mehr werden auch wir uns des Sieges im Kampfe mit der Welt bewußt. Mag sie uns noch so oft entgegenstehen, mag sie den Wirkungen des Lebens Jesu noch so sehr widerstreben, die Sieger in der Welt bleiben doch die, in deren Herzen die Herrlichkeit Gottes aufgegangen ist. Wie ein Triumphlied klingen die Worte des Paulus:

»Wir haben allenthalben Trübsal, aber wir ängsten uns nicht,
Uns ist bange, aber wir verzagen nicht,
Wir werden verfolgt, aber wir werden nicht verlassen,
Wir werden unterdrückt, aber wir kommen nicht um.«

Und weiter in seinem Brief schildert er die Christen:

»Als die Unbekannten, und doch bekannt,
Als die Sterbenden, und siehe: wir leben,

> Als die Gezüchtigten, und doch nicht getötet,
> Als die Betrübten, und doch allezeit fröhlich,
> Als Bettler, und die doch viele reich machen,
> Als die nichts haben, und die doch alles haben!«

(2 Kor 6,9 f.)

Paul Gerhardt singt:

> »Die Welt ist mir ein Lachen
> Mit ihrem großen Zorn.
> Sie zürnt und kann nichts machen,
> All Arbeit ist verlorn.
> Die Trübsal trübt mir nicht
> Mein Herz und Angesicht;
> Das Unglück ist mein Glück,
> Die Nacht mein Sonnenblick.«
>
> (a.a.O., 5. Str.)

Aber die Welt ist uns nicht nur zum Spott geworden, sondern sie ist das Arbeitsfeld für unser neues Leben. Unser Leben ist der Sauerteig, der die Welt durchdringt. Der Geist der Liebe wirkt nicht mit wuchtigen Schlägen wie äußere Gewalt. Aber er wirkt doch im stillen mit unwiderstehlicher Kraft. Gewalt und Heftigkeit vereiteln im Gegenteil oft den Sieg, aber die Liebe sammelt feurige Kohlen auf das Haupt des Feindes und überwindet ihn desto sicherer (vgl. Röm 12,20 f.). Ein Mensch, der erfüllt ist von dem neuen Leben, verbreitet um sich einen unwiderstehlichen Glanz, vor dem sich jeder beugen muß. In einem Familienkreise, in dem dieser Geist herrscht, fühlt sich jeder wohl, und solche Menschen dünken ihm beneidenswert. Solche Menschen sind auch geschickt, in der Welt ihren Platz auszufüllen. Sie wissen, was treue Pflichterfüllung ist, man kann sich auf sie verlassen und vertraut ihnen etwas an. Je mehr wir hineinwachsen in dies neue Leben, desto mehr erkennen wir, daß das die festen Punkte sind im Weltgetriebe, wo dies Leben schon festen Fuß gefaßt hat; desto mehr fühlen wir, daß es dies Leben ist, das in der Welt Bestand und Sicherheit hat. Paulus sagt: »Das Reich Gottes ist Gerechtigkeit, Friede und Freude im heiligen Geist« (Röm 14,17). Solch ein Geist wirkt unter den Menschen, die in das neue

Leben hineingewachsen sind. Hier fühlen wir: Das Reich Gottes hat schon seinen Anfang genommen, und diese Saat ist unvergänglich (vgl. 1 Petr 1,23).

Und blicken wir noch einmal auf uns selbst: Je mehr wir uns im Kampf mit uns selbst überwinden, desto mehr fühlen wir, wie wir im Innern sicherer und fester, froher und glücklicher werden. Wir können uns kaum mehr denken, daß es früher anders mit uns war; denn der neue Geist ist die Kraft unseres Lebens geworden, die Luft, in der wir atmen. Und desto deutlicher fühlen wir, daß Gott mit uns ist mit seiner Treue und Gnade und uns an seiner Hand hält. Wir werden verwandelt, wie Paulus sagt, in das Bild des Herrn, von Klarheit zu Klarheit, von Herrlichkeit zu Herrlichkeit.

Und blicken wir schließlich in die Zukunft: Tragen wir unsern Schatz auch in tönernen Gefäßen, so wissen wir doch, daß er unverlierbar ist. Wer hineingewachsen ist in Jesu Tod und sein neues Leben, der gehört zu einer neuen Menschheit. Von dieser Menschheit sagt Paulus: »Gleichwie sie alle in Adam starben, so werden sie alle in Christus lebendig gemacht werden« (vgl. 1 Kor 15,22). Wer Jesus nachgewandelt ist, wer hineingewachsen ist in sein neues Leben, der kann gewiß sein: Gott knickt dem Baum seines Lebens nicht die Spitze ab, sondern läßt ihn in den Himmel wachsen. Wer aber nicht von der Erde emporgewachsen ist zur Höhe, wer wie ein kriechendes Gewächs seinen Weg suchte im Staube, wie mag Gott den in den Himmel nehmen? Auferstehen ist Wachsen; es ist nicht Fortleben, sondern Fortwachsen! [Ms.: »nach Daab«, vgl. Fr. Daab, Jesus von Nazaret, wie wir ihn heute sehen, 1907, S. 70 f.]

1. Korinther 13
Liebe

Predigt am 26. Dezember 1910 (2. Weihnachtstag) in Hammelwarden/Oldb.

*Wenn ich mit Menschen- und mit Engelzungen redete
Und hätte der Liebe nicht,
So wäre ich ein tönend Erz
Oder eine klingende Schelle.*

*Und wenn ich weissagen könnte
Und wüßte alle Geheimnisse und alle Erkenntnis,
Und wenn ich allen Glauben hätte, also daß ich Berge versetze,
Und hätte der Liebe nicht,
So wäre ich nichts.*

*Und wenn ich alle meine Habe austeilte
Und meinen Leib dahingäbe zum Verbrennen,
Und hätte der Liebe nicht,
Es hülfe mir nichts.*

*Die Liebe ist langmütig und gütig,
Die Liebe neidet nicht,
Sie prahlt nicht,
Sie bläht sich nicht,
Sie stellt sich nicht ungebärdig,
Sie sucht nicht das Ihre,
Sie läßt sich nicht erbittern,
Sie trägt nichts Böses nach,
Sie freut sich nicht über das Unrecht,
Sie freut sich aber der Wahrheit,
Sie verträgt alles,
Sie glaubt alles,
Sie hofft alles,
Sie duldet alles.*

*Die Liebe fällt nie dahin.
Weissagungen gehen dahin,*

*Sprachen hören auf,
Erkenntnis geht dahin.
Denn Stückwerk ist unser Erkennen,
Stückwerk unser Weissagen.
Wenn aber einst das Vollkommene kommt,
So hat das Stückwerk ein Ende.*

*Als ich ein Kind war, redete ich wie ein Kind,
Ich fühlte wie ein Kind,
Ich dachte wie ein Kind.
Nun ich ein Mann geworden,
Tat ich ab, was kindisch war.
Jetzt sehen wir alles wie in einem Spiegel in Rätselgestalt,
Dann aber von Angesicht zu Angesicht.
Jetzt erkenne ich stückweise,
Dann aber werde ich erkennen,
So ganz wie ich erkannt bin.*

*Nun aber bleiben Glaube, Hoffnung, Liebe,
Diese drei;
Die größte unter ihnen aber ist die Liebe.*

Liebe Gemeinde! Es ist wohl nicht verwunderlich, wenn wir uns bei unserer Andacht am zweiten Weihnachtstage durch das eben gehörte Kapitel führen lassen, durch diese Worte des Paulus, die man das Hohelied der Liebe genannt hat. Denn wenn es *eine* Zeit im Jahre gibt, in der die Liebe, die uns allezeit erfüllen soll, einmal kräftig aufleuchtet und auch auf alle Kleinigkeiten ihren Glanz fallen läßt, so ist es das Weihnachtsfest. Und wenn es auch für Menschen gleichgültigen und gar erstorbenen Herzens *eine* Zeit gibt, in der das verlöschende Feuer wieder aufflackert, in der alte liebe Erinnerungen sie weicher stimmen und auch in ihre Augen einen Schimmer von Liebe bringen, so ist es das Weihnachtsfest. Und wenn wir die schönsten und höchsten Worte suchen, die Liebe, deren Segen wir am Weihnachtsfest erfahren, zu preisen, so finden wir wohl keine würdigeren als die Worte des Paulus. So wollen wir uns denn heute von ihnen leiten lassen, damit unser Herz immer voller werde von der Liebesmacht, die uns am Weihnachtsfest reich machen will.

I

Die Liebe, das Schwerste auf der Welt

Wir können keine würdigeren Worte finden, die Liebe zu *preisen*, sagten wir soeben. Aber sind die Worte des Paulus wirklich ein *Preis* der Liebe?

Wenn wir auf den Zusammenhang achten, in dem unser Kapitel steht, scheinen sie vielmehr etwas anderes zu sein: eine *Mahnung*. Die vorhergehenden Worte lauten: »Strebt aber nach den besten Gaben; und ich will euch noch einen köstlicheren Weg zeigen« (1 Kor 12,31). In der korinthischen Gemeinde hatte sich nämlich ein ehrgeiziges Streben, eine Eifersucht entwickelt. Jeder ließ seine Gaben leuchten: Lehrgeschick oder Redegewandtheit oder die Gabe weisheitsvoller Schriftauslegung und dergleichen. Jeder wollte die Hauptrolle spielen. Da sagt Paulus: All diese Geistesgaben sind gut und nützlich, und ihr sollt nach ihnen streben. Aber die Hauptsache habt ihr vergessen. Die erste und herrlichste Gabe ist die Liebe; nach ihr gilt es am ersten zu streben. Also nicht in erster Linie ein Lobpreis, sondern eine Mahnung will unser Kapitel sein.

Und den Ernst dieser Mahnung hört man auch herausklingen aus der Beschreibung der Liebe:

> »Die Liebe ist langmütig und gütig,
> Die Liebe neidet nicht,
> Sie prahlt nicht,
> Sie bläht sich nicht,
> Sie stellt sich nicht ungebärdig,
> Sie sucht nicht das Ihre,
> Sie läßt sich nicht erbittern,
> Sie trägt nichts Böses nach,
> Sie freut sich nicht über das Unrecht,
> Sie freut sich aber der Wahrheit.«

Bei der Liebe handelt es sich also um etwas viel Schwereres, viel Ernsteres als bei den Geistesgaben, auf die ihr so stolz seid! Da gilt es nicht, sein Licht leuchten zu lassen und sich im eigenen Glanze zu sonnen. Die Liebe sucht nicht das Ihre, sondern das des anderen (vgl. 1 Kor 10,24). Da gilt es, sich und sein Wohl zu vergessen und aufzugehen im anderen.

> »Die Liebe trägt alles,
> Sie glaubt alles,
> Sie hofft alles,
> Sie duldet alles.«

Wahrhaftig, ist das Liebe, so ist die Liebe etwas sehr Ernstes und Schweres!

Und dennoch hat der erste Eindruck recht: Unser Kapitel klingt doch mehr wie ein Lobpreis als wie eine Mahnung. Paulus sagt nie direkt: *Seid* langmütig, *seid* freundlich usw. Er *beschreibt* nur die Liebe: Seht! So sieht sie aus! Er beschreibt ihre Größe, ihren Wert, der alles überragt, aber er fordert nicht direkt zur Liebe auf. Und zum Schluß – scheint es – hat er die Mahnung ganz vergessen. Da ist er ganz versunken in die Anschauung der Liebe, und seine Worte sind ein Preis ihrer Herrlichkeit.

Die Mahnung scheint vergessen. Was mag der Grund sein? Wie kommt es, daß Paulus überhaupt hier seine Worte nicht in direkte Ermahnungen faßt, sondern nur beschreibt? daß, wo er mit einer dringenden Mahnung schließen müßte, er mit einem begeisterten Lobpreis endet?

Das zeigt uns, wenn wir nachdenken, nur noch viel deutlicher, wie richtig es ist, was wir oben sagten: Die Liebe ist etwas sehr Ernstes und Schweres, ja, die Liebe ist das Schwerste auf der Welt. Denn Paulus fühlt sehr tief: Zu solcher Liebe, wie er sie beschreibt, *kann* man im Grunde gar nicht ermahnen. Die Forderung ist zu schwer.

> »Die Liebe trägt *alles,*
> Sie glaubt *alles,*
> Sie hofft *alles,*
> Sie duldet *alles.*«

Wer, der ehrlich ist, möchte von sich behaupten: Wenn ich mich nur recht anstrenge, so ist mir das möglich? Das kann keiner von uns! Man kann sich zu vielem überwinden. Man kann durch strenge Zucht wohl Mund und Hand in seine Gewalt bringen und seinem Nächsten in Wort und Tat freundlich gegenübertreten. Aber sein Herz selbst kann man nicht zwingen, immer wahrhaftig Anteil zu nehmen an Freud und Leid des Nächsten. Wir können wohl einzelne Stücke aus den Worten des Paulus herausgreifen: Die Liebe *duldet* alles! Ja, es mag sein, daß einer sich so weit überwindet. Aber die Liebe *glaubt* alles, sie *hofft* alles! Immer nur das Beste glauben von dem, der uns im Inneren zuwider ist? Zu hoffen, daß es ein gutes Ende mit dem nehmen wird, den wir nicht achten können? Das können wir nicht. Paulus ist sich dessen wohl bewußt. »Wenn ich alle meine Habe den Armen austeilte!« Wer ist dessen fähig? Und mag es auch unter Tausenden einer sein; es hilft ihm nichts. Die Liebe hat er damit noch nicht. »Und wenn ich meinen Leib dahingäbe zum Verbrennen!« Es gab Menschen, die haben sich das abgerungen, aber die Liebe haben sie sich damit nicht errungen. Das allein war ihnen nichts nütze. Zu allem kann man sich zwingen, aber nicht zur Liebe. Die Liebe ist das Schwerste auf der Welt!

Wir wollen das aber in erster Linie nicht auf uns selbst beziehen, sondern uns dessen bewußt sein im Verkehr mit anderen. Jeder Mensch ist geneigt zu beanspruchen, daß ihm die Leute freundlich entgegenkommen. Tun sie es, so nimmt er es als etwas Selbstverständliches hin. Tun sie es nicht, so wird er aufgebracht; er bedenkt nicht, daß er das Schwerste auf der Welt fordert. Manchmal sieht man Menschen, die durch Not verbittert und lieblos geworden sind. Es wäre das Verkehrteste, Liebe von ihnen zu verlangen, Liebe zu Gott oder zu irgendwem. Solchen Menschen soll man geduldig helfen und sich nicht durch ihre Kälte und Undankbarkeit abschrecken lassen. Denn *das* muß man immer bedenken: Liebe ist das letzte, was man von ihnen verlangen kann. Und auch, wenn uns Liebe da versagt wird, wo wir sie am innigsten wünschen, sollen wir uns nicht erbittern lassen; denn wir hatten nie ein Recht, sie zu fordern. Liebe ist das Höchste und Letzte, was ein Mensch geben kann. Das wollen wir aber auch dann bedenken, wenn uns Liebe geschenkt wird. Wir wollen sie nicht leichten Herzens hinnehmen, sondern wie den heiligsten Schatz, der uns gegeben werden kann.

II

Die Liebe, das Köstlichste auf der Welt

Liebe, das Schwerste auf der Welt! Wir haben den Gedanken des Paulus auf den Grund zu gehen versucht, und nun scheint es fast, als hätten wir uns dabei ganz von seinen Worten entfernt. Denn das war doch der erste Eindruck, den wir hatten: Das Kapitel ist ein begeisterter Lobpreis der Liebe. Und wenn wir vorhin gesagt haben, daß die vorhergehenden Worte ernst und ermahnend sind, so wollen wir jetzt auch nicht vergessen, daß Paulus für die Mahnung die Worte wählt: »Ich will euch einen noch *köstlicheren* Weg zeigen.« Denn das ist doch die Hauptsache: Die Liebe ist das Köstlichste auf der Welt.

> »Wenn ich mit Menschen- und mit Engelzungen redete
> Und hätte der Liebe nicht,
> So wäre ich ein tönend Erz
> Und eine klingende Schelle.
>
> Und wenn ich weissagen könnte
> Und wüßte alle Geheimnisse und alle Erkenntnis
> Und hätte allen Glauben, also daß ich Berge versetze,
> Und hätte der Liebe nicht,
> So wäre ich nichts.«

Das ist nicht nur eine Mahnung, sondern darin liegt zugleich das Höchste, was von der Liebe überhaupt gesagt werden kann.

Ein tönendes Erz und eine klingende Schelle! Laut mag ihr Klang sein, und andre mögen Nutzen oder Freude davon haben. Sie selbst merken nichts davon. Sie haben keine Seele. So der Mensch, der keine Liebe hat. Für ihn hat das Leben keinen Sinn und keinen Zusammenhang. Die Liebe gibt allen unsren Fähigkeiten und unsrer Arbeit erst das rechte Ziel und den rechten Wert. Der weiß es am besten, der am heißesten nach innerem Frieden sich sehnt und arbeitet. Er gerät nur immer tiefer in den Unfrieden hinein. Ein Ziel findet er nur, wenn er jemanden hat, für den er arbeiten kann, wenn er etwas hat, an das er sich hingeben, bei dem er sich selbst vergessen kann. Sei es Familie oder Vaterland, sei es Freund oder Menschheit.

Wir brauchen nur einmal zu denken, was es für uns bedeuten würde, wenn Weihnachten, das Fest der Liebe, aus unserem Leben gestrichen würde. Wie würde der Winter aussehen! Ja, wie würde das ganze Jahr aussehen! Wie lange vorher richten sich unsere Gedanken darauf in der Freude, anderen Liebes erweisen zu dürfen, von ihnen Liebe empfangen zu dürfen. Wie ist grade am Weihnachtsfest dem am schwersten ums Herz, der keinen hat, dem er seine Liebe zeigen, von dem er Liebe empfangen kann. Wie ist es am herrlichsten für den, der in einem Kreis feiert, wo die Liebe ungehindert leuchten darf. Unter dem Christbaum kommen sich die Herzen wieder nah und werden die alten Bande fester geschlossen, und von Weihnachten aus wirft die Liebe ihren hellen, warmen Schein hinaus in die folgende Zeit. Die Liebe ist das Köstlichste auf der Welt!

Auf eins noch wollen wir achten, was Paulus nicht ausdrücklich ausspricht, was man aber aus seinen Worten herausfühlen kann. Paulus redet von »Liebe« ganz allgemein; er setzt nichts hinzu. Meint er die Liebe zu Gott oder die zu den Menschen? Er sagt es nicht. Wenn er spricht: »Die Liebe verträgt alles, die Liebe duldet alles«, so scheint es, daß er da die Liebe zu unseren Mitmenschen meint. Wenn er aber zum Schluß sagt, daß die Liebe in Ewigkeit bleiben wird und uns einst die Herrlichkeit Gottes, die wir jetzt nur ahnen, schauen lassen wird, so wird er die Liebe zu Gott meinen, unseres Herzens Zug zu ihm hin. Aber ausdrücklich sagt er das nicht. Und eben diese Undeutlichkeit lehrt uns etwas sehr Wichtiges. Wessen Herz ganz von der Macht der Liebe erfüllt ist, der fragt nicht, wen und wo er lieben muß, sondern dessen Herz ist so voll und reich, daß er alles nur auf *eine* Weise ansehen und anfassen kann: mit liebevollen Augen, mit liebender Hand. Was wir eben »undeutlich« nannten, offenbart uns so beim Nachdenken nur deutlicher die Großartigkeit der Liebe: Sie ist *eine* große Macht, und die kleinste Freundlichkeit gegen unseren Mitmenschen ist, wenn sie von Herzen kommt, ein Strahl ihres Feuers gerade so gut wie unseres Herzens tiefstes Sehnen nach einer herrlicheren Welt Gottes. So braucht Paulus gar keinen Unterschied zu machen; er meint immer nur *eins*; und wer mit ihm fühlt, der versteht ihn.

Und wer ihn versteht, dem wird die Liebe immer deutlicher

als das Köstlichste auf der Welt. Kalt und öde wie winterliches Feld ist die Welt für den, der nicht die Kräfte der Liebe Gottes in ihr wirksam spürt. Der nicht eine Heimat hat, zu der er seine Zuflucht nehmen darf, um Trost und Frieden zu suchen bei der Liebe, die ihn dort umfängt. Trostlos ist die Welt für den, der nicht glauben kann, daß Gottes Liebesmacht in seinem Leben waltet und in allem Geschehen. Ihm ist

> »Die Welt – ein Tor
> Zu tausend Wüsten, stumm und kalt!
> Wer das verlor,
> Was du verlorst, macht nirgends Halt.«
>
> (Fr. Nietzsche, Vereinsamt, Z. 9–12)

Aber zu wissen, daß hier eine Macht regiert und sich in Menschenherzen wirksam erweist, eine Macht, die alles trägt, alles glaubt, alles hofft, alles duldet, und die ihn stets in ihren Arm nimmt, wenn er sich zu ihr wendet: das wäre freilich das Köstlichste; das würde dem Leben Sinn und Inhalt geben! [Randbemerkung im Ms.: »Hier fehlt ein ethischer Teil: die Liebe als die *Kraft* zur Arbeit; cf Gal. 5,14.«]

Und noch in anderem Sinne gibt die Liebe dem Leben Sinn und Zusammenhang:

> »Die Liebe fällt nie dahin.
> Weissagungen gehen dahin,
> Sprachen hören auf,
> Erkenntnis geht dahin.
> Denn Stückwerk ist unser Erkennen,
> Stückwerk unser Weissagen.
> Wenn aber einst das Vollkommene kommt,
> So hat das Stückwerk ein Ende.
>
> Nun aber bleiben Glaube, Hoffnung, Liebe,
> Diese drei;
> Die Größte unter ihnen aber ist die Liebe.«

Mit unserem Erkennen und Denken erfassen wir immer nur ein Stück der Wirklichkeit, immer nur die äußere Hülle. Wenn wir aber lieben und geliebt werden, so erfassen wir etwas von dem

Inneren der Welt und spüren, daß sie nicht nur in dem Räderwerk des äußeren Geschehens besteht, sondern daß in ihr göttliche, ewige Kräfte wirksam sind. Haben wir ihnen uns hingegeben, ist die Liebe in unserem Leben die herrschende Macht geworden, so mag alles andre vergehen. Wir leben in der ewigen Macht, und nur reiner und herrlicher wird uns einst offenbar werden, was wir bisher nur ahnen durften wie ein dunkles Rätsel. Dem werden wir ins Auge blicken dürfen, von dem wir jetzt nur ein schwaches, unvollkommenes Spiegelbild schauen dürfen. Die Liebe ist das Band zwischen der Welt des Schauens und der Welt des Glaubens.

III

Die Liebe, das Leichteste auf der Welt

Die Liebe, das Köstlichste auf der Welt! Aber dann muß uns doppelt drückend aufs Herz fallen, was wir zuerst erkannt hatten: die Liebe, das Schwerste auf der Welt! Ja, wo ist dieses Kleinod zu finden? Müssen wir nicht daran verzagen und verzweifeln?

Nein; grade dann, wenn wir es tief erkannt haben, wie ernst und schwer die Liebe ist und ein welch köstlicher Besitz sie doch ist, wenn unsere Sehnsucht am innigsten ist, dann ist unser Herz recht bereit, die Weihnachtsbotschaft zu vernehmen, daß uns die Liebe geschenkt werden soll. Denn *das* ist der einzige Weg, zur Liebe zu kommen: Man muß sie sich *schenken* lassen.

Wieder lernen wir nicht nur aus dem, was Paulus ausdrücklich sagt, sondern auch aus dem, was seine Worte ahnen lassen, was ihnen zu Grunde liegt. Wir sahen schon: Paulus *fordert* die Liebe nicht direkt. Das hat eben den Grund: Er fühlt aufs tiefste: Liebe ist ein Gottesgeschenk. An einer Stelle deutet er es vielleicht an, wenn man scharf zuhört: »Einst«, sagt er, »werde ich erkennen, so ganz wie ich erkannt bin«, das heißt: von Gott erkannt bin. Darin spricht sich aus, was sein innerstes Bewußtsein war: Der Mensch kann nichts von sich selbst; Gott tut alles. Der Mensch kann nichts beginnen aus eigener Kraft. Gott muß den Anfang machen. Er hat es hier nicht ausdrücklich hervorgehoben, weil es für sein Gefühl selbstverständlich war. Und das war zu seiner

Zeit jedem Christen verständlich. Denn man lebte ja in dem frischen Bewußtsein der Liebestat Gottes, der Jesus gesandt hatte, um durch seine Liebesbotschaft zu verkünden: »Friede auf Erden und allen Menschen ein Wohlgefallen!« (Lk 2,14) Und mich dünkt, auch uns sollte es heute selbstverständlich sein am Weihnachtsfest, wo wir die Geburt dessen feiern, dessen ganzes Leben eine Tat der Liebe war, der das Feuer der Liebe auf Erden angezündet hat, daß es heller leuchtete, als zuvor jemand ahnen konnte. Dachte Paulus an ihn, als er den Korinthern die Liebe beschrieb? Ja, auf wessen Bild passen die Worte besser als auf das seine:

> »Die Liebe ist langmütig und gütig,
> Die Liebe neidet nicht,
> Sie prahlt nicht,
> Sie bläht sich nicht,
> Sie stellt sich nicht ungebärdig,
> Sie sucht nicht das Ihre,
> Sie läßt sich nicht erbittern,
> Sie trägt nichts Böses nach,
> Sie freut sich nicht über das Unrecht,
> Sie freut sich aber der Wahrheit.
> Sie verträgt alles,
> Sie glaubt alles,
> Sie hofft alles,
> Sie duldet alles.«

An seinem Bilde und an der Liebe, die er in die Welt pflanzte, hat sich die Liebe immer wieder entzündet. Denken wir nur an die Weihnachtsfeste, die seitdem auf Erden gefeiert wurden! Wieviel Liebe sein Bild an ihnen allein geweckt hat, wieviel Liebe geschenkt und empfangen wurde; auch diesmal wieder. Wer die Macht dieser Liebe erfährt, für den wird es leicht, wieder Liebe zu erweisen, und, wenn wir es recht verstehen wollen, im Licht der Weihnacht dürfen wir sagen: Die Liebe ist das Leichteste auf der Welt. Sie wird uns gegeben als Gottesgeschenk.

Dann wird es uns auch keine Ruhe mehr lassen, und wir müssen weiter daran arbeiten, daß diese Liebe auch durch uns ausgebreitet wird in der Welt. Wir schlagen nicht mehr den falschen

Weg ein, daß wir Liebe fordern von Herzen, die nicht Liebe geben können, sondern wir suchen Liebe zu schenken, indem wir selbst lieben. Und wenn wir Abweisung und Verachtung erfahren müssen: die Liebe ist langmütig und gütig! Die Liebe trägt alles, sie glaubt alles, sie hofft alles, sie duldet alles. So muß sie denn doch zuletzt den Sieg davontragen.

In einer Gegend Deutschlands besteht eine schöne Sitte. Am Weihnachtsabend, wenn es dunkel geworden, kommen von ringsher aus den zerstreuten Häusern und Höfen die Menschen zur Kirche, um den Weihnachtsabend zu feiern. Durch die dunkle Winternacht gehen sie ihren Weg. Jeder, der in der Kirche anlangt, zieht eine Kerze hervor, die er bei sich trug, und zündet sie an. Und zwar entzündet jeder sein Licht am Licht dessen, der vor ihm eingetroffen war. So wird schließlich die ganze Kirche von dem Glanz aller Lichter erfüllt, ein jeder hat Licht vom anderen genommen und Licht dem anderen gegeben. Das ist das Bild einer rechten Weihnachtsfeier. So soll es mit der Weihnachtsgabe der Liebe sein. Wir wollen sie uns schenken lassen und sie weiterschenken.

Johannes 16,16–23
Der Segen der Erinnerung

Predigt am 14. Mai 1911 (Kantate) in Marburg

»Eine kleine Weile noch, und ihr seht mich nicht mehr; und wieder eine kleine Weile, und ihr werdet mich sehen.« Da sagten einige seiner Jünger untereinander: »Was bedeutet das, was er zu uns sagt: ‚Eine kleine Weile noch, und ihr seht mich nicht mehr; und wieder eine kleine Weile, und ihr werdet mich sehen'; und: ‚Ich gehe weg zum Vater'?« Sie sagten also: »Was meint er mit dem ‚eine kleine Weile'? Wir wissen nicht, was er redet.« Jesus erkannte, daß sie ihn fragen wollten, und sprach zu ihnen: »Darüber fragt ihr euch untereinander, daß ich sagte: ‚Eine kleine Weile noch, und ihr seht mich nicht, und wieder eine kleine Weile, und ihr werdet mich sehen'? Wahrlich, wahrlich, ich sage euch: Ihr werdet weinen und trauern, die Welt aber wird sich freuen; ihr werdet traurig sein, aber eure Trauer soll zu Freude werden. Wenn die Frau gebären soll, ist sie traurig, weil ihre Stunde gekommen ist. Wenn sie aber das Kind geboren hat, denkt sie nicht mehr an die Not, aus Freude darüber, daß ein Mensch zur Welt geboren ist. So seid auch ihr jetzt traurig; ich werde euch aber wieder sehen, und dann wird euer Herz sich freuen, und niemand wird eure Freude von euch nehmen. Und an jenem Tage werdet ihr mich um nichts fragen.«

Liebe Gemeinde! »Kantate« ist der Name des heutigen Sonntags, »Singet«. Er hat seinen Namen von dem Anfang des Psalms: »Singet dem Herrn ein neues Lied, denn er hat Wunder getan!« (Ps 98,1) Ja, so mochte wohl den ersten Jüngern, der ersten christlichen Gemeinde zu Mute sein in dieser Zeit nach Ostern. »Jauchzet dem Herrn, alle Lande!« (Ps 98,4) »Singet dem Herrn ein neues Lied!« Es war eine Zeit des Aufatmens nach schwerem Druck und dumpfer Betäubung, eine Zeit des ausbrechenden Jubels nach Trauer und Verzweiflung. Haben wir einmal Ähnliches erlebt? das Genesen nach schwerer Krankheit? das Aufwachen und Aufatmen nach einer besinnungraubenden Zeit der Spannung und bangen Erwartung? Dann wissen wir, wie mit der erwachenden Freude und Lebenslust zugleich noch ein anderes allmählich wieder erwachte: das allmähliche Sich-Besinnen und Sich-Bewußtwerden. Von der Zeit, die hinter uns liegt, die wir nur mit halbem Bewußtsein durchlebt haben, beginnt sich allmählich der Schleier zu lüften: »Wie war es doch? Wie kam doch dies und das?« Die Bilder ordnen sich, wir fangen an, klarer zu sehen. Es ist, wie von der Landschaft allmählich die Nebelschleier weichen und die Sonne durchbricht und alles zur Erscheinung bringt und jedem den richtigen Platz anweist. Solch eine Zeit der Erinnerung ist auch die Zeit nach Ostern.

So wollen wir denn heute mit einander reden über die *Erinnerung*. Meint jemand, das sei ein zu geringer Gegenstand und nicht würdig der Betrachtung im Gottesdienst? Dem wollen wir antworten: Es gibt in unserem Leben nichts, was so gering wäre, daß es nicht geadelt werden könnte, wenn wir es vor Gott bringen. Und es gibt keine Regung unseres Sinnes und Herzens, die wir nicht vor Gott bringen dürften, ja müßten. Denn darauf freilich kommt es an, daß wir vor Gott bringen, was uns beschäftigt. Und wir wollen nicht im allgemeinen in schönen Worten über Erinnerung reden, sondern wir wollen fragen, was sie für unser inneres Leben bedeutet. Wir fragen nach dem *Segen der Erinnerung*.

I

Der Text

Dazu führt uns auch unser Text. Er versetzt uns aus der Zeit nach Ostern in die Zeit vor Ostern, vor Karfreitag. Ihr wißt, daß das Johannesevangelium, dem er entnommen ist, sich in mancher Hinsicht von den drei anderen Evangelien unterscheidet. Man könnte es das Evangelium der Erinnerung nennen. Denn in ihm wird das Bild des Lebens Jesu nicht wie in den drei anderen mit möglichster Treue nacherzählt, wie sich alles nacheinander abgespielt hat, sondern so, wie es sich in der Erinnerung spiegelt.

Wir wissen: In der Erinnerung nimmt manches eine andere

Gestalt an, als es vorher wirklich gewesen ist. Eine falsche Gestalt? Nein, durchaus nicht immer, sondern oft sozusagen eine viel wahrere. Während man in den Ereignissen drin steht, sieht man selbst nicht, wo sie hinauslaufen. Man kennt das Innere der anderen nicht, man mißdeutet oft ihre Worte und Handlungen. Man ist sich nicht klar über die Tragweite seiner eigenen Worte, ja oft genug nicht einmal über seine eigenen geheimen Gedanken und Absichten. Erst nachher, wenn alles vorbei ist, dann fällt es uns wie Schuppen von den Augen, dann geht uns auf einmal ein Licht auf: Also *da*hinaus wollte es! *Das* bedeutete dieses bunte Durcheinander von Ereignissen! *Das* wollte jener mit seinen Worten sagen! Und mit Staunen, ja mit Schrecken müssen wir oft erkennen, was in uns selbst für Kräfte und Triebe wirksam gewesen sind, wohin wir uns haben treiben lassen. Und nun entwirrt sich das Gewebe. Die Ereignisse liegen nicht mehr so ungeordnet nebeneinander, wie sie sich zugetragen hatten, sondern die wichtigen treten stärker hervor, und die unwichtigen werden verwischt und verschwinden. Erinnert man sich an die Worte, die man selbst sprach, die andre sprachen, so nehmen sie jetzt ganz von selbst eine neue Gestalt an, *die* Gestalt, die zum Ausdruck bringt, was an eigentlichem, bisher unverstandenen Sinn darinliegt.

So müssen wir uns das Evangelium des vierten Evangelisten erklären, wenn wir die Unterschiede seines Berichtes von dem der drei anderen wahrnehmen. Er will gar nicht beschreiben, wie sich alles nacheinander zugetragen hat, sondern er will den tieferen Sinn der Worte und Geschichten hervorleuchten lassen; nicht die äußere Wahrheit, sondern die innere.

So geht uns nun auch der Sinn auf für die Szene, die unser Text erzählt, die die anderen Evangelisten ja nicht berichten. Sie ist erzählt vom Standpunkt der Erinnerung aus. Jetzt in der Zeit nach Ostern, da erwachte die Erinnerung wieder, da verweilte der Sinn bei den Szenen des Zusammenseins mit Jesus, vor allem bei jenen letzten Tagen und Stunden.

Was war es doch für eine eigentümliche schwüle Stimmung gewesen in dieser letzten Zeit! Hatte nicht Jesus Worte gesprochen, seltsame, unverständliche, von einer Taufe, vor der ihn bangte? von einem Kelch, den er trinken müsse? (vgl. Lk 12,50;

Johannes 16,16–23

Mk 10,38 f. par.) Worte, die das Unheimliche, Spannende jener Tage noch verstärkten? War ihnen nicht zu Mute gewesen, als stände etwas Furchtbares bevor, was die Spannung plötzlich und grausam zerrisse? Niemand wußte, was! War ihnen nicht zu Mute – der Gedanke wagte kaum, es zu denken –, als müsse ihnen ihr Herr und Meister entrissen werden? – »Eine kleine Weile noch, und ihr seht mich nicht mehr!« – Aber nein! Das war unmöglich. Es war ja das Festeste und Sicherste, was sie in ihrem Leben gefunden hatten! Es war ja Gottes Kraft und Wahrheit, die sie in ihm hatten schauen dürfen! Er konnte nicht untergehen! Mochte das Dunkel sie für eine Zeitlang umhüllen, es mußte sich wieder lichten! – »Und wieder eine kleine Weile, und ihr werdet mich sehen!« – So schwankten die Gedanken auf und ab, so wechselten Furcht und Hoffnung. Wo war Sicherheit? Wo war ein fester Punkt? Ja! Blickten sie ihn an: Da war Frieden und Ruhe; da leuchtete es klar wie ein Licht im Dunkel. – »Was fragt ihr da untereinander? Wahrlich, ich sage euch: Ihr werdet traurig sein, aber eure Trauer soll zu Freude werden!«

Ja, so war es damals gewesen. So verworren und dunkel hatte es in ihrem Inneren ausgesehen. So wenig hatten sie ihn verstanden und Ernst machen können mit dem, was er sagte. Aber jetzt war es klar, wie seine Worte und Blicke zu deuten waren! Jetzt war des Rätsels Lösung gefunden! Ohne daß sie es gemerkt hatten, hatte er sie mit sicherer Hand hindurchgeführt durch Not und Angst. Die Stunde der größten Qual hatte die Geburtsstunde seligster Freude werden müssen! Klar lag vor ihrem rückschauenden Blick, was sie erlebt hatten. Der Tag war da, an dem sie ihn um nichts zu fragen brauchten.

Klar lag aber nicht nur die *Vergangenheit*. Sondern das Licht, das die Vergangenheit erhellte, warf seine Strahlen auch voraus. »An jenem Tage werdet ihr mich um nichts fragen«, das bedeutete nicht nur, daß die Rätsel der Vergangenheit gelöst waren; es war eben deshalb auch eine Verheißung für die *Zukunft*.

Sie brauchten die Vergangenheit nicht abzuschütteln, sich nicht aus dem Sinn zu schlagen, was sie damals erlebt hatten, als sei es Trug und Verirrung gewesen. Sondern der Blick für den *Segen,* der in der Vergangenheit lag, war ihnen aufgegangen, und sie konnten jetzt diesen Segen ausschöpfen für die Zukunft. Der wunderbare Weg, auf dem sie durch die Vergangenheit geleitet waren, er führte geradeaus in die Zukunft. Wohl mußte manches zurückbleiben, was dahinten lag. Aber eben jetzt schärfte sich der Blick für das, was unvollkommen an ihnen gewesen war, und für das Echte und Wahre; für das Vergängliche und das Ewige. Gewiß, es *mußte* manches abgestreift werden, aber eben das, was ihnen so groß und heilig geworden war, das hatte die Feuerprobe bestanden; dem konnten, dem mußten sie treu bleiben in alle Zukunft. Das Bild ihres Herrn und Meisters war ein Schatz, den ihnen niemand rauben konnte. Nur immer klarer und wahrer mußte es sich gestalten und mußte ihnen ein Quell der Kraft für die Zukunft werden. Kein Zweifeln, kein Schwanken mehr. Es war erfüllt: »An jenem Tage werdet ihr mich um nichts fragen!« Das war der Segen der Vergangenheit, von der Erinnerung gehoben für die Zukunft.

II

Der Segen der Erinnerung für uns

Wollen wir Gemeinschaft suchen mit unserem Evangelisten, mit jener ersten Gemeinde in der Zeit der freudigen Erinnerung nach Ostern? Dann gilt es auch für uns, des Schatzes, der in unsrer Vergangenheit ruht, uns bewußt zu werden, ihn zu heben, seinen Segen zu ernten für die Zukunft.

Der *Schatz, der in unserer Vergangenheit liegt!* Wir haben wohl schon alle Stunden erlebt, in denen uns so recht zum Bewußtsein kam, welchen Schatz wir in unsrer Vergangenheit haben. Etwa Stunden des Beisammenseins mit alten Freunden, von denen wir lange Zeit getrennt waren. Wie ersteht da lebendig im Gespräch ein Bild nach dem anderen aus vergangener Zeit! »Weißt du noch, wie dies war? Denkst du noch an jenes?« Und wie ein goldener Schein leuchtet die Vergangenheit in die Gegenwart herein und macht die Stunde inhaltvoll.

Oder wir waren zu unfreiwilligem Alleinsein und Stillesein gezwungen in einer schlaflosen Nacht, auf dem Krankenlager. Die Bilder der Zukunft, die wir uns ausmalten, waren kraftlos und verblaßten bald. Aber welch ein Schatz war die Vergangenheit! Wir träumten uns zurück, immer weiter, bis in die Tage der Kindheit voll unbefangener Freude und fraglosen Glücks. Ja, wenn es noch einmal so wäre! Und weiter! Die leuchtende Kette froher Stunden, die wir verlebt, und die wir, von der Erinnerung verklärt, noch einmal im Geiste wieder genießen dürfen. Aber auch das dunkle Band des Leidens, das sich durch das Gewebe des vergangenen Lebens schlingt. Hat es nicht auch unser Erleben inhaltreich gemacht? uns Stunden beschert, bei denen wir, wenn auch mit Wehmut, so doch gern verweilen?

Aber freilich, die Erinnerung soll kein bloßes *Spiel* sein! Wir kennen wohl alle die Gefahr, die in solchem Spielen mit Erinnerungen liegt: die Gefahr der Weichlichkeit und Schwärmerei. Wir sollen klaren Auges in die Vergangenheit blicken und nicht in unwahrer Phantasterei, daß wir uns in Kinderträume wiegen, die nie wahr gewesen sind und nie wahr werden können. Und eine andre Gefahr: Wir sollen nicht eigensinnig und starr den Blick auf bestimmte Punkte der Vergangenheit richten in hoffnungsloser Trauer um das Vergangene, nur immer wieder jenen Augenblick, jene Stunde genießen, immer wieder uns nur in sie vertiefen.

Sondern die Erinnerung soll uns eine *sittliche Aufgabe* sein, ein Quell der Kraft für die Zukunft. Mit jenem Träumen und Trauern werden wir nur blind für das, was die Vergangenheit uns wirklich zu sagen hat, werden wir ihr im Grunde untreu. Es gilt zu lauschen, was sie uns in Wahrheit sagen will. Wir sollen nicht nur bei den einzelnen Bildern des Vergangenen verweilen und uns vergegenwärtigen, wie dies und das gewesen ist. Sondern wir sollen erkennen, was hinter den einzelnen Bildern liegt, wir sollen die tiefere Wahrheit der Vergangenheit ausschöpfen, ihren bleibenden Gehalt.

Waren es *schöne Stunden,* die uns geschenkt wurden? Sie dürfen uns nicht ein einmaliger flüchtiger Genuß gewesen sein, dessen Entschwinden wir bedauern müssen. Sondern jene Stunden sollen organisch, wie Glieder, eingefügt sein in die Kette unseres Lebens; sie sollen Bausteine sein, auf denen wir weiterbauen. Was lag in ihnen, das uns nicht entschwindet, das uns hineinbegleitet in die Zukunft?

Ein Erlebnis edler Freude kann uns oft gleichsam ein offenes

Tor sein, durch das wir einen Augenblick hineinschauen dürfen in eine verborgene Welt, die hinter dem staubigen Geschehen des Alltags liegt, in eine Welt, in der freie, glücklich machende Kräfte walten. Das Tor wird wieder geschlossen. Aber wir kennen jetzt jene Welt, und das Bewußtsein begleitet uns, daß sie wirklich ist, daß wir in Gemeinschaft mit ihr standen und in heimlicher Gemeinschaft mit ihr bleiben dürfen während des Getriebes des Alltags. Wir haben ein waches Auge gewonnen, ob Strahlen jener Welt wieder einmal hier und dort hindurch dringen durch einen Spalt und uns unseren Weg vergolden, ob das Tor sich uns wieder einmal öffnet und wir Sonne in vollen Zügen trinken dürfen. Ein hoffnungsfrohes Erwarten hält uns lebendig, eine stille Freude verbreitet sich über unser Leben.

Jeder muß selbst wissen, was für ihn diese Welt bedeutet. Sind es Stunden, in denen wir das Glück der *Freundschaft* genossen, so wollen wir in Treue festhalten an dieser Erinnerung, und das Vertrauen, das in fröhlicher Stunde gegenseitigen Nehmens und Gebens erwuchs, soll uns ein köstliches Gut sein, aus dem Geben und Nehmen immer wieder hervorwachsen muß. Sind es Stunden, die uns zur Offenbarung der Schönheit in *Natur oder Kunst* wurden: wir wollen das Andenken an sie festhalten, daß von ihnen ein Glanz der Schönheit auch auf unser Denken, Reden und Handeln fällt, daß ein Gleichklang, eine Harmonie, auch in unser Leben und Treiben kommen muß.

Machen wir Ernst mit solcher Erinnerung, so gehen uns auch immer mehr die Augen auf für all das Schöne, das unsere Vergangenheit birgt. Mit Staunen sehen wir es immer heller hier und dort aufleuchten: Wir sind ja viel reicher, als wir gedacht hatten! Und eine Ehrfurcht kommt über uns, eine Ehrfurcht vor der Macht, die unserem Leben diesen Glanz geschenkt hat: »Herr, ich bin zu gering aller Barmherzigkeit und Treue, die du an deinem Knechte getan hast!« (Gen 32,11)

Und, nicht wahr, ich brauche jetzt nicht erst auf unseren Text hinzuweisen und zu zeigen, wie wir mit solchem Erinnern ganz seinen Sinn erfüllen. Ist uns sein Sinn einmal lebendig geworden, so lassen wir uns von ihm leiten, ohne es ausdrücklich jedesmal hervorzuheben. Er leitet uns auch jetzt weiter.

Ist nicht unser Leben reicher an *traurigen Erlebnissen* als an Freude? Ich will es nicht entscheiden. Aber darauf kommt es an, daß wir auch den schweren Stunden den Segen abgewinnen, den sie bergen. Auch in den Stunden der Not haben wir in ein Reich verborgener Gewalten blicken dürfen: in Schmerz und Leid. Wir wollen uns nicht von ihnen abwenden; wir wollen ihnen ins Auge schauen, daß unser Blick Ernst und Ruhe gewinnt, daß wir uns nicht von der leichtsinnigen Laune des Augenblicks hinreißen lassen, sondern uns bewußt bleiben, daß das Leben Ernst und Kraft von uns fordert. Haben wir in schweren Stunden Teilnahme und Liebe erfahren dürfen, so laßt uns festhalten an dem Bunde, der damals zwischen Herz und Herz geschlossen wurde. Haben wir in der Not zu sehen gelernt, was Trug und Täuschung in unserem Leben war, und was echt und edel? Kennen wir etwas, was die Feuerprobe bestanden hat und uns hindurchgeholfen hat? Haben wir etwas von einer erziehenden göttlichen Hand im Leid spüren können? Dann laßt uns auch hier sprechen: »Herr, ich bin zu gering aller Barmherzigkeit und Treue.«

Aber sind nicht die schmerzlichsten Erinnerungen die, in denen sich *Leid und Freude verbanden*? Zeiten, die in Freude begannen und in Leid endigten? Enttäuschte Hoffnungen? Zusammenleben, Zusammenarbeiten mit verehrten und geliebten Menschen, die uns entrissen wurden? Sollen wir da die Vergangenheit zudecken? »O rühre, rühre nicht daran!« (vgl. E. Geibel, Rühret nicht daran, Z. 2)? Nein, auch da wollen wir der Vergangenheit treu bleiben, wollen, was uns geschenkt wurde, nicht wegwerfen, sondern fruchtbar machen. Was uns als schön und groß, als erstrebenswert und heilig aufging im Zusammensein mit denen, die wir vermissen, daran wollen wir treu und dankbar festhalten; es ist ihr Geschenk, und so begleitet uns ihr Bild, mahnend und stärkend, still beglückend.

Und endlich: Gibt es nicht auch Erinnerungen, vor denen wir uns abwenden *müssen*? Dunkle Punkte in unserem Leben? Auch hier gilt es: Wir dürfen unsre Augen nicht vor ihnen verschließen, uns nicht leichtsinnig aus dem Sinn schlagen, was in unserer Vergangenheit nicht so ist, wie es sein sollte. Freilich, abstreifen sollen wir das *alte Wesen,* aber nicht dadurch, daß wir es vergessen, sondern dadurch, daß wir es überwinden. Gerade der Gedanke an unsre Fehler soll uns beschämen und uns vor fernerem

Fall bewahren. »So waren wir damals! Dazu waren wir fähig! Mußte das so sein?« Nein! Laßt uns ein Ende machen mit dem alten Wesen! Aber was war es denn, das uns zur Besinnung brachte, daß wir aufwachten? Nun, die Macht, die uns aufgerüttelt hat, an ihr wollen wir uns festhalten und aufrichten: die Macht heiligen göttlichen Willens und heiliger göttlicher Liebe, wo sie uns auch offenbar geworden sein mag. Sie schärft uns den Blick, was in der Vergangenheit echt und was falsch war; was erhalten werden, was abgeschnitten werden muß. Zu ihr sollen wir uns flüchten, wenn wir die eigene Kraft zu schwach fühlen, um herauszuwachsen aus einer getrübten Vergangenheit, damit wir Vertrauen gewinnen für die Zukunft.

So laßt uns denn die Augen öffnen für den Segen der Vergangenheit, und die Erinnerung sei uns das heilige Mittel für solche Aufgabe. Laßt uns zusammenfassen, was wir an Schönem und Echten, an Liebenswertem und Heiligem, Göttlichem aus der Vergangenheit ernten dürfen, daß auch für uns der Tag immer näher komme, von dem es heißt: »An jenem Tage werdet ihr mich um nichts fragen.«

1. Korinther 7,29–31
Was bedeutet uns der Glaube an die Zukunft?

Predigt am 10. Dezember 1911 (2. Advent) in Marburg

Das sage ich aber, liebe Brüder, die Zeit ist kurz, und fortan gilt es, daß, die da Weiber haben, seien, als hätten sie keine; und die da weinen, als weinten sie nicht; und die sich freuen, als freuten sie sich nicht; und die da kaufen, als besäßen sie es nicht; und die diese Welt brauchen, als hätten sie nichts davon. Denn die Gestalt dieser Welt geht dahin.

Liebe Gemeinde! Von alters her ist es in der christlichen Kirche Sitte, an diesem Sonntage, am zweiten Advent, der Zukunft zu gedenken. Das Evangelium des zweiten Advents handelt von der Wiederkunft Christi, seiner zukünftigen Erscheinung in himmlischer Herrlichkeit (vgl. Lk 21,25–36).

Das junge Christentum war eine Religion der Hoffnung. Man wartete, daß Jesus als himmlischer König wiederkehren werde, sein herrliches Reich auf Erden zu errichten. Bald würde er kommen, plötzlich wie der Dieb in der Nacht für die Unvorbereiteten (vgl. 1 Thess 5,2). Aber die Gläubigen harrten in Sehnsucht des Tages, da all die Herrlichkeit offenbar werden sollte, die ihnen verheißen war. »Ich komme bald«, so hörte man im Geiste den Herrn sprechen. »Ja, komm, Herr Jesus!«, so flehte das Gebet der Gemeinde (Offb 22,20). Alles Irdische mußte da seinen Wert verlieren, alle Freuden und Sorgen verblassen, wo sich der Blick nur auf die Zukunft richtete.

Und aus solcher Stimmung sind auch unsere Texteswort geboren: Die Zeit ist kurz, die Gestalt, das Wesen dieser Welt vergeht, so soll man sich in ihr bewegen als ein innerlich Fremder; sein Weib besitzen, als besäße man es nicht, weinen, als weinte man nicht, sich freuen, als freute man sich nicht, kaufen, als hätte man nichts davon, kurz: alles tun und treiben, als täte und triebe man es nicht.

Für die Korinther, an die Paulus schreibt, waren diese Worte eine Mahnung; sie waren noch nicht ganz erfüllt von der christlichen Hoffnung, deshalb sollen sie sich frei machen von allen irdischen Wünschen und Sorgen. Aber für Paulus selbst klingt mehr heraus aus diesen Worten: keine harte Mahnung, sondern eine herrliche Hoffnung. Leicht ist das Verzichten in der Gegenwart, wenn die Zukunft Frieden und volle Genüge bringt.

Wir können es wohl nachempfinden und geschichtlich begreifen. Aber können wir in diesen Worten den Ausdruck unserer Stimmung sehen? Können, ja dürfen wir Ernst damit machen, diese Worte auf uns anzuwenden, sie nachzuerleben?

Was bedeutet uns der Glaube an die Zukunft?

I

Die innere Fremdheit der Welt gegenüber

Wir wollen nicht unsere Verstandeszweifel und -bedenken fragen, wie es mit solchem Zukunftsglauben steht. Ist er nicht Illusion? Haben nicht jene Christen vergeblich gewartet? Und sollten wir Toren sein, um wie sie auf eine Zukunft zu warten, die nur die Phantasie erträumt?

Wir wollen vielmehr gleich die höchste Instanz, unser sittliches Bewußtsein fragen: *Dürfen* wir denn so sprechen? Sind wir nicht in eine Welt hineingestellt, die uns zur Teilnahme an ihr, zur Gegenwartsarbeit einfach *verpflichtet*?

Wir wissen alle: Wir leben in einer großen Kultur-, einer Arbeitsgemeinschaft, und täglich genießen wir von ihren Gütern. Alles, was wir täglich für unsere Nahrung und Kleidung brauchen, ist hergestellt in dieser weltlichen Arbeitsgemeinschaft. Alles, was uns erfreut und belehrt in Kunst und Wissenschaft, und wovon auch der Einfachste und Ärmste in irgend einem Maße zehrt, ist erzeugt in dieser gewaltigen Arbeitsgemeinschaft, die die Welt umspannt. Die Welt, und nur sie! Mit den Mitteln, die diese Welt liefert, arbeitet man; ihr lauscht man ihre Gesetze ab und zwingt sie zum Dienst. Und man arbeitet so, als wäre diese Welt mit ihren Gesetzen ewig und unveränderlich. Denn sonst kann man überhaupt nicht arbeiten. Da ist Gegenwartssinn nötig. Kein Schweifen des Blicks in zukünftigen, blauen Fernen.

Arbeitet man für die Zukunft, so ist es eine Zukunft in dieser Welt. Glaubt man an eine Zukunft, so ist es die Zukunft, die unsere Arbeit schafft.

An dieser Arbeitswelt, in der es so aussieht und in der solche Gesetze gelten, nehmen wir alle teil. Wir zehren alle von ihren Gütern, ihrem Erarbeiteten. Und sollen wir das tun mit ängstlichem, halbem Herzen? gleichsam mit abgewandten Augen, als täten wir etwas Verbotenes? Nein! Wir fühlen alle sehr wohl: Es darf keine Halbheit gelten. Entweder – oder! Und aus dieser einfachen Tatsache, daß wir an dem Erarbeiteten dieser Welt teilnehmen, offenbart sich uns ein unerbittliches Gottesgesetz, daß wir auch an ihrer Arbeit teilnehmen. Das Gesetz ist nicht neu und nicht erst heute entdeckt. »Wer nicht arbeiten will, der soll auch nicht essen!« (2 Thess 3,10) Wir wissen, wer schon so gesprochen hat.

Aber noch mehr! Wir kennen auch alle die Güter, die in dieser großen Arbeitsgemeinschaft erwachsen. Ich meine nicht die flüchtigen Freuden, sondern die heiligen Güter des sittlichen Lebens. In der Arbeit wachsen die Tugenden der Willensstärke und Klarheit, der Ausdauer und Geduld. In der gemeinsamen Arbeit erwächst das Gemeinschaftsgefühl, das Gefühl der Gerechtigkeit, der gegenseitigen Verpflichtung und des Opfersinns. In der gemeinsamen Arbeit erwachsen die großen Kulturgüter des Staats und der Familie, in gemeinsamer Arbeit schlingt und festigt sich das Band der Freundschaft. Müßten wir nicht auf all diese sittlichen Güter verzichten, wenn wir den weltflüchtigen, zukunftstrunkenen Worten des Paulus folgen wollten? Und das *dürfen* wir doch nicht. Aber was soll uns dann dieser Zukunftsglaube, diese weltfremde, weltflüchtige Stimmung? Würde sie nicht wie ein tötender Frost auf die Triebe des sittlichen Wachsens und Werdens fallen, wenn wir Ernst mit ihr machten?

Noch grausamer aber scheinen die Mahnungen zu sein: Man soll Weiber haben, als hätte man sie nicht, weinen, als weinte man nicht, sich freuen, als freute man sich nicht. Brächte das nicht Halbheit und Lüge in unser Dasein hinein? Ist nicht unsere Liebe erst dann ehrlich und mächtig, wenn sie sich ganz hingibt? Ist nicht unsere Freude erst dann rein und wahr, wenn sie kindlich unbefangen ist ohne Nebengedanken und Einschränkungen?

Ich könnte mir denken, daß jemand, der diese Worte zum erstenmal hört und sonst nichts von Paulus weiß, über sie empört wäre.

So scheint unser Text allem gesunden Gegenwartssinn, aller Kulturarbeit, aller innigen und fröhlichen Gemeinschaft von Mensch zu Mensch zu widersprechen. Unser Gefühl als Menschen, die teilnehmen wollen und müssen an unserer Zeit und ihrer Arbeit, ihren Aufgaben und Idealen, – unser Gefühl empört sich dagegen.

Und dennoch! Auch wir modernen Menschen, die mit Ernst teilnehmen wollen an den Aufgaben unserer Zeit, wir finden wohl einmal eine Stunde stillen Besinnens, wo wir aus den Worten des Paulus eine Stimmung herausklingen hören, die Verwandtes in uns wachruft.

Gerade, wenn unsere Arbeit stets Gegenwartsarbeit, stets Weltarbeit ist, so muß unweigerlich einmal eine Stunde kommen, wo man sich fragt: Wozu das alles? Diese Stimmung kann uns überfallen, wenn wir die dauernde Erfolglosigkeit unserer Arbeit sehen, oder wenn etwas mühselig und freudig Erarbeitetes plötzlich zusammenbricht. Oder sie kann über uns kommen, wenn uns einmal die Vergänglichkeit in nackter Deutlichkeit vor die Augen tritt. Wozu das alles? Was ist der Sinn alles Arbeitens und Schaffens? Gleicht diese Arbeitswelt nicht jener Frau [Penelope], von der die Sage erzählt, daß sie nachts wieder auftrennt, was sie tags gewebt hatte? (vgl. Homer, Odyssee II, Z. 104 f.) Und denken wir auch nicht nur an uns, sondern auch einmal an all die Arbeitsunfähigen und Kranken! an all die Millionen, die durch ihre soziale Lage zu einer Arbeit gezwungen sind, die ihren Fähigkeiten gar nicht entspricht, die ihren Mut lähmt, ihre Freude tötet! Was haben die von dieser schönen Arbeitswelt? Wagen wir, diese auch zum Gegenwartssinn zu mahnen?

Aber wir brauchen gar nicht an besondere Fälle und besondere Menschen zu denken. Der Lauf der Arbeit allein kann uns zu dieser Frage nach dem Sinn der Arbeit drängen. Ist unsere Arbeit nur Arbeit in und an der Welt, so gleicht sie dem ewig gleichen Gang einer Maschine. Die Bewegungen ändern sich, aber jede Stellung ist der anderen gleichwertig. Ewig dasselbe. Kein Tag schafft etwas Bleibendes. Alles ist in dem Augenblick veraltet, wo es entstanden ist. Es weist über sich hinaus, es fordert, überholt zu werden, es muß verschlungen werden. Verliert da nicht alles seinen Wert? Wo ist etwas Bleibendes, wo ein alles überragendes, unvergängliches Gut? Gegenwartsmenschen! Ja! Aber wenn unsere Gegenwart immer nur der Übergang zu einer neuen, gleich flüchtigen Gegenwart ist, welchen Sinn hat sie dann überhaupt? »Die Gestalt dieser Welt geht dahin.« Kennen wir solche Stimmungen aus unserer Arbeit? Ist uns nie am Abend arbeitsreicher Tage der Gedanke auf die Seele gefallen: Wozu das alles? Was habe ich davon? Wer hat überhaupt etwas davon? Und hat uns dieser Gedanke nie hineinbegleitet in die Arbeit des Tages oder uns plötzlich überfallen vielleicht gerade auf einem Höhepunkt der Arbeit? Das alles ist mir innerlich so fremd! Es geht mich gar nichts an! Man arbeitet stumpf, mechanisch weiter; unbefriedigt mit leerem Herzen. Man hat das alles, als hätte man es nicht; man treibt das alles, als triebe man es nicht.

Aber jene sittlichen Güter und Ideale! Trösten und halten sie uns nicht? Ja, das ist eben das Traurigste, daß wir in solchen Stunden, in solchen Zeiten den Glauben an ihr Recht und ihre Kraft verlieren! Was bedeuten für uns alle großen und edlen Güter? Lassen sie nicht das Herz leer? Was helfen uns Freundschaft und Freude? Sind sie nicht wie der Schaum auf den Wellen, der eine kleine Zeit schimmert und wieder vergeht? Hat uns noch nie in der Stunde ausgelassener Freude der Gedanke beschlichen: Wozu das alles? Was bedeutet es im Grunde? Und selbst da, wo wir am stärksten spüren, wie wir mit der Welt und ihren edelsten Gütern verwachsen sind, in Leid und Schmerz: Gibt es nicht eine Stufe des Leids, wo wir gleichsam den Boden unter den Füßen verlieren und wie im leeren Raume schweben: Was soll das? Was bedeutet das?

> »Den bängsten Traum begleitet
> Ein heimliches Gefühl,
> Daß alles nichts bedeutet,
> Und wär' uns noch so schwül.«
>
> (Fr. Hebbel, Dem Schmerz sein Recht 11, Z. 1–4)

Kennen wir diese Stimmung? Nun, dann klingen uns die Paulus-Worte nicht mehr fremd: zu weinen, als weinten wir nicht; uns zu freuen, als freuten wir uns nicht. Vertraut! Allzu vertraut! »Was soll all der Schmerz, die Lust!« (J. W. v. Goethe, Wandrers Nachtlied, Z. 6)

Alles, was von außen an uns herankommt, wird uns fremd. Es bleibt uns nur, daß wir uns in unserem Inneren davor abschließen, uns zurückziehen auf uns selbst. Ach, wenn nur dieses Ich, mit dem wir dann allein sind, nicht so leer, so langweilig, so trostlos wäre!

II

Der Zukunftsglaube als Glaube an die Arbeit

Nun hätten wir eine Verbindung unserer modernen Stimmung mit den Paulus-Worten. Aber freilich nur mit seinen Worten! Mit dem, was an der Oberfläche liegt. Von der Empfindung, die dahintersteckt, von dem Bewußtsein der Sicherheit und des Sieges sind wir weit entfernt. Bei Paulus klingen diese Worte wie ein Triumph; wenn wir sie wiederholen, ist es schmerzliche Resignation. So wollen wir aufhören, sie als weltfremd und schwächlich zu tadeln. Hinter ihnen steckt mehr Lebenslust und Lebenskraft, als wir in unserer Armut besitzen. Denn hinter ihnen steckt der siegesgewisse Glaube an die Zukunft.

Der Glaube an die Zukunft! Ja, das wäre das rechte Heilmittel für uns. Zu wissen, daß es einmal anders, besser wird! Aber woher bekommen wir diesen Glauben, der für Paulus selbstverständlich war? Man kann sich doch nicht einfach zu diesem Glauben entschließen; das wäre Selbstbetrug.

Ich glaube, es gibt eine Stufe der inneren Armut und Gleichgültigkeit, auf der wir tatsächlich nichts weiter tun können als einfach weiterarbeiten in dem altgewohnten Geleise. Geschieht es auch ohne den Glauben an den Wert der Arbeit, so werden wir vielleicht doch allmählich erfahren, daß die Arbeit uns trägt. Jene sittlichen Güter, jene Ideale haben doch eine Kraft, die stärker ist als die unsere. Wie wir unter der Arbeit zusammengebrochen sind, so leben wir in ihr auch wieder auf. Wir wachsen durch die Arbeit. Wir lernen erkennen, daß jener Zusammenbruch ein notwendiger Durchgang war, in dem wir ganz auf unsere eigene

Person verzichten lernten. Nicht auf uns kommt es an, sondern allein auf die Macht und Größe des sittlichen Gesetzes, das in der Arbeit waltet. Dann kann uns auch eines Tages offenbar werden, daß unsere Schwäche, die uns verzweifeln ließ, unsere Schuld war. Wir waren der hohen Aufgabe nicht gewachsen, weil wir sie nicht in ihrer ganzen Größe überschauten, uns nicht tief genug vor ihr demütigten, nicht ganz uns selbst vergaßen. Denn freilich, nur wer bereit ist, sich ganz der Arbeit hinzugeben, in den kann auch ihre Kraft überströmen, daß er auflebt und wächst.

Und daraus kann auch ein Glaube an die Zukunft erwachsen. Der Glaube an eine ewige Zukunft, der Glaube an die unendliche Größe dessen, was die Arbeit des Menschengeschlechtes schaffen soll, und das sich jeder Zeit und jedem einzelnen immer nur stückweise offenbart. Der Glaube, daß unsere Arbeit einen immer größeren Reichtum offenbaren muß und uns immer mit neuen Kräften erfüllen wird.

Einen neuen Sinn gewinnen dann die Worte, daß wir haben und tun sollen, als hätten und täten wir nicht. Nämlich *den* Sinn, daß unsere kleine Person nur das Mittel ist in der großen Arbeitsgemeinschaft. Wir sollen besitzen und sollen arbeiten, aber freilich nicht um unseretwillen, sondern um einer ewigen Zukunft willen, die wir als göttliche Aufgabe erfahren haben.

Und unsere Freude, unser Leid? Zu weinen, als weinten wir nicht, uns zu freuen, als freuten wir uns nicht? Verbietet uns das die rückhaltlose, unbefangene Hingabe in Schmerz und Freude? Verbietet es uns Liebe und Vertrauen? Nein; denn die Unendlichkeit der Aufgabe füllt auch jeden Augenblick mit gleichem Ewigkeitswert, daß wir voll ausschöpfen können, was die Stunde uns bietet, und doch nicht ihr Fliehen beklagen müssen. Denn ihr Wert beruht nicht in dem, was wir davon haben, sondern in ihrem Zusammenhang mit dem Unendlichen.

III

Der Glaube an die Zukunft als Warten auf Gottes Tat

Ist das alles, was wir vom Glauben an die Zukunft sagen können? Ich meine, das wäre doch zu wenig, und wir dächten dabei immer noch zu gut von unserer eigenen Arbeitskraft. Und was hätten wir damit für eine Antwort gefunden für die, die zu einer bedrückenden, trostlosen Arbeit gezwungen sind, und für die, denen die Arbeitskraft überhaupt versagt ist? Und genügt es für uns selbst, die wir uns arbeitskräftig fühlen? Erfahren wir wirklich stets die stärkende, belebende Kraft der Arbeit? Wie manchen gibt es, der verbittert tagaus, tagein seinen Arbeitsweg geht! Und ist es uns nicht schon oft begegnet, daß auf eine Zeit des Aufschwungs wieder ein Zusammenbruch folgte? Trauen wir nicht immer noch zu viel der eigenen Kraft, wenn wir das Geschenk eines frohen Zukunftsglaubens von unserer Arbeit erwarten? Ja! So hoch wir vom erziehenden Wert der Arbeit denken und so sehr wir glauben, daß aus der Arbeit uns Kraft und Mut zuströmt – das letzte Wort ist es doch nicht, daß unser Zukunftsglaube im Grunde nichts anderes sein soll als der Glaube an unsere Arbeit.

Und blicken wir zu den Worten des Paulus zurück! Ihrem Sinn waren wir schon näher gekommen, indem die Worte ihren trüben Klang verloren hatten und zum Ausdruck einer inneren Kraft und Freude wurden. Aber im Grunde haben wir ihren Sinn doch noch nicht getroffen. Nicht der Arbeitsglaube ist es, der aus ihnen spricht, sondern der Glaube an eine Zukunft, die unabhängig von unserer Arbeit von Gott uns geschenkt wird. Nicht der Glaube an eine unendliche Zukunft, die wir schon in der Gegenwart genießen können, sondern der Glaube an ein Ziel, das einmal erreicht wird, an ein zukünftiges Gut, vor dem alle Gegenwart verblassen muß. Das ist ein Glaube, der nicht von unserer Arbeit getragen wird, sondern der unsere Arbeit trägt, uns über müde Stunden, über Mutlosigkeit und Trostlosigkeit hinweghilft, in der Freude uns stark macht, im Leid uns tröstet.

Was wäre das für ein Zukunftsglaube, der das vermöchte? Welches ist die Zukunft, die wir erhoffen sollen, daß sie Kraft gibt denen, die unter bedrückender Arbeitslast seufzen, denen, die auf Arbeit schmerzlich verzichten müssen, denen, die müde und verzweifelt die Arbeit abwerfen, uns allen, die wir uns nach Kraft und Mut sehnen?

Es klingen zu uns herüber aus vergangenen Jahrhunderten Prophetenstimmen, die ein gekettetes, verzweifeltes, sehnsuchtsvolles Volk trösteten mit der Verheißung einer herrlichen Zukunft:

»Getrost, ich weiß von einem Tage, gut und groß,
Da windet sich Vergeltung aus der Zeiten Schoß.
Erlösung und Genesung blühn auf seiner Spur.
Da hört man Schluchzen nicht, des Glückes Seufzer nur.«

»Wenn der Herr die Gefangenen Zions erlösen wird,
Dann werden wir sein wie die Träumenden.
Dann wird unser Mund voll Lachens
Und unsere Zunge voll Rühmens sein.
Die mit Tränen säen,
Werden mit Freuden ernten.
Sie gehen hin und weinen
Und werfen ihren Samen aus,
Und kommen wieder mit Freuden
Und bringen ihre Garben.«

(Ps 126,1f.5f.)

Und vom Judentum übernahm das junge Christentum diese Hoffnungen einer herrlichen Endzeit. Bald wird die Zeit anbrechen, wird Christus kommen und das Reich errichten. »Dann wird Gott abwischen alle Tränen von ihren Augen, und der Tod wird nicht mehr sein, noch Trauer noch Geschrei noch Schmerz wird mehr sein« (Offb 21,4).

Was ist aus diesen Hoffnungen geworden? Es erfüllt uns mit Wehmut, wenn wir sehen, daß sie *so,* wie sie gemeint waren, unerfüllt geblieben sind. Aber das ist das Großartige an diesem Zukunftsglauben, daß er an einen Sinn, an ein Ziel alles Geschehens glaubt und dies Ziel als ein Geschenk aus Gottes Hand erwartet. Und wenn wir jetzt zurückschauen, so können wir sagen: Der Same, der damals gesät wurde, hat Frucht getragen, und die Gaben, die Gott geschenkt hat, haben Trauer getröstet und Tränen getrocknet. »Dein Reich komme!« (Mt 6,10 par.), so lautete das Gebet der Christen zu allen Zeiten, und doch haben zu allen Zeiten Menschen, die von Gott erfaßt waren, schon die Gegenwartskräfte dieses Reiches gespürt und gewußt: »Das Reich muß uns doch bleiben« (M. Luther, Ein feste Burg, 4. Str.). Neue Menschen hat Gott stets geschaffen, und neues Leben hat er ihnen stets geschenkt.

So lernen wir daraus, darauf verzichten, uns die Zukunft auszumalen, und es allein Gott zu überlassen, was er aus uns machen will. *Den* Glauben zu haben, daß unsere Arbeit gesegnet ist und Frucht bringen muß. Gerade wenn wir sehen, daß die einzelnen Bilder früherer Hoffnungen sich nicht erfüllten, lernen wir um so ruhiger warten auf das Neue, das Gott aus uns machen, uns schenken will. Es hängt nicht an unserem Denken, sondern ist ganz sein Werk. So sehr wir zur Arbeit verpflichtet sind: was daraus wird, ist *ganz* Gottes Geschenk.

Aber wie können wir zu solchem Glauben an die Zukunft kommen? Kann uns die Betrachtung der Geschichte ihn wirklich verleihen? Ich glaube nicht, daß sie Kraft hat, ihn zu erwecken, sie vermag nur den vorhandenen stärken.

Aber darüber kann man wenig sagen. Jeder muß auf sein eigenes Leben sehen, ob er solches erfahren hat, was er als Geschenk ansehen kann, das ihm ohne sein Verdienst aus Gnade zuteil wurde. Oft wird es die Kraft sein, die ihm heimlich aus seiner Arbeit zugewachsen ist, ohne daß er es merkte, und die ihm erst offenbar wurde, als eines Tages eine Probe seiner Kraft an ihn herantrat. Oft wird es in tiefen Erlebnissen von Freude oder Leid sein, die sein Inneres umrüttelten und neu gestalteten. Oft wird er es erfahren haben an Personen, in denen das Feuer göttlichen Lebens glühte und auch in ihm Feuer entzündete, so daß er unter ihrem Einfluß ein Neuer ward.

Eins aber ist die Hauptsache und gilt uns allen: bereit zu sein für solchen Glauben an die Zukunft, das Herz offen halten, auf Gottes Tat warten. Und damit erschließt sich uns von neuem und endgültig der Sinn der Paulus-Worte. Diese Bereitschaft auf Gottes Tat zeigt sich in der inneren Freiheit von den weltlichen Dingen. Sie nicht verachten, sondern sie gebrauchen. Sich zu freuen mit den Freuenden und zu weinen mit den Weinenden (vgl. Röm 12,15). Aber alles zu tun und zu haben, als täten und hätten wir es nicht, das heißt, ohne uns daran zu verlieren, stets in Bereitschaft für das, was Gott mit uns vorhat. Das Warten auf Gottes Tat nicht vergessen und nicht das Herz zuschließen, uns bewußt bleiben, daß diese Erdenwelt nicht das Letzte und Einzige ist. Unser einstiger Zusammenbruch war eine Stufe auf diesem Weg. Wir wissen, wie fremd uns das alles werden kann, wenn wir weiter nichts haben. Aber umgekehrt sollen wir auch nicht, als sei es das einzige, was uns zuteil werden könnte, in Müdigkeit und Resignation uns in uns selbst zurückziehen und verschließen. Ein offenes Herz haben, den Willen zum Glauben an die Zukunft! Wir wollen es uns zum Schluß noch durch ein Wort dessen sagen lassen, dessen Fest uns die nächste Zukunft bringt, ein Wort Jesu: »Wenn ihr nicht werdet wie die Kinder, so werdet ihr nicht in das Reich Gottes kommen!« (vgl. Mt 18,3) Der Kindessinn, der stets bereit ist, sich schenken zu lassen, er ist im Grunde das einzige, das Jesus fordert.

Der Glaube an die Zukunft! Zu ihm uns aufzuraffen, das scheint mir die rechte Losung für einen Adventssonntag. Haben wir diesen Glauben, so sind wir auch am besten gerichtet für die nächste Zukunft, für Weihnachten. Was der, den wir am Weihnachtsfest feiern, uns schenken kann, davon reden wir heute nicht. Denn wir haben uns gerade darauf rüsten wollen, uns schenken zu lassen. »Komm Herr!«, das war das Gebet der ältesten Christenheit (vgl. 1 Kor 16,22). So sei auch unser Gebet, im Bewußtsein, daß wir uns den besten Inhalt unseres Lebens schenken lassen müssen, dies: Komm Herr, »die Seele wartet auf deine Tat«! (W. Langewiesche, Adventsgebet, Z. 14)

1. Korinther 15,53–58
Wie bekommen wir jetzt schon Teil am Auferstehungsleben?

Predigt am 8. April 1912 (Ostermontag) in Hammelwarden/Oldb.

Dies Verwesliche muß die Unverweslichkeit anziehen, und dies Sterbliche muß die Unsterblichkeit anziehen. Wenn aber dies Verwesliche die Unverweslichkeit anziehen wird und dies Sterbliche die Unsterblichkeit anziehen wird, dann wird das Wort erfüllt, das geschrieben steht: »Der Tod ist verschlungen in den Sieg. Tod, wo ist dein Stachel? Hölle, wo ist dein Sieg?« (Der Stachel des Todes aber ist die Sünde, die Kraft der Sünde aber ist das Gesetz.) Gott aber sei Dank, der uns den Sieg gegeben hat durch unsern Herrn Jesus Christus!

Darum, meine lieben Brüder, seid fest, unbeweglich, nehmet immer zu in dem Werk des Herrn, da ihr ja wißt, daß eure Arbeit nicht vergeblich ist in dem Herrn.

Liebe Gemeinde! Wie der Frühling uns jedes Jahr zeigt, daß es im Leben der Natur ein Auferstehen gibt, ein Erwachen und Entwickeln und Wachsen neuen Lebens, so will uns das Osterfest jedes Jahr wieder zeigen, daß es auch in unserem menschlichen Leben, vor allem im Leben unserer Seele, ein Auferstehen und Neuwerden gibt. Und wie wir jedes Jahr mit Freude betrachten und uns nicht daran satt sehen können, wie allmählich draußen in Garten und Feld die ersten Keime ans Licht kommen und die ersten Blüten sich hervorwagen, so wollen wir uns am Osterfest recht hineinvertiefen in das neue Auferstehungsleben, das uns geschenkt werden soll.

Der Unterschied zwischen dem neuen Leben, das wir in der Natur alljährlich hervorkeimen sehen, und dem Auferstehungsleben, das uns verkündet wird, scheint aber der zu sein, daß wir das Leben in der Natur immer deutlich vor unsern Augen sich entwickeln sehen. Das Auferstehungsleben dagegen, das uns verheißen wird, ist ein zukünftiges, das uns einst in der Zukunft zu teil werden soll. Aber das wäre doch oberflächlich gedacht. In Wahrheit verkündet die Osterbotschaft gerade so gut ein neues Auferstehungsleben, das schon jetzt in der Gegenwart sich triebkräftig erweisen soll. Wie das der Fall sein kann, laßt uns miteinander betrachten. Wie bekommen wir jetzt schon Teil am Auferstehungsleben?

I

Die Art des Auferstehungslebens

»Dies Verwesliche muß die Unverweslichkeit anziehen, und dies Sterbliche muß die Unsterblichkeit anziehen.« Der Apostel will mit diesen Worten eine falsche Vorstellung vom ewigen Leben verhüten. Jenes Leben ist nicht ein fleischliches Leben wie unser jetziges irdisches Leben. Nein, »Fleisch und Blut können das Reich Gottes nicht erben« (1 Kor 15,50).

Aber brauchen wir diese Belehrung denn heute noch? Das scheint uns doch wohl selbstverständlich, daß einst im ewigen Leben die irdischen, fleischlichen Bande von uns abfallen. Aber wenn wir das zugeben, so denken wir leicht nur an die Übel unseres irdischen Lebens; daß sie einst abgetan werden, das hören wir gern. Aber gerade so fest wie alle Übel und Nöte mit dem irdischen Wesen zusammenhängen, gerade so fest sind auch alle irdischen Freuden und Güter damit verbunden. Und es ist ganz natürlich, daß der, dem die irdischen Güter und Freuden die höchsten sind, sich das ewige Leben nur als eine Fortsetzung des irdischen Lebens denken kann; denn etwas Höheres kennt er ja nicht. Und dem klingt die Mahnung auch heute noch: »Fleisch und Blut können das Reich Gottes nicht erben.« »Dies Verwesliche muß die Unverweslichkeit anziehen, und dies Sterbliche muß die Unsterblichkeit anziehen.«

Aber von solchem Irrtum kann den Menschen das Leben selbst leicht heilen. Es belehrt einen jeden, der über sich nachdenkt, daß das ewige Leben anders beschaffen sein muß als das irdische. Denn in diesem irdischen Leben ist eine Macht wirksam, die der Feind alles Ewigen ist: die Macht des Todes, der Vergänglichkeit. Das ewige Leben ist ein Leben ohne Tod. Aber wir dürfen den Tod nicht nur da sehen, wo er uns in nackter Gestalt entgegentritt, am Sterbebett, sondern überall, wo er heimlich und im kleinen seine Macht erweist.

Es gibt ein Märchen, das heißt »Die Boten des Todes« (Brüder Grimm, Kinder- und Hausmärchen II, 1962, Nr. 131 [Orig.-Nr. 177]). Es erzählt davon, daß dem Tode, der von einem Riesen mißhandelt worden war, von einem jungen Menschen geholfen wurde. Dafür versprach der Tod dem Jüngling, er wolle ihn nicht unversehens überfallen, sondern ihm erst seine Boten senden, bevor er käme, ihn zu holen. Der Jüngling lebte nun lustig und guter Dinge. Aber seine Jugend und Gesundheit hielten nicht stand, Krankheit und Schmerzen plagten ihn. Aber er machte sich nicht viel daraus. »Sterben werde ich nicht«, sprach er zu sich selbst, »denn der Tod will mir ja erst seine Boten senden. Ich wollte nur, die Krankheit wäre erst vorüber.« Und sobald er sich gesund fühlte, fing er wieder an, das Leben zu genießen. Da klopfte ihm eines Tages jemand auf die Schulter; er blickte sich um, und der Tod stand hinter ihm und sprach: »Komm! Die Stunde ist da; ich bin gekommen, dich zu holen.« »Wie?« fragte der Mensch, »du wolltest doch erst deine Boten senden? Ich habe keinen gesehen.« »Schweig!« antwortete der Tod, »habe ich dir nicht einen Boten nach dem anderen geschickt? Kam nicht das Fieber? die Schmerzen? Schlaflosigkeit und Schwäche? Und hat dich nicht jeden Abend mein Bruder, der Schlaf, an mich erinnert?« Der Mensch wußte nichts zu erwidern und mußte dem Tode folgen.

So sollen auch wir bedenken, daß alle Zeichen des Schmerzes und der Vergänglichkeit, die wir an uns und um uns sehen, die Boten der großen Macht sind, die im irdischen Leben wirkt, der Macht des Todes. Was es gibt an Leid und Not, Krankheit und Enttäuschung, Mißerfolg in Handel und Wandel: alles Boten des Todes. Und mehr als das: Jede frohe Stunde hat ein Ende, jedem heiteren Tage folgt die dunkle Nacht. All unsre Lust steht unter dem Zeichen der Vergänglichkeit.

Wir sollen es nicht leicht damit nehmen: »Ach, es wird schon einmal besser werden! Ach, die Sonne, die am Abend gesunken ist, geht am Morgen wieder auf!« Nein, Vergänglichkeit umgibt uns, darüber dürfen wir uns nicht täuschen. Und gewiß; wer in schwerer Not, unter drückendem Leid seufzt, der nimmt es von selbst wohl ernst damit. Und was soll uns die Vergänglichkeit lehren? Eben dies: »Dies Verwesliche muß die Unverweslichkeit anziehen, und dies Sterbliche muß die Unsterblichkeit anziehen.« Sie soll uns lehren, den Blick zu richten nach Unvergänglichem, auszuschauen nach dem Ewigen.

Aber es gibt doch in unserem Leben nicht nur diese Todesmacht, sondern auch eine Lebensmacht. Und gerade darin besteht ja unser irdisches Leben: in dem Kampf zwischen Todesund Lebensmacht. Und unsere Sehnsucht nach dem ewigen Leben entspringt nicht nur daraus, daß wir die Todesmacht in uns wirksam fühlen, sondern noch vielmehr daraus, daß wir schon etwas von einem besseren Leben in uns spüren. Und gerade daraus entspringt diese Sehnsucht noch viel echter und reiner.

Wenn wir wissen, daß unser eigentliches Wesen, unser höchster Wert nicht in unserem irdischen Leben und seinen Gütern besteht, sondern in unserer Seele, so spüren wir, wie alles Irdische unsere Seele hemmt. Unsere herzliche Gemeinschaft von Mensch zu Mensch ist gedrückt durch die Schwere des Erdenhaften. Kein Wort vermag rein wiederzugeben, was unser Herz sagen möchte. Statt uns unser Herz zu öffnen, mißverstehen wir uns, statt uns zu erfreuen, verletzen wir uns so oft. Und wie schwach ist es oft mit unserer Hülfe bestellt: Wo wir vom besten Willen erfüllt sind, fehlen uns oft die Mittel, und manches gute Werk muß man mit Schmerzen ungetan sein lassen. Wie gern würde man jenen Traurigen trösten, und man ist fern von ihm und kann nicht zu ihm kommen. Das irdische Wesen bindet und fesselt uns. Und wir fühlen: Es regt sich in uns ein besseres Leben, gefesselt und gedrückt durch das Irdische. Soll es rein heraustreten, so muß das Verwesliche die Unverweslichkeit anziehen und das Sterbliche die Unsterblichkeit.

Aber vor allem empfindet unser besseres Ich die Feindschaft noch einer anderen Macht, die im Irdischen waltet und die der Macht des Todes verwandt ist: die Macht der Sünde. Unser gutes Wollen, es wird gehemmt und vernichtet so oft nicht nur durch das Unvollkommene alles irdischen Wesens, sondern weit öfter durch das schlechte Ich, das in uns lebt. Wir waren zu schwach zum Guten. Wie viele gute Vorsätze, und wie wenig gute Leistungen! Und haben wir auch oft mit Ernst den Kampf geführt, immer wieder sind wir unterlegen. Paulus hat diesen Kampf beschrieben: »Wollen habe ich wohl, aber vollbringen das Gute finde ich nicht. Denn das Gute, das ich will, das tue ich nicht, sondern das Böse, das ich nicht will, das tue ich. Ich elender Mensch, wer wird mich erlösen von dem Leibe dieses Todes?« (Röm 7,18 f.24)

So schaut der Mensch aus dem inneren Zwiespalt aus nach einem Leben, in dem die Mächte der Sünde und des Todes nicht mehr herrschen. »Dies Verwesliche muß die Unverweslichkeit anziehen, und dies Sterbliche muß die Unsterblichkeit anziehen«, das ist uns aus der Seele gesprochen.

II

Die gegenwärtige Erfahrung des neuen Lebens

Dann klingt die Botschaft des Paulus wie eine Erlösung: »Wenn aber dies Verwesliche die Unverweslichkeit anziehen wird und dies Sterbliche die Unsterblichkeit anziehen wird, dann wird das Wort erfüllt, das geschrieben steht: ›Der Tod ist verschlungen in den Sieg! Tod, wo ist dein Stachel? Hölle, wo ist dein Sieg?‹«

Ja, klingt es uns wirklich wie eine Erlösung? Legt es uns nicht vielmehr eine schwere Frage auf? *Wenn* dies Verwesliche und Sterbliche die Unverweslichkeit und die Unsterblichkeit anziehen wird, *dann* wird das Wort erfüllt! *Wenn* – ja *dann*! Und wann wird das sein? Und wer bürgt uns dafür, daß wir daran teilhaben werden? Da erwachen die Zweifel wieder. Die Macht des Todes, die Macht der Sünde, sie spüren wir täglich, aber die Macht der Unvergänglichkeit, des ewigen Lebens? So werden wir auf eine ungewisse Zukunft vertröstet?

Nein! Der Apostel fügt noch einen Satz hinzu: »Gott aber sei Dank, der uns den Sieg gegeben hat durch unsern Herrn Jesus Christus!« Durch Christi Auferstehung, will Paulus sagen, ist auch uns das Auferstehungsleben verschafft. Aber nun scheint sich eine neue Frage zu erheben; zwar werden wir nicht nur auf die Zukunft vertröstet, sondern der Apostel sagt uns, daß der Sieg schon errungen ist. Aber ist das wirklich genug, was er sagt?

1. Korinther 15,53–58

Er weist uns doch nur hin auf ein Ereignis der Vergangenheit, auf etwas, was vor vielen hundert Jahren einmal geschehen ist! Ja, wenn das nur ein Ereignis wäre, was vor langer Zeit einmal geschehen ist, so würde es uns wenig helfen. Diese Verkündigung würde uns vielleicht klüger machen, aber würde sie uns auch besser machen und unserer Seele helfen? Würde sie uns frei machen von allen bösen Mächten?

Nein, wir sollen nicht nur hören, was einmal geschehen ist, und uns mit dem Glauben daran begnügen. Das wäre sogar gefährlich und könnte uns zum Leichtsinn verführen, daß wir dächten: Es ist ja alles erledigt und geschehen. Vielmehr sollen wir in der Gegenwart die Kraft des Auferstehungslebens fühlen. Und gerade das ist das Wichtige und Bedeutsame der christlichen Verkündigung, daß sie etwas, was in der Vergangenheit einmal geschehen ist, und etwas, was in der Zukunft noch geschehen wird, hereinzieht in die Gegenwart. Und gerade dann, wenn wir die Worte richtig verstanden haben, daß das Verwesliche und Sterbliche abgetan werden muß, daß das ewige Leben ein Leben der Seele in geistigen Gütern ist, gerade dann sind wir imstande zu verstehen, wie dies ewige Leben sich in der Gegenwart erweisen kann.

Wer hat Teil an diesem Auferstehungsleben Christi? Paulus sagt einmal: »Wer Christi Geist nicht hat, der ist nicht sein. Wenn aber Christus in euch ist, so ist der Leib zwar tot [Ms.: »Tod«] um der Sünde willen, der Geist aber ist Leben um der Gerechtigkeit willen. Wenn nun der Geist dessen, der Jesus von den Toten erweckt hat, in euch wohnt, so wird er, der Christus von den Toten auferweckt hat, auch eure sterblichen Leiber lebendig machen deshalb, weil sein Geist in euch wohnt« (Röm 8,9–11). Darauf also kommt es an, daß wir Christi Geist in uns lebendig fühlen. Wer in der Gegenwart noch nichts davon verspürt, der kann auch von der Zukunft nichts erwarten. Spüren wir Christi Geist lebendig?

In das Leben dieser Welt, das ein Kampf zwischen Todesmacht und Lebensmacht ist, ist mit seiner Auferstehung eine neue Macht eingetreten, die Macht seines Geistes, die Macht der Liebe. Das Zeichen, das ein Zeichen seiner Niederlage zu sein schien, das Zeichen des Kreuzes, wurde zum Siegeszeichen, unter dem seine Anhänger die Botschaft der Liebe verbreiteten von Stadt zu Stadt und von Land zu Land. Was war die Art dieser Liebesmacht? Hungrige zu speisen und Arme zu kleiden, Kranke zu besuchen und Traurige zu trösten. Und mehr als das: die Feinde zu lieben, den Verfolgern Gutes zu tun, die Verfluchenden zu segnen, das Böse zu überwinden mit Gutem (vgl. Mt 25,35 f.; Lk 6,27 f. par.; Röm 12,14.21). Das war ihre Hauptkraft. Und diese Macht ging nicht wieder unter, sondern erwies sich stärker als die feindlichen Mächte der Sünde und des Todes. Und überall, wo sie Platz faßte, wo ihr Feuer brannte, da wich das Dunkel, da wurde die Macht des Todes und der Sünde besiegt. Und das gibt uns die Zuversicht, daß die Macht der Liebe doch Herr wird in der Welt.

Doch kann diese Zuversicht nur der haben, der die Macht des Geistes Jesu, die Macht der Liebe nicht nur in der Weltgeschichte, sondern an sich selbst spürt. Es gibt hartherzige, verschlossene Menschen, die diese Liebesmacht in der Welt nicht wahrnehmen können, sie haben keinen Glauben an die Menschheit, keinen Glauben an die Zukunft, keinen Glauben an einen Sinn und ein Ziel des Geschehens, keinen Glauben an Gott. Es sind in der Regel solche Menschen, die nie Liebe an sich selbst erfahren haben. Das ist das beste Mittel, einen Menschen zu erziehen, daß man ihm Liebe zu teil werden läßt; die eigene Liebe, die man ihm aus schwachen Kräften schenken kann; und daß man ihm die Liebe zeigt, mit der Gott die Welt geliebt hat und die Jesus offenbart (vgl. Joh 3,16). Wie manchen hat aus seiner Düsterkeit und Verzagtheit *das* aufgerichtet, daß wieder ein Strahl der Liebe in sein Herz fiel und das hinwegschmolz, was kalt und erstarrt war. Und wer von dieser Liebesmacht etwas erfahren hat, der muß ihr immer wieder sein Herz öffnen, er wird immer mehr in ihren Kreis hineingezogen, um immer reicher an Liebe zu werden, Liebe zu nehmen und Liebe zu schenken. Und der erfährt immer mehr, daß die Liebe die siegende Macht auf Erden ist über alle Schranken der Vergänglichkeit hinweg.

Ist unser menschliches Wort zu schwach, zu sagen, was unser Herz bewegt: das Gefühl der Liebe weiß das unvollkommene Wort zu deuten und den wahren, verschwiegenen Sinn dahinter zu spüren. Sind wir gehindert, Gutes zu tun, so tatkräftig wie wir möchten: das Beste, was wir tun können, ist doch dies, zu zeigen, daß unser Herz von Teilnahme und Liebe erfüllt ist, damit der andre sich wohl fühlt in der Gemeinschaft der Liebe.

Und die Macht der Liebe siegt auch über die Macht der Sünde. Wir selbst dürfen dazu mithelfen, indem wir dem, der unser Schuldner ist, mit verzeihender Liebe entgegentreten. So überwinden wir das Böse mit Gutem. Und wenn wir der Liebe gehorchend uns selbst überwinden, so dürfen wir auch fühlen, wie die Liebe uns stark macht, uns Halt und Wert gibt, uns mit Jesus, mit Gott verbindet, und das bedeutet doch: uns schon jetzt Teil gibt am ewigen Leben.

Am tiefsten aber spüren wir es, wenn aus unserer eigenen Sünde und Schuld uns die Macht der Liebe emporhebt. Wenn uns das Bild dessen aufrichtet, der die Mühseligen und Beladenen zu sich rief (vgl. Mt 11,28); der, von dem der Dichter singt:

> »Du stehst voll treuer Liebe
> Noch immer jedem bei,
> Und wenn dir keiner bliebe,
> So bleibst du dennoch treu.
> Die treuste Liebe sieget,
> Am Ende fühlt man sie,
> Weint bitterlich und schmieget
> Sich kindlich an dein Knie.«

(Novalis, Wenn alle untreu werden, 3. Str.)

Wer die Sünde als die stärkste Macht im Leben erfahren hat, und wem Jesus als die Macht der Liebe begegnet ist, die die Sünde überwindet, der kann sprechen: »Gott sei Dank, der uns den Sieg gegeben hat durch unsern Herrn Jesus Christus!« Etwas anderes gibt es nicht, das uns die Gewißheit des Auferstehungslebens, des ewigen Lebens geben könnte, als die Teilnahme an Jesu Geist, die Teilnahme an seiner Liebe.

Und wenn dann im Lauf des täglichen Lebens uns die Macht der Vergänglichkeit und der Sünde doch wieder schwer aufs Herz fällt, dann sollen wir uns das letzte Wort unseres Textes gesagt sein lassen: »Darum, meine lieben Brüder, seid fest, unbeweglich, nehmt immer zu in dem Werk des Herrn, da ihr wißt, daß eure Arbeit nicht vergeblich ist in dem Herrn.«

Dann sollen wir wissen, daß mit dem Kampf, der noch auf uns liegt, Gott uns eine Aufgabe gegeben hat, die uns ehrt. Wir sind noch in den Kampf hineingestellt, so lange wir hier leben, und es ist ein Kampf, in dem wir wachsen sollen, in dem wir immer reifer und reicher und stärker werden sollen. »Nehmt immer zu in dem Werk des Herrn«, das heißt, nehmt immer zu in der Arbeit der Liebe. Jetzt können wir es getrost voll Zuversicht, weil wir wissen, daß die Sache, für die wir eintreten, nicht untergehen kann. »Da ihr wißt«, sagt der Apostel, »daß eure Arbeit nicht vergeblich ist in dem Herrn.«

Paulus sagt: »Nehmt zu in *dem* Werk des Herrn«; er redet nicht von vielen Werken, sondern von einem, es ist eben die Liebesarbeit. Sie soll unser ganzes Leben umfassen, und alles, was wir tun, soll ein Teil dieser Liebesarbeit sein. Wie all die einzelnen Ereignisse in unserem Leben, in denen wir die Vergänglichkeit wahrnehmen, die Wirksamkeit der *einen* großen Todesmacht verraten, so soll auch alles Einzelne, was wir tun, zeigen, daß in uns *eine* große Macht regiert, die Macht der Liebe. Nicht zuweilen einmal, sondern immer und überall. Freundlich sein in Blicken und Worten, das können wir immer. Hülfsbereit können wir sein, wenn sich Gelegenheit bietet; und sie bietet sich oft, wenn wir mit den Augen der Liebe sehen. In unserem Berufe können wir treu und ehrlich sein, damit er dazu beiträgt, der Menschheit nützlich zu sein und das Reich Gottes, das Reich der Liebe erbauen zu helfen.

Paulus sagt: »Nehmet *immer* zu!« Für die Liebesarbeit gibt es keine Grenze. Es ist nicht die Arbeit nach festen Vorschriften, die man genau erfüllen kann, und damit ist die Aufgabe erledigt, sondern es ist eine unendliche Aufgabe, die wir nie zu Ende bringen, sondern für die wir immer die Augen offen haben müssen. Und da gibt es keine bestimmten Gesetze, an die man sich halten kann, sondern wir haben selbst die Verantwortung, zu suchen, wo wir Hand anlegen können. Denkt daran, wie Jesus das jüngste Gericht beschreibt! Nicht diejenigen stellt er zur Linken und weist sie von sich, die bestimmte Vorschriften übertreten haben, sondern [diejenigen,] die kein Auge dafür gehabt haben, wo sie helfen konnten, die keine Liebe hatten, Not und Leid zu lindern (vgl. Mt 25,31–46).

Die Liebe ist kein Gesetz, das wir erfüllen sollen, sondern eine Lebensmacht, eine geistige Kraft, die in uns wirken soll. Darauf macht uns noch ein Wort unseres Textes aufmerksam. Paulus sagt: »Die Kraft der Sünde ist das Gesetz.« Er will damit sagen: Wenn wir durch das Gesetz zum Guten gezwungen werden, so werden dadurch erst recht die bösen Triebe geweckt; das Verbotene reizt. Darum, wenn Sünde und Tod weggeschafft werden, so fällt damit auch das Gesetz hin. Freiwillig tut der Christ das Gute. Das versteht sich ja eigentlich von selbst. Wenn die Macht der Liebe in uns regiert, so brauchen wir kein Gesetz mehr, sondern die Liebe tut von selbst, was das Gesetz verlangt.

Dann haben wir aber gerade darin ein Zeichen, ob in uns das Auferstehungsleben, das ewige Leben schon vorhanden ist, wenn wir ohne ein Gebot, allein durch unser Herz gedrungen, das Werk der Liebe vollbringen.

Leben und Erleben

Predigt im Studentengottesdienst am 23. Juni 1912 (3. Sonntag nach Trinitatis) in Marburg

Meine Freunde! Daß ich an dieser Stelle und in dieser Stunde die Anrede gebrauchen darf: »Meine Freunde!«, deutet doch wohl darauf hin, daß etwas Gemeinsames unter uns vorhanden ist. Steht es gut, so ist es ein gemeinsamer Besitz, der in uns allen lebendig ist und unseren Austausch fruchtbar macht. Zum mindesten ist es ein gemeinsames Wollen und Verlangen, was uns zusammengeführt hat und was uns ein gegenseitiges Verständnis für einander gibt. Welches Wort wollen wir diesem gemeinsamen Verlangen und Sehnen geben? Ich darf es wohl nennen: das Verlangen nach *Leben*; und ich brauche das gar nicht näher zu begründen.

I

Was ist Leben?

Aber was heißt Leben? Fast scheint es, als müsse alle Gemeinsamkeit verloren gehen, wenn wir diese Frage aufwerfen. Denn so allgemein menschlich das Verlangen nach Leben ist, so verschieden war und ist, was man unter »Leben« versteht.

Leben ist die gewaltige Kraft, die in der Natur sich entfaltet, in Pflanze, Tier und Mensch; die die Keime treiben und die Früchte reifen läßt, die die Wesen zusammenführt freundlich und feindlich, die Kraft gibt zur Arbeit und zum Genießen, die zu Kämpfen treibt wie zur Freude.

Aber nein! Ist dies Leben schon wert, Leben zu heißen? Leben ist die Bewegung in der Welt des Geistes. Lebendig ist der Mensch, der sich über das Naturleben erhoben hat, der geistig lebendig geworden ist. Leben ist nur da, wo sittliches Wollen und Handeln besteht. Leben heißt wirken. Und tot ist der Mensch, der in Trägheit und Gewissenlosigkeit dahin lebt, den keine Schuld mehr verwunden und keine Pflicht mehr wecken kann, weil er innerlich erstarrt ist.

Und wieder nein! Auch dies Leben ist nur ein Schein, Leben im Vollsinne des Wortes haben wir überhaupt nicht auf Erden. Es gab Zeiten, da erwuchs aus einer zerbrochenen Kultur ein anderes Verständnis des Lebens. Leben haben wir nicht als Besitz, wir *hoffen* darauf. Leben ist der Inbegriff alles dessen, was uns in einem jenseitigen, ewigen Dasein an herrlichen Gütern geschenkt wird; erst nach dem Tode tut es seine Pforten auf.

Doch nein! Der Mystiker kennt noch ein anderes Leben, was jetzt schon sein eigen werden kann. Freilich besteht es nicht in dieser Welt des Scheins. Nein, es gilt, die Seele freizumachen von allen irdischen Banden und alles äußere Wesen als Schein und Trug zu erkennen. Aber dann, wenn es stille geworden ist, wenn alle Stimmen des Tages schweigen und aller bunte trügerische Glanz verdunkelt ist, dann keimt es in der Seele auf, dann fällt ein Licht von oben herein. Das gestaltlose Ewige rein zu schauen, untergehen in der Anschauung Gottes, das heißt Leben!

Alles das hieß Leben, und alles das heißt Leben. Und wenn das alles mit dem Namen Leben benannt wurde und wird, so wird doch wohl etwas Gemeinsames in dem allen sein. Etwas, wonach alle verlangten, was alle in den verschiedenen Gestalten zu sehen oder zu suchen meinten und wofür sie keinen besseren Namen finden konnten als »Leben«. Was aber ist das? Was ist das Leben, das sich in allen regt und entfalten will, oder nach dem alle sich sehnen, das keiner ganz erfaßt und gekannt hat, und das alle als das Höchste bekennen? Das weiß niemand zu sagen. Das Leben ist ein Geheimnis und so reich und so begehrt, wie nur ein Geheimnis sein kann.

Und doch muß es da sein. Denn doch verstehen wir uns gleich über alle Zeiten hinweg und über alle Schranken unseres Wesens hinweg, wenn wir von Leben reden. »Meine Seele dürstet nach Gott, dem *lebendigen* Gott« (Ps 42,3), das empfinden wir heute so gut, wie es der Psalmsänger empfand, der es zum erstenmal gesprochen hat.

> »Man sehnt sich nach des Lebens Bächen,
> Ach! nach des Lebens Quelle hin«,
> (J. W. v. Goethe, Faust I, Z. 1200 f.)

so wird es in einer Stunde des Besinnens in jedem Menschenherzen laut. Und wir wissen uns über alle Zeiten und alle Schranken unseres Wesens hinweg einig in dem Grauen vor dem Tode, in der Scheu vor allem Toten und Erstorbenen, in der Freude an allem Lebendigen.

Aber haben wir damit nicht wenigstens etwas erkannt von dem, was Leben ist? Lebendigkeit ist das Gegenteil von Tod; Beweglichkeit das Gegenteil von Erstarrung. Ja gewiß, *Leben ist Bewegung,* freies Spiel der Kräfte, freie, unendliche Bewegung. Was ist die Freude am Leben der Natur anders als die Freude an ihrer ewigen Bewegung, am Wachsen und Werden; zu sehen, wie Kräfte sich regen und weiter arbeiten, wie neue Triebe keimen und neue Früchte reifen mit neuen Möglichkeiten unendlicher Zukunft? Was ist das Verlangen nach Leben anders als das Verlangen, frei zu werden von aller Enge und Beschränkung, das Verlangen nach freier Bewegung? Leben hat der Mensch, dessen Ich nicht erstickt ist, dessen Trieb[-] und Willenskräfte nicht gefesselt, nicht abgeschnitten sind durch Schicksal oder Schuld. Leben ist Feind aller Begrenztheit, Leben ist freie Bewegung. Und wir verstehen den Kraftmenschen, der es vermag, überall ein Regen des Lebens, eine Bewegung zu schauen und sich an allem zu freuen. Der, wenn er über die Landstraße geht, sich vergegenwärtigen muß, was alles auf ihr sich regt, menschliche Unternehmungen mit Plänen und Sorgen, menschliche Freude und Leid [Ms.: »Walt Whitman«, vgl. Grashalme, Gesang von der freien Straße]. Der sich freut an jeder Lebensregung, sei sie schön oder häßlich, gut oder böse; ja, der auch an Schmerz und Krankheit seine Freude hat, weil er auch in ihnen Lebenskräfte kämpfen, sich bewegen sieht. Leben ist Bewegung.

Oder haben wir zuviel gesagt? Kann es wirklich dies Leben sein, nach dem wir verlangen, diese unendliche Bewegung? Einmal muß doch die Frage auftauchen nach dem Sinn der Bewegung, und wenn Leben nichts weiter ist als dies, so muß dem Menschen statt des Verlangens danach der Überdruß daran kommen. Und neben die Lebensfreude des amerikanischen Dichters müssen wir die Worte des alten jüdischen Predigers stellen. Die Sonne geht auf und unter in ewigem Kreislauf, in ewigem Kreisen wehen die Winde, und nach gleichen Gesetzen strömen die

Flüsse zum Meer. In der Menschenwelt ein ewig gleiches Jagen und Hasten, was geschehen ist, kommt wieder, und nichts Neues gibt es unter der Sonne. Alles hat seine Zeit und Stunde: geboren werden und sterben, pflanzen und brechen, töten und heilen, einreißen und bauen, weinen und lachen, schweigen und reden, lieben und hassen. Was hat es also für einen Wert, daß man sich müht? Alles ist eitel und ein Weiden des Windes. Und aus seiner Beobachtung der Welt und des Menschenlebens zieht er die Folgerung: »Da pries ich glücklich die Toten, die schon gestorben sind, vor den Lebendigen, die noch leben, und zweimal glücklich, die nie geboren sind, das Elend zu schauen, das unter der Sonne ist« (Pred 4,2f.; vgl. 1,5–9; 3,1–4.7–9; 1,14 u. a.). Und aus einer ganz anderen Zeit und ganz anderen Kultur klingt zu uns das Wort des griechischen Tragikers: »Nie geboren zu sein ist das Höchste; doch wenn du lebst, ist es das beste, schnell wieder dahin zu kehren, woher du kamst« (Sophokles, Ödipus auf Kolonos, Z. 1224–1227). Und wie mancher hat es nachgesprochen.

Wir wollen uns nicht künstlich in eine Nachempfindung steigern, die nicht ursprünglich ist. Aber kennen wir solche Stimmungen, wo der Strom des Lebens in seinen wechselvollen Wellen an uns vorüberrauschte als etwas Fremdes, ja als etwas Feindliches? Es mag sein, daß wir Stunden erlebt haben, in denen uns das verging oder genommen wurde, in dem uns alle Fülle des Lebens am klarsten und schönsten entgegentrat und uns von der Wirklichkeit und dem Recht des Lebens überzeugte. Wir können aber auch dazu kommen durch die Überfülle des Lebens selbst. Wir eilten von Erscheinung zu Erscheinung, überall vom Zauber des Augenblicks ergriffen, stets ganz hingegeben und nie gesättigt, stets reich beschenkt von der Buntheit des Lebens und nie zufrieden. Und am Ende? Oder in einer Stunde des Besinnens? Da fanden wir uns so arm, wie wir vorher waren. Wir hatten nichts mitgebracht aus all der Fülle. Ja, wir hatten verloren. Die Spannkraft erlahmt, die Lust zur Freude geht verloren. Unser Leben wird ein inhaltloses Hinleben. Und was war es? Auch das wird uns dann wohl erschreckend deutlich: ein Schein. Wir spielten eine Rolle, ohne es selbst zu wissen. Waren es unsere Worte, die wir sprachen, unsere Handlungen, die wir taten? Es ist uns so fremd geworden wie ein Traum.

Oder kennen wir die Stimmung, die aus dem Verse Hebbels spricht:

> »Schlafen, schlafen, nichts als schlafen,
> Kein Erwachen, keinen Traum.
> Jener Wehen, die mich trafen,
> Leisestes Erinnern kaum;
> Daß ich, wenn des Lebens Fülle
> Niederklingt in meine Ruh,
> Nur noch tiefer mich verhülle,
> Fester zu die Augen tu.«

(Fr. Hebbel, Dem Schmerz sein Recht 4)

Oder soll ich hier nicht in diesem Tone sprechen? Vielleicht liegt es manchem unter uns fern. Obwohl man oft zu seiner Überraschung die Erfahrung macht, daß bei Menschen, bei denen man nichts dergleichen vermutet hat, einmal in einer seltenen Stunde dies Bekenntnis laut wird, daß es mit ihm auch so steht. Hinter der Maske innere Leerheit; Freude, ja Ausgelassenheit ohne wirkliche Lebenslust.

Aber was für den einen gilt, gilt nicht für den anderen. So laßt es uns doch noch von einer anderen Seite betrachten. Wenn es irgendwie recht ist, daß Leben Bewegung ist, so stehen wir hier in einer Fülle des Lebens. Jeder weiß selbst am besten, welcher Reichtum des Lebens ihn hier umgibt, wenn er die Augen aufzumachen gelernt hat. Leben der Natur und der ungebundenen Freiheit. Freiheit und Freude in Verkehr und Freundschaft wie in der Wissenschaft. Die Möglichkeit, eine Fülle von neuen Eindrücken aufzunehmen, sich auseinanderzusetzen mit den ewigen Fragen des menschlichen Geistes und mit den Fragen des Tages. Wer sich nicht selbst in Sklaverei begibt, ist hier frei und hat Leben und Bewegung. Wer seine Augen aufmacht, sieht, daß er nur zuzugreifen braucht: Lebenskräfte in allen Gestalten. Und wir wollen unsere Augen aufmachen! Wir wollen die Lebenskraft, die in uns sich regt, entzünden an dem Leben, das um uns sich bewegt und uns einlädt. Auskosten alle Möglichkeiten des Genießens in Freude und Arbeit. Leben ist Feind aller Begrenztheit; Leben ist Unendlichkeit und Freiheit. Kläglich soll uns vorkommen, wer in jungen Jahren schon abgeschlossen und fertig dazustehen meint. Leben ist Feind von Stillstand, ist ewiges Fortschreiten. Und kläglich ist der, der schon genug hat. Leben ist Reichtum in unerschöpflicher Fülle. Gewiß, Leben ist Bewegung.

Aber für uns alle besteht die Gefahr, daß wir über diesem Leben uns selbst vergessen, daß wir uns daran verlieren. Daß wir uns von ihm treiben lassen wie von einem Strom. Es dringt nicht in unser Inneres, macht uns nicht selbst lebendig. Und dann kommt sicher einmal eine Zeit, wo es uns fremd wird. Und um so schlimmer, wenn wir das nicht empfinden; es wäre ein Zeichen, daß wir verkommen sind. Ich rede nicht von dem äußeren Verkommen. Auch der ist verkommen, innerlich verkommen, der das Leben der Freiheit nicht mitnehmen kann in die Arbeit des Berufs. Dem die Arbeit des Berufs etwas Fremdes wird, Knechtsdienst, toter Dienst, in dem keine Spur von Leben steckt. Der ist verkommen, bei dem die Freiheit nicht ein Teil seines Wesens geworden ist, der nur zügellos war, nicht innerlich frei, grade, aufrecht. Auch der ist verkommen, der nach der Zeit der Freiheit seinen ewigen Durst nach Leben vergißt, seinen Idealismus verliert. Für sie alle war die Zeit der Freiheit, der Bewegung, des Lebens eine Episode. Das Leben ist ihnen im Grunde etwas Fremdes geblieben. Sie haben, indem sie am intensivsten zu leben meinten, das Leben in sich getötet.

II

Das Leben wird geschenkt im Erleben

Aber wie entgehen wir dem? Wie kommen wir dazu, daß das Leben nicht als etwas Fremdes an uns vorüberrauscht, sondern daß es unser eigen wird? Unsere Sprache hat ein Wort für solche Augenblicke unseres Lebens, die uns zu eigen geworden sind als innerer Besitz; an denen wir nicht nur als Zuschauer beteiligt waren, sondern die eine umschaffende Bedeutung für uns gehabt haben. Wir nennen sie *Erlebnis*. Ein Tag, eine Stunde, ein Augenblick war uns ein Erlebnis, wenn wir an ihm eine Bereicherung unseres inneren Lebens erfahren haben. Wenn uns hier eine Macht entgegentrat, die uns überwältigte, uns beschenkte. Wir sprechen von einem künstlerischen Erlebnis, wenn uns an einem Kunstwerk wie an einer Offenbarung eine Welt von Schönheit sich auftat und unserem Sein eine neue Richtung gab. Es gibt Erlebnis in der Wissenschaft, wenn uns das Wesen einer Wahrheit, eines Gesetzes sich aufdrängte und unser früheres Denken über den Haufen warf und verwehte wie welke Blätter und unserem Denken einen neuen, sicheren Zielpunkt gab. Wir haben Erlebnisse in unserem persönlichen Verkehr, wenn ein Mensch sein Wesen uns offenbart und wir umgewandelt werden durch die Kraft seiner Persönlichkeit. Es gibt Erlebnis in unserem innersten Sein, wenn uns so oder so die Augen aufgehen über uns selbst, über das, was uns bisher unbewußt im Innersten trieb, über unsere Schuld, über unsere Pflicht. In der bunten Fülle des Lebens ist Wechsel und Bewegung; indem das Leben für uns Erlebnis wird, erlangt es Gestalt, Ewigkeitswert. Im Erlebnis lernen wir uns selbst begreifen, daß unsere Seele nicht der Spiegel ist, der die bunte Fülle dessen widerspiegelt, was an ihm vorüberzieht; vielmehr sie ist der Stein, den die Schläge des Bildhauers treffen, daß von ihm abfällt, was zwecklos ist, daß sich die Gestalt rein herausarbeitet. Im Erlebnis wird und wächst die Persönlichkeit. Indem wir Persönlichkeit werden, tritt das Leben, das wir außer uns wahrnehmen, in uns hinein, nimmt einen neuen Anfang in uns, macht uns lebendig. Das Leben im äußerlichen Sinne leben wir alle. Soll es ein wahrhaftiges Leben werden, so muß es zum Erleben werden.

Und wie wird es das? Wir fühlen alle, daß wir uns selbst kein Erleben geben können. Denn indem wir von Erlebnis sprechen, meinen wir etwas, was wir nicht selbst geschaffen haben, sondern was über uns gekommen ist, was uns geschenkt ist. Und doch brauchen wir nicht tatenlos dazustehen und auf das Erlebnis zu warten, wie der Mystiker wartet, daß der Geist auf ihn fällt. Ja, wir dürfen es nicht. Denn Erleben haben wir nur dann, wenn wir dazu bereit sind, wenn wir uns dem Erlebnis unterwerfen. Und was das heißt, ist leicht einzusehen. Denn wir sagten ja, das Wesen des Erlebnisses ist dies: Es bringt in die bunte Bewegung des Lebens Einheit, Festigkeit; es macht zur Persönlichkeit.

So wären wir bereit zum Erleben, wenn wir bereit sind, uns zur Persönlichkeit erziehen zu lassen, wenn wir Einheit in unser Leben bringen wollen. Wir sollen uns nicht an die Erscheinungen des Lebens verlieren, sondern Herr unser selbst bleiben, es muß einen Mittelpunkt in unserem Leben geben, um den alles Denken und Wollen sich kristallisiert. Deshalb haben wir oft so wenig Erleben, weil der Reichtum des Lebens an uns zerflattert, weil es unserem Wesen an einem festen Mittelpunkte fehlt. Wir können nur erleben, wenn wir bereit sind, Einheit in unser Leben zu bringen. Dies Streben nach Einheit aber heißt einheitliches, sittliches Wollen. Das, was wir als Pflicht, als das Gute erkennen, ist der Mittelpunkt unseres Denkens und Handelns. Danach sollen wir beurteilen, was an uns herankommt, sollen abschneiden, was uns stören würde; uns frei machen von dem, was uns bedrücken, uns rein machen von dem, was uns beflecken will. Wohl sollen wir der Fülle des Lebens offenstehen, aber soll sie uns in Wahrheit reich und nicht arm machen, so müssen wir wissen, was wir wollen. Das Sich-Ausleben in dem Sinne, daß man jedem Triebe willenlos folgt, macht nicht reich, sondern arm; es macht nicht einheitlich und kräftig, sondern zerstört unser Selbst. Wir sollen werten und gestalten, aus allem etwas gewinnen, was uns fördert in dem, was wir als gut erkannt haben. Reich wird nur der, der in die Fülle des Lebens, das auf ihn einströmt, Gestalt und Einheit bringt. Mit der Arbeit des Künstlers läßt es sich vergleichen, in den formlosen Stoff Gestalt zu bringen. Nur daß diese Arbeit kein Spiel ist, sondern daß sie Opfer und Selbstüberwindung fordert. Es ist eine schlaffe, weichliche Art, die stets darauf reflektiert, was unserem Naturwesen angemessen und unangemessen ist, und die nicht ihr Leben nach den Gedanken des Willens gestaltet, die das Opfer nicht kennt. Durch das Opfer wird der Mensch nicht schwach, sondern stark, nicht arm, sondern reich. Erleben wollen heißt bereit sein, von sich abzuschneiden, was die Einheit unseres Wesens stört, auch wenn es Schmerzen kostet, heißt bereit sein zum Opfer. »Wer sein Leben findet, der wird's verlieren, und wer sein Leben verliert, der wird es finden« (vgl. Mt 10,39).

Wir brauchen nicht nur so allgemein davon zu reden. Etwas haben wir hier alle, was unserem Leben eine Einheit gibt: unsere

Arbeit. Freilich nicht, wenn wir sie bloß als Brotarbeit betreiben, sondern wenn wir sie im höchsten Sinn als inneren Beruf erkennen. Und das ist unsere Aufgabe hier in der Freiheit des Lebens, daß wir die rechte innere Einheit zwischen Arbeiten und Genießen finden. Diejenigen, die das nicht vermögen, werden jene innerlich Verkommenen, von denen wir sprachen, die ihren Idealismus verlieren, sobald diese Welt hier hinter ihnen liegt. Es ist nie ein echter gewesen. Sonst würde ihr Leben immer den Glanz der Freude und Freiheit behalten. Einheit in Arbeit und Genuß zu bringen, das heißt, sein Leben zu einem Erleben machen zu wollen. Nicht nur die äußere Einheit, die in dem Abwägen der Zeit auf beide Teile besteht, sondern die Einheit, die in beiden, im Arbeiten wie im Genießen, zu demselben Mittelpunkt vordringt, zu den Kräften wahren Lebens.

Bereit sein zur Persönlichkeit, Einheit in sein Leben bringen, das heißt nicht: sich der Fülle des Lebens entziehen. Im Gegenteil. Es kann uns nicht bunt und reich genug sein. Wir werden uns ihm entgegenwerfen, wie der Schwimmer seine Arme ausbreitet gegen die Wellen des Stromes. Was uns begegnet an Eindrücken in der Natur, im Verkehr mit den Menschen, in Kunst und Wissenschaft, soll uns willkommen sein. Mit unvoreingenommenem, offenen Sinn treten wir ihm entgegen, bereit, von allem zu lernen, uns von allem bereichern zu lassen. Nichts zu gering und nichts zu groß, nichts zu leicht und nichts zu schwer; überall bereit, das innere Leben, das sich unter der Hülle bewegt, herauszufühlen und es zum eigenen Besitz zu machen. Wir machen zwar oft die Erfahrung, daß wir abgestoßen werden. Wie mancher Tag erscheint uns fruchtlos und langweilig, wie mancher Mensch herzlos und verletzend, wie manches Erlebnis bitter und grausam. Dann wollen wir uns nicht abschließen und uns in uns selbst zurückziehen, sondern bedenken, daß wir noch nicht stark, nicht reif genug sind, nicht genug Persönlichkeit, uns anzueignen, was unser werden sollte. Und bei der Rückschau auf vergangene Tage müssen wir oft erkennen, daß trostlose Zeiten für unser inneres Leben bedeutsamer gewesen sind als scheinbar reiche. Und wir müssen es doch oft an uns erleben, daß Schweres und Hartes dazu gehörte, uns aus einem Scheinleben aufzurütteln, in uns den Willen zum Erleben zu wecken. Erleben heißt:

sich schenken lassen wollen; dazu gehört die Fähigkeit, alles hinzunehmen und zu vertrauen, daß man aus allem lernen kann. Aus allem etwas machen wollen, aus Freude und Leid, aus Arbeit und Spiel, das heißt erleben wollen.

Und zum Schluß wollen wir aber auch das erste nicht vergessen: Ist es auch nur ein Stück der Wahrheit, so ist es doch wahr: Leben heißt Bewegung. Und unser Erleben zeigt selbst immer wieder, daß Leben lebendig ist und lebendig hält. Sind wir lebendig geworden, so gibt es keinen Stillstand für uns. Denn fähig sein zum Erleben heißt doch: fähig sein, immer Neues aufzunehmen, nie abgeschlossen sein, nie mit sich selbst zufrieden zu sein. Lebendig ist der, der nie gesättigt ist, der nie genug hat, der stets bereit ist, über sich hinauszuwachsen, sich zu überwinden, sich zu überholen.

Sind wir bereit, das Leben, das in uns und um uns sich regt, zum Erleben umzuschaffen, uns selbst umschaffen zu lassen, so kann wahres Leben in uns lebendig werden. Was heißt Leben? Eine theoretische Erkenntnis des Geheimnisses haben wir nicht gewonnen, aber eine praktische Lösung können wir gewinnen: Leben wird uns geschenkt im Erleben.

Und soll ich nun noch vom religiösen Erlebnis im besonderen sprechen? Oder von Gottes Wirken in unserem Leben und Erleben? Oder habe ich das nicht schon getan? Wir wollen doch nur daran denken, daß Menschen, die das Höchste von Gott aussagen wollten, ihn nannten: den *lebendigen* Gott. So dürfen wir wohl mit dem Gebet schließen, das C. F. Meyer dem Michelangelo in den Mund legt:

»Schaff mich – ich bin ein Knecht der Leidenschaft –
Nach deinem Bilde schaff mich rein und frei.
Den ersten Menschen formtest du aus Ton,
Ich werde schon aus härterm Stoffe sein,
Da, Meister, brauchst du deinen Hammer schon.
Bildhauer Gott, schlag zu! Ich bin der Stein!«

(C. F. Meyer, In der Sistina, 4. Str.)

Lukas 12,54–57
Was erwartet das neue Jahr von uns?

Predigt am 1. Januar 1913 (Neujahr) in Hammelwarden/Oldb.

Jesus sprach zum Volk: »Wenn ihr eine Wolke aufsteigen seht von Westen, so sprecht ihr gleich: ›Es kommt ein Regen!‹, und es geschieht so. Und wenn ihr den Südwind wehen seht, so sprecht ihr: ›Es wird heiß werden!‹, und es geschieht so. Ihr Heuchler! Das Aussehen der Erde und des Himmels versteht ihr zu prüfen; warum aber prüft ihr diese Zeit nicht? Und warum prüft ihr nicht von euch selbst, was recht ist?«

Liebe Gemeinde! Neujahr ist die Zeit des Wünschens. Wir wünschen den Unsrigen Gutes und lassen uns Gutes wünschen. Vielleicht denken wir dabei an dies und das, was uns besonders am Herzen liegt, aber wie es auch sei: Wünsche haben wir alle, und mit Wünschen treten wir alle über die Schwelle des neuen Jahres.

Und es ist auch gut so. Denn wer nicht mehr wünscht und hofft, der ist ein erstorbener Mensch. Gut auch, daß wir mit unseren Wünschen hierher in Gottes Haus kommen. Aber das soll doch nicht der einzige Gedanke heute sein: Was wünschen, was erwarten wir vom neuen Jahr? Eine andere Frage sollen wir uns auch vorlegen: Was erwartet das neue Jahr von uns? Und über diese Frage nachzudenken, soll uns unser Text helfen.

I

Jesus erhebt hier gegen das Volk den Vorwurf: »Warum prüft ihr diese Zeit nicht?« Er verlangt also von ihnen, sie sollen die Zeit, in der sie stehen, prüfen. Nun, diese Forderung: »Prüft diese Zeit!« scheint doch eigentlich nicht von dem Standpunkt auszugehen, daß die Zeit etwas von uns erwartet, sondern daß wir etwas von der Zeit erwarten. Denn wenn man sich bemüht, die Zeit zu prüfen, so tut man das doch in der Regel, um gute Gelegenheit, günstige Bedingungen für seine Pläne und Unternehmungen ausfindig zu machen, oder gar aus Neugier, um den Schleier, der vor der Zukunft hängt, etwas zu lüften.

So hat es ja oft Menschen gegeben, die sich bemühen, die Zukunft zu enträtseln, die nach den Zeichen der Zeit ausschauen, um aus ihnen abzulesen, was die Zukunft bringt. Und besonders am Neujahr mag manchen Menschen so zu Mute sein: Was wird die Zukunft bringen? Könnte man doch ein Stück davon erkennen! Aber das geht über menschliches Wissen hinaus, und alle Künste, die die Menschen dazu angewandt haben, sind trügerisch gewesen, und Jesus will ganz gewiß von einem solchen Prüfen der Zeit nichts wissen.

Wir können freilich manchmal wohl ein kleines Stück vorausberechnen, was aller Wahrscheinlichkeit nach kommen muß. Dazu gehört keine besondere übernatürliche Kunst. Jesus deutet es selbst im Text an: »Wenn ihr eine Wolke aufsteigen seht von Westen, so sprecht ihr gleich: ›Es kommt ein Regen!‹, und es geschieht so. Und wenn ihr den Südwind wehen seht, so sprecht ihr: ›Es wird heiß werden!‹, und es geschieht so.« Er will damit sagen: Wir können wohl von der Natur – wir sagen heute: von den Naturgesetzen – etwas erkennen. Wir wissen etwas von den Kräften der Erde und können ihre Wirkungsweise voraussehen, um sie uns dienstbar zu machen. Auch das kann man nennen: »die Zeit prüfen«. Und solches Prüfen ist auch recht und gut; wir brauchen es für unsere Arbeit. Ohne solches Wissen könnte der Landmann weder seine Saat auf den Acker streuen noch der Techniker seine Maschine bauen. Unser modernes Verkehrsleben wäre ebenso unmöglich wie die einfachste stille Arbeit eines jeden unter uns. Wir alle rechnen damit, daß feste Ordnungen im Weltgeschehen wirksam sind. Auch das – darf man sagen – verlangt die Zeit von uns. Denn als Menschen, die arbeiten sollen, sind wir in diese Welt hineingestellt.

Auch Jesus verwirft das nicht; er nennt es nicht verkehrt; er fällt überhaupt kein Urteil darüber, sondern er setzt es als etwas ganz Selbstverständliches voraus. Nicht das nennt er Heuchelei, sondern den Sinn, der damit genug getan zu haben meint. Damit hätte man alles getan? Nein! Tut man weiter nichts, so hat man sich der wichtigsten Pflicht entzogen. Man meint, man hätte seine Pflicht getan, und hat das Wichtigste dahinten gelassen. Ein solches Gefühl der Zufriedenheit und Sattheit nennt Jesus Heuchelei.

Wenn er vom Menschen verlangt: »Prüft diese Zeit!«, so meint er etwas ganz anderes. Da verschwindet die Welt mit diesen Fragen, die uns oft so wichtig sind, ganz vor seinen Augen, und eine andere Welt mit ihren Fragen tut sich auf. Wer Jesus kennt, wundert sich darüber nicht, und wer ihn kennt, der weiß auch, was er meint. Sein Wille war, die Menschen für Gottes Reich bereit zu machen; bereit für die Entscheidungsfrage, die Gott an die Menschen stellte durch seine Sendung. »Prüft diese Zeit!« Er hatte einmal dem Täufer Anleitung gegeben, wie das zu machen sei:

»Die Blinden sehen und die Lahmen gehen,
Die Aussätzigen werden rein und die Tauben hören,
Die Toten stehen auf und den Armen wird das Evangelium gepredigt;
Und selig ist, wer sich nicht an mir ärgert!«

(Mt 11,5 f.)

Ein neues Jahr war mit seiner Ankunft angebrochen, das »angenehme Jahr des Herrn« (Lk 4,19). Daß sein Kommen die Entscheidungsfrage an die Menschen stellte, das sollten sie merken; dazu sollten sie die Zeit prüfen. Wie konnten sie das? Nun, sie sollten eben auf das achten, was er dem Täufer beschreibt, auf sein Tun. Sie sollten den neuen Geist, die neue Welt, die sich in ihm offenbarte, anerkennen: den Geist der Liebe und Kraft, der Wahrheit und Reinheit; den Geist, der alte Gerechtigkeitsideale wegfegte und die Gedanken und Werke der Selbstsucht verhöhnte und liebe Gewohnheiten zerbrach. Sein Kommen war für sie die Entscheidungsfrage, die Gott ihnen gestellt hatte. »Prüft diese Zeit!« An der Stellung zu ihm sollte sich ihr Schicksal entscheiden. Sie sollten den Weg wählen: hier in die Welt der Freiheit und des Glanzes, dort weiter die alte Richtung in Dumpfheit und Dunkelheit.

»Prüft diese Zeit!« Die Mahnung gilt auch uns. Aber stehen denn auch wir vor einer solchen Entscheidungszeit wie das jüdische Volk damals? Ist das neue Jahr ein solch entscheidendes Jahr? Das wissen wir freilich nicht. Wohl wissen wir: In manchen

Dingen der Welt stehen wichtige Entscheidungen bevor. Unruhe herrscht im Leben der Staaten wie im Leben der Kirche. Und mancher sieht mit Spannung in die Zukunft. Wie die Entscheidungen fallen werden, wissen wir nicht, es liegt nicht in unserer Hand. Jesu Wort aber weist uns auf die Entscheidungsfragen, die in unserer Hand liegen. Und daß unser Volk und wir alle erkennen, wenn Gott eine Entscheidungsfrage an uns richtet, das hängt doch davon ab, daß jeder einzelne es erkennt.

So gilt jedem einzelnen unter uns die Mahnung: »Prüft diese Zeit!« Wir sollen darauf achten lernen, Gottes Fragen in unserem Leben, Gottes Entscheidungsfragen zu hören. Wir alle streben danach, möglichst die äußere Natur zu erkennen und zu beherrschen, wie Jesus es ausdrückt: das Aussehen der Erde und des Himmels zu prüfen. Und wir müssen es für unsere Arbeit. Aber unser Sinn soll nicht in diesem Materialismus untergehen. Wir sollen nicht meinen, wir hätten genug getan, wenn wir für unsere Arbeit, unser Geschäft, unsere Familie sorgen, und alles sei in Ordnung, wenn das einigermaßen in gutem Gang ist. »Ihr Heuchler! Das Aussehen der Erde und des Himmels versteht ihr zu prüfen, aber warum prüft ihr diese Zeit nicht?« All diese Fragen versinken vor Jesu Blick; die Zeit prüfen heißt für ihn nur: Gottes Stimme aus der Zeit vernehmen, die zu uns spricht. Den Sinn nicht im Materiellen untergehen zu lassen, sondern stets ein inneres Heimweh nach einer höheren Welt zu haben und wach sein für Gottes Stimme, die uns das rechte Urteil lehrt über die Dinge der Welt, in denen wir uns bewegen, die uns den [Ms.-Rand: »rechten«] Weg weist, [die uns »bewahrt vor Versuchung«,] die oft Opfer [»Selbstüberwindung«] von uns verlangt.

Oder fließt unser Leben zu gleichmäßig dahin? Sehen wir zu selten vor Entscheidungen uns gestellt? Nun, dann dürfen wir sicher sein: Das liegt an uns. Wir sind eingeschlafen in Sattheit, und unsere verwunderte Frage: »Was geht uns das an?« ist Heuchelei, Selbstbetrug. Wir kennen doch wohl alle das Gefühl, das uns hinter einem Ereignis, hinter einer Tat oft genug überfällt: Hätte ich voher gewußt, wie es gehen würde, daß so viel davon abhinge, dann hätte ich es anders gemacht. Ja, das ist es eben, daß kein Mensch dem anderen sagen kann, wann er vor eine Entscheidungsfrage gestellt wird, und daß kein Ereignis die Überschrift an der Stirn trägt: Hier die Entscheidung! Wir sollen selbst auf der Wacht sein. Je mehr wir innerlich lebendig sind, desto mehr fühlen wir die Verantwortung der Entscheidungen auf uns lasten, desto deutlicher wird uns, daß das Leben eines jeden von uns reich an Entscheidungsfragen ist, weil unser Leben ein Kampf ist zwischen der äußeren Welt, der wir mit unserem äußeren Wesen angehören, und der Welt des Geistes, der Welt Gottes, der unsere Seele angehört oder angehören soll. Und täglich gilt es für uns, den Weg zu wählen, hierhin oder dorthin. Wir sind tausendfältig an das Äußere gekettet, und was wir in unserem äußeren Leben vornehmen, wirft Glanz auf unsere Seele oder Schatten. Deshalb soll es uns klar sein: Wenn wir an unserem äußeren Leben bauen, so arbeiten wir damit auch an unserem inneren Leben, entweder wir arbeiten es frei heraus, oder wir verschütten es. Was tun wir mit der Übernahme dieser oder jener Verpflichtung? Was machen für uns die Freuden aus, die wir uns gestatten? Und tausend solche Fragen mehr. Das heißt, wir sollen die Zeit prüfen, wir sollen wissen, was sie von uns verlangt.

[Zufügung am Ms.-Rand: »Frage nach der Stellung zu Jesus.«]

II

Sie verlangt mehr von uns. Sie verlangt, eben damit wir aufmerken können, wenn Gott eine Entscheidungsfrage an uns richtet, daß wir auf die Spuren des göttlichen Wirkens achten lernen in allem, was das Leben dieser Zeit uns entgegenbringt. Das Weihnachtsfest, das hinter uns liegt, sollte uns wieder die Augen geschärft haben, das Gute zu sehen, das Gott uns schenkt. Daß wir nun auch versuchen, überall im Leben seiner Güte gewiß zu werden. Wir sollen nicht vergessen, daß alles, was uns geschickt wird, uns zur Offenbarung seines Willens und seiner Güte werden soll. Wir sollen bereit sein, aus allem etwas zu lernen, etwas mitzunehmen, das bleibt, aus den Zeiten der Sorge so gut wie aus den Zeiten freudiger Arbeit, aus der Aufregung wie aus der Ruhe, aus dem Schmerz so gut wie aus der Freude. Gestern und heute ist wohl die Zeit, wo wir auf das vergangene Jahr zurückblicken. Manchem hat es Freude gebracht, manchem auch Leid;

mancher ist weitergekommen, als er vor einem Jahre war, mancher ist auch auf derselben Stelle geblieben. Aber reich war das Jahr für einen jeden, der Augen hat zu sehen. Und wir – haben wir es vermocht, den Reichtum einzuernten? Haben wir gewonnen an Lebenserfahrung und innerer Festigkeit? Hat das Jahr uns Gott näher gebracht, so daß wir ihm fröhlich danken können? Oder müssen wir beschämt die Augen niederschlagen? Ich glaube, beschämt müssen wir alle sein, auch wenn wir das Gefühl fröhlichen Dankes haben. Wir müssen alle bekennen: »Herr, ich bin viel zu gering aller Barmherzigkeit und Treue, die du an deinem Knechte getan hast!« (Gen 32,11) Aber steht es so mit uns, dann soll uns in das neue Jahr der Vorsatz begleiten, daß wir dessen immer würdiger werden wollen und immer besser darauf achten, was Gott uns sagen und schenken will. »Prüft diese Zeit!« Das verlangt sie von uns: auf Gottes Güte achten, daß wir zunehmen in unserem inneren Leben, daß wir Kraft gewinnen für die Stunden der Entscheidung.

III

Aber sie verlangt noch eines mehr. Woran lag es, daß damals, als Jesus seine Worte sprach, die Menge des Volks und besonders die Führer des Volks nicht fähig waren, die Stunde der Entscheidung zu erkennen? Jesus deutet es an in seiner zweiten Frage: »Warum prüft ihr nicht von euch selbst, was recht ist?« Sie hatten das Gefühl dafür verloren, was recht und was unrecht ist. Sie konnten nicht erkennen, daß in Jesu Wort und Tat Gottes Sache, Gottes Recht wirksam war. Sie versteiften sich auf alte Bücher und Gewohnheiten, und das Recht der Sache Jesu erkannten sie nicht.

Aber kannten sie nicht Gottes Willen von alters her? Wußten sie nicht, was recht und gut ist? Nein, eben jetzt zeigte es sich, daß sie es nicht wußten. Es genügte nicht, so wie sie Gottes Gebote zu kennen. Sie wußten sie wohl auswendig und folgten ihnen, wie man einem Gesetz folgt; aber in ihr Herz waren Gottes Gebote nicht eingeschrieben, sie hatten Gottes Willen nicht zu dem ihrigen gemacht. Es zeigte sich hier, daß es nichts hilft, wenn man nur ein auswendig gelerntes Gesetz kennt. Sondern in den Entscheidungsstunden des Lebens kommt es immer darauf an, daß man selbständig erkennt, was gut und böse ist. Da versinken alle anderen Autoritäten, und der Mensch ist auf sich selbst gestellt. Hat er nicht gelernt, selbständig Gottes Willen zu erkennen, so ist er jetzt verlassen. Hält er sich an alte Formeln, so hat er sich sein Urteil selbst gesprochen und die Entscheidungsstunde verpaßt, die Gott ihm geschickt hat.

»Warum prüft ihr nicht von euch selbst, was recht ist?« Hier zeigt sich deutlich, daß das nicht eine Frage nach dem ist, was wir wünschen und verlangen, sondern nach dem, was Gott von uns verlangt. [Ms.-Rand: »prüft euch selbst!«] Wir haben wohl Gottes Gebote gelernt in unserer Jugend, aber diese Gebote wollen nur eine Anleitung, eine Hülfe sein. Wir aber sollen selbständig werden und von uns selbst prüfen, was recht ist; dazu hat Gott uns unser Gewissen gegeben [Ms.-Rand: »Jesu Geist in uns lebendig« »Gl 3,23–26.«]. Diese Frage Jesu: »Warum prüft ihr nicht von euch selbst, was recht ist?« verleitet uns nicht zu falscher Ruhe, sondern zu einer nützlichen Unruhe; sie führt uns nicht zur Gewissenlosigkeit, sondern zur Gewissenhaftigkeit. Die Selbständigkeit des Menschen ist seine Würde; sie ist es zugleich, die ihm seine Verantwortung gibt. Nur wenn wir von uns selbst prüfen können, was recht ist, verstehen wir auf Gottes Willen aufzumerken, denn Gottes Wille will eben, was recht ist. Nur wenn wir von uns selbst prüfen können, was recht ist, sind wir im Stande, diese Zeit zu prüfen, nur dann sind wir in den Entscheidungsfragen, die Gott uns stellt, sicher und klar. Weil das damals das Volk und seine Führer nicht konnten, weil sie blind alter Ordnung und Gewohnheit folgten [Ms.-Rand: »Auf anderen Lebensgebieten.«], ging die Geschichte über sie hinweg; sie hatten die Entscheidung verpaßt. Wir wissen nicht, wann und wie die wichtigen Fragen, die unsere Zeit bedrücken, entschieden werden. Aber das wissen wir: Wir sollen von uns selbst prüfen, was recht ist, wir sollen selbständig Stellung nehmen und keiner Partei und keiner alten Ordnung folgen. Nur dann wird uns die Geschichte nicht ebenso das Urteil sprechen, wie sie es dem jüdischen Volke gesprochen hat.

Was verlangt das neue Jahr von uns? Prüft diese Zeit! Prüft von euch selbst, was recht ist! Das heißt: Werdet innerlich selbständig! Lernt Gottes Willen und Gottes Güte erkennen in dem, was die Zeit uns bringt! Lernt achten auf die Entscheidungsfragen, die Gott euch vorlegt! Dann werden wir zwar nie erkennen können, *was* die Zukunft uns bringt, aber wir können getrost in die Zukunft hineingehen, da wir auf dem rechten Wege sind. Und Jesu Worte, die dem jüdischen Volk ein bitterer Vorwurf waren, sollen uns eine ernste Mahnung sein, die wir befolgen wollen im Vertrauen auf Gott.

Diesseits- und Jenseitsreligion

Predigt im Studentengottesdienst am 12. Juli 1914 (5. Sonntag nach Trinitatis) in Marburg

Eine der hübschesten Szenen in Kügelgens »Jugenderinnerungen eines alten Mannes« ist die, wo er als Kind zum ersten Mal den Gottesdienst einer protestantischen Kirche anhört. Er wurde ganz ohne Religionsunterricht erzogen und war nie in eine Kirche mitgenommen worden, damit ihm die Religion nicht zuwider gemacht werde. Und daß er doch einmal dazu kommt, einem Gottesdienst beizuwohnen, ist ein bloßer Zufall. Das Haus, in dem er in Halle erzogen wird, bei dem Pfarrer Senff, ist an die Moritzkirche gebaut. Und eines Sonntagsvormittags zur Kirchzeit spielt der Knabe sich selbst überlassen in den Bodenräumen des Hauses. Da trifft sein Ohr der Klang einer Stimme. Er horcht auf. Die Stimme schweigt, aber es umschwebt ihn ein wundervoller Klang, immer mächtiger anschwellend, in den bald ein gewaltiger Gesang aus vielen Stimmen einfällt. Und als er von dem Erstaunen zu sich gekommen den Grund zu erforschen sucht, sieht er in der Giebelwand eine Öffnung, durch die die Töne hereindringen. Es ist ein Fenster, das unmittelbar in den oberen Raum der Kirche hineinführt. Der Knabe klettert nun hinauf, klemmt sich in das Fenster und hört in einer unaussprechlichen Stimmung von Andacht dem Singen und der Predigt zu, und er bewahrt nun dies Erlebnis als sein köstlichstes Geheimnis, das er keinem entdecken mag (vgl. W. v. Kügelgen, a.a.O., Berlin [1870] 1924, S. 91–93).

Es wird uns schwer, das mit ganzer Kraft nachzuempfinden, wie es auf eine empfängliche und unberührte Kinderseele wirkte. Uns ist der Gottesdienst teils eine gewohnte Sache, teils sind wir seiner überdrüssig geworden. Wir kennen seine Ordnung, persönliche Beziehungen kommen uns oft störend dazwischen, wir sind nicht mehr naiv, sondern stehen unter dem Fluch, alles nur mit Kritik hinnehmen zu können. Gerade das, was auf den Knaben so mächtig wirkte: das Offenbarwerden eines Neuen, Niegehörten, Unerhörten, das Sich-Auftun einer neuen eigenen Welt, geheimnisvoll und inhaltreich – das erleben wir nicht mehr oder nur höchst selten. Es mag sein, daß wir so empfinden beim Besuch einer katholischen Kirche [im Ms. gestrichen: »(natürlich nicht eines katholischen Gottesdienstes)«]. Es hat einen eigenen Zauber, dem man sich schwer entzieht, wenn man mitten aus dem Treiben der Großstadt, aus dem Tageslicht in die dämmernden Räume eines katholischen Domes eintritt. Ehrfürchtige Stille, eine andere Luft, ein anderes Licht, geheimnisvoll durch bunte Scheiben fallend, andere Wände und Gewölbe, Linien und Formen, als uns sonst umgeben, Gestalten und Symbole einer anderen Welt, beziehungreich, geheimnisvoll. Eine eigene Welt für sich, geschlossen und sicher, reich an Inhalt, reicher an Ahnungen; eine Welt des Jenseits in der Welt des Tages.

Das ist in der Tat religiöses Gefühl; wo Religion auf ihren Höhepunkten ist, da ist auch dies Gefühl des Jenseits, das Gefühl, daß eine neue eigene Welt hier erschlossen ist, die uns umfängt mit dem Zauber der Ahnung, des Friedens. [Randbemerkung im Ms.: »Als Welt des Jenseits in den Kirchen«]

Aber starke Hände zerreißen den Schleier. Was ist dies Bild, das uns ein Jenseits vortäuschte? Ist es nicht gewoben aus Menschenwähnen und -wünschen, aus Selbstbetrug? Wissenschaftliche Forschung analysiert die Motive und Elemente, aus denen jenes Bild komponiert ist: Sehnsucht und Aberglaube haben daran gearbeitet. Das natürliche Beharrungsvermögen hat die Stoffe erhalten, denen Alter den Glanz der Jenseitigkeit verleiht, die aber menschlich sind, oft allzumenschlich. Sie haben ihren Reiz durch das Gewand des Schönen, das die Kunst darüber geworfen, oder durch die reichen und geheimnisvollen Systeme, die menschliche Denkarbeit von Jahrhunderten geschaffen hat. Aber wissenschaftliche Forschung zeigt, wie die Gedanken, die die Grundlage der kirchlichen Anschauung sind oder scheinen, unhaltbar oder unbeweisbar sind: Wunderglaube, Glaube an ein Jenseits über dem Himmel, nach dem Tode.

Und gesunder Gegenwartssinn, selbständig bewußte Lebenskraft empört sich gegen das Eingesponnensein in Vorstellungen und Verpflichtungen der Vergangenheit, gegen die Narkotisierung durch künstliche Lichter und Töne. Gegen die Schlaffheit und Untüchtigkeit zum Handeln, gegen Sündengefühl und Gerechtigkeitsdünkel, gegen alles Hinterweltlertum, das immer nur Unkraft, Sklaventum, Vergiftung der lebenskräftigen Seele verrät.

Nicht das ist Religion, dies vergebliche Suchen oder Sich-Vortäuschen eines Jenseits. Gott ist ewig gegenwärtig und ewig diesseitig in Raum und Zeit. Und wer ihn nicht schaut in jedem Sonnenstrahl, in jeder Blume, wer ihn nicht hört in dem Konzert der unendlich lebendigen Stimmen, wer ihn nicht spürt im Regen des eigenen Bluts, im Wollen des eigenen Herzens, der hat ihn nie gespürt. Gott ist ewig diesseitig; er ist nur, was er jetzt ist, und so ist er ein ewig anderer, ein ewig werdender und kommender, ein Strom des Lebens, dahinrauschend in ewig wechselnden Wellen, eine Symphonie von Tönen und Melodien in stets neuen Harmonien, stets neuer Fülle, neuer Frische und Kraft.

Ich darf wohl noch auf eine Erfahrung kommen, die vor allem die Theologen machen. Wir kamen wohl meist aus Anschauungskreisen heraus, wonach die Religion der Glaube an ein Jenseits ist, das außerhalb der Welt liegt, die uns umgibt. Darauf war die Predigt, der Unterricht eingestellt. Ein anderes Denken war hier erforderlich, eine andere Sprache als die der Gegenwart wurde hier geredet. Und dann kam die Zeit, wo wir den Unwert des Alten zu fühlen begannen. Am deutlichsten oft da, wo das Alte nur mehr halb vorhanden war, wo die Kompromisse zwischen dem Alten und dem Neuen geschlossen wurden. Einen Teil der Arbeitsmethoden, die im Diesseits gelten, wollte man annehmen, aber sie wurden umgebogen. Man bemühte sich, die Lückenhaftigkeit des naturwissenschaftlichen Weltbildes nachzuweisen, um in die Lücken die Begriffe einer veralteten Theologie einfügen zu können, die das wunderbare Handeln einer jenseitigen Welt dokumentieren sollten. Man arbeitete mit historischen Methoden, aber mit halbem Gewissen, und unter dem Titel des Geheimnisses, der Einzigartigkeit und dergleichen wurde wieder allerlei in das angeblich geschichtliche Weltbild hineingezogen – hineingetrogen –, das den Kräften eines Jenseits Spielraum schaffen sollte. Und als uns die Halbheit aufgegangen war, da war es wie eine Erlösung: Wir warfen ab, was uns von falschen Arbeitsmethoden, von trügerischen Jenseitsvorstellungen fesselte. Ganz

Diesseits- und Jenseitsreligion

klare und wahre Arbeit galt es zu tun, ohne Kompromisse. Wo war der Zauber jenes alten Kirchentums? War es eben nicht nur ein Zauber, keine Wirklichkeit voll Geist und Kraft? Gott im Diesseits zu sehen, mit Augen, die auf das Diesseits eingestellt sind, so wollte es die Ehrlichkeit.

Wir haben so viel vom Diesseits geredet! Halten wir ein; was heißt es: das Diesseits? Gibt es einen klaren Begriff vom Diesseits? Ein wirkliches Diesseits gibt es nur in einem Leben, das dem des Tieres gleicht. Wo wirklich Ernst gemacht wird, daß nur das räumliche und zeitliche Diesseits gilt, da ist nur ein Leben des Triebs, des Getriebenwerdens, der Zusammenhanglosigkeit. Das ist für den Menschen immer nur eine Grenze der Existenzweise. Wir alle, die wir ein menschliches Leben führen, beziehen die gegenwärtigen Momente unseres Lebens auf Momente außerhalb der Gegenwart. Daß unsere Gegenwart Vergangenheit und Zukunft enthält, macht sie uns reich: daß unser Diesseits ein Jenseits umschließt. Oder spielen wir da mit Worten? Aber heißt das nicht auch, an ein Jenseits glauben, wenn ich meine Gegenwart unter den Gesichtspunkt der Zukunft stelle? Mag nun die Zukunft einen Tag oder ein Jahr, Jahrzehnte oder Jahrtausende entfernt sein – im Grundsatz bleibt es gleich.

Aber weiter! Zum reinen Diesseitssinn würde es gehören, daß jede Seinsweise mit ihrem gegenwärtigen Gehalt einfach hingenommen wird. Daß wir uns treiben lassen im Strom. Das ist für uns Menschen nur eine Grenze der Lebensweise, die nie voll vorhanden ist. Wir nehmen nicht nur, wir nehmen in einer bestimmten Art des Auswählens, der Stellungnahme. Und wir nehmen nicht nur, wir gestalten auch. Unsere Arbeit schließt ein Jenseits ein. Denn bei ihr haben wir ein Bild vor Augen von einer Welt, die nicht ist, und die der Welt des Diesseits Formen und Gesetze gibt. Nicht die Arbeit allein, auch unser Spiel hat ein Jenseits zum Inhalt. Deshalb sind die Künstler des Spielens die Kinder, die sich noch eine eigene Welt aufbauen können in unbewußtem Schöpfen.

Unsere Wünsche und Pläne bauen eine Welt jenseits der vorhandenen auf, die uns in dieser Welt Mut und Kraft gibt. Eine jenseitige Welt schwebt uns vor, die verwirklicht werden soll und, je näher wir ihr kommen, uns desto sicherer entflieht. Wir machen sie uns wohl einmal künstlich zur Gegenwart, indem wir die Welt des Diesseits überkleiden, die Verbindungslinien abschneiden, indem wir eine künstliche bunte Welt schaffen in unseren Festen, die, wenn sie ein Recht und einen Sinn haben, ihn eben hierin haben. Daß wir ein solches Jenseits haben, verklärt unser Leben; und eben, daß das Jenseits nie zum Diesseits werden kann, hält uns in Spannung und Lebendigkeit. Ja, selbst die konsequentesten Diesseitsleute können sich dem nicht entziehen: Sie reden vom kommenden Gott, der ewig ein kommender ist.

In der Tat: Überall, wo wir lebendig sind, stehen wir in dieser Spannung zwischen Diesseits und Jenseits. Wir redeten vom Diesseitscharakter der wissenschaftlichen Arbeit. Es war ungenau. Jede Wissenschaft arbeitet daran, etwas sehen zu lernen, was hinter dem Diesseits liegt: Gesetze, Kräfte, Ideen, Werte, die alle das Diesseits verstehen lehren sollen als das Abbild eines Jenseits. Die Wissenschaft baut an diesem Bilde des Jenseits; es ist ihre Schöpfung; im Diesseits ist es nicht zu sehen.

Ebenso in der Kunst, die ein Jenseits sucht und ahnt und ahnen läßt, die eine eigene Welt in jedem Kunstwerk erbaut, desto vollkommener, je mehr vom diesseitigen Stoff unabhängig; je reiner, in sich selbst geschlossener, je jenseitiger.

Und ebenso ist es in der Sittlichkeit, deren eigentümliches Widerspiel es ja ist, die Wirklichkeit nach dem Ideal, das Diesseits nach dem Jenseits zu formen, das Jenseits zum Diesseits zu machen; und doch bei jedem Schritt der Verwirklichung ein neues Jenseits zu schaffen. Das Reich Gottes in diesem Sinn bleibt immer jenseitig, der »Tag dem Edlen« ewig ein kommender.

Ja, es ist einfach so: Wir alle leben, sofern wir ein Leben haben oder suchen, das lebenswert ist, in einem Jenseits, von ihm entzündet, von seinen Kräften getragen. Ist nicht das die Kraft jener Welt, daß nicht jeder einzelne von uns sie bauen muß, sondern daß wir uns ihr hingeben können, von ihr getragen werden, daß alles Zufällige, Diesseitige von uns abfällt, daß wir eintauchen in die Welt des Geistes? Ja, es ist ein Reich der Geister, in dem die Seelen sich finden. Von Freundschaft, von Liebe kann man nur da reden, wo in solchem Sinne ein gemeinsamer Jenseitsglaube vorhanden ist, wo es die gleiche Welt ist, die uns trägt, an der wir bauen.

Aber haben wir mit Worten gespielt? Haben wir etwas allgemein Zugestandenes benutzt, um etwas Verdächtiges einzuschmuggeln? Meinen wir hiermit für die Religion das Recht des Jenseitsglaubens erwiesen zu haben? Nein. Das Jenseits, von dem die Religion redet und lebt, ist das freilich nicht. Wir haben uns auf dies Jenseits des Geistes besonnen, nur um überhaupt den Sinn zu bekommen für die Frage nach dem Jenseits. Nur wer überhaupt etwas von einem Jenseits weiß, das erhaben ist über das Diesseits, kann einen Sinn für Religion haben. |

[Ursprüngl. Reihenfolge: 3] Wir sagten vorhin: In jener Welt des Geistes werden wir getragen von ihren geistigen Kräften. Das war doch unvollständig. Wir haben an diesen Mächten immer nur teil, indem wir an ihnen arbeiten. Wir werden in dieser Welt des Geistes zwar frei von unserem diesseitigen Wesen, aber nur durch unsere eigene Tat. Es ist eine Selbsterlösung, mag es sich nun um die Welt des Wissens, der Kunst oder der Sittlichkeit handeln. Selbsterlösung hat hier, wenn überhaupt irgendwo, ihren Sinn. Wir werden frei vom Diesseits, frei von unserem zusammenhanglosen Sein in den großen geistigen Zusammenhängen, frei von unserem individuellen Sein in jenen überpersönlichen Mächten. Aber darin liegt die Paradoxie: frei von uns selbst durch unsere eigene Tat, oder besser, durch unser eigenes Tun. Denn nicht um *eine* Tat handelt es sich, sondern um ein fortwährendes Tun. Wir werden getragen von jenen Mächten, und doch nur, sofern wir in ihnen arbeiten. So ist diese Welt des Geistes eine Welt edelsten Menschentums – aber des Menschentums. Gott ist nicht darin. |

[2] Was oft gegen die Religion eingewandt wird, kann dazu dienen, ihr wahres Wesen nur deutlicher zu machen. Je geschlossener das Bild ist, das die Wissenschaft, das der menschliche Geist von der Welt zeichnet oder sucht und voraussetzt, desto klarer muß werden, daß die Religion in diesem Bilde keinen Raum haben kann. Sie könnte sonst nur eine Fortsetzung der Wissenschaft sein. Und mag es solch eine Spekulation geben, die die Wissenschaft fortsetzt – Religion ist das jedenfalls nicht. Man pflegt oft zu klagen, daß die Wissenschaft, die das All umfaßt, dem Menschen den religiösen Glauben so schwer mache, indem sie die Welt der Religion aus ihrem Bilde verbannt. Das Weltbild

der Wissenschaft muß ja seine Einheit in sich selbst haben oder suchen. Aber ich möchte umgekehrt sagen: Keine Zeit konnte besser den wahren Sinn der Religion verstehen. Frühere Zeiten waren immer in Gefahr, Vorstellungen für Religion zu halten, die keine sind; Gedanken einer halben Wissenschaft, der Moral, Stimmungen der Kunst mit der Religion zu verwechseln. Damit ist es zu Ende, indem eine wahre Wissenschaft diese Fetzen herunterreißt. Der konsequenteste Vertreter einer einheitlichen wissenschaftlichen Weltanschauung – heiße sie Monismus oder sonstwie – kann die Frage nach dem Wesen der Religion am tiefsten stellen. Nicht daß er sie damit hätte, er kann sie verneinen. Aber das kann ihm klar werden: Gibt es Religion, so gibt es sie nur jenseits alles menschlichen Denkens, jenseits aller Humanität.

Das also muß uns ganz klar sein. |

[1] Aber welchen Sinn hat das Jenseits der Religion? Wir müssen sie selbst darüber reden hören.

Die Welt der Religion steht in einem ganz anderen Verhältnis zum Diesseits als jenes Jenseits des Geistes, von dem wir sprachen. Dessen Eigenart ist es, sich in der diesseitigen Welt durchzusetzen, am Diesseits zu arbeiten, es nach sich zu formen. Es drängt zum Diesseits. Die Welt der Religion hat keine solche Beziehung zum Diesseits. Alles Diesseits ist für sie irdisch, minderwertig, eine Welt des Scheins, des Trugs. Sie wird vergessen in der Welt Gottes. Und damit wird auch das Jenseits jener Welt des Geistes überboten. Von der Religion aus gesehen gehört es zum Diesseits.

Und damit ist ein anderes gegeben: Jene Welt des Geistes ist eine Welt der Arbeit, der Arbeit im weitesten Sinn, die auch das Spielen einbegreift; denn auch dies ist ein tätiges Sich-Regen des Geistes, ein Gestalten. Aus der Welt der Religion ist alle Arbeit, alles Tun, alles Gestalten verbannt. Hier gilt nur: offen sein, stille sein, alles von sich abfallen lassen, sich ganz füllen, alles mit sich geschehen lassen wollen. Es ist eine Welt des Schenkens, der Gnade. Ihre Gestalten werden nicht gesucht vom Geist, nicht gefunden und nicht geschaffen: sie offenbaren sich.

>»Hab du freie Hand in mir,
Wollest deinen Thron bereiten.

Meine Kräfte seien dir
Leere, stille Fähigkeiten.
Du magst sie nach deinem Will'n
Selbst bewegen, selbst erfüll'n.«

So redet Religion von sich. Aber die Frage ist die, ob denn das nicht alles leere Worte sind, Selbsttäuschung. Kann die Rede von einem solchen Jenseits Sinn für uns erhalten? |

Und gibt es eine Welt Gottes? Es führt keine Brücke in sie hinüber, kein Weg des Denkens und Beweisens aus unserer Welt in Gottes Welt. Wäre es so, so wäre es ja eben nicht Gottes Welt, die neue Welt des Jenseits. Wir können nur von persönlichen Erfahrungen reden, von Erlebnissen. Das Recht, von Religion zu reden, haben wir nur, wenn wir von Erlebnissen reden können, die uns tiefer treffen als die Bewegungen in der Welt des Geistes. Wenn wir Stunden kennen, in denen uns die Welt des Geistes fremd wurde; fremd aber nicht deshalb, weil wir in das Diesseits zurückfielen, sondern weil wir auch jenes Jenseits des Geistes hinter uns ließen und uns sagen mußten, daß wir so tun *mußten*. Wie kann das sein?

Je weiter wir in der Welt des Geistes vorwärts kommen, desto stärker müssen wir die Spannung empfinden, die besteht zwischen dem Diesseits und unserer geistigen Jenseitigkeit. Not und Leid bedrängen uns und vernichten das Jenseits, das wir schaffen wollen. Die Sinnlosigkeit des Diesseits überwältigt unser Jenseits. Unser Jenseits wird uns fremd. Aber nun freilich nicht so, daß wir es mutlos preisgeben, sondern eben, indem wir den Glauben daran festhalten. Aber indem wir fühlen, daß jene Konflikte zwischen Diesseits und Jenseits uns reicher machen, daß das Leid uns stärker macht. Daß wir ein Schicksal haben, dessen Sinn nicht in der Welt des Geistes aufgeht. Daß hier ein Leben in uns wach wird, was wir nicht durch unsere Tat geschaffen haben, was uns geschenkt wird. Die Ahnung von einem neuen Jenseits kann in uns wach werden. »An ihren Schmerzen zieht Gott durch die Dunkelheiten die Menschen zu sich« (A. Günther, Von der Hexe, die eine Heilige war, 1913, S. 26).

Vielleicht ist es zuerst auch nur eine Sehnsucht, die in uns wach wird, eine Sehnsucht nach einem Punkt außerhalb des

Kampfes. Sehnsucht schafft keine Erfüllung und beweist keine Rechte. Aber seiner Sehnsucht lauschen, heißt ehrlich sein. Sie ersticken, heißt sich blind machen, heißt die Kraft des Ausschauens und Aufnehmens in der Seele zuschütten. Und wenn wir sie wach lassen, so fühlen wir vielleicht eines Tages, daß sie selbst uns reicher macht, daß sie selbst für uns ein Geschenk ist.

Und soll ich den tiefsten Quell der Sehnsucht nennen? So muß ich auch den tiefsten Punkt des Kampfes zwischen Diesseits und unserem geistigen Jenseits nennen. Es sind die Punkte, die wir Schuld nennen. Und die Sehnsucht ist die nach Reinheit und Freiheit, nach Kraft und Mut. Und vielleicht dürfen wir eines Tages fühlen, daß auch solche Sehnsucht uns reicher machte, uns aufweckte. Dann wissen wir freilich, wir können uns selbst keine Erfüllung schaffen; es wäre Betäubung, Selbstbetrug. Und zudem: Wir sind des Schaffens müde (vgl. J. W. v. Goethe, Wandrers Nachtlied, Z. 5). Eine Welt der Freiheit und Reinheit könnte uns nur geschenkt werden. Aber freilich: Es müßte ein so überwältigendes Geschenk sein, daß wir uns ihm nicht entziehen können. Denn das sagt uns unsere Ehrlichkeit: Es darf auch nicht ein Schein oder Schatten der Selbsttäuschung dabei sein. Als reines Geschenk müßte es über uns kommen, und doch mit der Macht des Zwanges, des inneren Zwanges. Nicht Selbsterlösung – Erlösung von uns selbst müßte es sein.

Und noch eine andere Erfahrung darf ich nennen. Außer den demütigenden, beschämenden die erhebende, beglückende. Wir dürfen zuweilen erleben, daß es etwas Größeres gibt als unsere Arbeit. Wir fühlen uns am reichsten und glücklichsten doch nicht, wenn wir arbeiten, sondern wenn wir schenken. Und wir fühlen uns am tiefsten beglückt, nicht wenn wir überzeugt, sondern wenn wir beschenkt werden. Und das ist das Eigentümliche, daß die Macht, deren wir dabei inne werden, trotz der Freiheit, die sie uns läßt, über den stärksten Zwang verfügt. Es gibt nichts, das uns tiefer beugte, vor dem wir uns ehrlicher, freudiger beugten als vor schenkender Güte. In ihr geht die Ahnung auf von einer höheren, edleren Welt, als die Welt des Geistes ist, an der wir bauen. Und ein Gefühl der Andacht überkommt uns bei dem Gedanken, daß diese Welt Träger und Kraft unser selbst, des Alls sein könnte. Eine Sehnsucht, solcher Macht in Freiheit uns hinzugeben, überkommt uns, sie zu suchen, ihr zu dienen. Und könnte es sein, daß diese Macht schenkender Güte, rein und heilig, uns so klar und mächtig begegnete, daß sie alle Sehnsucht stillt? uns hinaushilft über alles, worüber wir klagten? daß wir jene Spannung, daß wir Leid und Schmerz auch nehmen könnten als ihr Geschenk? daß wir in der Schuld ihre Macht erfahren dürften als verzeihend und reinigend, uns von uns selbst erlösend? Dann freilich gäbe es eine Macht, die uns aus unserer Welt heraushöbe in eine neue Welt hinein, einer Welt der Reinheit und Freiheit, der Gnade.

Wir können diese Welt höchstens ersehen, nicht sie schaffen. Wir können nur ehrlich auf das lauschen, was wir nicht schaffen, was uns geschenkt wird: auf unsere Erlebnisse. Religion wird nicht entwickelt, nicht erzogen. Religion beginnt mit einem Ereignis, einem Erlebnis, das uns wunderbar ist, das uns Offenbarung ist. Sie beginnt damit, und sie [beginnt] darin im Menschen ihre Geschichte, und sie hat in jedem Menschen ihre eigene Geschichte. In der christlichen Kirche haben sich die zusammengefunden, denen solches Erleben durch die gleiche Person geschenkt wurde: durch die Person Jesu. Aber wir wollen nicht darüber reden, in welchen Zusammenhängen unseres Lebens uns solche Offenbarung werden kann. Sie kann kommen in unserem Leben in der Gegenwart so gut wie in unserer Berührung mit lebendiger Vergangenheit. Über einen speziellen Weg reden kann man nur in einer Gemeinschaft solcher, die denselben Weg geführt sind. Oder es kann es nur einer, dem an einem bestimmten Ereignis jene Welt so mächtig aufgegangen ist, daß er nicht lassen kann, gerade davon zu reden. Darüber aber Gesetze oder Lehren aufstellen, ich meine, das hieße, Gott seine Wege vorschreiben.

Das also ist das letzte, was wir einander sagen können: Nur der Mensch ist fähig, zum Jenseits der Religion zu gelangen, der das Diesseits überhaupt verlassen hat, der an jener Welt des Geistes arbeitet. Und je höhere Anforderungen wir hier an uns stellen, desto größer wird für uns die Spannung zwischen Diesseits und Jenseits; desto tiefer wird unsere Sehnsucht, über uns selbst hinaus zu kommen, unsere Sehnsucht nach Erlösung, desto feiner werden wir organisiert, auf die Stimmen eines höheren Jenseits zu hören. Und desto klarer wird uns, daß es sich hier nur um ein absolutes Jenseits handeln kann, das kein Arbeiten erringen kann, in dem es sich nur um Schenken-Lassen handelt: »Wenn ihr nicht werdet wie die Kinder, werdet ihr nicht in das Reich Gottes kommen« (vgl. Mt 18,3).

Und dabei gilt die absolute Ehrlichkeit, die sich wirklich nur bei dem beruhigen kann, was die Seele ganz bezwingt. Und die absolute Bereitwilligkeit, Gottes Macht sich ganz zu unterwerfen, seine Welt, das absolute Jenseits, über alles Diesseits zu stellen. Nicht nur über jenes Diesseits, dessen unser eigener Geist schon Herr werden soll, sondern auch über das Jenseits unserer Geisteswelt, die vor Gottes Welt zu einem Diesseits wird.

Dann stehen wir vor der paradoxen Erfahrung, daß uns die Welt, in der wir leben, zu einer fremden wird. Wir haben, als hätten wir nicht (vgl. 1 Kor 7,29–31). Und daß wir doch, im Besitz dieser inneren Freiheit vom Diesseits, das Diesseits wieder hinnehmen können als ein Geschenk, in dessen Gebrauch Jenseitskräfte uns offenbar werden. Es gilt nur, nichts zu machen; es gilt, Gott reden zu lassen:

> »So laß denn alle Bilder sinken,
> Und wirk die Stille, die ich such.
> Es schweige alle Kreatur;
> Dich will ich feiern, rede nur!«

Matthäus 10,28–31
Gottes Vorsehung im Kriege

Predigt am 20. September 1914 (15. Sonntag nach Trinitatis) in Hammelwarden/Oldb.

Fürchtet euch nicht vor denen, die den Leib töten und die Seele nicht mögen töten. Fürchtet euch aber vielmehr vor dem, der Leib und Seele verderben mag in die Hölle. Kauft man nicht zwei Sperlinge um einen Pfennig? Dennoch fällt ihrer keiner auf die Erde ohne euren Vater. Nun aber sind auch eure Haare auf dem Haupte alle gezählt. So fürchtet euch denn nicht; ihr seid viel besser denn Sperlinge.

Liebe Gemeinde! »Not lehrt beten«, ist ein altes Sprichwort, das auch in dieser Kriegszeit seine Wahrheit zeigt. Ein Gebet-Gottesdienst leitete nach dem Wunsch des Kaisers die Kriegszeit ein. Die Kirchen sind voller besucht als sonst, abendliche Andachtstunden sind hier und dort eingerichtet. Und manchem, der sonst nicht viel an Gottes Regiment dachte, geht es nun auch durch den Sinn: »Des Menschen Herz erdenkt sich seinen Weg, aber der Herr gibt, daß es fortgehe« (Spr 16,9), und: »Herr Gott, du bist unsere Zuflucht für und für« (Ps 90,1). Und welch ein Trost klingt für den, der seine Zuflucht bei Gott sucht, aus diesen Worten Jesu über die göttliche Vorsehung: »Kauft man nicht zwei Sperlinge um einen Pfennig? Dennoch fällt ihrer keiner auf die Erde ohne euren Vater. Nun aber sind auch eure Haare auf dem Haupte alle gezählt.« Not lehrt beten, lehrt uns der Vorsehung Gottes uns trösten.

Aber es kommt nicht nur darauf an, *daß* wir beten, sondern *wie* wir beten. Wir sollen nicht meinen, daß Gott nur dazu gut sei, unsere Wünsche zu erfüllen, und daß, wenn wir nur rufen, er uns hören muß, so wie wir es uns gedacht haben. Wir sollen doch auch einmal an das Wort des Propheten denken: »Und wenn ihr schon eure Hände ausbreitet, verberge ich doch meine Augen von euch; und ob ihr schon viel betet, höre ich euch doch nicht« (Jes 1,15). Und auch wenn wir Jesu tröstliche Worte über Gottes Vorsehung hören, so sollen wir doch nicht flüchtig zuhören. »Kauft man nicht zwei Sperlinge um einen Pfennig? Dennoch fällt ihrer keiner auf die Erde ohne euren Vater.« Auch die kleinsten, geringsten Geschöpfe stehen in Gottes Hand. Aber Jesus sagt nicht, daß diesen Geschöpfen nie etwas Schlimmes zustößt. Er sagt nicht: Es fällt ihrer keiner auf die Erde, sondern er sagt: Es fällt ihrer keiner auf die Erde ohne euren Vater! Also wohl fallen Sperlinge tot auf die Erde, aber es geschieht nicht ohne Gottes Ratschluß. Und *das*, meint Jesus, sollen wir daraus lernen: Leid und Not bleibt uns zwar nicht erspart, aber, was uns geschickt wird, wird uns von Gott nach seiner Vorsehung geschickt. Wie sollen wir uns also Gottes Vorsehung vorstellen? In welchem Sinne können wir uns ihrer trösten?

I

Der Zwiespalt von Freude und Leid

Not und Leid bleiben uns nicht erspart. Brauchen wir lange davon zu reden in dieser Kriegszeit? Ist es nicht eine gewaltige Not, die über unser Land gekommen ist? Opfer und Sorgen in jeder Familie? für einen jeden unter uns? Viel Mangel, viel Arbeitslosigkeit in unserem Volk?

Freilich dürfen wir Gott danken, daß er uns Schlimmeres erspart hat. Wenn wir in Berichten lesen, wie es dort aussieht, wo der Krieg verheerend tobt, wo friedliche, arbeitsame Städte und Dörfer jetzt verödet und geschändet daliegen, wo Häuser und Kirchen in Trümmer geschossen sind und wo auch Frauen und Kinder von einem grausamen Kriegsgeschick nicht verschont wurden – wie gering ist dann die Not, die wir gekostet haben. Dies Schlimmste ist unserem Vaterlande erspart geblieben, daß der Krieg nicht in seiner Mitte geführt wird, und daß die Feinde, die im Osten und Westen seine Grenzen überschritten hatten, siegreich zurückgeworfen sind. Dafür können wir nicht genug dankbar sein. Danken müssen wir auch dafür, daß in unserem Vaterland Ordnung und treue Pflichterfüllung der Not entgegenarbeiten, daß die Arbeit vielfach ihren gewohnten Gang weitergehen kann, und daß auch da, wo die Not vor der Tür steht, die Hülfeleistung kräftig eingesetzt hat. Zu danken haben wir für die gute Ernte, die wir glücklich haben einbringen können. Zu danken vor allem für den ganzen glücklichen Anfang des Kriegs, für die vielen Siegesbotschaften, die uns schon gebracht sind und uns Mut und Hoffnung geben. Wie schlimm könnte es stehen, und wie gut steht es doch! Wie hat sich manchem von uns in den ersten Tagen das Herz zusammengeschnürt, als er hörte, daß drei gewaltige Weltmächte gegen uns stehen mit erdrückender Übermacht. Und wie durften wir aufatmen und mit guter Zuversicht in die Zukunft sehen!

Aber dennoch: Ist Sorge und Not von uns genommen? Es ist doch trotz allem eine gewaltige Erschütterung, die unser Volk getroffen hat. Wir stehen erst am Anfang der Kriegszeit und können nicht absehen, welche Veränderungen noch hervorgerufen werden, welche Opfer noch gefordert werden, die unsere Arbeit stören, die Not und Entbehrung in unsere Häuser bringen können. Wir dürfen auch nicht erwarten, daß die Siegesbotschaften der ersten Zeit sich so fortsetzen. Wir müssen darauf gefaßt sein, auch von schwerem, harten Ringen zu hören. In banger Spannung warten wir auf die Entscheidungen, die in der nächsten Zeit erfolgen müssen. Niemand kann gewiß sagen, wie sie ausfallen. Und wenn wir auch zuversichtlich auf Sieg hoffen, so wird es doch ein teuer erkaufter Sieg sein. Welche Anstrengungen und Opfer werden noch nötig sein! Welch ein Gefühl kommt über uns, wenn wir jetzt die jüngsten Leute unseres Volkes, noch fast Knaben, in den Waffen sehen, wie sie als Freiwillige auch für uns in Feindesland hinausziehen, unseres Landes Zukunft, Stolz und Hoffnung. Und in wie manchen Häusern ist schon Leid und Schmerz eingekehrt, wenn die Kugel einen der Lieben hinweggerafft hat. Und wenn der Krieg einmal zu Ende sein wird und uns, wie wir zuversichtlich hoffen, ein ehrenvoller Friede geschenkt ist – wir müssen uns doch darüber klar sein: Ein Ende der Not ist dann immer noch nicht. Es kann noch lange dauern, bis alles wieder in Ordnung gebracht ist und die Arbeit des Friedens wieder ihren ruhigen Gang gehen kann, bis gar Wohlstand und Freude wieder fröhlich wachsen, bis die Wunden des Krieges geheilt sind. Ja, die Wunden des Krieges! Wir werden sie vielfach nachher erst recht spüren. Wir betrauern jetzt wohl schon manchen Freund oder Verwandten, der gefallen ist. Aber die Stimmung, die unser Volk trägt, hilft uns darüber hinweg, daß uns die Last nicht niederdrückt. Wie werden wir dann manche Lücke erst spüren, wenn der nicht mehr da ist, den wir gewohnt waren an seinem Platz zu sehen, der wie selbstverständlich zu unserem Leben gehörte; mit dem, *in* dem wir lebten und ohne den uns unser Leben leer und sinnlos vorkommt. Und wie wird dann das Gefühl über uns kommen: Hätten wir die frühere Zeit doch besser benutzt, einander Leid und Ärger erspart, uns herzlicher und reicher gegeben, was wir geben konnten.

So haben wir beides: Freude und Stolz – und Leid und Sorge. Und unser Inneres ist voll Unruhe; wir wissen oft nicht: Sollen wir uns freuen, sollen wir klagen? Beides tun wir oft mit halbem Gewissen. Wie finden wir den Weg zur Ruhe, zur Einigkeit mit uns selbst? Wo anders sollten wir Schutz suchen, »wenn das Zeitliche mit seinen Widersprüchen uns aufzureiben droht, als bei dem Ewigen«? Wir finden Ruhe nur in Gott, in dessen Welt »jeder scheinbare Widerspruch verschwinden und alles sich auflösen muß in Weisheit und Liebe« [Ms.: »Schleierm. I 354«, vgl. Fr. Schleiermacher, Predigten NA, 1843, ebd. = SW II/1, 1834, S. 361]. Ruhe finden wir nur, wenn wir in alle dem, in Freude und Leid, seine Hand wahrnehmen, das Walten seiner Vorsehung erkennen können. Leicht mag uns das in der Freude werden; schwer wird es uns im Leid. In der Freude läuten unsere Glocken und verkünden unseren Dank. Im Schmerz kommen wir, Gott um Trost zu bitten. Und das sehen wir nun klar: Wir können nicht nur bitten, daß uns das alles erspart bleibt, denn keinem bleibt aller Schmerz erspart. Wir dürfen nicht nur bitten, daß der Kelch vorübergehe, sondern sollen auch hinzufügen: »Dein Wille geschehe!« (vgl. Mt 26,39; Lk 22,42). Wir tun in dieser Zeit einen tieferen Blick in Gottes Wesen. Er ist unser Vater nicht nur, wenn er Not und Leid von uns wendet, sondern auch, wenn er es uns schickt. Seine Vorsehung waltet über allem Geschehen: »Kauft man nicht zwei Sperlinge um einen Pfennig? Dennoch fällt ihrer keiner auf die Erde ohne euren Vater. Nun aber sind auch eure Haare auf dem Haupte alle gezählt.« Aber freilich ist uns noch nicht geholfen, wenn man uns sagt: Wir *sollen* unsere Zuflucht zu Gott nehmen. Wir müssen auch sehen, wie wir das wirklich mit gutem Gewissen tun können; wie wir dessen inne werden, daß Gottes Vorsehung wirklich in Not und Leid über uns waltet.

II

Fürchtet euch nicht!

Der Weg dazu öffnet sich, wenn wir dem ersten Wort unseres Textes folgen: »Fürchtet euch nicht vor denen, die den Leib töten und die Seele nicht mögen töten!« Wir haben mit Bewunderung gehört und gelesen, wie unsere Soldaten draußen todesmutig und furchtlos vorgehen. Aber gilt die Mahnung: »Fürchtet euch nicht!« auch für uns, die wir zurückbleiben müssen und zusehen müssen, wie andere ihr Leben für uns einsetzen? Ist uns das nicht gerade so drückend und hart, daß wir nicht wie jene hinausziehen können und unser Leben einsetzen? Was gilt uns in unserer sicheren Existenz die Mahnung: »Fürchtet euch nicht vor denen, die den Leib töten und die Seele nicht mögen töten!«? Den Tod von feindlicher Kugel haben wir zwar nicht zu fürchten. Aber wenn Jesus mahnt zur Furchtlosigkeit vor denen, die dies leibliche Leben zu vernichten vermögen, so nennt er nur den schwersten aller irdischen Verluste; die geringeren sind darin einbegriffen: Wir sollen uns vor keinem Verlust fürchten, den irdische Macht uns antun kann, und wir sollen uns also vor keinem irdischen Verlust fürchten. Und dann sehen wir gleich: Das Wort gilt auch für uns, denn irdische Verluste und Opfer werden uns allen zugemutet. Es ist noch das Geringste, daß wir auf vieles verzichten müssen, was wir von Annehmlichkeiten des täglichen Lebens gewohnt waren, daß wir uns vielfach einschränken müssen. Wir wollen das ohne Murren tun, stolz, daß wir es auch am eigenen Leibe spüren dürfen, eine wie große Sache auf dem Spiel steht. Wer jetzt Einbuße an Verdienst und Gewinn hat, soll an die denken, die draußen ihr Leben für ihn einsetzen. Wir wissen ja, wie für unsere Soldaten im Felde nach Kräften gesorgt wird. Aber wir haben auch schon aus manchen Berichten gehört, wie viel Not und Entbehrung sich gar nicht wegschaffen läßt: anstrengende Märsche, oft Hunger und Durst, Gefahren bei Tag und Nacht, im offenen Felde und durch feige Hinterlist. Da sollten wir uns nicht schämen, zu klagen, wenn wir etwas entbehren und uns einschränken müssen? Ja, noch mehr! Nicht nur, daß wir ruhig und stolz tragen, was die Zeit an Entbehrungen von selbst schickt: Wir sollen auch selbst unser Teil dazu beitragen, uns selbst Opfer auferlegen, auf dies und jenes verzichten, was wir hinausschicken können, unsere Krieger zu erfreuen und zu erquicken. Das Beste, was Feld und Garten bieten, soll uns gut genug sein, die Krieger im Felde oder die Verwundeten zu erfreuen. Und wir haben ja schon miterleben dürfen, wie schön in unserem Volk der Opfermut sich gezeigt hat, wie die durchreisenden Soldaten überall erquickt wurden, wie für das Rote Kreuz und die Kriegshilfe schöne Summen eingekommen sind. Und Gott sei Dank waren die Fälle sehr selten, in denen geizige Selbstsucht den Soldaten nicht gab, was man geben konnte. Aber nun gilt es, den Opfermut, der in der Zeit der ersten Begeisterung aufflammte, nicht einschlafen zu lassen, sondern wach zu halten. Noch viel gilt es zu tun. Immer noch gilt es, für die Krieger im Felde und für die Verwundeten Liebesgaben zu spenden; es gilt, für die Familien in der Heimat zu sorgen, deren Ernährer im Felde sind, dort vielleicht gar gefallen sind. Es gilt, der Arbeitslosigkeit zu steuern; es gilt, jetzt [oder: »es gilt jetzt,«] dem Ruf zu folgen, die Kriegsanleihen zu zeichnen, soviel jeder vermag.

Zum Opfern und Verzichten gehört auch eins, was uns vielleicht nicht auf den ersten Anblick dazu zu gehören scheint. Außer den Leistungen, die direkt aus dem Kriege erwachsen, gilt es auch, weiter die Pflichten des täglichen Lebens zu erfüllen in Haus und Beruf, in Gewissenhaftigkeit und Treue. Das wird uns jetzt, wo wir von solcher Spannung erfüllt sind, oft schwerer als sonst. Wir müssen uns zur Ruhe zwingen. Es wäre uns oft lieber, wenn wir Dinge tun könnten, die direkt mit dem Großen, das unser Volk bewegt, zusammenhängen. Und es entsteht an manchen Stellen ein aufgeregtes, unordentliches Wesen. Man sucht krampfhaft zu organisieren, in die Augen fallende Dinge zu unternehmen. Andere lassen ihre tägliche Arbeit liegen, laufen nur herum, zu reden und zu hören. Auch da gilt es, zu verzichten und unsere oft unscheinbare tägliche Pflicht in Stille und Ruhe, in

Geduld und Fleiß zu verrichten. Wir sollen doch bedenken, daß *ein* Grund, der uns gleich zu Anfang des Krieges so mächtig gefördert hat, die echt deutsche Treue der Pflichterfüllung im kleinen ist, die Gewissenhaftigkeit, Ruhe und Ordnung, die nicht mit großen Worten und aufgeregtem Tun, sondern in stiller Treue arbeitet. Auch wenn wir in unserem alltäglichen Beruf treu sind und dafür sorgen, daß zu Hause alles nach Möglichkeit seinen geordneten, ruhigen Gang weitergeht, bringen wir Opfer fürs Vaterland.

Aber ich darf nicht von dem schwersten Opfer schweigen, das Gott von manchem von uns verlangt. Zwar nicht das eigene Leben, aber, was oft noch schwerer ist, das Leben lieber Angehöriger. Es ist das Härteste, was der Krieg verlangt, was Gott verlangt. Dann sollen wir dazu auch bereit sein, ja wir sollen stolz darauf sein. Und wie viele Eltern gibt es in unserem Vaterland, die stolz darauf sind, ihre Söhne hinausschicken zu können für die Ehre des Vaterlandes; stolz, daß ihnen etwas so Großes beschieden ist, wie für das Vaterland zu kämpfen und, muß es sein, zu sterben. Gott selbst hat uns ja das Schwere erleichtert, indem er uns das gute Gewissen gibt, daß wir für Recht und Ehre, für alles Hohe und Heilige kämpfen, daß unsere Sache Gottes Sache ist.

So gibt es große und kleine Opfer. Wollen wir darüber klagen? Wollen wir nicht vielmehr stolz darauf sein? Wir müssen zu Hause bleiben. Das ist auch etwas; aber es ist keine Leistung, sondern eine Last. So wollen wir denn versuchen, aus der Last eine Leistung zu machen, indem wir sie tragen aufrecht und stolz, würdig derer draußen. »Fürchtet euch nicht vor denen, die den Leib töten und die Seele nicht mögen töten! Fürchtet euch aber vielmehr vor dem, der Leib und Seele verderben mag in die Hölle.« Wir sollen uns nicht vor irdischen Verlusten fürchten, wir sollen uns fürchten, Gott zu verlieren. Der Ruf, zu opfern und zu verzichten, ist Gottes Ruf. Nur wer ihm folgt, vermag auch etwas von Gottes herrlichem Walten in dieser Zeit wahrzunehmen. Wer dazu nicht bereit ist in enger Selbstsucht, schließt sich selbst aus und beraubt sich des Segens.

III

Die Erkenntnis der Vorsehung

Und das ist der Segen, daß wir die Arbeit der Vorsehung Gottes an unserem Volk und an uns einzelnen erkennen dürfen. Gott sorgt für alle seine Geschöpfe, auch für die Sperlinge auf dem Dach. »Seid ihr nicht viel besser als Sperlinge?« fragt Jesus. Nicht auf die tägliche leibliche Versorgung beschränkt sich Gottes Arbeit an uns. Wir haben das vor den Tieren voraus, daß er uns erzieht, erzieht für seine Welt, sein Reich. Und diese Erziehungsarbeit der göttlichen Vorsehung können wir jetzt wahrnehmen.

Wie war in den letzten Jahren unser Volk erfüllt von dem Streit der Parteien. Wie zuwider wurden uns diese Klänge des Parteihaders und Klassenhasses. Falschverstehen und Mißgunst war an der Tagesordnung. Wie anders jetzt! Jetzt gibt es ein einiges Deutschland. Wie erhebend war die Einigkeit unseres Reichstags, verschwunden alle Standesinteressen und aller Klassenhaß, auf den unsere Gegner gerechnet hatten. Wie ein Mann erhob sich Deutschland, und was manch vereinzelte Stimmen früher gefordert und nicht erreicht hatten, das war mit einem Schlage geschehen: Man sah, daß es etwas Größeres gibt, und wofür sich alle die Hand reichen konnten: Ehre und Freiheit des Vaterlandes. Das ist Erziehungsarbeit Gottes.

Und mit Schmerz hatte mancher früher gesehen, wie in den langen Friedensjahren mit all ihrem Wohlstand irdischer Sinn sich breit machte, wie Üppigkeit und Genußsucht überhand nahmen und höhere Gedanken, Gedanken an Gottes Welt, erstickten. Jetzt gehen vielen die Augen auf, und sie sehen, daß sie vor einem Abgrunde standen. Wie kläglich ist das versunken, was als des Lebens Sinn galt: Genießen und Sich-Vergessen. Und wie nächtliche Schatten verschwinden, wenn das volle Tageslicht hereinfällt, so müssen die Gedanken und Bilder solcher üppigen Genußwelt zusammensinken, wo der Hauch der großen und ernsten Zeit weht. Was vielleicht am traurigsten war: Wie hatte ausländisches Wesen, vor allem französisches Wesen bei uns, in unseren Städten sich breit gemacht, nicht nur in lächerlichen Äußerlichkeiten, sondern auch in einer weichlichen, unreinen

Art des Genießens. Echtes deutsches Wesen, Kraft und Reinheit drohten befleckt zu werden. Jetzt widert uns dies ausländische Wesen an. Daß wir doch deutlich auf Gottes Stimme hörten und auch eine sittliche Wiedergeburt unseres Volkes erlebten! Aber auch wo es sich gar nicht um solche Auswüchse handelte: auch in dem Betrieb unserer Arbeit drohte unserem Volk das Versinken in weltlichen Sinn. Es war eine fieberhafte Arbeit, ein gehetztes Schaffen, Produzieren und Erwerben, das schließlich seinen Sinn zu verlieren drohte. Wozu? Wofür? Die äußeren Werte, die dadurch geschaffen wurden, konnten unserem Leben keinen tieferen Gehalt schaffen. Die stillen Stunden des Sich-Besinnens gingen verloren. Die höhere Welt entschwand den Blicken. Jetzt lernen wir wieder in uns schauen und uns zu fragen nach dem Ewigen, in dem unser Herz Ruhe findet.

So spüren wir etwas davon, was Gott durch den Krieg unserem Volk sagen will. Aber auch an einem jeden einzelnen von uns arbeitet die Erziehungsarbeit seiner Vorsehung. Wir nehmen ja [teil] an der großen Reinigung unseres Volks. Opfersinn und Mut, Gemeinschaftssinn und Ewigkeitssinn weckt Gott in einem jeden von uns.

Wie kommen uns jetzt so manche unserer früheren Sorgen klein und kläglich vor. Wie viel davon ist jetzt von uns abgefallen. Und ertappen wir uns doch noch darauf, daß kleinliche, ärmliche, selbstsüchtige Gedanken uns bewegen, so schämen wir uns, sie vor anderen laut werden zu lassen, und wir nehmen uns vor, unser Herz zu reinigen. Jetzt handelt es sich um Größeres; unser Denken erhält einen edleren, würdigeren Inhalt; wir werden freier von uns selbst. Und wir fühlen, daß wir innerlich stärker und fester werden durch die Opfer, die Gott uns zumutet.

Und zugleich lernen wir oft erst die rechte Dankbarkeit für das, was wir früher gehabt haben und worauf wir kaum achteten. Wie reich hat Gottes Güte über unserem Leben gewaltet! Und doppelt dankbar werden wir nun für die kleinen Freuden, die noch immer hier und dort an unserem Wege wachsen.

Anders wird auch das Verhältnis untereinander, wo die kleinlichen Äußerlichkeiten und das selbstsüchtige Wesen von uns abfällt. Wir lernen an andere denken, an die, [die] draußen für uns kämpfen; an die, die in Not gebracht sind. Mancher redet zum anderen, den er früher nie gekannt, und ein neues Band schlingt sich von Herz zu Herz. Und unter Freunden muß das äußerliche Gefallen aneinander einer tieferen, innerlichen Gemeinschaft weichen, wo man Großes zusammen durchlebt und durchdenkt. Wir lernen etwas für unsere menschlichen Beziehungen, daß wir die Zeit, die uns zusammen geschenkt ist, besser ausnutzen, uns herzlicher vertrauen und inniger beglücken. Unsere Gemeinschaft wird reicher und schöner.

So bringt die Arbeit der Vorsehung Gottes an uns eine sittliche Erneuerung, ein inneres Wachsen, ein Reifer-Werden für Gottes Welt. Und wir lernen auch erkennen, daß da, wo zuerst Dunkel herrscht, in Leid und Not, doch Gottes Vorsehung am Werke ist; wir lernen vertrauen, daß auch unsere Haare auf dem Haupt alle gezählt sind. Und wo wir zunächst keinen Ausweg sehen, da erhalten wir doch die Kraft, daß unsere Seele stille ist zu Gott, der uns hilft (vgl. Ps 62,2). Wir dürfen es erfahren:

»Die Rechte streckt' ich schmerzlich oft
In Harmesnächten
Und fühlt' gedrückt sie unverhofft
Von einer Rechten.

Was Gott ist, wird in Ewigkeit
Kein Mensch ergründen,
Doch will er treu sich allezeit
Mit uns verbünden.«

(C. F. Meyer, In Harmesnächten)

Daß Gott sich mit uns verbündet, uns Kraft und Mut gibt, darin spüren wir seine Vorsehung, was auch im äußeren Geschehen uns beschieden sein mag. So wollen wir denn unser Herz ihm öffnen, indem wir bereit sind, zu opfern und zu verzichten. Am Anfang dieses Kriegs konnte unser Kaiser sagen, daß wir mit reinem, guten Gewissen in den Krieg gehen. Jetzt wollen wir sorgen, daß wir, wenn wir einst auf diese Zeit zurückblicken, das mit reinem, guten Gewissen getan haben, indem wir diese Zeit und das Große, das Gott uns lehren wollte, nicht blind vorübergehen ließen, daß es uns ein bleibender innerer Besitz wird. Und einen Gewinn haben wir davon noch für die jetzige Zeit: Je fester wir Gottes Hand fassen und uns von ihm gefaßt fühlen, ein desto sichereres Vertrauen dürfen wir auch zu dem Fortgang und Ausgang des Krieges haben, da wir immer fester in den hohen und heiligen Gütern werden, die in diesem Krieg auf dem Spiele stehen: in Gottes Sache.

Galater 6,2

Unsere Pflichten gegenüber denen im Felde

Predigt am 29. August 1915 (13. Sonntag nach Trinitatis) in Bardewisch/ Oldb., am 5. September 1915 (14. So. n. Trin.) in Ganderkesee/Oldb. und am 12. September 1915 (15. So. n. Trin.) in Hammelwarden/Oldb.

Einer trage des anderen Last, so werdet ihr das Gesetz Christi erfüllen.

Liebe Gemeinde! Der Krieg ist auch ein Ausleger der Schrift. Wie er manches Altgewohnte in neuer Bedeutung erscheinen läßt, so wirft er auf auch manches altbekannte Schriftwort ein neues Licht. »Einer trage des anderen Last« – hören wir das Wort jetzt, so steigen von selbst Bilder der Kriegszeit vor unserm Auge auf. Bilder, wie draußen im Felde einer dem anderen seine Last abnimmt, für ihn eintritt, Kamerad für Kamerad, Soldat für Offizier, Offizier für Soldat. Bilder, von denen wir hörten und lasen, wie ein Kamerad den verwundeten Kameraden aus dem feindlichen Feuer zu retten versucht und sein Leben dabei einsetzt. Einer trägt des anderen Last, er erfüllt das Gesetz Christi. Und wenn wir daran denken, so ist uns sein Name, sein Bild nicht nur mit einem Glanz des Heldentums umgeben, sondern auch mit einem Schein der ewigen Welt Christi, und in Ehrfurcht beugen wir uns.

»Einer trage des andern Last.« Noch in anderem Sinne erscheint uns das Wort, wenn wir an die Krieger draußen denken; ich möchte sagen, es fällt uns aufs Herz: »Einer trage des anderen Last!« Tragen die da draußen nicht unsere Last? Stehen sie nicht für uns in Not und Gefahr? Wachen sie nicht für uns in mancher dunklen Nacht? Treten sie nicht für uns mit Leib und Leben dafür ein, daß wir in der Heimat der Arbeit nachgehen können, fast als wäre es Frieden? Gewiß, auch wir alle in der Heimat haben an der Last des Krieges zu tragen. Aber die Lasten sind ungleich verteilt. Wie viel mehr haben jene draußen zu tragen! »Einer trage des anderen Last!« – das mag uns da wohl beschämend auf die Seele fallen. Ja, sie tragen unsere Last! Können auch wir helfen, *ihre* Last zu tragen? Können auch wir für sie eintreten? Welches sind die Pflichten, die wir den Draußenstehenden gegenüber haben? Das ist die Frage, die uns unser Textwort ans Herz legt.

I

Wir tragen an ihren Lasten direkt

Die Zeit der ersten Aufregung des Kriegs ist vorüber, und in mancher Beziehung haben wir uns an die Kriegszeit gewöhnt. Mit Recht. Manche täglichen Lebensgewohnheiten haben wir lassen müssen, andre annehmen müssen, die uns die Kriegsnot auferlegt hat, in Nahrung und Kleidung. Es ist recht, wenn wir uns daran gewöhnt haben und nicht täglich darüber seufzen und klagen, als hätten wir etwas Großes zu entbehren und zu tragen. Aber an eins sollen wir uns nicht gewöhnen: Wir sollen uns nicht daran gewöhnen, diese Zeit innerlich gleichgültig zu verleben, uns über das Schwere, das sie bringt, hinwegzusetzen. Wir sollen nie vergessen, daß unsre Brüder draußen stehen im Kampf. Es ist bei uns in der Heimat ja oft fast wie im Frieden. Wir können unsrer Arbeit nachgehen, ja wir können manchmal gar unsrem Vergnügen, unsrer Lust nachgehen. Man kann Menschen begegnen, denen man nichts davon anmerkt, daß Kriegszeit ist; die dahinleben, als ginge sie all das Schwere nichts an. Sie tragen an keiner Last. Haben sie selbst nichts Schweres, keine Last zu tragen – nun, so sollen sie die Lasten der anderen mit tragen! Wir sollen die, die draußen stehen, nicht vergessen. Wir sollen an sie denken; das ist das erste, das wir ihnen schuldig sind.

Es kann ja freilich nicht sein, daß unsere Gedanken beständig bei ihnen draußen weilen. Saat und Ernte gehen in der Heimat ihren gewohnten Gang, Regen und Sonnenschein wechseln trotz all des Furchtbaren, das sich auf der Erde abspielt, wie sonst. Unsre Arbeit, unser Zusammenleben mit den Menschen in der Heimat fordert ein Teil unsrer Gedanken, unserer Kraft. Und wie Sonnenschein und Regen in der Natur abwechseln, so auch in unserem persönlichen Leben. Manches persönliche Leid, das nicht mit dem Kriege zusammenhängt, wird uns geschickt, manche Freude an Schönem und Guten wird uns zuteil. Und was uns geschieht und geschenkt wird, ohne daß wir es suchten, ist doch wohl Gottes Gabe, also müssen wir sie hinnehmen: demütig, ist es etwas Schweres, das uns beschäftigt; es soll unser Leben bereichern; dankbar, ist es etwas Fröhliches; es soll ebenfalls unser Leben reicher machen. Aber bei alledem: In unsrer Arbeit, in unsren menschlichen Beziehungen, in unserm ganz persönlichen Leid wie in unsrer Freude soll doch, wenn auch unbewußt, ein Ton mitklingen, ein Ton des Gedenkens an die, die draußen stehen. Ein Gefühl des Gedenkens, das uns in der Arbeit Kraft und Freudigkeit gibt, daß wir auch etwas zu tun und zu leisten haben. Ein Gefühl des Gedenkens, das uns im Leid Ruhe und Trost gibt, daß wir auch etwas zu tragen haben, ist es auch so viel geringer. Ein Gefühl des Gedenkens, das uns in der Freude Ernst und Maß gibt, und das uns auch das Bedürfnis gibt, in unsren Grüßen und Worten an sie etwas von unsrer Freude überströmen zu lassen, von Heimatglanz, damit sie ein fröhliches Bild von der Heimat erhalten und neuen Stolz und Freude, für die Heimat zu kämpfen.

[Zwischenbemerkung im Ms.: »Gedenken im Gebet.«]

Zum Denken soll das Handeln kommen. Was können wir *tun* für die, die draußen stehen? Da sind wir wohl kaum in Verlegenheit. Ein jeder von uns hat doch Angehörige oder Freunde draußen und weiß, was er ihnen senden kann zur Erquickung und Erleichterung. Liebesgaben und Geld werden gesammelt; und nicht nur in der ersten Zeit der Begeisterung war es Pflicht zu geben; wir sollen auch jetzt nicht nachlassen. Zumal jetzt, wo man damit rechnen muß, daß unser Heer noch einmal einen Winterfeldzug führen muß, gilt es, die Hände aufzutun und reichlich zu geben. Was opfern jene draußen für uns! Und wir sollten nicht fröhlich auch zu Opfern bereit sein? Schande über den, der jetzt seine Hand geschlossen hielte!

Wir sollen nicht nur äußere Gaben ins Feld senden. Viel Freude macht oft ein gutes Buch oder Blatt. Aber noch viel wertvoller sind den Unsrigen oft unsre persönlichen Worte und Grüße, damit sie sich draußen nicht einsam und verlassen fühlen, daß sie den rechten Zusammenhang mit der Heimat behalten, damit sie fühlen, wie unsere Gedanken sie begleiten, wie unsere Augen mit Stolz auf ihren Taten ruhen. Nicht Briefe der Sorge und Verzagtheit sollen wir schreiben, sondern des Vertrauens und der liebevollen Teilnahme. Wir sollen ihnen schreiben, damit in all dem Schrecklichen, das sie erleben müssen und das in ihnen oft ein Gefühl des Ekels und der Verzweiflung weckt, – damit sie darin das Gefühl haben, im Geiste unsre Hand zu fassen, in geistiger Einheit mit uns zu bleiben, damit ihr äußerlich so schreckliches blutiges Tun den inneren heiligen Sinn für sie nicht verliert. Endlich auch, damit, [Ms.: »Endlich auch damit, daß ...«] wenn sie draußen in Versuchung zum Bösen geraten – und das bleibt ihnen oft nicht erspart –, sie durch das Gefühl des Zusammenhangs mit der Heimat davor bewahrt bleiben und sich rein erhalten.

Für unsre Brüder draußen handeln wir aber nicht nur, wenn wir ihnen unmittelbar unsere Hülfe, unser gedenkendes Wort zukommen lassen, sondern auch, wenn wir ihnen das abnehmen, wofür sie hier in der Heimat nicht sorgen können: für ihr Haus, für ihre Familie. Wo es sein muß, da gilt es, mit äußerer Unterstützung einzugreifen, und wir sollen nicht erst warten, bis Not und Hunger da ist. Es ist unsere Ehrenpflicht, dafür einzustehen, daß die draußen ohne Sorge an ihr Haus denken können. Und sollte es einmal sein, daß unsre Wohltätigkeit mißbraucht wird, nun, so befreit uns ein Mißbrauch hier oder dort nicht von unserer Pflicht. Und eins können wir überall: mit teilnehmender Frage und liebevollem Wort uns derer annehmen, deren Angehörige im Felde stehen.

Zu unseren Pflichten gehört es aber auch, daß wir derer uns annehmen, die schon draußen gestanden haben, die verwundet zurückgekehrt sind in die Heimat. Wir dürfen stolz sein, daß für die Pflege der Verwundeten in den deutschen Lazaretten gut gesorgt wird. Und nicht jeder von uns ist in der Lage, dabei mitzuhelfen. Wo wir es können, sollen wir auch das tun und an das Wort Jesu denken vom Besuchen der Kranken (vgl. Mt 25,36). Wer einmal in einem Lazarett war, weiß, wie schön es ist, wenn man helfen kann, durch ein freundliches Wort oder eine kleine Gabe eine fröhliche Stimmung an dieser Stätte schwerer und schwerster Leiden zu verbreiten. Noch wichtiger aber ist es, dafür zu sorgen, daß solche Verwundete, die geheilt entlassen sind, aber mit schweren körperlichen Schäden, wieder eine befriedigende Tätigkeit im Leben finden. Wie beschämend war es früher, Kriegsinvaliden aus früheren Kriegen zu sehen, wie sie auf Jahrmärkten oder sonst um milde Gabe bitten mußten. Das sollen wir ihnen ersparen, daß sie von Mildtätigkeit allein leben; das verbittert und verdirbt den Menschen. Es muß uns Ehrensache sein, zu helfen, daß das nicht vorkommt. Können wir nicht direkt dazu helfen, so sollen wir die Anstalten, die sich darum bemühen, für Blinde oder sonst an ihrem Leibe im Krieg Geschädigte zu sorgen, durch unsre Gaben unterstützen. Achtung und Dankbarkeit soll unser Gefühl ihnen gegenüber sein, und wir sollen auf alle Weise helfen, ihnen eine befriedigende Tätigkeit zu verschaffen.

II

Wir tragen an ihren Lasten indirekt

»Einer trage des anderen Last!« Die für uns draußen stehen, sorgen dafür, daß unser Staat, unser Vaterland erhalten bleibe gegenüber dem Ansturm der Feinde. Unsre Pflicht ist es, zu sorgen, daß unser Staat, unser Vaterland ihrer Taten wert sind. Daß es in unsrem Vaterland nicht faul und schlecht aussehe, sondern gesund und lebenskräftig. Damit ihr Kämpfen einen guten Sinn hat; damit vor allem die furchtbaren Opfer, die draußen gebracht werden, ihren Sinn behalten. Das gehört zu unsren vornehmsten Pflichten, uns der Verantwortung bewußt zu sein, die uns die Tatsache auferlegt, daß für uns gekämpft wird.

Für uns wird gekämpft, für uns Blut vergossen, für uns so viel Leben geopfert. Für uns! Wir ertrügen den Gedanken gar nicht, wenn das nur bedeutete: für dich und mich, für einen jeden einzelnen oder auch für eine Summe von einzelnen Menschen. Denn über den Wert eines einzelnen Menschen hat uns diese Zeit ziemlich gering zu denken gelehrt. Für uns! Das können wir nur ertragen, wenn es bedeutet: für das Vaterland, und wenn dies Wort »Vaterland« viel höhere und heiligere Werte umschließt, als sie in dir und mir, in einem jeden einzelnen von uns lebendig sind. Ja, in den ersten Tagen des Krieges, da wurde es in aufflammender Begeisterung wohl jedem offenbar, daß es etwas Größeres und Erhabeneres gibt als das einzelne Leben, und daß es herrlich ist, das Leben für die große Sache zu opfern. Unsre Krieger draußen können das immer wieder erleben, wenn sie dem Tod ins Auge sehen müssen. Uns in der Heimat, die wir es sonst viel leichter haben, ist gerade dies Erleben viel schwerer gemacht. Aber eben dieser Gedanke: Draußen kämpfen sie für uns, opfern sich für uns! soll es uns immer wieder deutlich zum Bewußtsein bringen: Nicht unser enges, kleines persönliches Leben steht auf dem Spiel, sondern das Vaterland und seine heiligen Güter: Recht und Sitte, Wahrheit und Reinheit.

Das ist die furchtbare Verantwortung, die auf unseren Schultern liegt, dafür zu sorgen, daß unser Vaterland wirklich ein Hort von Recht und Sitte, von Wahrheit und Reinheit sei. Daß wir es ernst damit nehmen und nicht in unserem persönlichen Leben, in unsrer Familie, in unserem kleinen wie großen Kreise die Mächte des Unrechts und der Unsittlichkeit, der Lüge und Schlechtigkeit herrschen lassen. Damit nicht einst die Geister der Gefallenen als Ankläger gegen uns aufstehen und hinweisen können auf Elend und Verderben in unserem Vaterland und uns anklagen können: *Dafür* haben wir gekämpft? dafür unser Blut vergossen? dafür unser Leben gelassen? Nein! Wenn es uns nicht heiliger Ernst ist, daß unser Vaterland immer mehr ein heiliges Land werde, Gottes Reich, so können wir den Gedanken an die Opfer, die draußen für uns gebracht werden, nicht ertragen. Es gibt Leute, die sich jetzt schon Gedanken darüber machen: Was wird einst werden, wenn die vielen Soldaten im Frieden wieder aus dem Feld heimkehren? Werden sie nicht verwildert sein? Wird das harte Kriegsleben sie nicht hart und roh gemacht haben? Wird es ihnen nicht schwer sein, sich wieder an friedlichen Brauch und Sitte des Heimatherdes zu gewöhnen? Was man bisher gesehen hat von solchen, die verwundet oder auf Urlaub aus dem Felde zurückgekehrt sind, sieht nicht so aus, als ob jene Frager recht hätten. Man kann bei den aus der blutigen Arbeit Zurückgekehrten viel mehr Bescheidenheit, Freundlichkeit und Güte finden als bei vielen, die zu Hause geblieben sind. Aber mag es Ausnahmen geben; mag es solche geben, auf die das Kriegsleben verrohend und verwildernd gewirkt hat; was folgt daraus? Dies, daß es um so mehr unsere Pflicht und Schuldigkeit ist, zu sorgen, daß unsre Heimaterde heiliger Boden ist, auf dem ein heiliger Geist waltet. Damit jeder, der in den Bereich der Heimat tritt, von guten Geistern umfangen werde und es ganz von selbst spürt, daß ein solches Leben edler und größer, tüchtiger und herzerfreuender ist.

So gilt es denn auch für uns, einen Kampf zu kämpfen, nicht gegen Fleisch und Blut, sondern gegen die geistigen Mächte des Unrechts, der Lüge, des Verderbens (vgl. Eph 6,12). Und auch hier gibt es ein Opfern; es besteht im Opfer der Selbstsucht, der eigenen kleinlichen Interessen, in der Hingabe an das Große, das Ganze. Mit Beschämung hört man davon, daß es Menschen gibt, die sogar die Kriegsnot ausnützen zu ihrem Gewinn, die in ihres Vaterlandes Not den traurigen Mut haben, sich den Beutel zu füllen. Beschämend ist es, daß die staatliche oder militärische Verwaltung eingreifen muß, um diesem Treiben Einhalt zu gebieten. Wir sehen mit Verachtung und mit Schaudern, wie manche unsrer Feinde zu diesem Kriege getrieben sind durch die Jagd nach Gewinn – und in unserem Lande gibt es Menschen von derselben niedrigen Sinnesart! Das mögen Auswüchse sein; aber wir alle sind mitverantwortlich.

Denn das hat uns dieser Krieg klar gemacht, wie es uns nie zuvor war: wieviel auf jeden einzelnen ankommt, damit das Ganze in gutem Zustande sei; wie jeder für das Ganze verantwortlich ist. Mit Recht sind wir stolz darauf, daß man sich auf das Wort eines Deutschen verlassen kann, und wir vertrauen auf den Geist der Wahrhaftigkeit und Treue in unserem Heer. Das können wir doch nur, wenn wir selbst dazu mithelfen, daß dieser Geist in unserem Volk lebendig bleibt. Wir vertrauen auf die Tapferkeit unsrer Krieger und wissen, daß sie nicht weichen werden. Wir können es doch nur, wenn wir selbst mithelfen, daß Tapferkeit in unsrem Volk erhalten bleibt, wenn wir mithelfen, daß überall der Geist der Zaghaftigkeit und Menschenfurcht verschwindet und ein Geist der Tapferkeit und frohen Opferwilligkeit herrscht. Und helfen wir mit dazu, daß wir Deutschen Menschen werden, die wahr und treu, aufrecht und gerade ihres Weges gehen, so dürfen wir uns sagen, daß wir jenen, die draußen stehen, mit kämpfen helfen. Denn jene Mächte pflegen wir, die ja ihnen die Kraft geben: Treue und Mut.

Es sind Klagen darüber gekommen, daß manche von unsern Kriegern, die draußen in französischen Städten lagen, den Verführungen zur Unsittlichkeit zum Opfer gefallen sind. Da nützen nun Klagen nichts mehr; jetzt ist nichts mehr zu ändern. Aber darüber gehen uns jetzt die Augen auf, was vorher hätte geschehen sollen. In jedem Sohne unsres Vaterlandes hätte die selbstverständliche Überzeugung eingepflanzt sein sollen, daß Selbstzucht und Reinheit ein heiliges, hohes Gut ist, das die Kraft unseres Volkes ausmacht. Und daß es so in unserem Volke bestellt ist, dazu sollen und können wir alle mithelfen. Wir kämpfen mit für unser Vaterland, wenn wir uns selbst in Zucht halten und mitarbeiten, daß Reinheit und Sitte in Deutschland als heilig gelten.

»Einer trage des andern Last!« So können wir ein Teil der Last derer mittragen, die draußen stehen. Zu ihnen gehören auch die, die draußen gestanden haben und für uns gefallen sind. Aber ihnen sind wir ein besonderes Wort des Gedenkens schuldig. Sie haben jetzt keine Lasten mehr zu tragen, aber sie haben uns doch noch eine Last hinterlassen, die zu tragen uns etwas Kostbares, eine Ehre sein muß. Nicht nur, daß wir ihrer gedenken in Dankbarkeit und Treue. Es werden einst wieder Ehrentafeln und Denkmäler errichtet werden. Aber das ist nicht das Wichtigste. Auch das nicht, daß wir ihrer Angehörigen uns annehmen, daß wir sie unterstützen, wo sie in Not sind, und daß wir sie mit Liebe und Treue umgeben, damit auch sie empfinden, daß das Vaterland in Dankbarkeit ihrer gedenkt. Auch die Angehörigen der Gefallenen bringen Opfer, vielleicht sind es die schwersten. Und um ihre Last tragen zu können, müssen sie dessen sicher sein, daß diese Opfer Sinn und Wert haben. Aber ihnen und den Gefallenen schulden wir noch mehr. Das Gedenken an sie soll dazu lebendig bleiben, uns unsre Verantwortung für unser Vaterland zum Bewußtsein zu bringen, damit ihre Opfer nicht umsonst gewesen sind. Begleitet uns ihr Bild bei unserem Tun, halten wir die geistige Gemeinschaft mit ihnen auch nach ihrem Tode fest, so wird ein Segen davon ausgehen für unser Leben; so wird ihr dahingegebenes Leben eine fruchtbare Saat, aus der heilige Frucht erwachsen muß: neue innere Kraft für unser Volk.

»Einer trage des anderen Last, so werdet ihr das Gesetz Christi erfüllen« – die Fortsetzung des Wortes haben wir noch nicht betrachtet. Was heißt: »das Gesetz Christi«? Paulus schreibt das Wort an die Galater, die, trotzdem sie Christen waren, das jüdische Gesetz auf sich nehmen wollten. Der ganze Brief will die Galater davor bewahren und es ihnen klar und fest machen: Für den Christen gibt es kein Gesetz mehr! Und nun zum Schluß ruft er ihnen gewissermaßen scherzend zu: »Wenn ihr denn durchaus ein Gesetz wollt, hier ist es: Einer trage des anderen Last, so werdet ihr das Gesetz Christi erfüllen!« Nach dem, was er vorher gesagt hat, kann ihn niemand mißverstehen: Das Gesetz Christi ist gar kein Gesetz mit Forderungen, sondern es ist die Lebensgemeinschaft mit Christus im Geist. Und Paulus will sagen: Wenn ihr danach tut, daß einer des anderen Last trägt, so zeigt ihr damit, daß Christi Geist in euch lebendig ist, daß ihr in Gemeinschaft mit ihm steht, und dann muß diese Gemeinschaft immer tiefer und fester werden.

»Einer trage des anderen Last, so werdet ihr das Gesetz Christi erfüllen!« Auch uns ist das kein Gesetz, sondern – wir spüren es doch – eine Freude, daß wir ein wenig an unserem bescheidenen Teil mithelfen dürfen, daß wir dabei etwas spüren dürfen von der Lebensgemeinschaft mit Christus, von den Kräften des göttlichen Geistes. Und je mehr wir sie in uns lebendig werden lassen, desto mehr müssen wir den Segen spüren, desto inniger muß die Gemeinschaft werden, die uns alle umfaßt, hinweg über Raum und Zeit, und die uns alle verbindet mit Gott. Mag diese schwere Zeit der Fragen und Rätsel noch so viel enthalten, wir vertrauen doch darauf, daß das Dunkel sich lichten muß, wenn wir hier und dort die Spuren des göttlichen Waltens, das uns zu ihm zieht, aufleuchten sehen.

1. Korinther 2,9–12
Vom geheimnisvollen und vom offenbaren Gott

Predigt am 27. Mai 1917 (Pfingstsonntag) in Breslau

»*Was kein Auge gesehen und kein Ohr gehört*
Und in keines Menschen Herz je aufstieg,
Was Gott bereitet hat denen, die ihn lieben«,
ja, uns hat Gott es offenbart durch den Geist. Denn der Geist erforscht alle Dinge, auch die Tiefen Gottes. Denn wer unter den Menschen kennt das, was in dem Menschen ist? Nur der Geist des Menschen, der in ihm ist. So hat auch niemand erkannt, was in Gott ist, nur der Geist Gottes. Wir aber haben nicht den Geist der Welt empfangen, sondern den Geist, der von Gott kommt, daß wir erkennen, was uns von Gott in Gnaden geschenkt ist.

Wenn ich in diesem Jahre Pfingsten feiern soll, so treten zwei Bilder vor mein Auge und lassen sich nicht verdrängen. Was das eine Bild zeigt, das liegt nun viele Jahre zurück: das Pfingsten, das ich als Kind in meiner Heimat auf dem Lande feierte. Pfingstgrüne Birkenzweige schmückten das Haus und erfüllten es mit ihrem süß-herben Duft, schmückten draußen die Haustür, und der Sonnenglanz spielte in ihnen. In festlich helle Gewänder war Haus und Dorf gekleidet und zog zur Kirche, wenn die Glocken wie Jubel über die Frühlingslandschaft klangen. Und über dem ganzen Tage lag dieser Sonnenglanz, dieser frohe Glockenklang, und Pfingsten war ein Freudenfest.

Das andere Bild ist das Pfingstfest des vergangenen Jahres. Da stand ich im Lazarett vor Verwundeten und mochte kaum den Mund auftun, davon zu reden, daß Pfingsten ein Fest der Freude sein solle. Denn Schmerz und Jammer schauten mich aus großen, fragenden Augen an, und die Geister von Kampf und Lärm, von Blut und Schrecken schwebten bedrückend durch den Raum. Und die Gedanken gingen zu denen, die noch draußen standen in Kampf und Not, und zu denen, für die kein Frühlingsgrün mehr duftete, kein Sonnenstrahl mehr leuchtete.

Das sind die beiden Bilder, feindliche Bilder, die sich nicht verdrängen lassen, und von denen doch eins das andere verleugnen und verdrängen will; feindliche Bilder, die beide ihr Recht fordern und das Herz mit Qual füllen.

I

Die Tiefe, in die wir schauen – Gottes Tiefe?

Und doch ist dieser Gegensatz im Grunde kein anderer, als wir ihn jetzt alle erleben – mit Schrecken erleben, sofern wir die dahinten liegende Zeit des Friedens mit Durst und Kraft, mit Freuden und Schauern erlebt haben, und jetzt die Zeit des Krieges ebenso mit der ganzen dürstenden und drängenden Macht unseres Herzens erleben, unseres Herzens, das sich von allen Mächten des rauschenden und klingenden Lebens durchdringen, erfüllen und sättigen lassen möchte. Dann eben ist es, daß wir plötzlich jäh innehalten müssen, weil es uns durchschauert. Wir spüren den furchtbaren Gegensatz der Kräfte und Mächte, die wir »Leben« nennen, und wissen nicht mehr, ob wir sie in uns aufnehmen dürfen, oder ob wir uns ihnen verschließen müssen. Ja, wir werden uns selbst fremd, wenn wir spüren, welche feindlichen Kräfte und Ströme wir in uns aufnehmen. Was ist denn noch unser Ich, unser Wesen, wenn es einst froh und unbefangen genießen konnte in dem Gefühl, getragen zu sein von einer weltdurchwaltenden Macht der Heiterkeit und Güte? wenn wir uns treiben lassen konnten und wollten von einem Strome, der in Harmonie und lebensprühendem Rhythmus dahinzufließen schien? Und jetzt blicken wir in Lebensmächte hinein, hart und zerfleischend, bald mit eherner Stimme gebietend und fordernd, bald stumm in unerbittlichem Schweigen, voll Rätsel und Geheimnis! Ist *das* das Wesen des Lebens, das wir jetzt schauen, so war *jenes* ein Wahn? oder so haben wir es wenigstens damals nicht verstanden und müssen jetzt das Urteil über uns selbst sprechen? müssen ersticken, was davon in uns noch lebendig ist, noch einen Teil unseres Ich bildet?

Ja, wie viele Schatten sind auf unsere Vergangenheit gefallen! Wie unwirklich liegen viele ihrer Stunden hinter uns! Gab es sie denn einst, die Stunden der sorglosen, der ausgelassenen Freude mit unseren Freunden, die jetzt nach Heldentum und Heldennot ihre Ruhe im Grabe fanden? jene Stunden der reinen, ungeteilten Arbeits- und Schaffensfreude, der Hingabe an die köstlichen Mächte des Geisteslebens, des reinen Genusses der reifen Früchte menschlichen Gestaltens? Stunden, deren Wert und Sicherheit uns nun zu schwinden droht! Ich rede nicht von solchen Stunden, deren wir uns schämen müßten. Solcher Stunden gibt es auch: Stunden des Leichtsinns und der verlorenen Zeit, Stunden der Kleinlichkeit und Kläglichkeit. Auch sie liegen dahinten und sollen dahinten liegen bleiben. Von ihnen spüren wir mit Recht, daß sie uns fremd wurden, daß wir reifer, ernster werden sollten. Aber was uns jetzt mit Qual erfüllt, ist eben dies: daß wir Lebensmächte in unser inneres Leben aufnahmen, die nun zu unserem gegenwärtigen Sein gehören, deren Recht auf uns wir nicht abweisen können, die wir bejahen, – und daß wir doch den Weg nicht finden, sie in Einklang zu bringen, in Einheit zu schauen mit den neuen Lebensmächten, die mit brutaler Gewalt in unser Leben traten, die auch ihr Recht fordern, die wir auch bejahen. Denn auch hier meine ich nicht die Mächte des Wahns, der Verblendung und der Lüge. Das sind Mächte, deren Recht wir leugnen, die wir verneinen, indem wir sie innerlich bei uns überwinden und an ihrer äußeren Überwindung arbeiten. Sondern ich meine die schmerzlich großen, die wehevoll bedrückenden, die schauervoll demütigenden Mächte, die ihre Anerkennung erzwingen. Der Gedanke des Opferns alles Liebenswerten und Köstlichen, des Sich-Losreißens von einer Welt voll Licht und Wärme, die die unsre war, das Stählern-Werden und Sich-Emporrecken über menschlich-persönliches Geschick, das Ins-Auge-Schauen einer stillen Welt, in der Schmerz und Leid ihr Recht fordern.

Dieser Zwiespalt ist ja im Grunde keiner zwischen Vergangenheit und Gegenwart, sondern er durchzieht unser gegenwärtiges Leben. Denn – wie ich sagte – jene alten Lebensmächte sind noch in uns lebendig, ja sie sind lebendig nicht nur als ein zur Natur gewordener Untergrund unseres Wesens und indem sie lebendig werden in unserer Erinnerung, sondern sie regen sich – je länger der Krieg dauert, desto mehr – in unserem gegenwärtigen Denken und Arbeiten. Wir haben Stunden, da sie allein regieren und wir das andere vergessen können. Und dann kommen die Stunden des Erwachens, in denen uns das alles wieder fremd wird. Wir verstehen uns selbst nicht mehr; wir werden uns fremd. Denn wir schauen in Abgründe unseres Wesens hinein, und unser Ich erscheint uns als ein Spiel fremder Mächte. Und wir schauen in Abgründe des Lebens hinein, dessen Mächte in ihrem Widerstreit uns unverständlich sind. Wir schauen in eine Tiefe, die wir nie ahnten.

Und da klingt uns entgegen das seltsame Wort des Paulus von den Tiefen Gottes. Die Tiefen Gottes! Wir auch schauen in eine Tiefe und erschauern. Wollen wir sagen: Wir schauen in die Tiefen Gottes? Ja, was ist denn Gott, wenn nicht die unendliche Fülle aller Lebensmächte, die uns umbrausen, uns den Atem rauben, uns durchschauern? Was sind denn die Lebensmächte, die uns tragen und fortreißen, uns verschlingen und emporschleudern, uns zerreißen und zusammenschmieden, wenn nicht die Mächte des unendlichen Gottes voll Schöpferkraft und Schöpferfreude, voll Gestalten und Rätseln? Aber wagen wir es, so zu sprechen? Es gibt auch ein Wort im Neuen Testament von denen, die da sagen, daß sie die Tiefen des Satan erkannt haben (vgl. Offb 2,24). Und wir? In welch eine Tiefe schauen wir hinein? Ist es wirklich eine Tiefe von *Lebens*kräften, von *Gottes*kräften? Oder ist es ein Abgrund des *Todes,* ein Ringen teuflischer Mächte, das wir schauen? Ist es das Spiel satanischer Gewalten, die unser kleines, eitles, einbildungsvolles Ich herumschleudern und seiner hohnlachen? Oder ist es das Walten und Weben der großen, unendlichen, schöpferischen Gottesmacht?

Das ist die Frage, die uns Qual bereitet. Und nicht eher haben wir Ruhe und Sicherheit, bis wir wissen, daß es wirklich Lebens- und Gotteskräfte sind. Bis wir nicht nur einen wirren, sinnlosen Streit der Kräfte schauen, sondern aus allem rätselvollen, abgrundtiefen Dunkel heraus einen großen, tiefen Klang hören, der über allem schwebt, der allem Ruhe und Sicherheit gibt, der alles verschlingt zu einer gewaltigen Harmonie. Es geht uns manchmal beim Anhören eines Kunstwerkes so, daß wir in einem Meer von Tönen und Eindrücken den tiefen Grundklang, auf dem alles aufgebaut ist, das feste Schreiten der Melodie zuerst nicht hören, weil die Fülle des Einzelnen uns betäubt. Und erst wenn wir unser Ohr gewöhnt haben, finden wir Ordnung und Gesetz, und mit *einem* Zauberschlage ist aus dem verwirrenden Durcheinander eine einheitliche Welt entstanden, und mit entzücktem Staunen fühlen wir plötzlich, daß dieser Grundklang auch vorher schon dröhnte, diese Melodie auch vorher schon Gesetz und Regel gab. Könnte es auch *hier* so sein, daß wir Ohr und Auge nur gewöhnen müssen, um die große, machtvolle Stimme der Einheit zu hören, die Harmonie zu schauen? *Gott* zu schauen in diesem Wirrsal der Kräfte?

II

Der geheimnisvolle Gott

Wollen wir Gott schauen, so sollen wir uns zuerst sagen, daß wir ihn vielleicht nicht so schauen werden, wie wir uns ihn gedacht haben; so müssen wir uns darauf gefaßt machen, daß er vielleicht ganz anders aussieht als das Bild, das wir uns von ihm gemacht haben; so müssen wir bereit sein, seinen Anblick auch mit Schrecken entgegenzunehmen. Können wir ihn in der Gegenwart nicht schauen? Ist unser altes Gottesbild in Trümmer gegangen? So wollen wir zuerst dafür danken, daß wir den falschen Begriff verloren haben; denn nur so können wir ihn schauen, wie er wirklich ist. Aber waren wir nicht ehedem gewiß, ihn zu haben und zu erleben? Ergriff er nicht unser Herz, daß es zitterte und jubelte? Das freilich mag keiner uns bestreiten. Aber dann sehen wir doch jetzt: Wir haben ihn uns zu klein vorgestellt. Er ist größer; er ist unendlich. Und hat er sich uns einmal gezeigt, das heißt, hat er uns ein Stück seines unendlichen Wesens schauen lassen, so sorgt er schon selbst dafür, daß wir uns nicht dabei beruhigen und wähnen, ihn ganz erkannt zu haben. Neue Seiten seines unendlichen Wesens tauchen auf, fremd und rätselhaft; und wie er selbst unendlich ist, so muß auch unsere Erkenntnis von ihm unendlich sein, nie in Stillstand und Ruhe, stets bereit, aufs neue sich zu unterwerfen, aufs neue sich erheben zu lassen.

Und da befremdet es uns, wenn wir in Tiefen blicken, wenn wir vor Rätsel und Geheimnis stehen, als könne Gott darin nicht sein? Nein! Gott muß ein geheimnisvoller Gott sein, voll von Widersprüchen und Rätseln. Sonst käme Stillstand in unser inneres Leben, sonst würden wir die Kraft verlieren, aus der Lebensfülle Erleben zu schöpfen. Denn was heißt »Erleben«? Es heißt: sich stets neu bereichern, neu beschenken lassen. Es heißt: spüren, daß wunderbare Kräfte in der Welt walten, die wir nicht berechnen, nicht in unsere Arbeit als Faktoren einstellen können. Es heißt: wissen, daß es über unserem Erkennen, über unserer Arbeit, ja auch über unserer sittlichen Pflicht etwas gibt: eine Lebensfülle, die ganz als Geschenk, ganz als Gabe, ganz als Gnade auf uns einströmt. Erleben heißt: ein Schicksal in sich aufnehmen. Nicht nur ein Schicksal erleiden, wie es das Sandkorn, mit dem Wind und Wellen spielen, wie es die Münze, die von Hand zu Hand wandert, auch erleiden, ohne daß etwas von den Kräften, die sie umtreiben, in ihr Inneres eingeht. Erleben heißt: sein Schicksal zum inneren Eigentum machen. Das aber bedeutet: immer offen stehen für das, was uns geschenkt werden soll, immer bereit sein, Wunder zu erleben. Nicht Wunder, an denen eine vergangene Zeit ihre Freude hatte, Wunder gegen die Natur, Wunder gegen den Verstand. Nein, Wunder des Lebens, Wunder des Schicksals. Erleben wollen heißt bereit sein, Wunder und Geheimnis auf sich zu nehmen, oder – daß ich es anders sage: Es heißt *Ehrfurcht* und *Demut* haben vor dem Leben. Denn nur, wenn wir ihm in Ehrfurcht und Demut nahen, so können wir Gottes Stimme im Rauschen des Lebens vernehmen.

Gott muß geheimnisvoll sein, daß wir ihm nahen in Demut und Ehrfurcht. Es ist ja schon unter uns Menschen so. Wir fühlen es oft mit Schmerz, daß wir einander Geheimnis sind. Denn »keine Brücke führt von Mensch zu Mensch«. Und doch ist es, wenn wir uns recht besinnen, etwas Köstliches, daß wir uns Geheimnis sind, daß wir uns nie ganz kennen, daß wir auch den Menschen, der unserm Herzen am nächsten steht, nie durchschauen und berechnen können wie einen logischen Satz, wie eine Rechenaufgabe. Denn wäre es so, er würde uns schal und leer, und wir könnten unser Herz nicht mehr an ihn verschwenden. Ja, gerade von dem liebsten Menschen wollen wir, daß sein Reichtum unerschöpflich quellend ist und jeder Tag ein neues Wunder gebiert. Wir freuen uns des Geheimnisses, weil es uns die Verheißung wundervoller und nie geahnter Kräfte ist, die im Herzen des andern schlummern und nur warten auf unser Bereitsein für ihre Offenbarung. Und das ist es, was doch die Brücke schlägt von Mensch zu Mensch: die Anerkennung des Geheimnisses, die Demut und Ehrfurcht vor dem Eigenwesen des andern, das göttliche Vertrauen auf die Wunder, die reich und immer reicher aus seinem Innern emporsteigen, uns beglücken und überschütten mit Gnade.

So muß auch Gott geheimnisvoll sein, daß wir ihm nahen in Demut und Ehrfurcht. Geheimnisvoll! Ja, – dann auch unendlich in Widersprüchen und Schrecken. Kaum erkannt verschwindet er wieder, und wieder stehen wir vor dem unbekannten Gott, und wir müssen aufs neue mit ihm ringen, daß er sich zu erkennen gebe und seinen Namen nenne:

»Ich will dich kennen, Unbekannter,
Du tief in meine Seele Greifender,
Mein Leben wie ein Sturm Durchschweifender,
Du Unfaßbarer, mir Verwandter!
Ich will dich kennen, selbst dir dienen!«

(Fr. Nietzsche, Dem unbekannten Gott, Z. 17–21)

Geheimnisvoll muß Gott sein, ein Gott der Widersprüche; denn in ihnen entfaltet sich ein unendlicher, schöpferischer Reichtum. Und schauen wir hinab in ungeahnte Tiefen, und ziehen die Widersprüche des Lebens zerreißend durch unser Herz, so wollen wir doch danken voll Demut und Ehrfurcht, daß uns nichts erspart geblieben ist, danken auch jetzt in dieser Zeit der Schrecken:

»Du bist der Wald der Widersprüche.
Ich darf dich wiegen wie ein Kind,
Und doch vollziehn sich deine Flüche,
Die über Völkern furchtbar sind.«

(R. M. Rilke, Stundenbuch I, Du bist der Tiefste, Z. 6–9)

Wohl ist es leichtfertig und unwürdig, mit einem festen Gottesbegriff ausgerüstet schnell den Krieg und sein Elend in Gottes Weltregiment einzuordnen, ihn als Strafe und Gericht zu betrachten und Bußpredigten darauf zu bauen. Aber ebenso leichtfertig und würdelos ist es, zu sprechen: In diesem Kriege und seinem Grauen ist Gott nicht. Nein, es gibt noch eine viel tiefere Auffassung als jenen Bußprediger-Standpunkt, der so schnell die Absichten der göttlichen Weltregierung durchschaut. Sie beginnt mit Demut und Ehrfurcht. Sie weiß, daß wir Gott immer ganz anders schauen werden. Sie mutet dem Menschen den Glauben zu, daß Gott auch mit dem furchtbarsten Schicksal dem Menschen etwas Großes zutraut, ihn ganz frei und groß machen will. Wohl ist es unsere, der Menschheit, Pflicht, zu schaffen, daß etwas so Entsetzliches wie dieser Krieg nicht wieder über die Erde kommt. Und doch, wenn die Zeit des ewigen Friedens käme, – müßten wir nicht Gott danken, daß unser Geschlecht, daß wir dieses Gewaltige noch erleben durften, da eine Last auf die Menschheit gelegt war wie nie zuvor? Und müßten wir nicht wünschen, daß kein künftiges Geschlecht je vergäße, was auf Erden möglich gewesen ist? Denn nie zuvor hat Gott dem Menschengeschlecht so Großes zugemutet, nie zuvor haben wir es erlebt, daß uns alles an uns so fremd wurde und nur unser nacktes Ich Gott gegenübergestellt wurde, daß wir so in die Tiefen Gottes schauen durften!

III

Der offenbare Gott

Aber immer noch reden wir von den Tiefen *Gottes!* Dürfen wir es denn? Ist es die Tiefe *allein,* das Geheimnis *allein,* was das Wesen Gottes ausmacht? Lauert dann nicht immer die Versuchung vor der Tür, daß diese Tiefe doch eine Tiefe des Todes, dies Rätsel doch eine List Satans ist? Ja, nicht das Geheimnis allein ist es, und wir nennen nicht *die* Stimmung Frömmigkeit, die am Schauerlichen und Geheimnisvollen sich berauscht, die im Dämmer der Widersprüche und in der Buntheit der Rätsel schwelgt. Das wäre Spiel, wäre Sünde. Das wäre das gerade Gegenteil von dem, was das Wesen der Frömmigkeit ausmacht: Demut und Ehrfurcht. Nein, Rätsel und Geheimnis verlieren ihren Sinn, wenn wir sie nicht um des willen lieben, was hinter ihnen liegt, wenn sie uns nicht eine Ahnung wecken von einer reichen und unerschöpflichen Lösung, wenn wir nicht eine Offenbarung wollen, ja danach dürsten mit heißem Herzen. Was uns Rätsel und Geheimnis göttlich macht, ist gerade dies, daß wir eine unendliche *Offenbarung* Gottes wollen, und nur, weil es *Gottes* Offenbarung ist, weil sie unendlich ist, deshalb muß sie durch Rätsel und Geheimnis hindurch.

Gott, der geheimnisvolle, muß zugleich der offenbare Gott sein. Nicht eine Offenbarung freilich, die man wissen kann, die sich in Sätze und Buchstaben fassen ließe, die in Formel und Buch, auf Raum und Zeit beschränkt wäre, sondern eine Offenbarung, die immer neue Höhen und neue Tiefen erschließt, die deshalb ihren Weg führt durch Dunkel und Dunkel, von Klarheit zu Klarheit (vgl. 2 Kor 3, 18).

Der offenbare Gott! *Eins* müssen wir wissen, daß durch alle Rätsel und Geheimnisse ein Weg hindurchführt, eine feste Richtung. Und wie erhalten wir diese Gewißheit? »Der Geist erforscht alle Dinge, auch die Tiefen Gottes.« Was für ein Wesen ist dieser Geist? Paulus spricht auch davon, daß wir Menschen einander Geheimnis sind und daß nur das Innere des Menschen selbst, sein Geist, das Wesen des Menschen kennt; für den Fremden bleibt es verborgen. Und doch wissen wir, daß wir die Macht haben, uns einander zu offenbaren. Nahen wir einem Menschen in Demut und Ehrfurcht vor dem, was in ihm ist, so entschleiert sich uns sein verborgenes Wesen, und er schenkt uns von seinem Innersten, er läßt es uns schauen. Nicht daß wir ihn durchschaut und berechnet haben, sondern daß er uns ein Stück seines Wesens geschenkt hat, das öffnet uns den Blick in seine Tiefe. So auch bei Gott. Nicht daß wir ihn berechnen und ausklügeln, sondern nur, daß er uns ein Stück seines Wesens schenkt, seinen Geist, das öffnet uns die Augen. Und *das* ist die Brücke, die von Mensch zu Gott führt: die Ehrfurcht und Demut; das Bereitsein, sich zu unterwerfen; das Bereitsein, sich schenken zu lassen. Und das Herz, das am tiefsten sich beugt im Dunkel und am heißesten fleht: »Ach daß du den Himmel zerrissest und führest herab!«, erfährt am ersten: »Ich will Wasser gießen auf das Durstige und Ströme auf die Dürre« (Jes 63,19; 44,3).

Erschreckt uns der Zwiespalt unseres Herzens, so wollen wir ihn nicht ersticken. Erschreckt uns der Widerspruch der Lebensmächte, wir sollen uns ihnen nicht verschließen. Und bewahren wir unser Herz, daß es nicht verbittert und verschlossen wird, sondern offen bleibt in demütiger Sehnsucht, in ehrfürchtigem Vertrauen, so spüren wir die Kraft des Geistes in unserem Herzen wirksam. Paulus sagt: »Wir haben den Geist empfangen, der von Gott kommt, daß wir schauen, was uns von Gott in Gnaden geschenkt ist.« Können auch wir, wenn wir uns besinnen, in diesem Wirrsal etwas schauen, was uns in Gnaden geschenkt ist? Das wäre die Probe, ob Gottes Geist in uns sein Werk begonnen hat, uns die Augen zu öffnen.

Ja, ich meine, das vermögen wir zu sagen. Und wäre es auch nur dies, daß der Schleier, der uns die Wirklichkeit des Lebens verhüllte, gefallen ist, daß der Wahn eines alten Gottesbildes zertrümmert ist: Mag dann das Geschehen uns noch so sinnlos erscheinen, *etwas* waltete doch in ihm, was uns inneren Gewinn brachte. Wir haben gelernt, Fragen an das Schicksal zu stellen in einem ganz neuen, tieferen Sinn. Und leuchten nicht hier und dort Antworten auf? Haben wir nicht gelernt, daß es Kräfte im Menschenherzen gibt, die wir nicht ahnten? Haben wir nicht gelernt, daß es Pflichten gibt, die den Menschen hoch hinausheben über alles Alltägliche, ja über alles, was wir als hoch und edel kannten? Ist nicht eine Ehrfurcht vor einer Größe des Menschentums in uns erwachsen, die wir nicht ahnten, die uns Gotteskräfte im Menschentum offenbart? Wir schauten und schauen Menschen, auf deren Schultern eine übermenschliche Verantwortung liegt, und sie tragen sie, ohne zusammenzubrechen. Wir schauen einen Opfersinn und ein Heldentum, das auch um die Stirn des Geringsten einen Strahlenkranz flicht. Es ward uns *ein* Geheimnis offenbar, für das wir den Sinn verloren hatten; ich meine die Größe dessen, das wir *tragisch* nennen. Wir lernten wieder, daß dem Menschen auch Hartes und Grausames zugemutet werden kann um des Höheren willen, ohne daß er dadurch befleckt wird, ja so, daß er dadurch geadelt wird. Daß er – Gott darin gleich – Tod und Untergang in sein Werk aufnehmen kann, damit Leben daraus wachse. Wollten wir das Tragische aus dem Menschenleben streichen, wir strichen die höchste Probe, die seiner Würde gestellt werden kann: sein Schicksal, auch das furchtbarste, sich ganz zu eigen zu machen und seiner Herr zu werden. Wohl fanden in der Friedenszeit unsere Dichter ergreifende Töne für das Traurige, für Schmerz und Leid, die den Menschen im Kampf mit Natur und Verhängnis treffen. Doch die Kraft, das Tragische zu erfassen, ging uns verloren. Der Krieg hat die Krone des Tragischen dem Menschen wiedergeschenkt.

Aber hat der Krieg nicht auch alle finsteren, dämonischen Kräfte des Menschenherzens offenbart? alle Leidenschaften der Selbstsucht und der Lüge, der Brutalität und des Hasses? Wagen wir auch da zu sagen, daß wir in die Tiefen Gottes schauen? Ja, wir wagen es auch da! Denn dieser Anblick ist ein gewaltiges Sich-selbst-Besinnen und Innewerden des Reichtums und Wunders all der gegensätzlichen Kräfte und Leidenschaften, all der Höhen und Tiefen, die in Menschenseelen wohnen – auch in der unsern, denn die Menschenseele ist doch *eine* große Einheit. Und faßt uns bei diesem Anblick auch zuerst ein Grausen, so ist es doch ein Anblick von einer unbeschreiblichen Großartigkeit:

»Ja, alles ist in *dir*, was nur das Weltall beut,
Der Himmel und die Höll, Gericht und Ewigkeit.«

(A. v. Droste-Hülshoff, Nach dem Angelus Silesius, Z. 15 f.)

Nicht daß wir die Menschen, daß wir uns so lassen wollten, wie wir sind. Aber gerade der Anblick mit all seinen Höhen und Tiefen, mit all der Fülle des Gewaltigen und Dämonischen, des Leidenschaftlichen und Unheimlichen lehrt uns das Ziel von dem, das da werden kann und soll, um so höher stecken. Welche Schöpfungsmöglichkeiten für Gottes Pläne! Aber noch mehr! Welch eine geheimnisvolle Weisheit Gottes will hier offenbar werden, die auch die dämonischen Kräfte der Sünde und Lüge zwingt, in der Harmonie des Ganzen aufzugehen, daß auch die satanische Kraft nur eine Kraft sein kann, die stets das Böse will und stets das Gute schafft (vgl. J. W. v. Goethe, Faust I, Z. 1336 f.). Welch verborgene Weisheit Gottes, die alle wild entfesselten Leidenschaften nur gebraucht, um dem Menschen die höchste Probe seiner Würde zu stellen, den höchsten Adel seines Wesens zu schenken!

Und haben wir denn nicht ein Bild, das all dieses verkörpert und vor Augen stellt, was zu sagen wir mühsam ringen? ein Bild, in dem die geheimnisvolle und offenbare Weisheit Gottes wie verkörpert ist? die verborgene Weisheit, die alle dämonischen Mächte der Finsternis in ihren Heilsplan einzubeziehen vermag, die aus Todesqual und Gottverlassenheit ein geadeltes Leben zu schaffen vermag, die den Tod in den Sieg verschlingt (vgl. 1 Kor 15,55) und die Dornenkrone in eine Königskrone verwandelt? Das Bild des gekreuzigten Christus, ein Bild der Erlösung und Verheißung. Ja, das Bild des Gekreuzigten als Verkörperung der geheimnisvollen und offenbaren Weisheit Gottes mag uns helfen, die Geheimnisse zu deuten, mit denen wir ringen.

»Der Geist erforscht alle Dinge, auch die Tiefen Gottes.« Weil es Geisteserkenntnis ist, so ist es kein Wissen, das auf Schlüssen und Beweisen steht und von jedermann eingesehen werden kann. Jeder muß selbst schauen lernen, das heißt, jeder muß bereit sein, sich vor dem geheimnisvollen Gott zu beugen in Demut und Ehrfurcht, daß sein Herz offen werde für Gottes Geist und sein Auge schauen lerne den offenbaren Gott – den unendlich sich offenbarenden. Wohl bleiben in uns gegensätzliche Mächte und halten uns in Spannung. So wird und soll es bleiben, solange wir sterbliche Menschen sind; denn nur so können wir lebendig bleiben und reifer und reicher werden. Nie finden wir die Formel, alle Rätsel zu lösen und alle Widersprüche in Harmonie zu schauen. Das gelingt uns nur von Stufe zu Stufe. Der Widerstreit in uns wird bleiben, aber er wird seine Qual verlieren. Wir erhalten das gute Gewissen, den Widerspruch in uns zu ertragen und die widerstreitenden Lebensmächte, die ihr Recht auf unser Herz fordern, zu bejahen. Denn wir wissen, daß die Tiefen, in die wir schauen, wirklich Gottes Tiefen sind; daß Geheimnisse und Rätsel neu auf neu auftauchen, daß Gott ein Gott der Widersprüche ist, weil er sich immer gewaltiger in seiner Schöpfer-Unendlichkeit offenbaren will. Und von Stufe zu Stufe wird uns Klarheit geschenkt, und wie die Rätsel sich mehren, so mehren sich Gottes Gnaden. Wie er unendlich ist als Quell der Schrecken, so ist er unendlich als Quell der Gnaden, und von jeder Höhe muß es durch neue Tiefen zu neuen Höhen gehen. Es ist Gesetz und Regel in Gottes Gang. Haben wir einmal den Sinn für die göttliche Melodie gewonnen, so ist es immer das alte Thema, das immer neue Wege geht, sich zu immer neuen Harmonien verschlingt, immer brausender, immer gewaltiger, ohne daß man ein Ende denken kann. Und knieten wir zuerst in Demut und Ehrfurcht vor dem geheimnisvollen Gott der Rätsel, so knieen wir dann in Demut und Ehrfurcht vor dem offenbaren Gott der Gnade und dürfen schauen:

>»Was kein Auge gesehen und kein Ohr gehört
Und in keines Menschen Herz je aufstieg,
Was Gott bereitet hat denen, die ihn lieben.«

Markus 10,13–16
Welt der Arbeit – Welt des Spiels

Predigt am 1. Juli 1917 (4. Sonntag nach Trinitatis) in Breslau

Und sie brachten Kinder zu ihm, daß er sie berührte. Seine Jünger aber schalten sie. Da aber Jesus das sah, ward er unwillig und sprach zu ihnen: »Laßt die Kinder zu mir kommen, und wehrt ihnen nicht, denn solcher ist das Reich Gottes! Wahrlich, ich sage euch: Wer das Reich Gottes nicht annimmt wie ein Kind, der kommt nicht hinein!« Und er herzte sie und legte die Hände auf sie und segnete sie.

I

Der Segen der Arbeitswelt

Eins, was unser Zeitalter von andern unterscheidet – ich wage nicht zu sagen: auszeichnet –, ist seine ungeheure Arbeitsleistung. Es ist nicht nur der stille Fleiß des einzelnen, sondern es ist eine gewaltige Organisation der Arbeit, die ein umfassendes und leistungsfähiges Ineinandergreifen der einzelnen Arbeitskräfte geschaffen hat und damit wieder neu weckend und steigernd auf den Fleiß all der tausend einzelnen wirkt. Alle Gebiete des Lebens, die materiellen wie die geistigen, sind von dieser Arbeitsorganisation umspannt, und gewaltige Leistungen werden geschaffen. Organisiert ist die Arbeit der Wissenschaft; Gesellschaften und Akademien nehmen einheitliche Arbeitsgebiete in Angriff, werben einen Stab von Mitarbeitern, werfen gewaltige Summen aus, senden Forscher in alle Welt, Mauern und Steine auszugraben von verschütteten Städten vergangener Generationen, in alten Klöstern nach vergessenen Handschriften zu suchen, Pflanzen- und Tierwelt, Luft und Wetter in allen Breiten und allen Höhen zu erkunden, Berge und Felsen, Meerestiefen und Eisfelder zu durchforschen. Und in der Heimat mühen sich Tausende ab, das Material zu ordnen und zu verstehen. Von einem lebendigen Netz des Handels und der Technik ist die Erde umsponnen.

Alle Früchte der Erde und alle Kräfte der Natur müssen der Arbeit dienstbar gemacht werden. Wie es keine Inseln in fernen Meeren mehr gibt, über die nicht schon dies unentrinnbare Netz gespannt ist, so verschwinden in unserer Heimat verträumte Heiden, wo die Arbeit ihren Fuß hinsetzt, das Land »nutzbar« zu machen. Ein Gebiet nach dem andern wird »erschlossen« durch Eisenbahnen und Kanäle. In den lieblichsten Tälern erheben sich Fabriken, Wasserfälle werden »nutzbar« gemacht, und auf Flüssen, die einst von Lied und Sage überglänzt waren, ziehen schwere Dampfer ihre Schleppzüge, am Ufer ragen Schornsteine und Hochöfen empor. Ein ganz neues Gesicht hat die Erde gewonnen unter dem Regiment des Arbeitsgeistes.

Und seinen Triumph scheint dieser Geist der Arbeit jetzt zu feiern in der Kriegszeit. Diese Kraftentfaltung unseres Volkes wäre nicht möglich ohne die Erziehung zur Arbeit, die das letzte Geschlecht durchgemacht hat. Und wir können nur bewundernd davor stehen, wie Deutschland, das von allen äußeren Hilfsquellen abgeschlossen ist, stets neue Wege findet, alle Kräfte von Mensch und Natur in den Dienst der großen Arbeit für das Vaterland zu stellen und nutzbar zu machen, Dinge, an die kein Mensch früher gedacht, von der freien Luft, die uns umspielt, bis zur Brennessel, die am Wege wuchert.

Und was hat diese Arbeitsorganisation unserem geistigen Leben gebracht, was bringt sie ihm? Eine Erziehung zu Fleiß und Strebsamkeit, zu Ordnung und Disziplin, zu Ausdauer und Geduld. Willensstärke und Klarheit, einen sicheren Blick für das Mögliche und einen erfinderischen Geist für alle Möglichkeiten. Eine Reife, die kindisches Wesen hinter sich läßt, die das Leben ernst nimmt. Persönlichkeit[en], die selbstsicher und geschlossen ihren Weg gehen. Einen sittlichen Halt, der dem Menschen das Gefühl gibt, eingegliedert zu sein in eine überpersönliche Welt der sittlichen Kräfte und von ihr getragen zu sein. Das Gefühl des Fortschritts, und damit einen Halt der Hoffnung für die Kleinen und Geringen, für die Massen der sozial Tiefstehenden, in dem Gefühl: in dieser Arbeitsgemeinschaft einen unentbehrlichen Platz auszufüllen, einen Wert zu haben. Damit ein Selbstbewußtsein, das auch ein schweres Leben erträglich macht, und eine Hoffnung, für die Kinder, das kommende Geschlecht, neue

Bahnen, neue Rechte und Lebensquellen zu schaffen. Es gibt einen Segen der Arbeit.

II

Der Fluch der Arbeit

Und doch weiß ich nicht, ob nicht auch schon mancher von uns etwas von einem Fluch der Arbeit erfahren hat. Ob nicht manchem, wenn er in Tagen besinnungraubender und müdemachender Arbeit einmal einen Augenblick der Ruhe fand, ihm der Geist der Arbeit erschien – nicht gütig-ernst über die Erde schreitend und Segen spendend aus milden Händen, sondern als eine unheimliche, finstere Gestalt, hager, mit ruhelosen Augen, ruhelos machend und aufhetzend, daß überall, wo er seinen Weg nimmt, ein Ringen und Raffen, ein erregtes und gehetztes Treiben sich verbreitet, daß überall, wo er einherschreitet die Geißel schwingend, die Lüfte erschreckt auffahren.

Ja, spüren wir nicht oft, daß wir Sklaven der Arbeit geworden sind? Nicht mehr eigene Herren unserer Zeit?

Ja, unsere Zeit! Wie wenig Menschen, die im Arbeitsleben drin stehen, haben Zeit! Wie sieht es in unseren Familien aus? Wie wenig Eltern haben Zeit für die Kinder? Die Familie sieht sich bei den Mahlzeiten flüchtig. Der Mann ist vielleicht den ganzen Tag nicht zu Hause, ja, in vielen Familien nicht einmal die Mutter! Die Arbeit hat ihre harte Hand auf die meisten Tagesstunden gelegt und spricht unerbittlich: Das ist mein! Wo sind die stillen und reichen Abende, an denen die Familie sich beim Schein der Lampe um den Tisch sammelt und spürt, daß sie eine Familie ist? In vielen Häusern muß der Mann, vielleicht auch die Frau, bis in die Nacht hinein arbeiten. Manchen Abend nehmen Vereine fort, Vereine, die nicht etwa der Ruhe und Besinnung dienen, sondern wo es gilt, sich zu betätigen, zu organisieren für den gemeinen »Nutzen«. Und wenn einmal ein Abend frei ist von Arbeit, dann legt sich eine bleierne Müdigkeit auf Körper und Geist: Der Schatten der Arbeit raubt auch hier die Fruchtbarkeit und den Gehalt der Ruhe. Wie spricht Richard Dehmels Arbeitsmann?

»Wir haben ein Bett, wir haben ein Kind,
Mein Weib!
Wir haben auch *Arbeit,* und gar zu zweit,
Und haben die Sonne und Regen und Wind,
Und uns fehlt nur eine Kleinigkeit,
Um so frei zu sein, wie die Vögel sind:
Nur Zeit!«

(R. Dehmel, Der Arbeitsmann, 1. Str.)

Wie selten spielt bei dem, der im Arbeitsleben steht, die Lektüre eine große Rolle und die Vertiefung in eine geistige Welt, die dem Leben Inhalt und Freude gibt! Man hört oder liest in der Zeitung von diesem und jenen Buch, das man »gelesen haben muß«. Man merkt es sich wohl und schiebt es hinaus auf eine Zeit, da man »Zeit« hat. Die Lektüre wie vieler Menschen beschränkt sich auf das Zeitungslesen. Welche Verflachung der Bildung durch diese einseitige Herrschaft der Zeitungen!

Mit Schmerz sah und sieht man, wie minderwertig im allgemeinen die Spielpläne unsrer Theater sind, und wie Kino und dergleichen Schaustellungen mit »sensationellen« und aufregenden Vorführungen die Menschen locken. Und dann hört man Entschuldigungen: Ja, nach einem anstrengenden und müde machenden Tage ist der Mensch eben nicht mehr fähig, eine Darstellung zu sehen, die Vertiefung, Ruhe und geistige Kraft erfordert; er muß Stunden haben, die die Nerven entspannen, die Gedanken ablenken, schnelle Heiterkeit bereiten. Ja, ist das eine Entschuldigung? Ist es nicht ein trauriges Zeichen für unsere Kultur, für ihre Gehetztheit und Armut, ihre Versklavtheit unter die Arbeit?

Wie litten vor dem Kriege unsere Feste darunter! Wie niedrig stand unsere gesellschaftliche Kultur! Man kam zum Essen und Trinken zusammen und freute sich vielleicht einer durch Geschick und Witz blendenden Unterhaltung. Aber hinterher kam ein Gefühl der Öde und Leere. Man war auch zu arbeitsmüde, sich anzustrengen; man mußte sich durch künstliche Genußmittel anregen lassen. Keiner mochte es recht gestehen, aber Unzählige empfanden es: Dies Gesellschaftsleben war ein lästiger

Zwang. Unsere Arbeitskultur konnte wohl die Menschen zusammenschmieden zu einer Organisation, in der große sachliche Leistungen geschaffen wurden, aber sie konnte keine Atmosphäre schaffen, keine geistige Welt, in der Mensch zu Mensch sich zusammenfand. Ja, fast muß man sagen, daß hier der Krieg erlösend gewirkt hat, indem er mit den Gesellschaften im alten Stil ein Ende machte und unserem Zusammensein einen Inhalt gab: gemeinsame Freude und Sorge, gleiche Stimmung und Inhalt des Herzens – freilich auch hier vielfach nur gemeinsam interessierenden Stoff zur Unterhaltung.

Trotz aller Arbeitsorganisation wurde Mensch dem Menschen fremder. Wie stand es um unser Briefschreiben? Mit Neid denken wir daran, welch reiche Korrespondenzen unsere Vorfahren pflegen konnten, welch lange, nachdenkliche und inhaltreiche Briefe sie schreiben konnten. Gewiß, es war auch manche Sentimentalität, manche Selbstbespiegelung und ein Hineinsteigern in künstliche Gefühle dabei. Aber bei alledem war es doch ein Selbstbesinnen, ein Austausch von Herz zu Herz. Und unsere Korrespondenzen? Wie herrscht die kurze, flüchtige Karte! Wie manche Freundschaft ist eingeschlafen, weil zum Briefschreiben keine »Zeit« war!

Das ist das Regiment der Arbeit!

Die Arbeit raubt uns Zeit. Sie raubt uns noch mehr; sie raubt uns die Seele.

Es kann uns ja vorkommen, daß, wenn einmal in dem rastlosen Arbeitsgetriebe eine Lücke entsteht, wir gar nicht wissen, was wir mit der Zeit anfangen sollen. Es ist, als stände das rauschende und dröhnende Getriebe des Räderwerks plötzlich still, und die Stille ist unheimlich und beklemmend. So sehr wir uns immer nach Zeit gesehnt haben, so hülflos stehen wir jetzt da und wissen nicht, was anfangen. Die Arbeit hat uns so sehr zu Sklaven gemacht, daß wir, wenn sie stillsteht, keinen inneren Besitz haben, der sich entfaltet und der Stunde Sinn verleiht. Wir haben den Sinn für eine in sich erfüllte Gegenwart verloren.

Der Sinn für die Gegenwart! Seltsam! Die Menschen unserer Zeit pflegen sich mit Stolz Gegenwartsmenschen zu nennen, die fest mit beiden Füßen in der gegenwärtigen Wirklichkeit stehen. Die nicht aufschauen zu erträumten Sternen, die nicht in blaue

Fernen schweifen, sondern die offene Augen und rasche Hände zu festem Griff haben. Und doch ist es eine große Selbsttäuschung. In Wahrheit raubt die Arbeit die Gegenwart. Denn selten erleben wir die Stunden, in denen das Hochgefühl der Arbeit unser Herz ganz füllt und den Stunden sinnvollen Inhalt gibt. Meist ist unsere Arbeit: Arbeit für die Zukunft; für eine Zukunft, die nicht in unseren Händen liegt. Mit der Arbeit stehen wir im Getriebe einer endlosen Maschine, wo jeder Augenblick um des folgenden willen nötig ist und von ihm verschlungen wird. Jedes Erarbeitete ist nur eine Grundlage für neu zu Erarbeitendes. Neue Aufgaben, neue Probleme erwachsen von selbst. Nie ein Abschluß; immer ein Hasten: weiter, weiter! Ich meine gar nicht in der Hauptsache: um des Gewinnes willen. Vielmehr die Arbeit trägt es selbst in sich, daß, wer ihrem Geist verfallen ist, kein Halten mehr kennt. Alles muß »zweckmäßig« sein, muß »nützlich« sein. Wofür? Für ein Neues, das wieder zweckmäßig und nützlich ist für ein anderes – so fort ins Unendliche. Und in Wahrheit sind doch wohl jene Träumer die besseren Gegenwartsmenschen, denn sie sind von dieser aufhetzenden Frage nach dem Zweckmäßigen frei; sie kennen eine zwecklose Gegenwart, eine Gegenwart, die Zweck und Sinn in sich selbst trägt. Und ist ihre Sehnsucht auch wach nach einem fernen Land des Guten und Schönen, schauen sie aus nach Wolken und Sternen, so genügt ihnen doch ein Traum von jenem fernen Bilde, um ihnen eine beglückende Gegenwart zu geben. Das vermag der Geist der Arbeit nicht. Alles, woran wir arbeiten mit Hand und Gedanke, in der Welt des Geistes und der Erkenntnis wie in der Welt der äußeren Existenz, weist immer über sich hinaus, ist immer etwas Unvollendetes, hat immer seinen Sinn nur durch die Verkettung in die rastlos unendliche Bewegung, ist immer nur Mittel für das Leben, nie Zweck, hat nie den Sinn erfüllter Gegenwart.

Und nach solcher Gegenwart sehnt sich unsere Seele; nach einer Welt, die uns umfängt mit dem Segen der Erfüllung. Oder der Fluch der Arbeit müßte unsere Seele so schwer getroffen haben, daß er alle guten Geister in ihr vertrieben, daß er auch jene Sehnsucht in uns erstickt hat. Das ist jener englisch-amerikanische Arbeitsgeist, der die Welt nur noch nach dem Nützlichen und Zweckmäßigen anzusehen vermag. Der Geist, der in Wahrheit ein teuflischer Geist ist, weil er den Menschen über seine Gegenwart und seine Seele hinwegtäuscht, weil er ihn *darüber* hinwegtäuscht, daß dies Arbeiten seinen Sinn verliert, wenn der Mensch keine in sich selbst erfüllte, zwecklose Gegenwart mehr hat, für die alle Arbeit nur Frucht tragen soll. Um so teuflischer ist dieser Geist, weil er das Bewußtsein seiner Güte und Moralität in sich zu tragen pflegt. Er begeht ja nichts Böses, er erscheint korrekt und unanstößig, ja, sittlich und erziehend! Und in Wahrheit entwürdigt er den Menschen zur Sache; er höhlt die Seele aus; er kennt nur noch Sachen, an die die Seele sich hingibt und ausleert; er macht sie selbst zur Sache, zum »zweckmäßigen« Gliede in einer endlosen Reihe von Zweckmäßigkeiten.

Das ist im letzten Grunde der teuflische Geist unserer Kultur, aus der der Krieg erwachsen ist. Denn in diese Rechnung des Arbeitsgetriebes wurde der Krieg als ein zweckmäßiger Faktor eingestellt. Wir haben genug vom Entsetzlichen des Krieges erfahren, um nicht mehr in Stimmen einzustimmen, die man vor dem Kriege wohl hören konnte, wie der Krieg für das menschliche Dasein notwendig sei, als Wecker der höchsten Kräfte und Stunde des intensivsten Auskaufs und Einsatzes des Lebens. Aber *das* müssen wir sagen, solche Stimmen:

»Im Felde, da ist der Mann noch was wert,
Da wird ihm das Herz noch gewogen« -

(Fr. Schiller, Reiterlied, Z. 3 f.).

solcher deutsche Reitergeist, der jubelnd in die Schlacht zieht, weil er angesichts des Todes das Leben so viel heißer und inniger zu umfangen und auszukosten vermag, – er ist unendlich viel höher und sittlicher als jener englische Rechengeist. Denn dieser Reitergeist hat das tiefe und wahre Gefühl erhalten, daß allein eine erfüllte Gegenwart dem Leben Sinn und Wert gibt, sei sie auch noch so flüchtig und stehe am Ende der Tod. Unsere Feinde verstehen das nicht und halten sich nur an das äußere Wort und seine oft übertriebene und leichtsinnige Form. Sie verstehen das tiefe Gefühl der Seele nicht, das darunter liegt: die Sehnsucht nach einer in sich erfüllten Gegenwart, gesättigt und schwer von Kraft und Segen.

Wir aber wollen auf die Stimme unserer Seele lauschen. Haben wir es noch nie erlebt, daß uns mitten im Getriebe der Arbeit oder am Abend nach arbeitsreichem Tage die Frage überfiel: Wozu das alles? Und hat uns nie der Gedanke hineinbegleitet in unsere Arbeit: Das alles ist mir innerlich so fremd! Es geht mich gar nichts an! Daß man das alles treibt, als triebe man es nicht, daß man das alles hat, als hätte man es nicht (vgl. 1 Kor 7,29–31)? Ja, das könnte dann fast eine Erlösung sein, eine Befreiung vom Sklaventum der Arbeit, wenn wir dann einen anderen Lebensinhalt hätten, wenn wir dann innerlich nicht so leer wären!

Aber dann sind wir an den tiefsten Punkt geführt, das Wesen des Arbeitsgeistes zu erkennen. Die Arbeitswelt ist immer eine unvollendete, nie erfüllte, weil sie eine Welt ist, die wir selbst bauen, selbst erschaffen! Und die Welt, in der wir Erfüllung finden, die uns umfangen soll wie Heimat, kann nie eine selbstgeschaffene Welt sein, die wir bauen müssen mit eigener Kraft, die wächst, indem wir uns verzehren, die unsere Freiheit raubt und unsere Kräfte in sich verschlingt zu starrem, uns fremdem Gebilde. Die Welt, in der wir Erfüllung finden, kann nur eine Welt sein, die uns umfängt und trägt mit *ihren* Kräften, mit geheimnisvollen, unerschöpflichen Kräften, die aus tiefem Grunde uns zuströmen, uns erneuern und reinigen vom Staub der Arbeit, uns neue Kraft und Lebensgefühl schenken; es kann nur eine Welt der Gnade und des Segens sein, eine Welt, die uns geschenkt wird.

III

Die Erlösung

So kann jene Sehnsucht uns doch zur Erlösung werden oder zur Erlösung führen, wenn sie uns dahin führt, daß wir ausschauen nach einer Welt, die uns geschenkt wird. Und zur Erlösung wird uns das befreiende Wort, das uns zeigt, wo der Fehler unseres Herzens liegt, das wahrhaft befreiende Wort vom Kindessinn, das gerade dann unser Herz am tiefsten trifft, wenn wir am tiefsten an uns selbst, am Unbefriedigenden und Ungenügenden dessen, was unsere eigene Kraft schafft, verzweifelt sind. Wir sehen die liebliche Szene, wie die Kinder zu Jesus gebracht werden, und wie er Ruhe und Zeit hat, sich in den Anblick des Kindes zu vertiefen und sich seiner zu freuen, wie das Wesen des Kindes ihm das Geheimnis vom tiefsten Wesen des menschlichen Herzens offenbart. Er spricht kein Wort, das nützlich und zweckmäßig wäre, über Kindererziehung, sondern ein Wort, das zeigt, wie hinter aller Verbildung durch Methode und Arbeitsgeist die ursprüngliche reine Kraft des Menschenherzens liegt, im Kindessinn: »Solcher ist das Reich Gottes! Wahrlich, ich sage euch: Wer das Reich Gottes nicht annimmt wie ein Kind, der kommt nicht hinein!« Ja, dies eigentliche Wesen der Seele ist es, was Jesus mit dem Kindessinn meint, nicht eine besonders vorbildliche Eigenschaft der Kinder, die man sich aneignen könnte. Es ist der aufgeschlossene Kindessinn, der noch keine Zusammenhänge und Zweckmäßigkeiten kennt, der die Erscheinungen der Gegenwart in ihrer Erfülltheit nimmt, der offensteht und sich gerne schenken läßt, der noch nicht in der Welt der Arbeit lebt, sondern in der Welt des Spiels.

Darin liegt für uns die Erlösung aus der Sklaverei der Arbeit, daß wir in uns das ursprüngliche Wesen der Seele, den Kindessinn wieder lebendig werden lassen, daß wir wieder offene Augen gewinnen für eine Welt, die hinter unsrer Arbeitswelt liegt, die uns geschenkt wird. Ich nenne sie eine Welt des Spieles. Denn »Spiel« enthält den stärksten Gegensatz zur Arbeit; »Spiel« enthält alles Fröhliche und Leichte, Ungewollte und Ungezwungene der kindlichen Welt. Die Welt des Spieles ist inmitten dieser Arbeitswelt eine eigene Welt, losgelöst aus dem Zusammenhang des Zweckmäßigen und Nützlichen, losgelöst aus dem Zusammenhang der Arbeitsorganisation, eine »unwirkliche« Welt vom Standpunkt der Arbeitswelt aus, gleichsam ein spielend geschaffenes Jenseits.

Und das ist ja eben das Wesen der Welt, die wir als Geschenk empfangen sollen: das Jenseits! Unsere Arbeitswelt ist immer eine Welt des Diesseits und muß es sein. Wir arbeiten in ihr, als seien ihre Gesetze ewig und unveränderlich, und als gäbe es nur sie. Denn freilich nur unter dieser Voraussetzung können wir arbeiten. In unserer Arbeit können wir ja mit Wundern nicht rechnen. Das muß so sein – aber *das* ist schlimm, daß dann so leicht unsere Seele von diesem Diesseitsgeist angesteckt wird und auszuschauen verlernt nach den Wundern, in denen eine jenseitige Welt sich offenbart. Die Arbeit kennt nicht die Demut und Ehrfurcht des Herzens vor den Dingen, sie muß sie ja bewältigen und unter Gesetze zwingen. Das muß so sein – aber *das* ist schlimm, daß wir unter der Arbeit den Arbeitsgeist so sehr in unsren Herzen zur Herrschaft kommen lassen, daß wir nicht nur, sofern wir arbeiten, sondern auch als Menschen die Ehrfurcht vor den Dingen verlieren. Wir verlieren die Ruhe, die Dinge und Ereignisse zu betrachten und uns in sie zu vertiefen. Wir betrachten sie zu schnell in »Zusammenhängen« und unter »Fragestellungen«. Und deshalb bleiben uns so viele Tiefen des Lebens dunkel und verschleiert. »Wer das Reich Gottes nicht annimmt wie ein Kind, der kommt nicht hinein!« Die Erkenntnis muß uns tief durchschauern und erschüttern, daß wir in diesem Leben stehen nicht nur in unserer selbstgeschaffenen Arbeitswelt, sondern in einem geheimnisvollen Reich des Lebens, das um uns lebt und webt, das uns zunächst nur seine äußere Hülle zeigt, und hinter der ein Jenseits mit seinen tiefen Kräften atmet. Es kann uns seinen Sinn nur offenbaren, wenn wir ihm in Ehrfurcht nahen, mit dem Sinn des Kindes, das sich beschenken, das sich beglücken lassen will; wenn wir es tief fühlen, daß wir den höchsten Sinn des Lebens, das, was wir Glück nennen, nie erarbeiten und erjagen, sondern daß er uns nur geschenkt werden kann. Ja, unsere Arbeitswelt ist keine Welt des Glücklichseins; Glücklichsein gibt es nur in der Welt des Spiels.

([Randbemerkung im Ms.: »Diesen Teil habe ich der Länge wegen nicht vorgetragen.«] Erst wenn das in unserem Herzen klar und sicher geworden ist, wird es fähig, das Jenseits zu schauen, die Wunder zu erleben, die es ihm kundtun, den Gotteskräften, die das Leben durchfluten, sich zu öffnen, sich hineinziehen zu lassen in das Leben in Gott. Denn wo jener Arbeitsgeist herrscht, da kommt es auch zu einer Verkennung und Verkehrung des religiösen Lebens. Weil man nur ein Handeln und Arbeiten kennt, so sieht man das Wesen des Religiösen im Sittlichen, in der Anspannung der sittlichen Kraft und in den sittlichen Leistungen. Daß ich gering über das Sittliche reden will, dagegen brauche ich mich wohl nicht zu wehren. Aber *das* müssen wir deutlich sehen, daß das sittliche Leben nicht das Leben der Religion ist. Sonst droht immer die Gefahr, und unsere evangelische Kirche ist ihr oft erlegen, daß die Aufgabe der Kirche, der religiösen Gemeinschaft in nützlichen und guten Werken gesehen wird. Wie viel nützliche Vereine und gute Unternehmungen gibt es im Namen des Christentums und im Namen der Kirche! Nicht die gemeinnützigen Vereine und die soziale Tätigkeit an sich klage ich an; im Gegenteil, sie sind einfach Pflicht. Aber ein Wahn ist es, zu meinen, darin bestehe Frömmigkeit, rege sich religiöses Leben. [Fußnote im Ms.: »Vgl. die englisch-amerikanische ›Methodisierung‹ der Religion; ihr *Neben*einander von Religion und Arbeit statt des inneren Gegensatzes, der ewigen Spannung, und vgl. die Stiftungen für gute Zwecke neben brutalem Egoismus.«] Gerade weil in der evangelischen Kirche solche Verwechslung so häufig ist, wenden sich viele Gebildeten, die nach religiösem Leben suchen, von ihr ab, von den Moralpredigten und ethischen Bestrebungen. »Das Moralische versteht sich von selbst« (vgl. Fr. Th. Vischer, Auch Einer I, Dichterische Werke I, 1917, S. 24 u. ö.). Nein! Sie suchen eine Welt göttlicher Kräfte, in der der Mensch schweigen und feiern kann, der nicht *er* die Kraft, die *ihm* die Kraft gibt, eine Welt der Heimat, des Friedens. Daher wenden sich manche der katholischen Kirche zu, erbauen sich an der alten Poesie der katholischen Mystik, an dem geheimnisvollen Zauber des katholischen Gottesdienstes. Ja, hier umfängt den Andächtigen eine eigene Welt mit ihrer Sicherheit und ihrem Glanz, eine Welt, die rein und erhaben über dem Alltagsleben steht, die ihre Pforten öffnet und einen Glanz herausstrahlen läßt, die Geheimnis birgt und Ahnung weckt, die Ewigkeit verheißt. Diese Stimmung zu pflegen, hat die katholische Kirche immer gut verstanden, mag sie auch sonst viel mehr als die protestantische in die diesseitige Arbeitswelt verstrickt sein. Wir evangelischen Christen haben zumal in diesem Jahr der Reformationsfeier doppelten Anlaß, uns zu besinnen, daß nicht in der selbstgeschaffenen Welt unseres Tuns, mag es das höchste und edelste sein, uns die Ewigkeit geschenkt wird, sondern allein in einer Welt des Jenseits. Was Luther entdeckte, war die Religion der Gnade, war die große Tatsache, daß uns Gottes Welt nur zu Teil wird als ein Geschenk, daß das Ewige nicht die Welt ist, die wir erarbeiten, sondern eine Welt, die sich uns offenbart, die uns überwältigt.)

Wollen wir die Welt des Spiels in diesem höchsten Sinn wieder bei uns lebendig werden lassen, so muß zuerst diese tiefste Erkenntnis uns durchglühen, daß wir ausschauen nach einem Jenseits und seinen Wundern Herz und Auge öffnen. Und dann werden wir auch im Alltagsleben uns dagegen sträuben, daß die Gedanken der Arbeit und der Zweckmäßigkeit unsere ganze Zeit beherrschen. Wir müssen und werden Stunden finden, in denen wir uns frei machen. Und wir müssen und werden uns frei solchen Stunden hingeben, die »zwecklos« sind, die keinen »Wert«, keinen »Nutzen« haben. Wir müssen schweigen lernen – denn unsere Arbeit ist wie ein beständiges Sprechen zum Leben –, damit die Erscheinungen des Lebens wieder für uns zu sprechen beginnen. Wir müssen Ruhe haben, damit wir eine Gegenwart in all ihrer Fülle erleben können. Wir müssen uns zu den Quellen flüchten, wo solche Offenbarung am deutlichsten für unsere stumpfen Ohren spricht.

Solcher Quellen gibt es. Eine Quelle, die wir *nie ganz* vergessen haben, ist die Natur. Unsere Kultur als Arbeitskultur war zur Stadtkultur geworden, aber als Pausen gab es doch immer dazwischen die Flucht auf das Land, zur Natur. Vor allem aber war schon vor dem Kriege unsere Jugend erfaßt von einer Bewegung, die wieder das Leben in der Natur und mit der Natur suchte; die wieder Deutschland durchwanderte und zu den ursprünglichen Kräften der Natur den Zugang suchte in Wald und Wiese, Berg und Tal, die den Zugang suchte zu den Quellen naturhaft alten Volkstums in Lied und Sage. Daß uns das unverloren bliebe und, wenn bessere Zeiten kommen, seine Fortsetzung fände! Daß wir in der Natur die große Ruhe fänden, die unsrem gehetzten Wesen so not tut, daß wir lernten, was ein ganzes inniges Sich-Hingeben und Sich-Vergessen ist, indem wir uns gleichsam als Teil der Natur empfinden, losgelöst von allen Zwecken, durchströmt und getragen von der gewaltigen Naturkraft wie das Blatt am Baum, wie die Wolke, die am Himmel treibt. Wir können und sollen nie ganz zur Natur werden, sondern Herr über unsre natürlichen Kräfte, aber dazu müssen sie auch in uns lebendig und triebkräftig sein mit aller gesunden

Macht und Leidenschaft. Denn wenn wir diesen Zusammenhang mit den gesunden Naturkräften verlieren, so stirbt über lauter Erziehung und Zwecksetzung unser inneres Wesen ab. Wir bauen nach Regel und Methode um einen hohlen Raum, wir beherrschen und organisieren, wo nichts mehr ist, was organisiert und beherrscht werden kann, wenn nicht frische Naturkraft uns immer neu zuwächst.

Die Jugend, Kinder, haben es uns wieder deutlich vor Augen gestellt. Und mehr lernen wir von den Kindern, von der Jugend. Eine Jugend wuchs heran vor dem Kriege, die das frühreife, altkluge, blasierte Wesen verlor, die wieder Freude am Spiel hatte, am zwecklosen Dasein. Die nicht immer an etwas Objektivem arbeiten mußte, um das Gefühl des Lebensinhalts zu haben, sondern sich der erfüllten Gegenwart, des eigenen Seins freuen konnte. Sie verstand es wieder, Feste zu feiern! Feste, die nicht künstliche Mittel der Anregung brauchten, und die nicht in irgend einem Zweck ihren Inhalt hatten! Ein schreckliches Zeichen sind die Feste unserer Arbeitskultur, die zum Anlaß irgend eine Stiftung oder Grundlegung, womöglich eine Organisation oder einen »guten Zweck« haben müssen. Ein echtes Fest ist ein Spiel und hat keinen Inhalt außer sich selbst, und im Grunde sind alle Feste Sünde, die nicht notwendig herausgeboren sind aus einer Fülle eines geistigen Inhalts, der in uns gärt und treibt, der sich aussprechen, sich selbst darstellen und schauen will. Die Jugend ist Meister in solchen Festen, oder sie ward es wieder. Ihr genügte die Freude an der Gegenwart, am eigenen erfüllten Sein und am schön erfüllten Sein des andern. Da ward das Fest zum edlen Spiel. Und ging es *uns* schon so, daß wir dann abseits saßen, als Zuschauer, halb »über der Sache stehend«, halb mit neidischer Wehmut? Festlich frohes Feiern hatten wir verlernt. Denn das eben gehört zum Festefeiern, daß man eine Gegenwart in sich lebendig fühlt, daß man sein Ich lösen kann aus den Gedanken und Zusammenhängen des Arbeitslebens, daß man ihm Vollmacht gibt, sich selbst auszusprechen, sich selbst darzustellen. Ja, das ist das Wesen des festlichen Spiels: Selbstdarstellung, und wie unfähig ist dazu unsere Arbeitskultur geworden!

Aus solchen Quellen, Natur und Spiel, soll unser Leben sich tränken lassen; und dann kann uns der Sinn mehr und mehr aufgehen für das edle Spiel im ganzen, vollen Leben, das uns umflutet und umbraust. Wir nahen ihm dann nicht gleich mit Fragestellungen und Arbeitsgedanken, wir werten es nicht gleich nach nützlich und zweckmäßig, nach gut und böse, sondern wir lassen es sprechen, wir schauen und lauschen, und seine Wunder werden uns offenbar. Wir schauen das Leben als ein buntes, reiches Bild, ein Spiel der Kräfte, ein Kundwerden der Mächte und Leidenschaften der Menschenherzen. Ich meine keine ästhetisierende Betrachtung. Ich meine vielmehr eine Betrachtung, bei der eine Liebe und ein tiefes Verständnis für Menschenherzen und Menschenschicksale [walten], eine intensive Teilnahme an Freude und Schmerz (vgl. Raabe und Dostojewski).

Wir gewinnen wieder tiefere Achtung vor unserer eigenen Seele und der Seele des andern. Für das, was in ihr schlummert und aus ihr erblühen und sich des Lichtes freuen möchte. Wir lassen nicht mehr so viel Keime in ihr zu Grunde gehen wie jetzt in der Arbeitssklaverei. Und unser Seelenleben wird an Kraft und Lebendigkeit gewinnen. Und wenn wir uns oft so matt und unfähig zu großen Leidenschaften gefühlt haben, so mögen wir es dann erleben, daß die Seele erstarkt und neue Kräfte ihr zuströmen.

Und so erhält unser Zusammenleben einen neuen Sinn. Es wird nicht bloß eine Arbeitsorganisation sein und darüber hinaus etwa noch ein Zusammensein der Unterhaltung und des Witzes. Sondern wenn unsere Seele wieder sprechen lernt, wenn unser Ich sich selbst darzustellen wagt, so wird die gleichmachende Konvention verschwinden, jeder läßt als individuelle Seele im eigenen Gewande sich schauen, sich und andern zur Freude. Und wir werden wieder Feste kennen, wieder ein Spiel im feinsten und edelsten Sinn.

IV

Die Spannung

Es handelt sich nicht um ein Entweder-Oder: Arbeit oder Spiel. Sondern es handelt sich darum, daß wir aus der einseitigen Arbeitskultur herauskommen und begreifen, daß unsere Seele größer und reicher ist, als daß sie in der Arbeit aufginge. Und es soll nicht bloß so sein, daß Arbeit und Spiel in unserem Leben sich abwechseln und nebeneinanderstehen. Wir spüren ja deutlich die inneren Gegensätze der Welten: dort das eigene Schaffen, hier das Sich-Schenkenlassen, dort das Bauen an ewiger Zukunft, hier die erfüllte Gegenwart, dort das ewig Unvollkommene, hier der Reichtum des Vollendeten, dort das Diesseits, hier das Jenseits mit seinen Wundern – das ist kein friedliches Nebeneinander, sondern die Welten stehen in unserem Herzen in innerer Spannung; einen Ausgleich, ein Abwiegen und Abgrenzen, gibt es nicht, und soll es nicht geben. Unser Leben verläuft in inneren Spannungen und Gegensätzen, und je lebendiger und kräftiger die Spannungen sind, desto reicher und lebendiger wird unser Leben in Freude und in Schmerz. Und gerade wenn wir den Geist der Arbeit bis in seine Tiefe ausgekostet haben, so kann uns am tiefsten der Sinn für die Erlösung aufgehen in der Welt des Spiels. Wir sprachen vom Fluche der Arbeit – jetzt sehen wir, daß gerade der Fluch sich in Segen verwandeln kann, indem er uns den Weg weist in die Welt des Spiels, indem er uns empfänglich macht für das Wort vom Kindessinn und in unserer Seele das Verlangen weckt, zu werden wie die Kinder, daß auch uns die Verheißung gelte: »Solcher ist das Reich Gottes!«

Johannes 3,1–8
Wiedergeburt

Predigt am 23. Mai 1920 (Pfingstsonntag) in Breslau

Es war einer unter den Pharisäern mit Namen Nikodemus, ein Oberster der Juden, der kam zu Jesus bei Nacht und sprach zu ihm: »Meister, wir wissen, daß du ein Lehrer bist, von Gott gekommen, denn niemand kann die Zeichen tun, die du tust, es sei denn Gott mit ihm.« Jesus antwortete und sprach zu ihm: »Wahrlich, wahrlich, ich sage dir: Es sei denn, daß jemand von neuem geboren werde, so kann er das Reich Gottes nicht sehen!« Nikodemus spricht zu ihm: »Wie kann ein Mensch geboren werden, wenn er alt ist? Kann er auch abermals in seiner Mutter Leib gehen und geboren werden?« Jesus antwortete: »Wahrlich, wahrlich, ich sage dir: Es sei denn, daß jemand geboren werde aus Wasser und Geist, so kann er nicht in das Reich Gottes kommen. Was vom Fleisch geboren ist, das ist Fleisch, und was vom Geist geboren ist, das ist Geist. Laß dich's nicht wundern, daß ich dir gesagt habe: Ihr müßt von neuem geboren werden. Der Wind weht, wo er will, und du hörst sein Brausen wohl; aber du weißt nicht, woher er kommt und wohin er fährt. Also ist es mit einem jeden, der aus dem Geist geboren ist.«

Das *Bild des Textes* ist von eigenartigem Reiz, das merkwürdige Paar, »ein greises und ein göttlich Angesicht« (C. F. Meyer, In einer Sturmnacht, Z. 16), wie es der Kunst oft als Vorwurf gedient hat. Warum ergreift es immer wieder? Es ist eine Szene von symbolischer Gewalt, in der die Sehnsucht und das Fragen und Zweifeln des Menschen durch Nikodemus verkörpert ist.

I

Die Sehnsucht nach der Wiedergeburt

Wir kennen diese *Sehnsucht,* ihre *Lust* und ihre *Qual.* Wir wissen, daß sie die Kraft unserer besten Stunden und Zeiten sein kann, die uns wach und lebendig hält, über satte Zufriedenheit und träges Genüge hinausträgt und uns offenhält für die jenseitige Welt des ewig Neuen, des Großen und Schönen. Wir danken es ihr, daß sie uns mit denen zusammenführt, die von gleicher Sehnsucht erfüllt sind, in eine Gemeinschaft der edlen und strebenden Geister über Raum und Zeit hinaus. In der Sprache der Sehnsucht verstehen sich die Menschen gleich.

Wir kennen ihre Qual. Denn ihr genügt kein Ringen und Streben, und auch in den reichsten Zeiten unseres Arbeitens fühlen wir: Es füllt uns nicht aus, »genug ist nie genug« (vgl. C. F. Meyer, Fülle). Selbst in den Stunden der Freude und Erfüllung klingt ein Unterton von Sehnsucht, weil wir das Geschick des Vergehens kennen, und

»Alle Lust will Ewigkeit –
Will tiefe, tiefe Ewigkeit!«

(Fr. Nietzsche, Zarathustra IV, Das trunkne Lied, Z. 10 f.)

Wir kennen Stunden – es brauchen gar nicht einmal Zeiten des Schmerzes, des Leidens zu sein, es kann eine Nacht der Selbstbesinnung sein –, da uns fremd wird, was wir beim Tageslicht wollten und schafften, was uns umgibt und bindet, da wir uns selbst fremd werden und nur die Sehnsucht in uns lebendig ist; eine Sehnsucht, der wir nicht einmal einen bestimmten Namen zu geben vermögen. Wonach? Wohin? Dichter reden von seligen Inseln und blühenden Gärten, von einer Stadt mit goldenen Gassen, von einer Heimat der Seele – was ist es, wonach wir uns sehnen?

Der fragende Nikodemus erhält das rätselvolle Wort: »Ihr müßt *von neuem geboren werden.*« Ist es nicht das, wonach unsere Sehnsucht geht? Ein Freiwerden vom alten Menschen, ein Auferstehen des inneren Menschen, eine Wiedergeburt in ein neues, freies, reines Sein. Es hat schon etwas Erlösendes, ein Wort zu hören, das der eigenen Sehnsucht so bestimmten Ausdruck verleiht. Aber freilich, eigentliche Erlösung wird uns damit noch nicht geschenkt. »Denn wie kann ein Mensch geboren werden, wenn er alt ist?« fragt Nikodemus. Und wieder erhält er eine rätselhafte Antwort: »Was vom Fleisch geboren ist, das ist Fleisch, und was vom Geist geboren ist, das ist Geist.« Also der

Geist ist die Macht, die in unser Leben treten, es neu schaffen soll. Aber was ist das für ein Geist, und wo fließt sein Strom, daß wir in ihn eintauchten, uns von ihm tragen ließen?

»Der Wind weht, wo er will, und du hörst sein Brausen wohl; aber du weißt nicht, woher er kommt und wohin er fährt.« Also dieser Geist hat keine Regel, daß wir ihn finden und zwingen könnten. Entmutigend. Und doch tröstlich, tröstlich schon darum, weil wir nicht wieder an uns selbst, an unsere eigene Kraft gewiesen werden. Denn *eines* fühlen wir doch: Soll unsrer Sehnsucht Erfüllung kommen, so muß sie uns *geschenkt* werden ohne unser Zutun. Also nicht weiter suchen und fragen, nicht weiter den müden Fuß zur Wanderschaft zwingen. Es muß uns ergreifen mit wunderbarer Gewalt. Getrost! »Der Wind weht, wo er will, und du hörst sein Brausen wohl; aber du weißt nicht, woher er kommt und wohin er fährt.«

II

Das Wesen der Wiedergeburt

Aber freilich, diesen Trost zu fassen, verlangt von uns einen gewaltigen inneren Ernst und eine klare Selbstbesinnung. Wir reden oft von sittlicher Erneuerung, *sittlicher Neugeburt*. In der Tat, unser sittliches Leben soll ein stetes Neuwerden sein, eine Neugeburt, in der das Alte abgetan wird und Neues wächst. Und der tiefe Ernst dieser Forderung der sittlichen Neugeburt darf nicht verkümmert werden. Aber was hier, in der religiösen Sprache unter *Wiedergeburt* verstanden wird, ist etwas ganz anderes. »Das Moralische versteht sich von selbst« (vgl. Fr. Th. Vischer, Auch Einer I, Dichterische Werke I, 1917, S. 24 u. ö.). Aber was ist der Unterschied? Jene sittliche Neugeburt ist unsere Aufgabe, unsere eigene Tat, die niemand von uns nimmt. Und wir würden die Religion fälschen, wenn wir meinten, diese sittliche Tat würde uns hier abgenommen. Nein! Aber etwas »ganz anderes« sollen wir hier erleben, etwas Ungewolltes und Ungeschaffenes, etwas Schöpferisches, uns Umschaffendes. Und gerade aus dem sittlichen Ringen, aus seinen Höhen und Tiefen, kann am heißesten die Sehnsucht erwachsen – nicht, von der

Aufgabe frei zu werden, das wäre Schwäche, aber die Sehnsucht nach einer Sicherheit und Klarheit unseres Selbst, nach einem Reich, das noch jenseits unseres Wollens und Strebens steht, aus dem wir Kraft und Mut für das sittliche Wachsen, das immer unsere Aufgabe bleibt, gewinnen können. Ich kann es auch so ausdrücken: In unserer sittlichen Arbeit sollen wir *unser Ich, unser besseres Wesen,* erst schaffen, erst gestalten. Als *ewige Aufgabe* steht es vor uns, und nie erreichen wir seine Verwirklichung ganz.

»Vor jedem steht ein Bild des, das er werden soll.
So lang er das nicht ist, wird nie sein Sehnen voll.«

(Vgl. Fr. Rückert, Angereihte Perlen, Z. 101 f.)

Aber eines brauchen wir dazu: den Glauben, daß jenes Bild unseres Ich doch nicht nur in unendlicher Ferne steht, nicht nur Aufgabe ist, sondern daß es schon jetzt unser Besitz sein kann. Daß es eine Wirklichkeit ist, ein unverlierbarer Gottesgedanke. Daß uns unser Ich von Gott geschenkt werden kann, trotz unserer Schwäche und Schuld, als etwas Reines und Vollkommenes, wie er es schaut. Wie für den Bildhauer, der aus dem Steinblock die Gestalt herausarbeitet, Schlag um Schlag, das Bild, das da werden soll, eine Wirklichkeit in seinem Geiste ist, so groß und edel, daß die Verwirklichung im Stein nur ihr Abbild sein kann. Ja, das hieße Wiedergeburt, die Sicherheit gewinnen, daß unser wahrhaftes Ich ein anderes ist als dies ringende, unsichere, umgetriebene, befleckte, rätselvolle Ich unseres täglichen Lebens. Das hieße Wiedergeburt, dies neue Ich als ein *Gottesgeschenk* zu erhalten, daß nunmehr der Schwerpunkt unseres Lebens in einem Jenseits läge. Das hieße Wiedergeburt, da es unser ganzes Leben neu gestalten, ihm einen neuen Glanz geben würde.

Gibt es das? Es scheint, als gäbe es nur einen mehr oder weniger *gleichmäßig fortschreitenden Gang unseres Lebens,* als sei ein Tag wie der andere eine Stufe in diesem Gange. Und wenn es auch gewiß Tage gibt, die sich aus der gewöhnlichen Gleichmäßigkeit herausheben, scheint es doch als eine Überspannung, wenn man von Erlebnissen redet, die unser Leben gleichsam in zwei Hälften teilen, Erlebnisse der Bekehrung, Erweckung und dergleichen.

Oder wenigstens scheint es absurd, das als normal von allen Menschen vorauszusetzen oder zu fordern. Vielleicht gibt es einige solche Erscheinungen in der Geschichte, den Typus des Bekehrten, Erweckten, Berufenen wie Paulus oder Franz von Assisi. Und stammt nicht das ganze Reden von Wiedergeburt aus einer besonderen Zeit der Geschichte, einer Zeit der Erregung, des Fieberhaften, Enthusiastischen? Ist es also nicht mit jener Zeit des Urchristentums etwas Vergangenes? Paulus freilich konnte davon reden, daß man durch die Taufe mit Christus begraben wird in den Tod und mit ihm als neuer Mensch auferweckt wird (vgl. Röm 6,3 f.). Er konnte jubeln: »Ist jemand in Christus, so ist er eine neue Schöpfung; das Alte ist vergangen, siehe, es ist alles neu geworden« (2 Kor 5,17). Aber sagt uns das noch etwas? Wir empfinden es als künstlich und ungesund, wenn in unserer Zeit eine religiöse Richtung fordert, daß jeder Mensch ein solches *Bekehrungserlebnis* angeben muß, daß er womöglich Tag und Stunde seiner Wiedergeburt angeben kann. In der Tat: Künstlich und ungesund ist die Anschauung, daß ein solches Bekehrungserlebnis den Menschen zu einem Heiligen mache, der nicht mehr sündigen könne. Ringende, fehlende Menschen, die wachsen und reifer werden sollen, bleiben wir stets, und wer von einer Wiedergeburt redet, die uns mit einem Schlage zu sittlich vollkommenen Menschen mache, der hat jenen Unterschied zwischen sittlicher Erneuerung, an der wir arbeiten, und religiöser Wiedergeburt als eines wunderbaren Geschenkes noch gar nicht verstanden.

Und auch ein anderes ist zuzugeben: Es gibt besonders disponierte Menschen und besonders erregte Zeiten, deren Erlebnisse sich in den Formen eines besonderen Empfindungslebens vollziehen, in einer ungeheuren Erregung der Empfindung, die etwas Krampfhaftes, Gewaltsames, Unnormales hat. Das von jedermann zu fordern, wäre Torheit. Es ist freilich auch nicht richtig, solche Erlebnisse als ungesund einfach zu verwerfen. Ein gewaltiges geistiges Erleben kann die Formen unseres Empfindungslebens sprengen und den Eindruck des Gewaltsamen, Unnormalen erwecken. Und solches Gewaltsame kann also ein Symptom für ein geistiges Erleben sein. Aber der geistige Gehalt eines Erlebnisses und die Empfindungsformen, in denen unser Organismus es aufnimmt, sind etwas Verschiedenes. Und nicht auf unsere Empfindungen der Erregung, des Erschauerns, der Ekstase, sondern auf den geistigen Gehalt unseres Erlebnisses kommt es an.

III

Das Erlebnis der Wiedergeburt

Und das also bleibt unsere Frage: Gibt es Erlebnisse mit einem geistigen Gehalt, die unser Leben neu gestalten können, daß wir von Wiedergeburt reden dürfen? Ich glaube, unser Leben wäre arm, wenn wir nicht von Erlebnissen wüßten, die wenigstens etwas dergleichen enthielten. Können wir uns auf solche Erlebnisse besinnen? Erlebnisse, in denen Mächte, die wir vorher nicht kannten, sich aus geheimnisvollen Tiefen erhoben und mit übermächtiger Hand in unser Leben eingriffen, uns überwältigten, uns entzückten oder uns niederwarfen? So daß unser Leben nie wieder ganz so werden konnte wie zuvor? Es war etwas gestrichen und getilgt, von dem wir nun frei waren. Oder es war etwas zerbrochen, was nicht wieder heil werden konnte. Es war etwas gewachsen, was sich nicht mehr verdrängen ließ. Es können Erlebnisse der Freude wie des Schmerzes sein, Stunden, deren Reichtum wir unmittelbar beglückend fühlen, und Stunden, die uns scheinbar arm und trostlos machen – scheinbar, denn in Wahrheit macht jedes tiefe Erleben stärker und reicher.

Soll ich von solchen Erlebnissen mehr als in Andeutungen reden? Ich kann erinnern an Erlebnisse der Freundschaft, da die geistige Macht eines Menschen in unser Leben trat, unsere Wertmaßstäbe verrückte, uns die Augen öffnete über die Welt, über uns selbst, daß wir sein Wesen als eine Atmosphäre reineren Seins empfanden, zu dem wir uns flüchten konnten. Ich kann erinnern an das große Erlebnis, das Menschen in der Liebe und Ehe geschenkt wird – geschenkt wird, wenn wir bereit sind, es zu empfangen. Dann wissen wir: Es kann in der Tat so sein, daß unser Leben in zwei Teile zerfällt, daß durch die große Stunde eines großen Erlebens unser Sein einen neuen Glanz gewinnen kann, daß auf alle Dinge ein neues Licht fällt und die Welt verwandelt ist; etwas Altes ist vergangen, und es wird nie wieder wie vorher. Und tief kann es der erfahren, der das große Geheimnis erlebt, daß ihm ein Kind geschenkt wird. Das Wunder eines erwachenden, aufblühenden Lebens erfüllt ihn mit Schweigen und Dank. Da ist es auch, als sei die Welt anders geworden; denn man ist getroffen von geheimnisvollen Mächten, die man vorher nie kannte, man hat die Offenbarung einer göttlichen Welt erlebt. Aber ebenso kann es sein, wenn wir spüren, wie die geheimnisvolle, finstere Macht des Todes in unseren Kreis tritt und uns bei allem Entsetzen und Schaudern zur Ehrfurcht zwingt. Haben wir solche Stunden erlebt, so sind wir auch um ein Stück anders geworden, es ist ein Altes vergangen, und die Welt sieht nie wieder so aus wie zuvor. Ja, es gibt Stunden, in denen solche ungeahnten, umgestaltenden Mächte aufsteigen können aus dem, was wir unser Inneres nennen und was uns in Wahrheit ebenso ein Geheimnis ist wie das, was wir als »Außen« bezeichnen. Solches Erleben kann geknüpft sein an einen tiefen Fall unseres Lebens. Als wir aus ihm erwachten – ja, da war auch das Alte vergangen und ein Neues geworden. Wir waren uns fremd und unheimlich. Wir wünschten wohl lieber, nicht zu sein. Wir schämten uns. Und doch, wenn wir diese Scham nicht leicht abschüttelten, so wurde uns klar, daß die Stunde des Falles die notwendige Katastrophe eines falschen Lebens war, daß der Zusammenbruch uns ein Segen war. Wir lernen Gott für unsere Sünde danken. Eine geheimnisvolle Macht trug uns durch die Tiefen eigener Tat in ein reineres Land, daß wir neu aufatmen können.

Wir mögen solche Erlebnisse kennen; aber heißt das alles Wiedergeburt? Nein, aber es kann dazu führen, wenn wir zu *einem* bereit sind. Wir sollen unsere Erlebnisse nicht verklingen lassen wie eine schöne Melodie, die uns einmal erfreute; wir sollen sie in uns widerhallen lassen. Unsere Seele soll nicht dem Spiegel gleichen, der ein Bild nach dem anderen, das an ihm vorüberzieht, zurückwirft, ohne daß es seine Fläche umgestaltete. Unsere Seele soll der Erde gleichen, die durstig im Frühjahr die Erquickung des Regens und die Kraft der jungen Sonne in sich aufnimmt und ein neues Leben aus sich hervorbringt. Gelingt uns das, so wird aus dem zuerst zusammenhangslosen Erleben ein tiefer Zusammenhang; so spüren wir, daß die Mächte, die uns hier und da beglückend und erschreckend, erschütternd und beseligend getroffen haben, schließlich *eine* Macht des göttlichen Lebensgeistes sind. Es werden uns die Augen geöffnet wie Faust im Zauber der Walpurgisnacht, der in der Tiefe der Berge und Felsen den Zusammenhang der Goldadern schaut, die dem ungelösten Auge verborgen sind und nur hier und da zu Tage treten (vgl. J. W. v. Goethe, Faust I, Z. 3913–3933). Aus allem einzelnen Erleben erkennen wir den Sinn eines *Schicksals*. [Anm. im Ms.: »(Chr. W. 1912 No 30 pg 719)«, vgl. W. Herrmann, Von der Glaubenskirche, ebd., Sp. 716–720]

Aber noch mehr. »Der Wind weht, wo er will, und du hörst sein Brausen wohl; aber du weißt nicht, woher er kommt und wohin er fährt.« Wir können den Geist nicht meistern. Aber eines können wir: bereit sein. Wir wissen ja, es gibt Menschen, an denen all das vorübergeht, wovon wir sprachen: Freundschaft und Liebe, Geburt und Tod. Es ist, als ob ihre Augen blind wären; ja, wir wissen, unsere eigenen Augen sind oft genug blind. Es gilt, sehend zu werden für das, was uns geschenkt werden kann. Ja, es gilt schließlich: bereit sein, sich schenken zu lassen. Sich schenken lassen ist immer eine Demütigung. Wir spüren sie manchmal bedrückend, wir spüren sie oft beglückend; denn es ist groß und befreiend, sich vor der Macht schenkender Güte zu beugen. Aber eben dies wird von uns gefordert, wenn wir uns vom göttlichen Geist beschenken lassen wollen: uns zu beugen. Es ist nicht eine sittliche Pflicht, deren Erfüllung von uns gefordert würde wie andere Pflichten. Weigern wir uns, so sind wir nicht schlechter geworden – nein, das Erlebnis, um das es sich hier handelt, ist zu groß, als daß es [unter] unsre menschlichen Kategorien von Gut und Böse fiele –, aber wir sind ärmer geworden; wir haben den höchsten Preis verscherzt, und der Preis ist der Überwindung wert. Aber diese Überwindung ist nicht immer leicht. [Im Ms. gestrichen: »Denn so wenig das Erleben des göttlichen Geistes unsere Tat ist, so wenig geschieht sie nach unserem Wunsche. Der Geist Gottes vergewaltigt uns; er fordert bedingungslose Unterwerfung;«] er fordert Bereitschaft für unser *Schicksal*. Und das ist die tiefste Frage: Sind wir bereit, unser Schicksal aus göttlicher Hand entgegenzunehmen? nicht in blinder Unterwerfung der Resignation, sondern bereit,

Johannes 3,1–8

es uns zu eigen zu machen? Vor Gott stehen kann nur der, der bedingungslos sein Schicksal von ihm empfangen will. Unser Schicksal – das heißt im letzten Grunde den Sinn unseres Ich, der uns in unserem Schicksal erst aufgeht. Wir kennen ja im Grunde unser Ich nicht wirklich, und wenn wir vor eine Entscheidungsfrage unseres Lebens gestellt sind, wo die Gründe menschlicher Klugheit versagen und die Maßstäbe von Gut und Böse keine Anwendung finden, so erschauern wir, und wir suchen uns wohl der Entscheidung zu entziehen, uns fehlt der Mut, einen Weg als unser Schicksal zu bejahen. Raffen wir uns dazu auf, so erleben wir die befreiende, große Macht dessen, der im Schicksal waltet. Den Mut dazu aber gibt nur eines: daß wir in ganzer Nacktheit vor Gott treten, daß wir alle Wünsche und alle Selbsttäuschung abstreifen, alle Beziehungen, die uns an das Leben fesseln. Wollen wir Gott begegnen, so müssen wir in die *Einsamkeit* gehen. Nicht das, was wir für gewöhnlich Einsamkeit nennen, ein Alleinsein, in dem all unsere Erinnerungen und Wünsche, unser Planen und Wollen uns freundlich und wehmütig umklingt. Das alles muß stille werden zu einem großen Schweigen, damit nur Gott zu uns rede. Furchtbar und beklemmend ist solche Einsamkeit, aber in ihr allein ist Gott, den wir sonst nur ahnen, uns am greifbarsten nahe. Wir beugen uns ihm in Ehrfurcht, und wir fühlen, wie solches Beugen uns frei macht für den Quell des Geistes, den er in uns strömen läßt, durch den er uns neu schafft, indem er uns unser Ich neu schauen läßt, so wie es das reine Werk seiner Hand ist. Wir nehmen unser Selbst, das wir ihm darbrachten, neu geschaffen aus seiner Hand. Wir wissen, was Wiedergeburt ist.

Wir wollen nicht lange davon reden, wie oft ein Mensch Erlebnisse von entscheidender Kraft und Tiefe erfahren kann; ob er auf *eine* bestimmte Stunde zurückblicken kann, in der ihm das neue Leben geschenkt wurde, ob das Bewußtsein der Wiedergeburt allmählich in ihm reifte.

> »Die Linien des Lebens sind verschieden,
> Wie Wege sind, und wie der Berge Grenzen.«
>
> (Fr. Hölderlin, Die Linien... Z. 1 f.)

Eins aber wissen wir alle: Der Gegensatz dieses neuen Ich, das wir in uns tragen, zu unserem äußeren Menschen kann uns nicht mehr schrecken. »Wir haben zwar solchen Schatz in tönernen Gefäßen, damit die überschwengliche Kraft sei Gottes und nicht von uns... Darum werden wir nicht müde; sondern, ob unser äußerlicher Mensch verweset, so wird doch der innerliche von Tag zu Tage erneuert« (2 Kor 4,7.16).

»Ich sehe eine Marmorstadt
Hoch über schwarze Tannen ragen.
Wer wohnt dort oben, wenn wir matt
Durch Dunkel unsre Wege wagen?

Mir träumt von Wesen, weiß und klar,
Die hinter lichten Wänden wohnen.
Ein Vorhang, rot und wunderbar,
Hebt sich vor rot' und goldnen Thronen.

Dort sitzen, die mir unbekannt;
Die Augen glänzen still und staunen.
Das Licht, das dort ein Aug empfand,
Ist treu, nicht unser Licht voll Launen.

Wer sind die Wesen, weiß und klar?
Ich sehe einen und verstumme.
Ist's einer wohl, der ich einst war?
Ein Kleid, in das ich mich vermumme?

Wie? Wirft ein Gott mir Zukunft hin?
Nein! Jetzt bin ich das Bild voll Reine.
Ich weiß, daß ich dort stille bin
Und Wandrer dieses Wegs nur scheine.«

[Ms.: »Gedicht von Ernst«]

2. Korinther 4,5–7.16
Der Weg zu sich selbst

Predigt im Akademischen Gottesdienst (?) am 13. Februar 1921 (Invokavit) in Gießen

Wir predigen nicht uns selbst, sondern Jesum Christum, daß er sei der Herr, wir aber eure Knechte um Jesu willen. Denn Gott, der da hieß das Licht aus der Finsternis hervorleuchten, der hat einen hellen Schein in unsere Herzen gegeben, daß (durch uns) entstände die Erleuchtung von der Erkenntnis der Klarheit Gottes in dem Angesicht Jesu Christi. Wir haben aber solchen Schatz in irdischen Gefäßen, auf daß die überschwengliche Kraft sei Gottes und nicht von uns. Darum werden wir nicht müde; sondern, ob unser äußerlicher Mensch verweset, so wird doch der innerliche von Tag zu Tage erneuert.

[Der Predigtdisposition zufolge schloß sich an die Textverlesung zunächst eine »kurze Exegese« an, die nicht mit ausgeschrieben wurde.]

Hermann Hesse: »Das Leben jedes Menschen ist *ein Weg zu sich selber hin,* der Versuch eines Weges, die Andeutung eines Pfades. Kein Mensch ist jemals ganz und gar er selbst gewesen; jeder strebt dennoch, es zu werden, einer dumpf, einer lichter, jeder wie er kann« (Demian, GW V, Zürich 1975, S. 8).

Wie finden wir diesen Weg zu uns selbst?

I

Ausgangspunkt der Selbstbesinnung

Es gibt Stunden in unserem Leben, in denen wir inne werden, *wie wenig wir uns oft selbst kennen.* Vielleicht erhebende Stunden, da wir – wie man zu sagen pflegt – über uns selbst hinausgehoben wurden. [Zufügung am Ms.-Rand: »Das waren wir gewesen? Schatz der Erinnerung: Damals trat unser Ich rein und ohne

Schlacken in Erscheinung.«] Vielleicht beschämende Stunden, da wir nach bösen Gedanken oder böser Tat erschraken über das, was in unserm Inneren lebte, aus uns hervorgebrochen war und uns überwältigt hatte. *Das* hatten *wir* gedacht? getan? Kannten wir uns so wenig?

Wie lernen wir unser Ich kennen, so daß es zum festen Leitstern unseres Lebens dienen kann? Wir kennen den *Typus des bewußten Menschen,* der seine Fähigkeiten genau kennt und ihr Maß abschätzt, der weiß, wie er wirkt, und mit seiner Wirkung rechnen kann. Heißt das Erfassung seines Ich? Wenn diese Selbstkenntnis die Erreichung des Zieles, zu sich selbst zu kommen, bedeutete, – es wäre kein hohes Ziel; denn der Typus des bewußten Menschen ist, trotz der Sicherheit, mit der er sich im Leben zu bewegen vermag, eine unerfreuliche Erscheinung, der [Ms.: »dem«] das Unmittelbare, Herzliche fehlt. Ja, wir fühlen, daß solchen Menschen gerade das innere Leben oft fehlt, das uns als das eigentliche lebendige Ich des Menschen gilt; wir haben das Gefühl, sie sind Masken, hinter denen es hohl und leer ist. Sie haben nicht ihr Ich erfaßt, sie kennen nur ihre *Wirkungen,* ihre *Erscheinung*, nicht ihr *Wesen*. Nein, der Weg zu sich selber ist nicht der Weg der Bewußtheit, der Reflexion. Aber freilich führt der Weg zu sich selber wohl über Selbstbesinnung. Worauf aber richtet sich unsere Selbstbesinnung? Nicht auf unsere Wirkung, sondern auf die Frage, wieweit in unserer Erscheinung, in unserem Wirken, in unserem Denken und Tun unser Wesen sich ausprägt, sich darstellt.

Wieweit ist in unserer Erscheinung, in unserer Wirkung unser Wesen? Sofern wir *Natur* sind – und wir alle sind ein Stück Natur mit natürlichen Trieben und Gaben –, sind wir alle gleicher Art, und in unserem Naturwesen liegt nicht unser eigentliches Ich, unsere Persönlichkeit. Oder ist es nicht so? Gewiß, sofern wir Naturwesen sind, sind wir auch verschieden; verschieden wie Blumen und Bäume mit individuellen Gaben, Vorzügen und Mängeln. Und gewiß kann solche Selbsterkenntnis, die dem Menschen Klarheit gibt über sein natürliches Wesen, ihm von großem Werte sein, seine Stellung im Leben zu finden, das Maß seiner Aufgaben zu begrenzen oder zu steigern, die Forderungen der Selbstzucht an sich richtig zu stellen. Und doch: Je weniger wir das Wesen des eigentlichen Menschentums im Naturhaften sehen, desto weniger kann das Wesen unseres Ich in unserem natürlichen Wesen liegen. Je elementarer das Naturhafte in mir ist, um so deutlicher kann mir das sein. Denn desto mehr ist diese Naturkraft eine Kraft, die mich trägt, die mich hemmt, die mich fortreißt zu Gutem und Bösen. Aber wer ist, was ist dieses Ich, das da getragen und gehemmt und fortgerissen wird? Wohl liegen in unserer Natur Schicksalsmöglichkeiten für unser Ich; aber unser eigentliches Wesen ist doch noch etwas, was darüber hinausliegt, was dahinterliegt.

Wieweit prägt sich in unserer *Arbeit* unser Ich aus? Ja, wie wenig, möchte man bei den meisten Menschen fragen! Denn wie sehr ist doch unsere Arbeit beherrscht von den natürlichen und wirtschaftlichen Notwendigkeiten! vom Zwang durch die Sachen! Wie wenige Menschen können in ihrer Arbeit aufgehen, so daß es ein würdiges Aufgehen wäre! Für wie viele beginnt nicht das Leben erst, wenn des Tages Arbeit hinter ihnen liegt!

Aber steht es nicht anders in der *geistigen Arbeit?* Ist in ihr nicht volle Hingabe unseres Wesens möglich? Und prägt sich in ihr nicht unser individuelles, persönliches Wesen fein und scharf aus? Ja, wieweit ist das Individuelle, das aus unserer geistigen Arbeit spricht, unser eigentliches Ich? Wieweit ist es nicht das, was wir als Naturanlage bezeichnet haben, unsere individuelle natürliche Begabung? Und kommen wir in unserer geistigen Arbeit wirklich zu unserem Selbst? Wer in geistiger Arbeit steht, der weiß wohl, daß in dieser das Selbst wachsen und erstarken, gestalten und wirken kann. Er weiß aber auch, daß es darin verkümmern kann. Der Weg der geistigen Arbeit kann zu unserem Selbst führen, er kann uns aber auch von unserem Selbst wegführen. Wohin? Nun, eben auch in die Hingabe an die Sachen. Denn die großen Gedanken und Ideen, an denen wir arbeiten, sind etwas Überindividuelles. Die geistige Arbeit stellt uns in einen geistigen Zusammenhang, der uns zu tragen und uns zu absorbieren vermag. Und gerade darin liegt eine ungeheure Gefahr. Die Gefahr, daß wir im Gefühl der Leistung, im Gefühl der Befriedigung die Frage nach unserem Selbst vergessen, daß wir nicht vom eigenen, sondern vom fremden Leben leben. [Randbemerkung im Ms.: »Fremdheit der Arbeit, Trost in der Arbeit«]. Ich brauche nicht an den Typus des Menschen erinnern, der nur Forscher und Gelehrter oder nur Künstler und Ästhet oder nur Ethiker und Politiker ist und darüber die Wärme und Herzlichkeit eines lebendigen Ich verloren hat. Aber ich erinnere daran, wie in unserer Zeit sich eine Reaktion gegen die Arbeit, auch die geistige Arbeit erhebt, wahrlich nicht nur aus Trägheit, sondern aus dem tiefen Gefühl der Überschätzung der Arbeit, die den Menschen um sein Bestes, den inneren Frieden, betrogen hat. Eine Reaktion, die in Beschaulichkeit, in mystischer Vertiefung zur Lebendigkeit des Ich kommen möchte und die nun in einer tiefen Verachtung jeder Arbeit endet. Solche Verachtung, so wenig sie schlechthin berechtigt ist, so sehr ist sie ein Symptom der Reaktion gegen die Überschätzung der Arbeit, auch der geistigen. Auch hier muß es heißen: In unserer Arbeit kann und soll unser Ich lebendig sein, in unserer Arbeit liegen Schicksalsmöglichkeiten für unser Ich. Aber unser eigentliches Ich geht nicht in ihr auf, liegt jenseits der Arbeit.

II

Kriterien der Selbstbesinnung

Es gibt einen Maßstab, zu erkennen, wieweit in uns ein Ich lebendig ist, nämlich ob es dann in uns lebendig ist, wenn der große tragende Zusammenhang, der uns in unserer Arbeit umfängt, von uns abfällt, in den Stunden der Ruhe, des *Spiels*. Denn Spiel ist nicht nur die Scheinbeschäftigung eines kindlichen Müßiggangs, sondern kann in unserem Leben etwas Großes und Heiliges sein. Denn was heißt spielen, Feste feiern? Es heißt ein Absehen von Absichten und Zwecken, die uns in einen großen Zusammenhang hineinstellen, es heißt ein unmittelbares Sichselbst-Darstellen, ein Geben dessen, was in uns lebendig ist. Wer kann noch spielen im wahren Sinne des Wortes? Wie tief war unsere Kultur gesunken, in der [Ms.: »denen«] die Erholung in nichts als Reiz der Nerven, in Zerstreuung oder bestenfalls in »Anregung« bestand, – alles Ablenkung – von uns selbst! Aber es ist auch ein frohes Zeichen der Hoffnung auf die Zukunft, daß die Lust und Fähigkeit zum Spiel, zum Festefeiern wieder in uns lebendig wurde, in der Jugend vor allem, in ihrer Freude an Natur und zwecklosem Wandern und Spiel.

Es gibt noch einen anderen Maßstab, zu erkennen, ob in uns ein Ich lebendig ist. Ob uns eine *Gemeinschaft von Mensch zu Mensch* möglich ist. Alle stehen wir in Gemeinschaften, und diese Gemeinschaften tragen das Individuum. Gemeinschaft der Interessen, der politischen Grundsätze, der wirtschaftlichen Notwendigkeiten. Gemeinschaft der Arbeit, der geistigen, der künstlerischen Arbeit. Aber wieweit haben wir menschliche Gemeinschaft, die von all diesen sachlichen, diesen überindividuellen Größen absehen oder sie zu ihrem Mittel machen kann? Eine Gemeinschaft der Güte und des Vertrauens von Mensch zu Mensch, eine Gemeinschaft der Freude am Ich des anderen und der Fähigkeit, sein Ich dem andern froh zu enthüllen? Wie weit ist auch unser geselliges Zusammensein getragen nur von jenen sachlichen Interessen, und seien es Interessen der höchsten Art? Und wieweit ist es durchleuchtet von der Güte und dem Geist des Vertrauens, der das Band ist von Ich zu Ich?

Und endlich ein letzter Maßstab unserer Frage, der uns am tiefsten führt: Wie weit können wir *einsam sein?* Es ist an sich noch kein gutes Zeichen für das innere Leben eines Menschen, wenn man von ihm sagen kann, daß er sich in der Einsamkeit nicht langweilt. Denn in der Regel nehmen wir in unsere Einsamkeit eben das mit hinein, was uns in jene großen sachlichen Zusammenhänge bindet: unsere Wünsche und Pläne, unsere Arbeitsgedanken, unsere Erinnerungen und Hoffnungen. So wird unsere Einsamkeit bunt und bevölkert mit allerlei Gestalten, die uns darüber täuschen, daß wir nicht wahrhaft einsam sind. Aber wenn Stunden wirklicher Einsamkeit über uns kommen? Es kann sein in schwerer Schicksalszeit, in Schmerz und Sehnsucht, wenn alle jene bunten Farben verblassen und alle jene Bindungen uns fremd werden, wenn wir unser Leben führen in der Stimmung, als ginge uns das nichts an; wenn wir haben, als hätten wir nicht, und unser Werk treiben, als trieben wir es nicht (vgl. 1 Kor 7,29–31). Nicht aus einem frohen und stolzen inneren Besitz heraus, sondern mit innerer Müdigkeit und Gleichgültigkeit. Wir können dann einsam sein mitten im lauten Spiel der Kräfte von Arbeit und Menschenleben. Man sagt wohl von einem Menschen, der sich in solcher Stimmung ins Alleinsein zurückzieht, daß er nicht in der besten Gesellschaft sei; denn er ist mit seinem müden, verzagten und verzweifelten Ich zusammen. Ja, kennen wir *wirkliche* Einsamkeit in einer Stunde der Selbstbesinnung – wie stehen wir in solcher Einsamkeit: als ein Nichts im schweigenden Nichts? oder als ein lebendiges Ich vor einer dunklen und rätselvollen, aber doch vor einer inhalt- und ahnungsreichen Ewigkeit?

III

Ziel der Selbstbesinnung

Aus solcher Einsamkeit muß am tiefsten die Frage in uns erwachen: *Haben wir ein lebendiges Ich?* Ist es wirklich da und haben wir ein Recht, davon zu reden? Oder ist es nicht nur Illusion, und geht in Wahrheit das, was wir unser Ich nennen, eben völlig auf in jenen großen sachlichen Bindungen und Beziehungen, für die unser Bewußtsein ein zufälliger Träger, ein gleichgültiger Durchgangspunkt eigener Bewegung ist?

Dürfen wir unsere *Sehnsucht* nach uns selbst schon als einen Beweis für unser Recht zu einem Selbst ansehen? Vgl. die Sätze aus H. Hesses Demian:

Motto: »Ich wollte ja nichts als das zu leben versuchen, was von selber aus mir heraus wollte. Warum war (mir) das so sehr schwer?«

»Das Leben jedes Menschen ist ein Weg zu sich selber hin, der Versuch eines Weges, die Andeutung eines Pfades. Kein Mensch ist jemals ganz und gar er selbst gewesen; jeder strebt dennoch, es zu werden, einer dumpf, einer lichter, jeder wie er kann.«

»Mich interessieren nur die Schritte, die ich in meinem Leben tat, um zu mir selbst zu gelangen.«

»... dann weißt du aber auch, daß du nie ganz das gelebt hast, was du dachtest, und das ist nicht gut. Nur das Denken, das wir leben, hat einen Wert.«

»Das kluge Reden hat gar keinen Wert, gar keinen. Man

kommt nur von sich selber weg. Von sich selber wegkommen ist Sünde. Man muß sich in sich selber völlig verkriechen können wie eine Schildkröte.«

(H. Hesse, a.a.O., S. 7.8.49.64.66)

Ist die Sehnsucht nach dem Unbedingten ein Beweis für ihr Recht? Hat der Dichter recht:

> »Du trägst, der Erde stummer Gast,
> In dir, was nur der Himmel faßt.
> Was für und für so ruhelos
> Dich dunkel treibt auf deinen Wegen,
> Es ist das erste Flügelregen
> Des Falters in der Puppe Schoß«?

(E. Geibel, Das Geheimnis der Sehnsucht, Z. 53–58)

Wir hätten wohl nicht den Mut, das zu bejahen, wenn uns aus der Selbstbesinnung nur Sehnsucht erwüchse. Es wächst aber noch ein anderes daraus hervor: die *Anklage*. Das Gefühl des inneren Zwiespalts zwischen dem Gedanken an ein Ich voll Adel und Größe und einem niederen, armen, schwachen und befleckten Ich. Und das scheinbare Ich unseres in all jene Bindungen und Beziehungen verhafteten Wesens wird uns fremd. Und jenes reine Ich ersteht nicht als eine Geburt des Wunsches, sondern als eine Anklage. Wir spüren jenen alten Zwiespalt: »Was ich will, das tue ich nicht, und was ich nicht will, das tue ich« (vgl. Röm 7,15). Wir spüren, daß wir selbst feind sind unserem eigentlichen Ich. Ja, es lebt in uns ein Ich, das rein ist und schön – und das uns entschwebt. Das Selbst, zu dem wir den Weg suchen, es ist da – aber als ein Fernes. [Zufügung am Ms.-Rand: »Wir müssen daran glauben um der Ehrlichkeit des inneren Gerichts willen.«]

Und es ist doch unser Ich, freilich nicht als von uns gezeugt und uns erarbeitet, gestaltet, aber als ein *Geschenk*. Es stammt aus einer jenseitigen Welt, aus der Welt der Geheimnisse, aus der Welt des Göttlichen, die uns beglückt und die uns richtet, und die uns beglückt, indem sie uns richtet. *Der Weg zu uns selbst ist deshalb der Weg zu Gott.* Sich selbst finden, sein wahres Selbst finden heißt: es finden als den Gedanken Gottes. Es finden und es in sich walten lassen, heißt deshalb: hinauswachsen aus der Welt des Bedingten, ist deshalb für uns Erfüllung.

Unser Selbst wird uns als ein Geschenk aus der Welt Gottes. Gott spricht zu uns in der Einsamkeit in der Stunde des inneren Gerichts. *Gottes Welt spricht* zu dem, der auf dem Wege ist zu seinem Selbst, in mannigfaltiger Weise, wenn wir Ohren haben zu hören. Sie spricht überall da, wo wir nicht selbst reden mit Worten und Wirken, sondern dort, wo wir erleben, daß uns Geschenk zuteil wird [Ms.: »wo uns wir erleben, das uns Geschenk zuteil wird«]. Es handelt sich im Grunde um etwas Einfaches, um die Frage, wie wir unser Schicksal erleben, oder mit anderen Worten, ob wir bereit sind, ein Schicksal zu erleben, das heißt, ob all das Geschehen, in das wir gestellt sind und an dem wir mitarbeiten, an uns vorbei fließt als ein rauschender Strom, oder ob wir diesem Geschehen unser Inneres öffnen, mag es uns auch schmerzlich sein, und ob wir bereit sind, daß etwas aus uns wird, das wir nicht kennen und vielleicht nicht ahnen. Ob, was uns begegnet, an uns abgleitet oder uns reich macht; ob wir wie der Spiegel sind, an dem die Fülle der Bilder vorübergeht, ohne eine Spur zu hinterlassen, wie ein Gefäß, das bald diese, bald jene Flüssigkeit füllt, ohne sein Wesen umzugestalten. Oder ob wir sind wie der Erdboden, aus dem Sonne und Regen ein Wachstum weckt. Ob wir unser Schicksal uns zu eigen machen und uns verwandeln, uns umschaffen lassen. Ob wir sprechen können zu Gott wie der Dichter:

»Den ersten Menschen formtest du aus Ton,
Ich werde schon von härterm Stoffe sein.
Da, Meister, brauchst du deinen Hammer schon.
Bildhauer Gott, schlag zu! Ich bin der Stein.«

(C. F. Meyer, In der Sistina, Z. 21–24)

Soll aus der Fülle unseres Lebens unser Ich als die Frucht erwachsen, wie es als Gottes Gedanke vor unserm Sein lebte; soll aus der Fülle der Klänge unseres Lebens die einheitliche Melodie erwachsen?

Dazu gehört solche Bereitwilligkeit, Gott an uns wirken zu lassen und ihn das aus uns machen zu lassen, was unserem niederen Ich vielleicht gar nicht gefällt. Es heißt *bereit sein*. Dazu gehört solche Selbstbesinnung, die uns emporhebt über alle Beziehungen, in denen [Ms.: »der«] unser äußeres und unser geistiges Leben steht. Freilich unser Leben kann nicht aus Besinnung und anschauender Versenkung bestehen. Wir würden dann bald fühlen, wie uns jedes Erleben entgleitet. Wir sind nicht als Engel oder göttliche Wesen geschaffen, die nur in der Anschauung leben, sondern als Menschen, die in weltlichen Beziehungen stehen, die Pflichten haben zur Arbeit, zur Tat. Und solange wir lebendig sind, besteht in uns eine innere Spannung zwischen Tun und Empfangen, zwischen Leistung und Geschenk, zwischen Arbeit und Besinnung.

Unser Selbst finden – Gott finden in unserm Schicksal, es ist etwas sehr Einfaches, aber doch *etwas sehr Schweres:* sein Schicksal bejahen! Wie Gott, den wir suchen, uns ganz anders erscheinen kann als das Bild, das wir uns von ihm machten, ganz anders, als wir wünschten und dachten, rätselhaft und schrecklich und doch bezwingend, – so kann auch das Ich, das er uns schenkt, zu dem wir in unserm Schicksal reifen sollen, uns vielleicht als eine Last erscheinen, die wir tragen müssen. Und doch nur, wenn wir diese Last auf uns nehmen, kommen wir zu unserm Selbst. Und wenn unser eingebildetes und selbsterdachtes und selbstgebautes Ich, das uns lieb und wert war, darunter zusammenbricht – es muß verzehrt oder es muß durchleuchtet werden von jenem höheren Ich, unserem eigentlichen Selbst. Wir haben es uns nicht erdacht, es wird uns geschenkt. Bereit sein, es sich schenken zu lassen, ist das letzte, was wir von uns aus tun können. Es zu finden als Gedanken Gottes, sich zu finden in Gott – es ist das letzte, was wir ersehnen können.

[Predigtdisposition: »Noch einmal der Text.«]

Römer 8,26–27
Beten

Predigt im Akademischen Gottesdienst (?) am 5. Juni 1921 (2. Sonntag nach Trinitatis) in Gießen

Der Geist hilft unsrer Schwachheit auf. Denn wir wissen nicht, was wir beten sollen, wie sich's gebührt; sondern der Geist selbst vertritt uns mit unaussprechlichem Seufzen. Der aber die Herzen erforscht, der weiß, was des Geistes Sinn sei.

I

Wir wissen nicht, was wir beten sollen

Gebet und Frömmigkeit gehören zusammen. Am Gebet ist Art und Kraft einer Religion zu erkennen, und eine Geschichte des Gebets ist auch eine Geschichte der Religion. Und hier aus dem Munde eines der Größten in der Geschichte der Religion das Bekenntnis: »Wir wissen nicht, was wir beten sollen!«

Wenn Beten = Wünschen wäre, so wäre das Wort unverständlich, denn unser Herz ist der Wünsche voll. Und auch, daß wir die Wünsche vor Gott bringen, macht sie an sich noch nicht zum Gebet, wenn sie eben nichts weiter als Wünsche sind. Denn das ist noch nicht beten, »wie sich's gebührt«.

»Wir wissen nicht, was wir beten sollen.« Das Wort kann freilich verschiedenen Sinn haben. Es kann gesprochen sein in dem *Gefühl eigener Kraft und Lebensfreude*, in dem Gefühl, mit dieser Erde verwachsen zu sein, mit ihr zu atmen und in ihr zu schaffen. Wozu beten, worum beten? Wir wüßten nicht, was wir beten sollten! Und es kann sich vielleicht ein Klang der Resignation oder des Trotzes hineinmischen:

»Nach drüben ist die Aussicht uns verrannt;
Tor, wer dorthin die Augen blinzelnd richtet,
Sich über Wolken seinesgleichen dichtet!
Er stehe fest und sehe hier sich um:

Dem Tüchtigen ist diese Welt nicht stumm.
Was braucht er in die Ewigkeit zu schweifen!«

(J. W. v. Goethe, Faust II, Z. 11442–11447)

Für solches Lebensgefühl wäre Beten freilich eine innere Unwahrheit; und Wahrhaftigkeit ist gewiß die erste Bedingung für das Beten, »wie sich's gebührt«. Wohl mag für solche Lebenseinstellung die Erfahrung nicht fern liegen, da das andere Wort aus dem »Faust« gilt:

»Das Schaudern ist der Menschheit bestes Teil;
Wie auch die Welt ihm das Gefühl verteure,
Ergriffen, fühlt er tief das Ungeheure.«

(ebd., Z. 6272–6274)

Wo aber der Grundklang eben der ist: »Was braucht er in die Ewigkeit zu schweifen!«, muß es freilich heißen: »Wir wissen nicht, was wir beten sollen.«

Doch auch aus bedrücktem Herzen kann es als *Klage* klingen: »Wir wissen nicht, was wir beten sollen!« Wo die Kindlichkeit der Frömmigkeit geschwunden ist, erheben sich Zweifel und Bedenken. Für die Zeit, in der Paulus schrieb, erschien Himmlisches und Irdisches in bunter Wechselwirkung, und man glaubte und spürte unmittelbar das Eingreifen höherer Mächte in das Weltgeschehen, höherer Mächte, bei denen das Gebet ein geneigtes Ohr findet. Diese Welt ist versunken. Das Weltbild der Wissenschaft erhob sich und überdeckte das Weltbild, in dem kindliche Frömmigkeit sich zu Hause fühlte. Und in dem Weltbild der Wissenschaft walteten unverbrüchliche Gesetze des Geschehens, und in diese Gesetze erschien Mensch und Menschenleben eingespannt. Welchen Sinn hätte das Gebet? Ist eine jenseitige Welt Illusion, so ist das Gebet ein Aberglaube. Ein Aberglaube, jenen unverbrüchlichen Rhythmus, der in strengem Takt alles Geschehen durchwaltet, durch menschliches Wünschen aus seiner Bahn zu lenken, dem Wohl und Wehe des Individuums dienstbar machen zu wollen! Was sollen wir noch beten! Da hat das bittere Wort seinen Platz: »Die Menschen wissen genau, wieviel Gramm Pulver man braucht, um einen Menschen zu töten, aber sie wissen nicht, wie man zu Gott betet.«

Ich weiß nicht, wie weit in unserm Kreise der Glaube herrscht, daß das Weltbild der Wissenschaft, das heißt das Weltbild, wie es unser Verstand gestaltet und gestalten muß, wirklich die Wirklichkeit der Welt erschöpft. Ich will auch nicht die Frage aufwerfen, wie weit heute die Wissenschaft beansprucht, mit ihren Methoden den letzten Sinn und das Wesen der Welt zu erfassen. Das ist freilich richtig, daß in unserem Kreis niemand seine Augen vor dem verschließen darf, was die Wissenschaft zu sagen hat, daß er ihre Ansprüche zu durchdenken hat und abmessen muß, wie weit er ihnen für seine Lebensauffassung und -gestaltung Recht geben muß. Es ist aber ebenso eine Pflicht der Wahrhaftigkeit, für das eigene innere Leben den Sinn offen zu halten und sich den Erlebnissen des eigenen Herzens nicht zu verschließen, und zu fragen, ob die Dinge, die uns umgeben, und das Geschehen, in das wir gestellt sind, nicht auch noch mit einer anderen Sprache zu uns spricht als der, die die Wissenschaft mit ihren Organen zu erfassen vermag. So lange wir Menschen auf Erden sind, dringen viele Stimmen aus der Wirklichkeit, die uns umgibt, an uns heran, und es sind Stimmen, die sich oft widersprechen, und vielleicht wird es uns nie gelingen, sie in einer Harmonie zusammenzuhören; aber es ist Sünde gegen uns selbst, diese Vielheit zu vergessen und unser Ohr nur einem Klang zu öffnen, sei er der schmeichelndste oder sei er der einfachste. Und wir können nur lauschen, ob wir einen tiefen Grundklang hören, der stets mitklingt, mag er noch so vielfach umspielt und übertönt werden. Und so viele Stimmen wir hören, so viele Kräfte spüren wir an uns wirken. Was aber ein Menschenleben letzten Endes tragen kann, ist nur die Kraft, die dem Menschen in seinem innersten Leben aufgegangen ist, ihn überwältigt hat; die wir als die Macht über alles erfassen, oder die uns erfaßt, die uns unterwirft, *so*, daß wir uns frei wissen. Aber freilich: Wie schwankend ist unser inneres Leben oft, und wie selten und dürftig sind die Erlebnisse, die es uns unmittelbar gewiß machen, von der großen, der göttlichen Kraft getragen zu sein, zu der emporblicken »beten« heißen könnte! Wie oft muß es heißen aus *innerer Armut* heraus: »Wir wissen nicht, was wir beten sollen!«

Aber gibt es nicht ein Erlebnis, das keinem erspart bleibt, das uns beten lehrt? »Not lehrt beten!« Ja, wenn es damit getan wäre, daß Not und Leid uns unsere Hülflosigkeit zum Bewußtsein brächte, in uns die Sehnsucht nach Hülfe und Befreiung weckte, uns Seufzer auf die Lippen legte, – dann freilich lehrte Not beten. Aber das Seufzen, von dem Paulus redet, ist nicht von der Not, sondern vom Geist eingegeben. Und es gibt ebenso Menschen, ehrliche Menschen, denen Not und Leid erst die Sinnlosigkeit unseres Daseins ganz zu offenbaren scheint, und sie müssen in der Not erst recht sprechen: »Wir wissen nicht, was wir beten sollen!«

Aber *eines* freilich kann uns Not und Leid doch lehren – wahrlich nicht, was wir beten sollen, wie sich's gebührt – aber eben den *tiefsten* Sinn dieses Wortes: »Wir wissen nicht, was wir beten sollen!« Es mag schon sein, daß Not und Leid in uns den Wunsch wecken, wieder einmal zu beten, was wir lange verlernt hatten – wieder beten zu *können*! Und warum vermögen wir es nicht? Weil wir spüren, was es heißen würde: beten, mit Gott reden! Wir müssen vor Gott verstummen! Oder vielleicht muß ich sagen: Wir müssen vor dem *Gedanken* Gottes verstummen. Denn mag es uns dann gewiß sein, ob Gott *ist* oder nicht, – eines ist uns *ganz* gewiß, daß wir so, wie wir sind, nicht vor Gott treten könnten: so klein, so kümmerlich, so schwach, so befleckt! Wie darf ich mich unterwinden, mit ihm zu reden, ich, der ich Staub und Asche bin! (vgl. Gen 18,27) Wir fühlen, daß vor dem Gedanken Gottes alle einzelnen kleinen und großen Wünsche verstummen müssen, daß die Welt versinken muß. Es kommt eine Ahnung über uns: Beten heißt mit Gott allein sein. Und da gilt Luthers Wort von dem, der Gott nahen will: Er muß »mit allem Fleiß sein und Gottes wahrnehmen, nit anders, denn als wäre er und Gott allein im Himmel und auf Erden und Gott mit niemand denn mit ihm zu schaffen hätt« (M. Luther, Magnificat, WA 7, S. 565 f.). Und davor graut uns. Eben das vermögen wir nicht. Und – mag Gott sein oder nicht – es ist ein Urteil über uns selbst, das wir vollziehen müssen, ein Bekenntnis der Beschämung: »Wir wissen nicht, was wir beten sollen!«

II

Der Geist hilft unsrer Schwachheit auf

> »Wir steigen im Gebete
> Zu ihm wie aus dem Tod.
> Sein Hauch, der uns umwehte,
> Tat unserm Herzen not.«

Ja, das wäre es, wonach uns verlangte: emporzutauchen aus dem Tode, den Hauch des Lebens zu spüren! Wie vermag uns das zu Teil zu werden? Eines ist dazu jedenfalls das erste: zu spüren, daß unser Leben ohne Gott ein Scheinleben ist, daß es in Wahrheit der *Tod* ist. Daß all das, was uns umgab und erfreute, worin wir wirkten und wovon wir uns tragen ließen, uns innerlich fremd werden kann, daß es für uns nichts bedeutet. Es hatte seinen Glanz und seine Farben im Grunde von der natürlichen Lebenskraft und Lebensfreude, die aus uns selbst strahlte und ihm den Wert gab, und wenn unsre Kraft versagt, wenn sie zusammenbricht in äußerer oder innerer Not, wenn sie erschlafft im Genuß, wenn sie erlahmt in der dauernden Anspannung – so erlischt der Glanz, so verblassen die Farben, und unsere Welt wird uns fremd, sie ist erstorben. Und wir selbst? Spüren wir dann nicht ein Leben in uns, ist unsere Lebenskraft ganz aufgegangen in der Welt, so sind wir ebenso erstorben und tot. Wir spüren, was Gott für uns bedeuten würde, wir spüren, was Beten für uns bedeuten würde:

> »Wir steigen im Gebete
> Zu ihm wie aus dem Tod!«

Aber wir fühlen dann auch, daß wir trotz aller Beschämung und Demütigung ein Stück weiter gekommen sind als vorher: Wir sind der Wirklichkeit ein Stück näher gekommen. *Ist* Gott, so ist er das Wirkliche, das unverschleierte Wirkliche, und je mehr für uns Schein und Lüge versinken, desto näher kommen wir der Wirklichkeit. Vielleicht sieht diese Wirklichkeit anders aus, als wir uns Gott vorgestellt hatten, und vermögen wir sie nicht Gott zu nennen. Vielleicht beginnen wir aber doch zu spüren, daß die Wirklichkeit nichts anderes ist als Gott.

Denn wenn wir nur zu *einem* bereit sind: dieser Beschämung stillezuhalten, sie nicht abzuschütteln, sondern [Zufügung im Ms.: »zu erkennen, daß wir tot waren trotz allen Scheinlebens«] das Gericht wirklich an uns [zu] vollziehen, so macht es uns anders, so befreit es uns. Es kommt uns zum Bewußtsein, daß wir gerade dann bereit sein könnten für Gott; denn dann ist wirklich alles von uns abgefallen, was uns fesselte und beirrte, dann schweigen Wünsche und Eitelkeit, dann stehen wir allein vor Gott – »nit anders, denn als wäre er und Gott allein im Himmel und auf Erden und Gott mit niemand denn mit ihm zu schaffen hätt.« Aber dann ist uns das Wort ein Trost, es hat einen neuen Glanz gewonnen. Die Beschämung wird in uns zur Demut, und aus der Demut wächst das Vertrauen. Denn die Beschämung empfinden wir als Gericht und Reinigung, die Demut aber nicht als Leistung, sondern als Befreiung [, als] Geschenk, als Gnade. Wir *dürfen* uns beugen. Und als Geschenk, als Gnade erleben wir es, daß wir im Vertrauen aufblicken zu der Macht, die uns demütigte:

> »Wir steigen im Gebete
> Zu ihm wie aus dem Tod.
> Sein Hauch, der uns umwehte,
> Tat unserm Herzen not.«

Wir haben das Gebet, »wie sich's gebührt«, nicht gefunden oder erfunden; es ward uns geschenkt. Wir wissen: »Der Geist hilft unsrer Schwachheit auf«, der Geist, sein »Hauch, der uns umwehte«. Und es braucht der Worte nicht, die alten Wünsche schweigen. »Der Geist vertritt uns mit unaussprechlichem Seufzen. Der aber die Herzen erforscht, Gott, der weiß, was des Geistes Sinn ist.«

Vielleicht habe ich dem einen zu viel gesagt, dem andern zu wenig. Zu wenig: denn ich kann nicht sagen, wie es zugehen müsse, daß der Mensch, der sich schweigend beugt, von diesem Geist erfüllt wird, der ihm unaussprechliche Seufzer auf die Lippen legt. Und ich kann nicht schildern, auf wie verschiedenen Wegen Menschen zu solchem Erlebnis geführt werden können. Nur das vermag ich zu sagen, daß solches Erlebnis des inneren Sterbens, des Gerichtes, der Beschämung von dem, der es in sich aufnimmt, als Befreiung und Begnadigung empfunden werden kann. Zu viel: denn nicht für jeden und nicht stets führt der Weg zum Gebet durch die Tiefe der Angst und Verzweiflung. Auch Freude und Glück können demütigen: »Herr, ich bin viel zu gering aller Barmherzigkeit und aller Treue, die du an deinem Knechte getan hast« (Gen 32,11).

Aber *eines* gilt doch für alle: zu wissen, was das Gebet bedeutet, eben dies:

> »Wir steigen im Gebete
> Zu ihm wie aus dem Tod.«

Dazu gehört, daß wir des Todes inne werden, in dem wir ohne Gott stehen. Daß wir wissen, daß all das Tun und Treiben unseres Lebens mit seinen Höhen und Tiefen wie mit dem Einerlei des Alltags für uns den Tod bedeuten kann, wenn wir darin aufgezehrt werden, weil es unserm Herzen not tut, von seinem Hauch umweht zu werden. Wenn ich an das Bild erinnern darf, das wir vorhin gebrauchten: Wollen wir über der Fülle der Klänge, die unsre Welt erfüllen, den tiefen Grundklang nicht überhören, so müssen wir Distanz gewinnen von jener Fülle, müssen unsere innere Freiheit bewahren.

Das bedeutet nicht, daß wir aus der Welt fliehen sollen, ihren Gaben und Aufgaben uns entziehen sollen. Vielmehr neu wird sie uns wiedergeschenkt. In ihr haben wir doch unser Schicksal; je stärker wir fühlen, daß uns das entscheidende Erlebnis in unserem Schicksal geschenkt ist, daß wir so geführt wurden, desto weniger werden wir künstlich uns selbst unser Schicksal machen wollen, indem wir aus der Welt und unserer Verflechtung mit ihr fliehen. Es wäre ja nur Selbstbetrug, denn das wichtigste Stück Welt tragen wir an uns selbst mit herum, und ihm können wir nicht entfliehen. Und nur einen Weg der Freiheit von der Welt gibt es: jene innere Erkenntnis unseres Todes. Wir nehmen vielmehr die Welt, in der uns Gott unser Schicksal schenkte, neu entgegen mit Arbeit und Pflicht, mit Sorge und Freude. Gewiß, daß uns in unserm Schicksal in ihr Gott wieder begegnen wird, wenn wir den Sinn für ihn offen halten.

Und wie es keine Methode der Weltflucht gibt, die uns helfen könnte, so auch keine Methode der inneren Versenkung, die uns durch geistige Anstrengung von Stufe zu Stufe führte bis zum letzten Schauen. Mögen wir durch geistige Übungen allerlei Organe in uns entwickeln können, wovon heute viele träumen, der Geist des Gebetes kann uns nur geschenkt werden. Vergessen wir, daß wir schwach sind und daß der Geist sich unserer Schwachheit annimmt, so haben wir vergessen, daß wir das Wichtigste und Höchste nur als Geschenk empfangen können. Die ewige Sehnsucht, emporzutauchen aus dem Tode, kennt keine Methode geistiger Übung, und »der Wind weht, wo er will, und du hörst sein Sausen, aber du weißt nicht, woher er kommt und wohin er fährt!« (Joh 3,8) Wer es erfahren hat, der atmet gerade darüber erleichtert auf, daß er hier nichts zu machen braucht, daß er alles Künstliche, alles Gewollte, Bezweckte von sich absinken lassen kann.

> »Wir steigen im Gebete
> Zu ihm wie aus dem Tod.
> Sein Hauch, der uns umwehte,
> Tat unserm Herzen not.«

Es gibt freilich eine schöne Sitte des Gebetes, die fern von aller Methode ist: Morgen- und Abendgebet, Tischgebet oder das Gemeindegebet im Gottesdienst. Sie sind keine Methode der Seelenführung, sondern wo sie lebendig und natürlich sind, sind sie wertvolle Augenblicke der Besinnung und Andacht. Sie können uns gewiß nicht jedesmal zu Augenblicken tiefsten Erlebens werden [Ms.: »bedeuten«], aber sie können uns doch helfen, daß jenes Verhältnis innerer Freiheit zu einem Grundklang unseres Lebens wird. Das aber heißt bereit sein für den Geist, und wer bereit ist, ist voll Vertrauen, und ihm klingt es als Verheißung: »Der Wind weht, wo er will, und du hörst sein Sausen wohl, aber du weißt nicht, woher er kommt und wohin er fährt. Also ist es mit jedem, der aus dem Geist geboren ist.«

Stimme des Schicksals – Gottes Stimme

Traueransprache um Weihnachten 1921 (oder 1922) in Marburg (?)

Die Worte menschlicher Teilnahme, die Worte aus Kollegen-, aus Freundesmund sind gesprochen, Worte herzlicher Verbundenheit, Worte der Wertschätzung, Worte des Schmerzes. *Eines* bleibt uns noch zu sagen übrig: zu sagen, wie wir uns zurechtfinden in dieser Not, wie wir Ruhe gewinnen gegenüber diesem Schicksal. Das bleibt uns noch zu sagen? Das *bliebe* uns wohl zu sagen, wenn wir es vermöchten! Aber wer vermag solches zu sagen!

Nein, es bleibt uns in Wahrheit ein anderes: zu schweigen und zu lauschen, denn eine andere Stimme redet: das Schicksal, des Todes furchtbare Majestät. Und uns bleibt nur, zu lauschen. Denn das ist der einzige Weg, in diesem Leid einen Halt zu gewinnen: es nicht zu verhüllen mit voreiligen Trostgründen und uns nicht von ihm abzuwenden und unser Inneres vor ihm zu verschließen, sondern ihm ins Auge zu sehen und seiner Stimme zu lauschen. Denn eines ist gewiß: Was in solchem Schicksal offenbar wird, ist tiefe, harte Wirklichkeit, unverhüllt und ohne schönen Schein. Und wer keinen Scheintrost will, der kann nur eines wollen: zur letzten Wirklichkeit durchdringen, aus der unser Schicksal hervorwächst, ob er hier Ruhe finde.

Aber wird uns hier Ruhe und Trost? Ist diese Wirklichkeit nicht trostlos und erdrückend? Oder sollte es wahr sein, daß die einzige unmittelbare Offenbarung Gottes für uns Tod und Sterben ist? Das wenigstens ist wahr, daß Gott nur die letzte, tiefste Macht unseres Seins, die letzte, tiefste Wirklichkeit bedeuten kann, und ebenso dies, daß das Schicksal des Todes uns vor solche letzte Wirklichkeit stellt. Und die Frage ist, ob wir aus solchem Schicksal Gottes Stimme zu hören vermögen. Und dafür gibt es nur *einen* Weg: stille zu sein und zu lauschen.

Das ist freilich das Schwerste, was man einem Menschen zumuten kann. Aber das wird uns zugemutet, und kein Vorbeireden und Vorbeisehen hilft, wenn wir ehrlich bleiben wollen. Das wird uns zugemutet, und kein Mensch nimmt uns den Weg in die Einsamkeit, in die Stille ab.

Nur eines darf ich vielleicht sagen: welche Kraft uns auf diesem Weg führen kann: die Dankbarkeit. Wir wollen all des Guten, des Edlen und Schönen, das vor uns versank, nicht nur gedenken mit Klage, sondern vor allem mit Dankbarkeit. Das darf ich euch vor allem sagen, die ihr am meisten verloren habt. Und ich darf nur andeuten, was für ein Bild des Guten, Edlen und Schönen mir erwuchs aus kurzen Eindrücken persönlicher Berührung und aus dem Widerklang vom Wesen des Verstorbenen bei denen, die ihm nahe standen: das Bild des Mannes voll Sicherheit und Ritterlichkeit, voll Freundlichkeit und Heiterkeit; das Bild von seinem Lebenswege, auf dem ihm die Mächte des Geisteslebens einen Reichtum an innerem Besitz schenkten in Elternhaus und Bildungsgang; die Ehe, die ein gemeinsames Wachsen und Sich-Bereichern war. Bringen wir die Kraft der Dankbarkeit auf, so vermögen wir die Bitterkeit von dem Gedenken fern zu halten, und nur dann ist unser Gedenken rein und würdig. Wir fühlen all das, dessen wir gedenken, als Geschenk, als köstliche Gabe, die uns reich machte auf unserem Wege; ja, als Gabe, die uns ein innerer Besitz bleibt und uns dauernd reich macht.

Unser Weg führt weiter, und wir kennen sein Ziel nicht, aber wir tragen, was uns gegeben war, als heiligen Besitz mit uns. Und dann mag es uns gelingen, daß auch der Schmerz uns ein heiliger Besitz wird, der uns reicher macht auf unserem Wege, daß wir dem Schmerz stillhalten können für das, was er uns sagen will. Er kann einen Sinn für uns gewinnen und wird doch nicht aufhören, ein Rätsel zu sein. Kein anderer kann für uns den Sinn deuten; wir allein können hören, was er zu uns spricht. Wir Menschen haben alle die Freiheit, an unserm Schicksal vorbeizugehen, und das nennt man wohl auch so: »mit dem Leben fertig werden«. Sein Schicksal *meistern* kann nur der, der sich zuerst von seinem Schicksal hat meistern lassen, der sein Schicksal zu sich hat sprechen lassen. Denn sein Schicksal meistern heißt doch zu seinem Sinn durchdringen, ihm einen Reichtum abgewinnen, es fruchtbar machen für sein Leben. Neue Pflichten wachsen für euer Leben gerade aus diesem Schicksal, und doch können diese

Pflichten als heilige nur dann erfüllt werden, wenn sie nicht aufgefaßt werden als Mittel der Selbstbetäubung, sondern mit innerer Freude, als Vermächtnis dessen, der von euch gegangen.

O Gott, du tiefste Wurzel unseres Seins, du letzte Macht unseres Schicksals! Schwer ist der Weg zu dir. Aber unser Herz ist unruhig in uns, bis es Ruhe findet in dir (Augustinus, Bekenntnisse I, 1). Gib uns Kraft, in die Stille zu gehen, unserem Schicksal zu lauschen und unter tausend Schmerzen aus ihm zu schöpfen Kraft, *deine* Kraft, daß wir Herr unseres Schicksals werden.

O Gott, du wunderbarer und rätselvoller! Du spendest Freude und Leid in buntem Wechsel, ja in furchtbarem, erschütterndem Wechsel, und in die Weihnachtsfreude gibst du Totenklage, und wir verstehen nicht deine Gedanken. Gib uns Kraft, auch deine Rätsel zu tragen. Gib uns Kraft, in der Freude, die du schickst, die innere Freiheit zu bewahren, daß uns stets ein heimliches Gefühl begleite: Das alles ist dein Geschenk, du kannst geben, du kannst nehmen (vgl. Hiob 1,21). Gib uns Kraft, auch in das Leid hinein den Glauben zu nehmen, daß deine Hand auch in dem schwersten Schicksal waltet, daß deine Stimme zu uns sprechen will.

O Gott, voll Furchtbarkeit und voll Segen! Wir bitten nicht: Gib uns Trost; denn wir wissen, du willst ihn uns geben. Aber wir bitten: Gib uns Kraft, bereit zu sein, deinen Trost zu empfangen auch unter Schmerzen!

So mögen denn am Schluß unserer Besinnung zwei Worte stehen von Männern, die aus Schicksal und Tod Gottes Stimme sprechen hörten. Zwei Worte, deren Kraft wir vielleicht schon empfinden, oder die uns doch ein Wegweiser sein können.

> »Denn unser keiner lebt ihm selber,
> Und keiner stirbt ihm selber.
> Leben wir, so leben wir dem Herrn;
> Sterben wir, so sterben wir dem Herrn.
> Darum, wir leben oder sterben,
> So sind wir des Herrn.«
>
> (Röm 14,7 f.)

Hölderlin:

> »Die Linien des Lebens sind verschieden,
> Wie Wege sind, und wie der Berge Grenzen.
> Was hier wir sind, kann dort ein Gott ergänzen
> Mit Harmonien und ewigem Lohn und Frieden.«

In solchem Sinne bitten wir um den Segen des Herrn.

Nacht

Abendandacht am Samstag, den 18. Februar 1922 in Marburg (Michelchen)

»Nacht ist es: nun reden lauter alle springenden Brunnen.
Und auch meine Seele ist ein springender Brunnen.«

(Fr. Nietzsche, Zarathustra II, Das Nachtlied, SW IV, München 1980, S. 136)

Meine Freunde! Was in unsrer Seele wach wird und laut werden will in dieser Abendstunde, das wollte Gestalt gewinnen in Lied und Gebet. Und auf unsre Fragen erklang uns Antwort aus den Worten der Schrift. So wollten wir uns bereit machen, den Segen dieser abendlichen Stunde [zu] empfangen.

Den Segen dieser abendlichen Stunde! Für uns ist die Zeit vergangen, da die Menschen mit Grauen oder Bangen der dunklen Nacht entgegensahen, da der lieben Sonne Schein vergangen war. Was wir von den ältesten Zeiten unseres Geschlechtes wissen, zeigt uns, daß man einst ein Grauen vor der Nacht empfand, in der unheimliche Mächte ihr Wesen treiben. Aber auch in den Worten der Schrift und den Versen des Gesangbuchs stoßen wir auf manches Wort, das uns befremden mag mit seiner Angst vor dem Unheimlichen der Nacht und ihren Gefahren, Worte von der »betrübten Nacht«, von der »Nacht, des Tages Feind« (J. Rist, Werde munter, mein Gemüte, 4. Str. [Kirchen-Gesangbuch Hessen-Cassel]; P. Gerhardt, Nun ruhen alle Wälder, 2. Str.).

Wir heute erhellen in Haus und Straße die Nacht mit unserm künstlichen Licht, wie es unsere Vorväter nicht kannten; wir sind an Ruhe und Ordnung des bürgerlichen Lebens gewöhnt und denken kaum je an Gefahren der Nacht. Vor allem: Für unsern arbeitsüberhäuften, zeitberechnenden und zeiteinteilenden Sinn ist die Spanne der Nacht zusammengeschrumpft, und für unser wissenschaftlich geschultes Denken hat der Prozeß von Schlafen und Wachen, haben die Träume scheinbar das Rätselvolle, Unheimliche verloren, sind [Ms.: »ist«] wie selbstverständlich geworden. Die Nacht hat ihr Grauen verloren. Wir wünschen uns »gute Nacht«, und kaum wird die Bitte in uns *ernstlich* lebendig, daß uns und unsre Lieben in der Nacht »kein Unfall noch Gefahr« betrüben möge. Und zur poetischen Form ist es für uns geworden: »Stell uns die güldnen Waffen ums Bett und deiner Helden Schar« (vgl. P. Gerhardt, a. a. O., 9 Str.). Nur manche wissen noch von dem Grauen der Nacht: die ein schweres Leid drückt, daß der Schlaf sie flieht und sie seufzen mögen: »Hüter, ist die Nacht schier hin?« (Jes 21,11); die Kranken, die banger, heißer Fiebernacht entgegensehen.

Meine Freunde! In Wahrheit sind wir wohl die Kranken, denen mit dem Grauen auch das Wunder der Nacht verloren gegangen ist. Uns ist das Gefühl dafür entschwunden, wie unsere Existenz an die unheimlichen Mächte der Natur gebunden ist. Wie unser bewußtes Leben ermüdet und verlischt. Wir lassen uns versinken in den dunklen Strom des Webens der rätselvollen Naturkräfte, und wir fühlen nicht mehr das Wunderbare, wie am nächsten Morgen unser Bewußtsein wieder aus diesem dunklen Strom auftaucht. Denn ist es nicht ein Wunder? Und wird uns nicht, wenn wir uns besinnen, die Nacht zum Gleichnis unseres ganzen Seins? Wie es umfangen ist von unheimlichen Gewalten! Wie so gering ist, was unser eigenes Wollen und Wirken bedeutet! Meine Freunde! Wir stehen hier vor Gottes Angesicht, und so ist die Stunde der anbrechenden Nacht uns ein Gleichnis, das *er* uns aufgegeben hat, daß wir inne werden seiner Majestät und Macht, unserer Ohnmacht und Kleinheit.

Aber stehen wir vor ihm, so fühlen wir unsere Ohnmacht nicht als schwere Fessel. Nein, wir fühlen mit staunender Andacht: Wir *dürfen* ohnmächtig sein. Wie wir es so oft als Geschenk fühlen, daß wir versinken dürfen in den umfangenden Schlaf, da für Stunden Pflicht und Verantwortung schweigen, so wird uns auch dies Geschenk zum Gleichnis: Es ist nicht mehr die unheimliche Macht, die unser Leben in ihren Strudel hineinzieht und wieder heraufspült in blindem Spiel; es ist die große Hand, die über uns waltet, die uns umfängt, in deren Schutz wir uns betten dürfen wie in den Frieden der Nacht.

Ist uns solche abendliche Stunde zum Gleichnis geworden, so will sie uns weiter die Fülle ihres Segens offenbaren. Wir vermögen die Stimmen zu hören, die da erzählen »vom Tage, vom heute gewesenen Tage« (Ed. Mörike, Um Mitternacht, Z. 7 f. 15 f.). Können wir Abend und Nacht nehmen aus Gottes Hand, so können wir auch fassen, daß der vergangene Tag trotz aller Schwäche und Kläglichkeit unter der Sonne seiner Gnade stand, wie er reich war an Gaben und Verheißungen. Denn alle Töne, die für uns erklangen, sind Verheißung und Beginn einer Melodie, und alle Kräfte und Säfte, die sich regten, sind Verheißung der Frucht, die reifen soll. Und Demut und Dank wird in uns wach. »Herr, ich bin viel zu gering aller Barmherzigkeit und Treue, die du an deinem Knechte getan hast« (Gen 32,11). Und ist nicht auch der Kampf, in dem wir vielleicht standen, die Not, die uns drückte, eine Gabe, eine Verheißung, die uns reiner und fester, stärker und reifer machen wollte? Wird nicht all das zur Sprache Gottes? Und wächst nicht daraus die Verheißung für den kommenden Tag, die kommende Woche? Daß wir sie nicht nehmen als den selbstverständlich folgenden Zeitabschnitt, sondern auch als Gottes Geschenk mit seinen Aufgaben und seinen Verheißungen?

Die Stimmen des Abends, die Stimmen der Nacht werden uns vernehmlich, und was uns umgibt von ihren Lichtern und Stimmen, wird uns reicher und reicher als Gleichnis, in der die andere Welt zu uns redet. Als Gleichnis, das sich ein jeder deuten soll für sich selbst.

»O Nacht, du Sternenbronnen,
Ich bade Leib und Geist
In deinen tausend Sonnen –

O Nacht, die mich umfleußt
Mit Offenbarungswonnen,
Ergib mir, was du weißt!

O Nacht, du tiefer Bronnen...«

Vielleicht wird ein Gleichnis in uns wach, das wohl zu allen Zeiten aus der Nacht zu Menschen sprach, daß sie seiner Herr werden sollten, das Gleichnis des Abendliedes:

> »Der Leib eilt nun zur Ruhe,
> Legt ab das Kleid und Schuhe,
> Das [Ms.: »ein«] Bild der Sterblichkeit.«
>
> (P. Gerhardt, a. a. O., 4. Str.)

Was jede Nacht abbildet: wie unser bewußtes Leben rätselhaft versinkt, das hat seinen Höhepunkt in der letzten Nacht, da für unser menschliches Auge unser Leben ganz verschlungen wird von finsteren Gewalten, die wir nicht kennen. Vermögen wir einst auch, in diese Nacht hineinzugehen mit dem Vertrauen, umfangen zu sein von der Hand der Gnade, daß auch diese Nacht uns zur Verheißung wird? Wer den Sinn verliert für das Wunder einer jeden Nacht, der wird auch ratlos vor dem Wunder der letzten Nacht stehen. Und wessen Abende und Nächte reich und reicher werden an Verheißung, der vermag wohl auch etwas zu ahnen von der Verheißung, die die letzte Nacht erhellt.

> »Die Dunkelheit ist da, und alles schweiget;
> Mein Geist vor dir, o Majestät, sich beuget.
> Ins Heiligtum, ins Dunkle kehr ich ein;
> Herr, rede du, laß mich ganz stille sein.«
>
> (G. Tersteegen, Der Abend kommt, 7. Str.)

Amen.

1. Johannes 3,1–2
Als Ewig-Vorläufige vor dem Ewigen

Abendandacht am Samstag, den 8. Juli 1922 in Marburg (Michelchen)

Seht, welch eine Liebe hat uns der Vater erzeigt, daß wir Gottes Kinder sollen heißen! Und wir sind es. Darum kennt uns die Welt nicht; denn sie kennt ihn nicht.

Meine Lieben, wir sind nun Gottes Kinder, und es ist noch nicht erschienen, was wir sein werden. Wir wissen aber: Wenn es erscheinen wird, werden wir ihm gleich sein; denn wir werden ihn sehen, wie er ist.

Die wöchentliche Arbeit ist getan; der Tag der Ruhe kommt. *Ist* es ein Tag der Ruhe? Ist die Arbeit der Woche wirklich vollendet? oder nur geendet für einen Augenblick? Gibt es für uns vollendete Arbeit? Ist nicht alles angefangen und weist über sich selbst hinaus? die beendete Arbeitswoche auf die beginnende? der Sonnabend auf den Montag? Und der Sonntag ist nur eine kurze Pause der Erholung, so daß im Grunde auch er im Dienst der drängenden Arbeit steht? Wo hat unser Leben den Schwerpunkt, in der vorwärtsdrängenden Unruhe der Woche oder in der Ruhe und Erfüllung des Sonntags?

Oder ist das Nebeneinander von Arbeitswoche und Sonntag gar ein Symbol für einen Zwiespalt, der sich durch unser ganzes Leben zieht? Für ein Nebeneinander der geistigen Mächte, die in ihm walten und für die wir keine Einheit finden? Ja, wir haben freilich eine Einheit gefunden, wenn der Sonntag als bloßer Tag der Erholung in den Dienst der Woche gestellt ist. Aber um welchen Preis! Um den Preis der Ruhe, der Vollendung und Erfüllung unseres Wesens. Da wäre es wahrlich besser, wir empfänden bitter und brennend den Zwiespalt, damit wir wissen, woran wir kranken.

(Es ist ja nicht nur so, daß wir durch unsere Natur, ihre Bedürfnisse und ihre Schwäche, auf einen beständigen Kampf um unsere leibliche Existenz angewiesen sind, daß wir stets mit unserer Arbeit unser Brot verdienen müssen, daß wir nie sagen dürfen zu unserer Seele: »Liebe Seele, du hast einen großen Vorrat auf viele Jahre; habe nun Ruhe, iß und trink und habe guten Mut« (Lk 12,19). Oder wenn es scheinbar einige wenige gibt, die meinen, sie könnten so sprechen: *darum* wollen wir sie nicht beneiden. Denn *das* ist gar nicht das Gefährlichste, daß man sich mit schwerer Arbeit sein Leben erkaufen muß, so qualvoll und jämmerlich die äußere Last der Lebensnotwendigkeiten für viele ist. [Im Ms. nachträglich eingeklammert])

Die größte Gefahr unseres Arbeitslebens liegt gerade in der Würde der Arbeit. Denn die Arbeit ist die Würde des Menschen, der sich über das Leben von Pflanze und Tier erhebt und über der Welt der Natur sein eigenes Reich baut, das Reich des Geistes, das Reich menschlicher Gemeinschaft, der Gemeinschaft der Arbeit. Wir sollen nicht nur wachsen und wieder vergehen wie die Wesen der Natur, die keine Spur ihres Lebens hinterlassen. Wir sollen wirken und gestalten. Jedem Menschen und jedem Geschlecht ist sein Werk als Aufgabe gestellt, und wie jeder auf den Werken der Vorfahren, auf ihren Einrichtungen, ihren Erkenntnissen, ihren Schöpfungen weiterbaut, so sollen wir ein Erbe unserer Werke den Nachkommen hinterlassen.

Aber diese Aufgabe der Weltgestaltung ist eine ewige Aufgabe; das Reich des Geistes und der Gemeinschaft, das wir als Herren der Natur, jenseits der Natur, errichten, ist ein nie vollendetes. Und die Werke, die ein Geschlecht dem andern hinterläßt, bedeuten für dies nur einen Anfang neuen Wirkens. Alles, was wir bauen und gestalten, ist dazu da, überholt, überwunden zu werden. Jede gelöste Aufgabe birgt neue Aufgaben in sich; jede Erkenntnis führt zu neuen Fragen; jedes Ergebnis veraltet und verliert seinen Sinn.

Der Optimismus des Fortschrittglaubens, der seine Zeit stets für besser hält als die früheren, der gar in oberflächlicher Selbsttäuschung seine Zeit im großen und ganzen für die Höhe der menschlichen Kultur hält, ist uns heute zerbrochen und lächerlich geworden. Die Kultur, die nicht einsieht, daß sie nur eine Stufe auf dem Wege ist, die sich für absolut hält, ist dem Fluch des Todes verfallen. Alles menschliche Gestalten ist relativ, ist vorläufig.

Wir wollen freilich nicht vorschnell, wenn wir der Unendlichkeit unserer Aufgabe inne werden, verzagen und von dem Fluch der Relativität, des Ewig-Vorläufigen, reden. Denn sie ist für uns auch ein Segen. Nicht nur, weil alles Wirken und Gestalten Beglückung in sich trägt. Sondern, weil sie uns lebendig und wahrhaftig erhält. Wahrhaftig: denn alle Romantik, die es versucht, zur Natur, zum Primitiven zurückzukehren, ist mit innerer Unwahrhaftigkeit belastet; denn niemand kann ganz ernst damit machen. Lebendig: denn wer sich für fertig und abgeschlossen hält, ist innerlich tot [Ms.: »Tod«]; und in unserm ewigen Werden liegt für uns Inhalt und Reichtum unseres Lebens.

Aber freilich ist jene Stimmung begreiflich, daß man zurückmöchte zur Natur, heraus aus der ermüdenden Aufgabe der Kultur, der Weltgestaltung. Denn was uns zum Segen werden kann, jene Unendlichkeit der Aufgabe, kann uns auch zum Fluche werden. Dann, wenn das Ewig-Vorläufige das letzte Wort, der letzte Sinn unseres Lebens ist. Dann, wenn wir zu Sklaven der Arbeit werden. Zum Sklaven der Arbeit werden, das heißt: über der Zukunft die Gegenwart verlieren, die sinnvolle, erfüllte Gegenwart. Denn in Wahrheit sind nicht *die* Gegenwartsmenschen, die für alle aktuellen Fragen der fliehenden Zeit ein Organ haben, die gleich Stellung nehmen können, die richtig einrichten und berechnen können, sondern die, die jenseits der fliehenden Zeit eine Gegenwart kennen, die ihren Sinn in sich trägt, die dem Strom des Ewig-Vorläufigen entnommen ist. Unsere Arbeit kann uns zu Sklaven der Zukunft machen; denn in ihr regiert der Zweck, und jeder Augenblick steht im Dienste eines kommenden, jedes Tun erhält seinen Sinn durch etwas, was werden soll und noch nicht ist. Zum Sklaven der Arbeit werden, das heißt: über dem Tun das Sein verlieren. In der Arbeit ist alles auf das Tun gestellt, auf die Gestaltung. Und alles Tun und Gestalten ist ein Ewig-Vorläufiges.

Wo bleiben wir selbst dabei? Haben wir noch ein Selbst, ein Sein? Oder sind wir selbst auch nur ein Ewig-Vorläufiges? ein Scheinwesen, das immer mitten inne steht zwischen einem »Nicht mehr« und einem »Noch nicht«? Die ganze Problematik, die ganze Fragwürdigkeit unseres Lebens tut sich vor uns auf. Ist nicht aller Inhalt und Reichtum unseres Lebens ein Schein, der uns im Grunde nichts angeht? Ja, in dieser Welt des Gestaltens, des Ewig-Vorläufigen haben wir kein Sein, kein erfülltes Selbst. Hier gibt es kein Sein, sondern nur ein Werden, keine Ruhe und Erfüllung, nur Unruhe und Fragen. Es ist die Welt des Ewig-Vorläufigen.

»Meine Lieben, wir sind nun Gottes Kinder, und es ist noch nicht erschienen, was wir sein werden. Wir wissen aber: Wenn es erscheinen wird, werden wir ihm gleich sein; denn wir werden ihn sehen, wie er ist.«

Ja, gilt diese Verheißung uns wirklich? Dürfen wir aller Erscheinung zum Trotz behaupten, daß wir nicht nur ein Ewig-Vorläufiges sind? daß wir ein Wesen haben jenseits dieser Arbeitswelt? Der Weg zu solcher Gewißheit kann nur durch die Erkenntnis unserer Fragwürdigkeit hindurchgehen. Nur dann gelangen wir zu ihr, wenn wir es ganz ernst damit nehmen, daß dies Ewig-Vorläufige, diese Spannung zwischen dem »Nicht mehr« und »Noch nicht« zu unserem menschlichen Dasein gehört. Nur dann, wenn dies nicht nur eine Klage der Mutlosigkeit ist, sondern für uns ein inneres Gericht bedeutet, unter dem wir stehen; wenn diese Frage zur Unruhe für unser ganzes Leben wird und wir uns ihr nicht entziehen. Wir sind ja stets wieder in Gefahr, unser Arbeitsleben für etwas Letztes, Absolutes zu halten, stets bereit, unsere relative Existenz, unser relatives Werk als etwas Abgeschlossenes, Letztes anzusehen, stets zu vergessen, daß all unser Leben und Treiben über sich selbst hinausweist, stets zu vergessen, daß wir so, wie wir sind, etwas Ewig-Vorläufiges sind. Nein! Dies Gesetz des Ewig-Vorläufigen soll uns zu steter Mahnung, zu steter Anklage, zum inneren Gericht werden.

Und ist diese Frage nicht aus unserem eigenen Wunsch erwachsen (wir würden sie wahrlich gerne überhören), ist sie die Frage, die gewaltig und richtend an uns Menschen erklingt, so werden wir inne: Es ist Gottes Frage an uns. Ja, machen wir uns ihren Ernst klar, so geht es uns auf: Der Ewige selbst ist es, vor dem wir als die Ewig-Vorläufigen dastehen. Aber beugen wir uns und bejahen sein Gericht, so wird uns eben diese Frage zum Segen. Sie ist nicht nur Gottes Gericht; sie ist auch Gottes Geschenk. Er ist es, der unser Herz unruhig macht, und diese Unruhe ist unser Bestes in dieser Welt; sie wird uns zur Befreiung von dieser Welt. Sie gibt uns den Sinn für das Ewige, für die Welt Gottes.

»Seht, welch eine Liebe hat uns der Vater erzeigt, daß wir Gottes Kinder sollen heißen. Und wir sind es. Darum kennt uns die Welt nicht, denn sie kennt ihn nicht. Meine Lieben, wir sind nun Gottes Kinder, und es ist noch nicht erschienen, was wir sein werden. Wir wissen aber: Wenn es erscheinen wird, werden wir ihm gleich sein; denn wir werden ihn sehen, wie er ist.« Amen.

Genesis 32,11; Philipper 3,13
Zwischen Vergangenheit und Zukunft

Andacht zum Semesterschluß am Donnerstag, den 31. Juli 1924 in Marburg (Michelchen)

Meine Freunde! Zwei Textworte sollen unsere Feier leiten. Der erste Text zeigt Jakob in der entscheidenden Wendung seines Schicksals zwischen Vergangenheit und Zukunft. In das Kommende vorausblickend voll Angst, aber Kraft schöpfend aus dem Rückblick auf das Vergangene:

> *Herr, ich bin zu gering aller Barmherzigkeit und Treue, die du an deinem Knechte getan hast.*

Im zweiten Text redet Paulus; er blickt zurück auf die Vergangenheit als auf das, was abgetan ist; er zerreißt die Bindung an sie und blickt voraus in die Zukunft:

> *Ich vergesse, was dahinten ist, und strecke mich zu dem, was da vorne ist.*

Wir auch stehen wieder an einem Abschnitt unseres Lebens, an dem das Eingespanntsein zwischen Vergangenheit und Zukunft uns zum Bewußtsein kommt. Wie sollen wir rückwärts schauen? wie vorwärts? Es ist das Ende eines Semesters gemeinsamer Arbeit, und es ist das Natürliche, daß wir heute zurückschauen. Nun denn, *wie* sollen wir zurückschauen? *so* zurückschauen, daß die Rückschau und der Vorblick in das Kommende zusammen stimmen? Wie soll unser Verhältnis zur Vergangenheit sein: Soll die Erinnerung in uns wach werden, wie wir dies Semester begannen, was für Stunden es uns brachte? Sollen reiche und frohe Tage jetzt vor unserm Blick auftauchen? Stunden schwerer Entscheidungen, fruchtbarer Arbeit? Soll die *Erinnerung* diese Stunde beherrschen?

Oder soll es heißen: »Ich vergesse, was dahinten ist«? Zerreißen wir das Band, und geben wir dieser Stunde den rechten Sinn, wenn wir nur an das Kommende denken? das Vergangene *vergessen*?

Erinnerung oder Vergessen? Oder beides: *recht* erinnern und *recht* vergessen?

Erinnern und Vergessen fügen sich wohl zusammen. Und es wird die *natürliche Stimmung* an diesem Abend sein, daß die hellen und die reichen Tage und Stunden dieses Semesters in uns aufsteigen und die dunklen oder leeren versinken und verblassen. Die Schatten schwinden in der Erinnerung vor dem Licht, und Dank wird in uns laut: »Herr, ich bin zu gering aller Barmherzigkeit und Treue, die du an deinem Knechte getan hast.«

Oder ist das *doch nicht die natürliche Stimmung* eines jeden unter uns? Kann *nicht* bei jedem der Dank laut werden? Sind der Schatten zu viel? War zu drückend etwa äußere Not, so daß die Freude an der Arbeit nicht aufkommen konnte, die Hemmungen zu groß waren? War die Zeit doch zu reich an Enttäuschungen? Liegen da auch dunkle Stunden, deren Erinnerung drückt, Stunden der Feigheit, der Unwahrhaftigkeit, der Kleinheit und Kläglichkeit?

Ich wünschte uns allen, es wäre nicht so! Es wäre uns geschenkt, heute nicht nur in unsrer Absicht eins zu sein, sondern auch in unserer Stimmung des dankbaren Zurückblicks! Aber wir wollen uns auch dann gestehen: Die natürliche Stimmung ist in keinem Fall das abschließende Wort, das wir jetzt zu uns und zu einander zu sagen haben. *Das* kann ja nicht das rechte Erinnern und das rechte Vergessen sein, daß wir eine Auswahl treffen zwischen dem, was uns als Licht oder Schatten in dem Vergangenen erscheint. Daß wir vergäßen, was uns schmerzt, drückt oder beschämt, als gehöre es nicht auch zu uns und bedeute etwas für uns. Daß wir nur hervorsuchen, was uns freut, als könnten wir den Sinn unseres Lebens nur in die hellen Stunden setzen. Wäre das rechte Erinnern und Vergessen ein Auswählen, geleitet von unserm Anspruch auf Glück, so würden wir uns dem Schicksal ausliefern, das Macht hat über Licht und Schatten, und wonach wir greifen als nach unserm Glück, würde zerflattern.

Nein, wir dürfen nicht auswählen, sondern das Erinnern und das Vergessen kann sich nur auf das gleiche beziehen; es bedeutet das rechte Fragen nach dem, was das Vergangene uns sagen will.

Das *Vergangene?* Es ist Gegenwart, wenn es mit uns redet. Aber es redet nur mit uns, wenn wir hören können. Und dies Hören auf die Vergangenheit ist wohl ein Erinnern, aber ein Erinnern, das zugleich ein Vergessen ist. Das heißt, es ist nicht ein Erinnern, das sich mit Freude und Wehmut zugleich an das Vergangene *hingibt,* es ist keine Romantik, für die der *Traum* das Leben ist, die aus der grauen Gegenwart in ein sonniges Einst flüchtet – *flüchtet,* und so das Band zwischen Vergangenheit und Gegenwart zerreißt. Wir mögen wohl solche verführerischen Stunden kennen, und sie können jeden überfallen. Aber wer in der Vergangenheit sein Schönstes sieht, der ist der Vergangenheit verfallen, der ist vergangen und ist für die Gegenwart ein Gespenst oder eine Karikatur. Ich darf das doppelt stark betonen, denn wir kennen wohl alle die Menschen, für die die Studienzeit oder die ersten Semester im Glanz einer romantischen Erinnerung liegen und für die die Gegenwart grauer Alltag ist. Sie kennen nicht das rechte Vergessen; zu ihnen *redet* die Vergangenheit gar nicht; denn sie sind kein Gesprächspartner, der der Vergangenheit gegenübersteht; sie sind selbst nur ein Stück Vergangenheit.

Das Vergangene redet nur mit uns, wenn wir recht vergessen können, das heißt aber: *wenn wir eine Zukunft haben.* Aber freilich nicht eine Zukunft der Illusionen, der Wünsche und Ansprüche. Denn in Wünschen und Ansprüchen stehen wir bei dem, was wir *jetzt* sind, halten wir an dem fest, was wir jetzt sind. Wir wollen eigentlich gar keine Zukunft, sondern eine Gegenwart: Wenn dies und jenes erreicht ist, dies und jenes kommt, dann könnte die Zukunft aufhören, dann brauchen wir sie nicht mehr; dann – ja dann könnten wir »zum Augenblicke sagen: Verweile doch, du bist so schön!« (J. W. v. Goethe, Faust I, Z. 1699 f.; vgl. II, Z. 11581 f.)

Das heißt aber, wir haben eine Zukunft nur dann, wenn wir nicht bleiben wollen, wie wir sind, wenn wir uns nicht festhalten wollen im Jetzt, wenn wir den natürlichen Lebenstrieb, der eben das Jetzt festhalten will und durch Vergangenheit und Zukunft nur eben dies Jetzt füllen will, preisgeben. Alles soll besser, reicher, schöner werden, wenn nur *ich* da bin, dies alles auszuschöpfen, auszukosten! Nein! Alles mag bleiben, aber eben dieser Ich soll ein anderer, ein neuer werden. Sonst wären wir schon heute vergangen.

Aber *Zukunft* wollen, sie *ernstlich* wollen, heißt: *ewige* Zukunft wollen. Ich kann auch sagen, es heißt: *Ewigkeit* wollen; das aber bedeutet für uns, solange wir Menschen sind: ewig *Zukunft* wollen. »Nicht, daß ich es schon ergriffen habe...!« (Phil 3,12) Es gibt keinen Augenblick in unserm Leben, wo wir anders reden könnten und dürften.

Das Vergangene redet mit uns, wenn wir uns strecken nach dem, was vorne ist, das heißt aber: wenn wir bereit sind zu *vergessen. Was* vergessen? Nun, eben diesen Ich: »Was mir Gewinn war, das habe ich um Christi willen für Schaden geachtet« (Phil 3,7). Alles das, worauf ich Ansprüche gründete, was mich in meinem Lebenstrieb bestätigte, worin ich das letzte Wort behielt. [Randbemerkung im Ms.: »Die Vergangenheit nicht mehr unter das Licht des Ich stellen, wie sie sich dem natürlichen Lebenstriebe bot«] Das soll zerbrochen sein; nur einer soll das letzte Wort haben: Gott. Und er ist es, der aus der Vergangenheit zu uns redet; er schenkte uns die Vergangenheit nicht, damit wir uns eine Fülle schöner Erinnerungen sammeln und uns in unserm natürlichen Lebenstriebe festhalten, daß *wir* es zu etwas bringen, sondern [Randbemerkung im Ms.: »Weisungen für die Zukunft, vor allem aber Lebendigkeit.«] er schenkte sie uns, daß wir lebendig blieben, daß wir von uns loskommen, daß wir neu werden von Tag zu Tag, daß wir wissen: Wir sind auf der Wanderschaft. Und das wird der rechte Blick auf die Vergangenheit sein, der unter der Frage steht: Waren wir rechte *Wanderer,* Wanderer, die nicht ihr Herz verloren an dies und jenes, sei es Gutes, sei es Böses, das uns entzückte oder das uns erdrücken wollte? Wanderer, die wissen, daß sie weiter müssen? weiter zur Ewigkeit! Bereit sein für die Ewigkeit heißt bereit sein für Gott, und wir *haben* Gott nie. *Er* hat uns, aber wir schauen nur immer auf ihn, der uns begegnet, wie auf den, an dem wir vorübergegangen; auf den, der uns begegnet, das heißt: auf den Zukünftigen. Er begegnet uns nicht so, wie wir erwarteten, und sieht nicht aus wie das Bild, das wir uns von ihm machten. Sein Begegnen kann voll Schrecken sein und ist es immer, solange *wir* das letzte Wort behalten wollen. Aber wir sollen ihm begegnen, ihm nicht aus-

Genesis 32,11; Philipper 3,13

weichen, sondern ihm ins Auge sehen, mit ihm ringen, und es ist ein unheimlicher Kampf wie jener nächtliche Kampf an der Jordanfurt (vgl. Gen 32,23–33).

»Ich lasse dich nicht, du segnest mich denn!« (Gen 32,27) Sind wir bereit, es nachzusprechen? Es bedeutet ja, von *Gott* den Segen, von Gott alles zu erwarten. Bereit sein für Gott heißt sich selbst preisgeben. Das aber soll uns das Vergangene lehren: bereit zu sein für die Zukunft, für Gott. Und schauen wir so zurück, so ist sie uns Gegenwart, so redet sie deutlich zu uns, und ihre Stunden, die lichten wie die dunklen, offenbaren ihren Sinn: uns von uns selbst loszubringen, uns neu zu machen, uns hineinzuweisen in die Zukunft und für sie tüchtig zu machen.

Waren wir Wanderer? Sind wir ein Stück Weges weitergekommen? Wir wissen es und werten es vielleicht selbst noch nicht. Darum soll die Erinnerung lebendig bleiben, daß die Vergangenheit zu uns rede. Und dennoch, wenn wir heute nicht alles wissen, eins wissen wir, eins glauben wir, nicht daß wir Gott haben, sondern daß er uns hat, und so glauben wir, daß die Vergangenheit, auf die wir heute zurückblicken, von ihm geschenkt ist und wir ihn aus ihr zu uns reden hören. Wir glauben an ihren Reichtum, weil wir uns für ihn bereiten wollen. »Ich vergesse, was dahinten ist, und strecke mich nach dem, was vorne ist.« »Ich bin zu gering aller Barmherzigkeit und aller Treue, die du an deinem Knechte getan hast.«

1. Johannes 4,7–9.16–19
Gott ist die Liebe

Weihnachtsandacht am Freitag, den 19. Dezember 1924 in Marburg (Michelchen)

Ihr Lieben, laßt uns einander lieb haben, denn die Liebe ist von Gott, und wer lieb hat, der ist von Gott geboren und kennt Gott. Wer nicht lieb hat, der kennt Gott nicht, denn Gott ist (die) Liebe. Daran ist erschienen die Liebe Gottes gegen uns, daß Gott seinen eingebornen Sohn in die Welt gesandt hat, daß wir durch ihn leben sollen.

Und wir haben erkannt und geglaubt die Liebe, die Gott zu uns hat. Gott ist Liebe; und wer in der Liebe bleibt, der bleibt in Gott und Gott in ihm. Darin ist die Liebe völlig bei uns, daß wir Freudigkeit haben am Tage des Gerichts; denn gleichwie er ist, so sind auch wir in dieser Welt. Furcht ist nicht in der Liebe, sondern die völlige Liebe treibt die Furcht aus; denn die Furcht hat Pein. Wer sich aber fürchtet, der ist nicht völlig in der Liebe. Laßt uns ihn lieben, denn er hat uns zuerst geliebt.

Es ist für uns, die wir zusammen in der Arbeit stehen, ein Bedürfnis, auch eine Weihnachtsfeier zusammen zu haben. Der Tag der Weihnacht ist noch nicht da, und wir müssen ihn vorausnehmen. Und wir wollen nicht sagen, daß Zeit und Stunde gleichgültig ist und daß man stets und überall Weihnachten feiern kann, sondern gerade der Tag ist uns wichtig als ein Hinweis darauf, daß wir nicht eine Idee feiern, sondern ein Ereignis. Also nur als eine *Vor*feier, die um ihren vorläufigen Charakter weiß, hat unsere Feier ihr Recht. Eine *Vor*feier, die vielleicht Hemmungen beseitigen kann, daß wir am eigentlichen Tag ganz froh feiern können, aber freilich auch – wenn auch durch den Raum getrennt – *miteinander* feiern! Denn wenn jeder von uns sich hier nur rüsten wollte auf ein Weihnachten, das er für sich in anderm Kreise feiern wollte, so wäre es auch um den Sinn unseres Zusammenseins geschehen. Also gerade, damit wir auch dann verbunden sind, damit wir auch dann, was jener Tag uns sagen will, gemeinsam haben, wollen wir heute feiern.

Wenn wir an unser Textwort denken, so können wir den Sinn des Weihnachtsfestes ganz kurz bezeichnen: es ist das *Fest der Liebe*. So findet es ja in unsern Häusern seinen symbolischen Ausdruck, indem jeder durch Geschenke dem andern Liebes erweisen möchte. Wir haben es wohl schon, wenn wir eine glückliche Jugend hatten, als Kinder empfunden, daß bei allem Schenken nicht das Geschenk das eigentlich Gemeinte war, daß über dem Geschenk die Liebe des Schenkenden stand. Denn das war es doch im Grunde, was uns das Weihnachten zu Hause als so viel schöner erscheinen ließ als jedes andere, mochten auch die Gaben anderwärts prächtiger sein; keine Schaufensterherrlichkeit kam der Herrlichkeit im Elternhaus gleich. Nicht das Geschenk, sondern die Liebe des Schenkenden ist die eigentliche Gabe. Aber es ist das Tragische, das unserem menschlichen Wesen anhaftet, daß unser Schenken gleichwohl immer ein Schenken von einem *Etwas* ist. Je reifer der Mensch ist, je näher mit dem andern verbunden, desto mehr tritt dies Etwas zurück, desto mehr wissen wir von einander, *glauben* von einander, daß es eigentlich etwas Unsichtbares ist, das wir uns schenken: Liebe. Und doch ist auch die reinste Liebe, die Mensch dem Menschen erweisen kann, nie ohne ein Etwas; und ist es keine Gabe mehr, so ist es Wort und Gebärde, und der Schenkende fühlt selbst am tiefsten, daß jedes Wort und jede Gebärde nur Andeutung dessen ist, was er meint, ja daß er es auch gar nicht meinen kann, wie er sollte. Denn nicht *das* ist schließlich das Schmerzlichste, daß Wort und Gebärde nur unvollkommen ausdrücken, was ich meine. Dessen würde der Glaube, der Wort und Gebärde zu deuten versteht, wohl Herr werden. Aber das Schmerzliche ist, daß auf der einen Seite dieser Glaube nicht vollkommen da ist und auf der andern Seite nicht die Liebe. Denn ist in unserm menschlichen Leben das Lieben und das Glauben an die Liebe nicht letztlich auch wieder nur ein Etwas, das einmal da ist und ein anderes Mal nicht? Oder – denn wir wollen nicht übertreiben – das vielleicht immer da ist, aber nicht immer kräftig, nicht immer uns so bestimmend, wie es sollte? Wer wollte sich erkühnen, das zu bestreiten; zu behaupten, daß die Macht der Liebe sein Wesen *ganz* erfüllte, ganz bestimmte? Wer weiß nicht, daß im Grunde das Beste und Tiefste, was Menschen als Menschen haben, Stückwerk ist, das heißt ein Etwas? So hat es Sinn und Recht, wenn wir in unserm Leben Liebe gar nicht kennen denn sich aussprechend in Gabe, Wort, Gebärde, in einzelnen Momenten, in der Sphäre des »Etwas«.

Aber hat es Sinn, überhaupt anders von Liebe zu reden als von dem, was hier und da im bunten Leben uns in einzelnen Momenten begegnet? oder wenn wir Liebe als eine Kraft kennen, die über die Zeit dauert, so doch als *eine* Kraft, die neben andern in unserm Leben waltet, das eben durch dies Wechselspiel der Kräfte lebendig ist? Gibt es Liebe, die nicht an ein Etwas gebunden, die nicht eines unter anderen ist?

Unser Textwort meint das jedenfalls; denn wenn es heißt: »*Gott* ist Liebe«, so ist doch damit wohl dies und nichts anderes behauptet. Es gibt *einen,* der ganz Liebe ist, und das würde doch wohl auch bedeuten: dessen Liebe von uns auch nicht erfahren wird als ein Hin und Wieder, ein Hier und Dort, ein Mehr und Weniger. Denn wir würden ihn offenbar zum Götzen machen, wenn wir dies und jenes als Gabe seiner Liebe auffassen wollten und anderes nicht. Aber ist das ein möglicher Gedanke? oder besser: Ist das mehr als ein Gedanke? Ist solche Liebe nicht eben ein Gedankenbild, durch Abstraktion, durch Übersteigerung konstruiert, ein wunsch- oder idee-geborenes Phantasiebild? Wie, wenn die Schatten verschwinden würden, auch das Licht verschwände und es keinen Sinn mehr hätte zu sagen, daß alles Licht sei, – ist es nicht ebenso sinnlos zu sagen: Alles ist Liebe? Was könnte solche Liebe für uns bedeuten, die nicht mehr im Hier und Da sich bewegte? Hätte sie denn noch konkreten Inhalt, wenn sie aus der Sphäre des »Etwas« verschwunden wäre?

Wir hätten dann doch nur gezeigt, daß wir nicht wüßten, was Liebe heißt. Liebe ist doch offenbar *kein Ideal,* das man mehr oder weniger verwirklichen kann, so daß die höchste Liebe, die wir uns denken könnten, das Idealbild dessen wäre, was ein Mensch je zu sein und zu tun vermöchte. Wenn wir Liebe erfahren oder wenn wir Liebe schenken dürfen, wissen wir, daß es sich hier nicht darum handelt, daß in der sittlichen Entwicklung der Mensch ein Stück weiter gekommen ist, sondern daß hier eine Wirklichkeit in uns lebendig ist, die aus einer höheren Welt stammt. Lieben und Geliebtwerden bedeutet nicht, fortschreiten auf dem Wege menschlicher Entwicklung, sondern es bedeutet, daß ein Licht von oben auf unsern Weg fällt. Wo Lieben stattfindet, da geschieht etwas Vollendetes, Erfülltes. Und da geschieht nicht etwas, das als Ergebnis einer Entwicklung, auch nicht einer sittlichen Entwicklung, verständlich ist, sondern da geschieht etwas Neues, etwas Wunderbares, etwas, was im eigentlichen Sinne ein Ereignis ist.

Wenn mir jemand Liebe schenkt, so schenkt er mir nichts Vorläufiges, das in der Entwicklung überboten würde, sondern etwas Ganzes. Das ist doch gerade das Wesen der Liebe, daß uns in ihr der Mensch – der Liebende und der Geliebte – nicht erscheint wie sonst, der Zeit verhaftet, in der immer nur stückweise sein Wesen erscheint, sondern [daß wir,] indem wir sein ewiges Wesen sehen, ihn *ganz* sehen.

Der Reichtum, den ein Mensch, schenkend oder empfangend, durch die Liebe erhält, ist nicht abhängig von der Stufe seiner Entwicklung. Gerade, wenn ich über mich am härtesten das Urteil meiner Schwäche und Nichtigkeit fälle, dann weiß ich, daß ich am tiefsten der Liebe bedürftig bin. Würden wir denken, daß solche Verurteilung doch ein entwickeltes sittliches Urteil voraussetzt, daß also Liebe einem Grade der sittlichen Entwicklung entspricht, so würde das nur beweisen, daß auf dem Gebiet der Liebe ganz andere Maßstäbe gelten als auf dem des Sittlichen. Ja, mag vom sittlichen Gesichtspunkt aus die Erkenntnis des eigenen Unwerts ein Zeichen sittlicher Reife sein, so ist solche Betrachtung doch eine Versuchung. Denn vor *dem* Urteil, das der Sünder über sich spricht, müssen solche Erwägungen verstummen. Der Mensch ist schuldig, *ganz* schuldig, und kann sich nicht dadurch retten, daß er den Urteilsspruch als Zeichen seiner sittlichen Reife auffaßt; er würde damit aus seiner eigenen Lebenswirklichkeit heraustreten. Aber wenn es wahr ist, daß der Mensch, der seine Nichtigkeit am tiefsten erkennt, am meisten der Liebe bedarf, so ist auch deutlich, daß der Satz: »Gott ist die Liebe« nicht eine Idee, eine Phantasie zum Ausdruck bringt, sondern einen ganz konkreten Inhalt hat: Gott vergibt die Sünde.

Gott vergibt die Sünde, das heißt, er führt uns heraus aus der Sphäre des Endlichen in das Ewige, aus der Sphäre des Etwas in die des Ganzen. Er macht uns neu, führt uns heraus aus dem Alten, aus den Schatten, dem Tode in das Neue, das Licht, das Leben; aus dem Schein in die Wirklichkeit. Ja, so wenig ist Gottes Liebe eine Abstraktion, daß vielmehr in ihr all unser Lieben erst Wirklichkeit gewinnt, daß all unser einzelnes Lieben wie eine Weissagung und Ahnung ist, weil all unser einzelnes Lieben dadurch erst Wirklichkeit hat, daß in ihr jene Sphäre des Etwas durchbrochen wird.

Aber noch einmal halten wir inne. Ja – so wäre wohl Gottes Liebe –, aber so wäre sie eben zu *denken!* Woher haben wir das Recht, von ihr als einer Wirklichkeit zu reden? Woher haben wir das Recht zu sagen, daß eine Liebe *ist,* die wir nicht nur im Hin und Wieder, im Hier und Dort erfahren, von der wir alles, was uns begegnet, als Gabe der Liebe nehmen dürfen? Wir *sehen* das doch wahrlich nicht, und dazu entschließen können wir uns doch auch nicht! Wir *sehen* es in der Tat nicht, wir können es nur *glauben!* Und wie vermögen wir zu glauben?

»Daran ist erschienen die Liebe Gottes gegen uns, daß Gott seinen eingeborenen Sohn in die Welt gesandt hat, daß wir durch ihn leben sollen.« Ja, nur auf Grund der Gebärde, des Wortes Gottes vermögen wir von seiner Liebe zu reden. Auf Grund des Wortes Gottes, das mehr ist denn der Ausdruck dessen, was an Reinstem und Höchsten in Menschenherzen lebt; das als ein zu uns, zum Menschen gesprochenes Wort uns begegnet, uns trifft, uns eine Wirklichkeit offenbart, die vordem für uns unsichtbar war. Solches Wort ist das Weihnachtswort, daß Gott seinen eingeborenen Sohn in die Welt gesandt hat.

»Das ewge Licht geht da hinein,
Gibt der Welt einen neuen Schein.«

(M. Luther, Gelobet seist du, Jesu Christ, 4. Str.)

So reden wir, weil uns das Wort getroffen hat. Und alles, was wir von der Liebe sagen können, können wir im Grunde nur sagen, weil uns dies Wort getroffen hat. Und wir sammeln uns um das Wort und singen von diesem Worte und geben es weiter. Aber wir sagen es wahrlich nicht nur andern, sondern immer wieder einander, uns selbst. Denn immer ist das Wort zu uns gesprochen, und immer wieder sind wir gefragt, ob wir glauben. Und immer wieder haben wir nötig, Weihnachten zu feiern, nicht um nur immer wieder unserer Freude über dies Wort Ausdruck zu geben, sondern ebenso, weil unser Leben schwankt zwischen Glauben und Unglauben. Denn es ist eben der Glaube, der allein aus diesem Wort die Offenbarung der göttlichen Liebe hört, und es gibt nichts, was uns diesen Glauben abnehmen könnte, was außerhalb unseres Glaubens uns verbürgte, daß dies Wort Wahrheit ist. Und wie können wir glauben? Gibt es nichts, wodurch dies Wort als Wahrheit für uns beglaubigt würde?

Ja, es beglaubigt sich selbst an uns selbst. Es fordert nur *eine* Voraussetzung, nämlich die, ob wir wirklich hören wollen, das heißt, ob wir es gelten lassen wollen, daß ein Wort an uns herantritt, das nicht aus unserer Sphäre stammt, das nicht der erhebende und erleuchtende Ausdruck unserer Gedanken und Wünsche, unserer Ideale und Ansprüche ist; ob wir bereit sind, alle eigenen Ansprüche schweigen zu lassen. Denn *so* ist dieses Wort, daß es alle eigenen Ansprüche trifft als ein Wort des Gerichtes, daß es über den Menschen das Urteil Gottes spricht, ihm alle Illusionen seiner Göttlichkeit raubt und als sündenvergebendes Wort eben an den gesprochen ist, der Sünder ist. Können wir diesem Worte ausweichen? Das ist die einzige Frage! Hören wir es, und wissen wir, daß wir ihm nicht ausweichen können, so sind wir ihm gehorsam. Und Gehorsam ist Glaube.

Wer aber so gehorsam ist, der weiß, daß dies Wort auch das Wort der Liebe ist, und daß es wahr ist. »Darin ist die Liebe *völlig* bei uns, daß wir Freudigkeit haben am Tage des Gerichts ... Furcht ist nicht in der Liebe, sondern die völlige Liebe treibt die Furcht aus, denn die Furcht hat Pein.« In Wahrheit sind wir in Furcht und Pein, solange wir uns noch nicht dem Worte Gottes gestellt haben. In Angst führen wir unser Leben, indem wir uns vor uns und andern verhüllen und verbergen und keiner so erscheinen möchte, wie er ist. Ein Dichter hat einmal gesagt, daß die Hölle darin bestehe, daß alle Menschen hier nackt erscheinen müßten. Und in der Tat, das dünkt uns Hölle. Aber eben so nackt stehen wir vor diesem Wort, wenn wir es hören, denn es trifft uns als Sünder. Aber wer nicht ausweicht und sich nicht doch wieder verbirgt und verhüllt, der weiß, daß solches Enthülltwerden Erlösung ist. Daß in solchem Enthüllen nichts als die Liebe wirkt; daß wir so frei werden von uns selbst.

Und wahrlich noch ein Kennzeichen haben wir, daß die Liebe, die uns »verkündiget wird heut« (vgl. G. Tersteegen, Jauchzet, ihr Himmel, 2. Str.), eine wirkliche Macht des Lebens ist, daß sie uns nämlich hineinzieht in ihren Kreis. »Die Liebe ist von Gott, und wer lieb hat, der ist von Gott geboren und kennt Gott. Wer nicht lieb hat, der kennt Gott nicht, denn Gott ist die Liebe.« Von Gottes Liebe hören, bedeutet nicht: von etwas hören und interessierte Kenntnis nehmen, es nach Belieben zu vergessen und nach Belieben sich daran zu erinnern; sondern es bedeutet: von dieser Liebe so getroffen sein, daß die Liebe die bestimmende Macht unseres Lebens wird. Zu Gottes Liebe ja sagen, bedeutet nicht das Konstatieren eines Tatbestandes, sondern bedeutet: in ihr leben. »Wir wissen, daß wir aus dem Tode in das Leben hinübergegangen sind, denn wir lieben die Brüder« (1 Joh 3,14). Wir begreifen wieder, wie in einem dieses Wort Offenbarung des Gerichtes und der Liebe ist. Des Gerichtes: denn wir sehen plötzlich, daß Liebe und Haß nicht Gefühle sind, die uns hin und wieder bewegen können, sondern daß unser ganzes Leben unter dem großen Entweder-Oder steht: Leben oder Tod, Liebe oder Nicht-Liebe, das heißt Haß; und daß alles einzelne, in dem wir Liebe erfahren, schenkend oder nehmend, nur dann Wirklichkeit hat, wenn es aus der Macht stammt, die unser ganzes Leben einheitlich bestimmt. Sind wir nicht durch Gott, durch die Liebe bestimmt, so durch den Nicht-Gott, den Tod, den Haß. Und wer das sieht, der mag angesichts der Verantwortung wieder in Angst geraten. Aber dann offenbart sich die andere Seite des Wortes: *Wenn* wir von Liebe reden können, so deshalb, weil wirklich Gottes Liebe uns bestimmt. Wir brauchen also nicht zu klagen, wenn wir Liebe so selten sehen und sichtbar machen können. Wir wissen, wir dürfen an die Liebe glauben, auch an die Liebe in unserem Leben. Und auch, wo es verborgen ist, kann Liebe wirken, wofern wir es nur überhaupt mit der Liebe halten wollen. Ist es also wirklich das Tragische, daß unser Lieben sich immer in der Sphäre des Etwas bewegt? Ja, nur solange wir von Gottes Liebe nicht wissen. Dann aber ist es Freude, Triumph; denn dann wissen wir, daß alles Etwas, an dem wir

Liebe zeigen und sehen können, Gelegenheit ist, die Liebe zu offenbaren, die alles durchwaltet. Dann wissen wir, daß das neue Gebot in uns Wirklichkeit ward, daß in diesem Zwielicht, in dem wir stehen, das wahre Licht den Sieg behält, daß die Finsternis vergeht und das wahre Licht schon scheint (vgl. 1 Joh 2,8). Dann wissen wir: »Der Sieg, der die Welt besiegt hat, ist unser Glaube« (1 Joh 5,4).

So laßt uns voll Gehorsam, das Wort zu hören und es in uns kräftig werden zu lassen, in die Weihnachtstage hineingehen; und zugleich voll Freude und Dankbarkeit dafür, daß die Liebe Gottes erschienen ist gegen uns. Und wer gedrückt durch Zweifel und Fragen und verzagt ist, er soll, er darf sich mitfreuen und gewiß sein, daß auch ihm das Wort gilt, denn ist es ein Wort des Gerichts, so ist es doch vor allem ein Wort der Liebe, und da wir alle immer wieder zweifelnd und verzagt sind, so soll es für uns alle als Trost erklingen: »Ihr Lieben, laßt uns einander lieb haben, denn die Liebe ist von Gott, und wer lieb hat, der ist aus Gott geboren... Denn Gott ist die Liebe.« Und aus solchem Trost mag dann das frohe Gelübde in uns erwachsen: »Laßt uns ihn lieben, denn er hat uns zuerst geliebt.«

Gedenken an die gefallenen Brüder

Ansprache bei der Trauerfeier am 1. März 1925 (Invokavit) in Marburg (»an den Gräbern«)

Freunde! Wir haben uns versammelt, unserer gefallenen Brüder zu gedenken. Wie sollen wir ihrer gedenken? *so* gedenken, daß wir ihrer, daß wir der unermeßlichen Opfer wert sind? *so,* daß wir sie wirklich ehren?

Wir denken ihrer in *Trauer,* in Schmerz. Wohl können wir ihr Andenken feiern, wohl können wir manchem Grab eine Stunde des Gedenkens weihen, wohl können wir ihre Bilder schmücken. Aber:

> »Wir können *sie* nicht mehr schmücken,
> Nicht mehr die Hände drücken
> Den vielen, vielen Scharen,
> Die unsre Brüder waren.«

Wir können nicht mehr ihre Hand drücken, ihnen nicht mehr ins Auge sehen. Wir, die wir in der Heimat bleiben mußten, erinnern uns vielleicht noch des letzten Males, da wir dem geliebten Bruder, dem Sohn, dem Vater, dem Gatten die Hand drückten, ihm zum letzten Mal ins Auge schauten. Augenblick banger Ahnung. Und dann kam die bittere Nachricht, daß er gefallen sei. Wir werden ihn nicht mehr sehen, ihm nie mehr die Hand drücken. Ihr, die ihr im Felde standet, ihr denkt vielleicht an manchen Kameraden, mit dem ihr treu zusammen standet im Gefecht, im Schützengraben, im Trommelfeuer, in guten und in bösen Stunden. Dann ward er hinweggerissen. Wir alle, wir denken an sie alle, die draußen gefallen sind, die unter Schmerzen und im Fieber in Lazaretten starben, an sie alle, die Bekannten und Unbekannten.

> »Wir können sie nicht mehr schmücken,
> Nicht mehr die Hände drücken
> Den vielen, vielen Scharen,
> Die unsre Brüder waren.«

Gedenken an die gefallenen Brüder

Wir denken heute an sie in tiefer Trauer! Heute! Nur heute? Gestehen wir uns, daß uns das alltägliche Leben mit seinen Beschäftigungen und Sorgen wieder in seinen Betrieb gezogen hat. Wie oft weilen unsere Gedanken noch in Schmerz bei den Gefallenen? Wie oft schaut etwa unser Blick noch empor zu dem Bild dessen, der uns entrissen ward, und das nun die Wand unseres Zimmers schmückt? Es hat schon seinen guten Sinn, daß wir aus der Flucht der Tage einen Tag, dies Heute, festhalten: Er soll dem Gedenken gewidmet sein, er soll der Trauer gelten!

Aber wahrlich nicht nur *er*. Denn ist unsre Trauer echt, so wird sie sich in unserm Alltagsleben auch geltend machen. Nicht so, daß wir immer an die Gefallenen *dächten;* das ist ja nicht möglich. Aber so, daß diese Trauer unserm ganzen Leben einen bestimmten Charakter gibt; daß aus unserem Leben zwar die Freude nicht schwinden soll, aber die leichtsinnige, alberne Freude. Meine Freunde: Ein Volk, das so Schweres erlebt hat, wir alle, die wir um unsere Brüder trauern, wir dürfen nicht mehr in Leichtsinn und Albernheit versinken. Das ist unwürdig. Wenn wir heute ehrlich um unsere Gefallenen klagen, so muß es uns zum Bewußtsein kommen: Trauer ist nicht nur der Ausbruch des Schmerzes, ist nicht nur eine Stunde wehmütiger Stimmung. Trauer ist Pflicht! Verpflichtung zu Ernst und Festigkeit. *So* laßt uns in Trauer der vielen Brüder gedenken.

Wir gedenken ihrer in Trauer. Wir gedenken ihrer auch in Stolz. Ja, in *Stolz:* Denn mag dies Wort noch so oft mißbraucht worden sein, wir wollen uns seinen edlen, großen Sinn nicht nehmen lassen. Und wir *ehren* die Gefallenen, wenn wir stolz auf sie sind. Sie sind unsere Helden, die Bekannten und die Unbekannten. Heldentum war ihr Ausharren im Schützengraben in Gefahr und Not. Und war es kein lautes Heldentum, war es das Heldentum der bescheidenen, treuen Pflichterfüllung: wir sind stolz darauf, daß solche Helden die unseren waren. Aber von unserem Stolz wollen wir nicht mit vielen und lauten Worten reden. Vor allem wollen wir nicht davon reden, um *uns* in diesem Heldentum zu sonnen, um zu prahlen von der Größe und Schönheit der Kriegszeit, in der solches Heldentum wuchs. Nein! Von unserem Stolz wollen wir nur hier an den Gräbern reden, nur *ihnen* zur Ehre, nicht *uns* zur Ehre [Randbemerkung im Ms.: »daß er in den rechten Schranken bleibt, also nur zugleich mit unserm Schmerz.«]. Nur *ihnen* zur Ehre, und nicht dem *Kriege* zur Ehre. Wir würden die Opfer, die sie gebracht haben, ja gar nicht verstehen, wenn wir uns den Krieg als die große, herrliche Zeit vorstellten, wenn wir uns gar wieder einen Krieg wünschten für neues Heldentum. Nein, gerade weil wir den Krieg als ein furchtbares, entsetzliches Schicksal ansehen, gerade weil wir wünschen und, so viel an uns liegt, dazu beitragen wollen, daß Deutschlands Söhne *nicht* wieder in den Krieg hinausmüssen, – gerade deshalb blicken wir mit Ehrfurcht auf das Heldentum der Gefallenen, die ein so furchtbares Schicksal aushalten mußten. Ja, wir sind stolz auf sie, aber wir wollen es nicht mit großen Worten sein, sondern mit der Tat.

Wir gedenken ihrer in Trauer, wir gedenken ihrer in Stolz, wir gedenken ihrer im *Willen zur Tat*. Denn Dankbarkeit und Treue zeigt sich in der *Tat*. Der Wille zur Tat bedeutet Opferwille. Denn *sie* haben ihr Leben geopfert. Für wen? Für uns, für Deutschland. Und ist dies Deutschland der Gegenwart, das wir um uns sehen, des Opfers wert? Mit tiefer Beschämung müssen wir sagen: Nein. Dies Deutschland, in dem immer noch die einen die andern verachten, in dem die einen es sich wohl sein lassen auf Kosten der andern, in dem Leichtsinn und Üppigkeit und auf der andern Seite Not und Neid regieren. Nein, dies Deutschland ist der Opfer nicht wert. Aber wenn wir der Opfer wert sein wollen, so müssen wir an das Deutschland der Zukunft glauben. An ein Deutschland, in dem Recht und Gerechtigkeit herrschen, an ein Deutschland, das eine wirkliche Gemeinschaft des Volkes ist, an ein Deutschland, in dem alles Gemeine bezwungen wird von allem Edlen und Großen. Ein Deutschland, das deshalb durch seine ganze Existenz dazu beiträgt, daß der Welt der Frieden erhalten werde.

Ein solches Deutschland brauchte sich der Opfer nicht zu schämen. Wenn wir der Gefallenen so gedenken, so muß es uns mit Schmerz erfüllen, wie wenig ein solches Deutschland heute besteht. Der Schmerz ist heute ein doppelter, da es nicht einmal möglich gewesen ist, daß wir heute gemeinsam unsere Trauerfeier halten. Sogar in das Gedenken der Toten mischt sich Zwietracht und Streit. Wir empfinden es mit Schmerz. Aber wir wollen rein sein von Schuld. Und wir wollen nicht diese Stunde entweihen dadurch, daß wir uns in Anklagen gegen die andern ergehen. Wir wollen an das Deutschland der Zukunft glauben. Wenn ein Mensch etwas Großes will, so muß er auch einen großen Glauben haben. Und in solchem Glauben wollen wir uns zusammenfinden und in der ruhigen Überzeugung, daß wir uns zum Banner Schwarz-Rot-Gold bekennen, weil wir in ihm das Zeichen sehen, in dem Recht und Freiheit für unser Volk siegen wird. Und in solchem Bekenntnis wollen wir in dieser Stunde auch des Mannes gedenken, der an der Spitze unserer geliebten Republik gestanden, der seine Lebenskraft für das Deutschland der Zukunft eingesetzt hat, den uns jetzt der Tod entrissen hat, Friedrich Eberts [† 28. 2. 1925]. Er ist es wert, daß wir in der Stunde, da wir der Gefallenen gedenken, auch seiner dankbar gedenken. Auch er hatte den großen Glauben an Deutschlands Zukunft.

Aber an Deutschlands Zukunft sollen wir nicht nur glauben, sondern mit der Tat dafür wirken, damit das Opfer der Gefallenen nicht umsonst sei. An unsere Pflicht wollen wir denken. Dazu gehört in erster Linie unsere politische Pflicht, daß wir mutig eintreten für unsere Überzeugung, für Republik und Demokratie. Aber wir wollen an dieser Stätte und in dieser Stunde keine politische Rede halten. Wir wollen bedenken, daß das, was wir für Deutschland tun können, noch mehr ist als unsere politische Pflicht, und vor allem an das, was unserm politischen Tun wie all unserem Tun die rechte Richtung und rechte Kraft geben muß: Das ist die rechte Gesinnung! Treue und Opferwille, Pflichtbewußtsein. Die beste Verfassung würde uns nichts helfen, wenn unser Volk nicht aus ehrlichen, pflichttreuen Menschen besteht. Und wenn wir von Pflicht reden, wollen wir nicht zuerst an die Pflichten denken, die andere haben, sondern an die, die wir selber haben. Wohl empört es uns, wenn wir gerade in den vergangenen Tagen von gewissenlosem Leichtsinn, von Korruption, von Üppigkeit und Schwelgerei sahen oder hörten. Sehen wir zu, daß in unserem Leben ein besserer Geist regiert, daß bei uns Ernst und Zucht, Opferwille und Gemeingeist herrsche und nicht Genußsucht und Leichtsinn regiere, in unserm persönlichen Leben, in unserer Familie, in unserem Kreise. Solcher Geist muß sich verbreiten, und es ist lächerlich, große Worte von Recht und Gerechtigkeit im Munde zu führen, wenn man im kleinen Kreise nicht Ernst damit macht. Keiner glaubt uns, daß es uns um Großes und Edles zu tun ist, wenn man in unserm Leben nichts davon merkt, und wir bringen dann nur Spott und Verachtung auf die gute Sache, zu der wir uns bekennen. Nein, Wille zu edler Tat, Opferwille ist dankbare Treue gegen die Gefallenen, und solche Treue wollen wir ihnen geloben.

Wir gedenken ihrer in Trauer, in Stolz, mit dem Willen zur Tat. Aber noch eins: im *Aufblick zu Gott*. Ich würde gerne sagen: im Gebet. Aber manchem unter uns ist das Beten schwer, und mancher hat es wohl ganz verlernt. Aber ich darf doch sagen: im Aufblick zu Gott. Ich meine freilich nicht einen Gott, zu dem wir mit all unsern beliebigen Wünschen kommen können, daß er sie erfüllt. Wer sich Gott so vorgestellt hat, dem ist sein Gottesglaube im Kriege oder in der Not des Lebens leicht verloren gegangen. Das kann ich gut begreifen, und das kann ich ehrlicherweise nicht bedauern. Denn es war ein falscher Gottesglaube. Wenn der Mensch etwas von Gott erfahren oder spüren möchte, so muß er sich zuerst sagen, daß Gott vielleicht ganz anders ist, als er es sich denkt, daß er vielleicht furchtbar und entsetzlich ist, daß der Mensch denkt, das könne Gott gar nicht sein. Wer von Gott etwas erfahren und spüren möchte, der muß bereit sein, auch in dem Furchtbaren und Schweren, das ihn trifft, Gottes Regiment zu sehen, daraus zu lernen für sein Leben. Einfach: Wer nach Gott fragt, der muß nicht zuerst daran denken, was er sich von Gott wünscht, sondern was von ihm in seinem Leben gefordert ist. Nur wenn wir bereit sind, die Frage immer voran zu stellen, nur dann ist es möglich, etwas von Gottes Regiment zu erkennen. Dann können wir in dieser Stunde vielleicht auch den Glauben fassen, daß die Gefallenen in Gottes Hand sind, und daß er das Opfer, das sie gebracht haben, fruchtbar werden läßt für uns, für unser Volk.

»Herr Gott, nun segne dem deutschen Land
Seinen gefallenen Heldenstand.
Gib allen freudigen Opfergeist,
Der auch im Frieden sich stark erweist,

Weil doch ihr herrliches Leben
Für uns zum Opfer gegeben
Die vielen, vielen Scharen,
Die unsre Brüder waren.«

Lukas 12,54–56
Die Zeichen der Zeit

Abendandacht zum Semesterbeginn am Dienstag, den 5. Mai 1925 in Marburg (Michelchen)

Wenn ihr eine Wolke sehet aufgehen vom Abend, so sprecht ihr bald: »Es kommt ein Regen«; und es geschieht also. Und wenn ihr sehet den Südwind wehen, so sprecht ihr: »Es wird heiß werden«; und es geschieht also. Ihr Heuchler, die Gestalt der Erde und des Himmels könnt ihr prüfen; wie prüfet ihr aber diese Zeit nicht?

Zu neuer Arbeit haben wir uns zusammengefunden, und ich denke auch: mit neuer Arbeitsfreude. Mit neuer Arbeitsfreude, das heißt mit Erwartungen und Plänen, was wir schaffen und lernen wollen, mit welchen Fragen wir kämpfen wollen, daß sie uns Antwort geben, welches Gut von Edlem, Wahren und Schönen wir sammeln wollen.

Nicht allein mit Arbeitsfreude, hoffe ich. Denn es wäre doch nicht natürlich, wenn wir [Ms.: »wenn wir nicht«] in Frühjahr und Sommer Marburgs hineingingen ohne die Freude auf Wandern und Singen, die Jugend und Natur schenken. Und es wäre nicht recht um uns bestellt, freuten wir uns nicht auch auf die Gemeinschaft bei Arbeit und Spiel, freuten wir uns nicht auf das Miteinander und Füreinander der Freundschaft.

Das wäre also das Zeichen, unter dem dies Semester beginnt: die Hoffnung auf Arbeitsfreude und Lebensfreude. Und die Hoffnung nicht allein, sondern auch die Verheißung. Denn ist es auch noch immer eine schwere Zeit mit Sorgen und wirtschaftlichen Nöten, so sind doch die Bedingungen gegeben, daß sich uns ein Semester öffnet, das Gaben der Freude bringt. Und wäre es auch nur dies beides, daß wir wissen: Vor uns liegt eine Strecke Weges, die zu durchwandern sich lohnen muß, die für den ernsten Willen ihren Reichtum birgt; und daß wir alle guten Willens uns zusammenfinden und einander helfen wollen. Das ist uns Verheißung.

Aber sehen wir tief genug, wenn wir sagen: Unter diesem Zeichen der Hoffnung und Verheißung beginnt das neue Semester? Erkennen wir damit wirklich die »Zeichen der Zeit« (vgl. Mt 16,3)? Oder gleichen wir denen, die die Gestalt der Erde und des Himmels prüfen können, aber diese Zeit nicht?

Was war der Fehler der Getadelten? Sie sahen das, was im allgemeinen die Zukunft dem Menschen bringt, auf das man aufmerksam wird, wenn man von seinen natürlichen Wünschen, Hoffnungen und Sorgen bewegt wird. Sie sahen das, womit man rechnen muß und kann, um seinen Lebensplan einigermaßen einzurichten und zu sichern. Sie sahen aber das nicht, was die Zukunft zwar allen, aber jedem in ganz besonderer Weise bringt, das Ende, mit dem man nicht fertig wird, wenn man es als allgemeines Menschenschicksal auffaßt, sondern das für jeden eine spezielle Bedeutung gewinnt als die große Frage, die das Gericht bedeutet, als die Frage: gewogen und – zu leicht befunden? (vgl. Dan 5,27) Sie sahen *die* Zukunft nicht, zu der man nicht von seinen natürlichen Wünschen, Hoffnungen und Sorgen aus Stellung nehmen kann, sondern die selbst als ein Gericht all unserer Wünsche, Hoffnungen und Sorgen über uns schwebt und uns den Charakter aufprägt, eh wir Stellung genommen haben. Die Zukunft, mit der man nicht rechnen kann, um seinen Lebensplan einzurichten und zu sichern, sondern die alle unsere Rechnungen und Sicherungen über den Haufen wirft. Die Zukunft des Endes, vor dem alle Farben verblassen und alle Umrisse ins Zittern geraten und sich auflösen, das als ein ungewisses Dunkel vor uns steht.

Vielleicht war es jenem Geschlecht gegenüber leichter, vom Ende zu reden. Denn der Unterschied besteht ja, daß jenes Geschlecht das Ende der Welt als eine kosmische Katastrophe in der nächsten Zeit erwartete. Die Erwartung ist uns fremd. Wir rechnen mit der Fortdauer der natürlichen Daseinsbedingungen. Doch darüber, ob es damals wirklich leichter war, wollen wir nicht streiten. *Das* Stück an jenen Erwartungen ist uns ziemlich gleichgültig, wie bald es mit den natürlichen Daseinsbedingungen, unter denen Menschen im allgemeinen ihr Leben führen, ein Ende hat. Aber *das* an jenen Erwartungen bedeutet doch vielleicht etwas für uns: daß dem Menschen ein Ende gesetzt ist; ein

Ende, das für ihn die große Frage, das Gericht bedeutet. Die Erwartung, daß mit der Aussicht auf ein natürliches Aufhören die Sache nicht erledigt ist, sondern daß unsere eigene und eigentliche Existenz dadurch gezeichnet ist, daß ihr ein Ende verhängt ist.

Sind wir nicht im Grunde in der gleichen Situation wie jene, einfach deshalb, weil uns der Tod verhängt ist? Und wo bleibt da der Unterschied? Denn mit dem Tode versinken die natürlichen Lebensbedingungen für einen jeden ebenso radikal wie durch eine kosmische Katastrophe. Wir werden den Tod schwerlich betrachten als eine Einzelheit der natürlichen Lebensvorgänge und uns ihm gegenüber damit getrösten, daß alle Menschen sterben müssen. [Zufügung am Ms.-Rand: »Jeder stirbt seinen eigenen Tod wie er sein eigenes Leben lebt.«] Denn mag man noch so lange den Zuschauerstandpunkt den natürlichen Lebensbedingungen gegenüber festhalten; dem Tode gegenüber kann man es nicht, wenigstens nicht im Ernste und auf die Dauer, und dann wäre es schon besser, wir geben es *gleich* auf, als wenn es zu spät ist. Denn in der Tat, wenn wir uns überlegen, jeder für sich, daß er ja nicht weiß, was ihm in diesem Semester bevorsteht, daß über jedem, der hoffnungs- und verheißungsfroh in das Semester hineingeht, gesprochen sein kann: »Du Narr, diese Nacht wird man deine Seele von dir fordern« (Lk 12,20), – wenn wir das wirklich erwägen, zeigt sich dann nicht, daß in Wahrheit all unser Planen und Treiben durch diese Möglichkeit von vornherein gestempelt ist? daß die Besinnung auf das Ende in Wahrheit die Besinnung auf das bedeutet, was wir wirklich sind, *jetzt* sind? daß wir uns dann auf die Zeichen der Zeit nur dann recht besinnen, wenn wir in ihnen den Hinweis auf unsere Endlichkeit sehen?

Es ist ja gar nicht der Tod allein, sondern überhaupt das ungewisse Schicksal der Zukunft, die aller unserer Gegenwart ihren wahren Charakter gibt. Denn alles Schicksal hat die Macht, die Welt für uns ebenso radikal zu verändern wie eine kosmische Katastrophe. So daß wir im Grunde in der gleichen Situation sind wie jenes Geschlecht; wir sind ja ebensowenig Herren unserer Zukunft, verfügen über die Zukunft so wenig wie sie, stehen ebenso ungesichert da wie sie.

Wir können das ja übersehen, uns darüber täuschen, wie jene die Zeichen der Zeit übersahen und das Bußwort überhörten, das ihnen die Augen öffnete für ihre Gegenwart. Und gerade dann ist uns die Zukunft Gericht; das heißt dann, wenn wir – und wir tun das ja immer wieder – unser Leben so führen, als stände uns die Zukunft zur Verfügung. Wir rechnen wohl mit der Zukunft, aber mit der Zukunft der Lebensbedingungen, in denen wir wirken, die uns als Mittel für unsere Ziele dienen; das heißt, wir verfälschen die Zukunft, indem wir uns nehmen als Ewige, statt zu sehen, daß es nicht eine Zukunft im allgemeinen gibt, die auf uns zukommt und an uns vorbeigleitet, sondern daß die Zukunft in erster Linie *unsere* Zukunft ist, die uns ein Schicksal bringt, uns richtet, uns vor das Ende stellt. Wir stehen nicht als ein Fels in den Wellen, die an uns vorbeigleiten, sondern *wir* sind die Wellen.

Kennen wir die Zeichen der Zeit, so bedeutet das, daß wir diesen Standpunkt verlassen, uns sehen, wie wir sind, ungesichert, vor der Frage, wie wir uns mit der Zukunft, *unserer* Zukunft auseinandersetzen, das heißt, daß wir uns in der Entscheidung sehen, unsere Gegenwart als Entscheidungszeit. Was bedeutet das? Etwa dies: Weil unsere Gegenwart von der Zukunft des Todes gezeichnet ist, sollen wir uns als Sterbende in der Gegenwart bewegen? als Fremde, die das alles nichts mehr angeht? Ja, so wäre es, wenn Tod und Schicksal die blinde Macht der Vergeltung für uns bedeuteten. *Die* Zukunft aber, die Jesus verkündigt, ist mehr: Gottesherrschaft, Herrschaft des Willens Gottes. Wissen wir auch von ihr gar nichts, was ihre äußeren Möglichkeiten angeht, so wissen wir doch eines: daß sie die Herrschaft des Willens Gottes ist. Und diese Zukunft vernichtet nicht unsere Gegenwart, sondern erlöst sie. Sie vernichtet sie als die Gegenwart des natürlichen Menschen mit seinen Plänen, Hoffnungen und Sorgen, indem sie enthüllt, daß dies alles vom Tode gezeichnet ist. Sie erlöst sie, indem sie den Menschen hineinweist in eine Zukunft der Tat.

Die Gegenwart ist Entscheidungszeit, insofern in ihr die Möglichkeiten liegen, den Willen Gottes zu tun, indem in ihr Gottes Anspruch auf uns laut wird für jeden, der Ohren hat zu hören. Unter die Verantwortung ist unsere Gegenwart gestellt, und deshalb führt sie in die Zukunft. Also Hoffnung und Verheißung sind wohl die Zeichen, unter denen dies Semester beginnen soll, aber erst und nur für den, der nicht zuerst fragt, was ihm dies Semster bringen wird für seinen Lebensplan, sondern was er in diesem Semester zu verantworten hat. Der nicht von seinen Ansprüchen und Bedürfnissen ausgeht, seien es auch die edelsten, sondern der weiß, daß die Zukunft außer seiner Verfügung steht, der den einzigen Weg in die Zukunft wählt, der ihm wirklich Zukunft schenkt: den Weg der Verantwortung. Ob wir das wollen, das ist die Entscheidung.

Ja, wir können es noch tiefer verstehen. Diese natürliche Gegenwart ist vom Tode gezeichnet; es wird daran deutlich, daß sie vergänglich ist, daß wir sie als Gegenwart nie eigentlich haben. Wir haben nur *eine* Wahl: Was wir sind und haben als scheinbar Gegenwärtige, ist entweder ein Stück Vergangenheit oder Zukunft. Denn dieser Mensch mit seinen natürlichen Bedürfnissen und Ansprüchen ist ja in Wahrheit ein Stück Vergangenheit, herausgewachsen aus dem, was hinter ihm liegt, belastet mit dem, was hinter ihm liegt. Aus alledem ist er in seinen Möglichkeiten, seinen Wünschen und Strebungen gebildet, aus alledem liegt die Last seines früheren Tuns, die Schuld auf ihm. Und wer sich festhalten will, sich als gesichert ansieht, der klammert sich an ein Stück Vergangenheit und ist in alle Ewigkeit nichts anderes als ein Stück Vergangenheit, ein Gespenst, dem auch jede Zukunft alsbald zu einem Stück Vergangenheit wird. Und deshalb bedeutet für ihn die Zukunft Tod.

Nur wer sich nicht festhalten will, wer sich preisgibt, wer nicht mit den eigenen Wünschen und Ansprüchen – die eben nichts sind als ein Stück Vergangenheit – an die Zukunft herantritt, sondern mit offenem Ohr für Gottes Anspruch, mit offenem Auge für Gottes Möglichkeiten, der empfängt wirklich Zukunft. Nur der, für den die Gegenwart Entscheidungszeit ist, hat wirklich Gegenwart, weil er Zukunft hat. So laßt uns Hoffnung und Verheißung verstehen als Zeichen der Zeit, unter denen unsere Arbeit und unsere Freude steht, unter denen dies Semester beginnen möge!

Aber eines laßt uns noch bedenken! Was wir sagten, gilt ja nicht nur für uns, die wir einen neuen Abschnitt des Studiums beginnen, sondern gilt für alle, die ihre Arbeit beginnen, mag's ein neues Jahr, mag's ein großer oder kleiner Abschnitt dieses Zeitverlaufs sein. Wir aber, deren Arbeit die Wissenschaft ist, hören noch eine besondere Mahnung aus Jesu Wort, die uns auf die Gefahr und das eigentliche Problem unserer Arbeit hinweist.

Jene Zeichen des natürlichen Geschehens, die »Gestalt der Erde und des Himmels«, beobachtet der Mensch als Zuschauer. Er sieht darin nicht die Bewegung seines eigenen Lebens, sondern die der Natur, der er sich gegenüberstellt. Die wahren Zeichen der Zeit sind demgegenüber ja nicht die Bewegungen unseres Innenlebens, die seelischen Strömungen und dergleichen, so daß wir auf eine Erforschung unseres Innenlebens gewiesen würden, daß wir grübeln müßten, was für Stimmen aus uns emporsteigen, was uns liegt usw.; sondern die Zeichen der Zeit, die Jesus meint, begegnen dem Menschen in dem Lebenszusammenhang, in den er gestellt ist. Sie klingen an ihn heran von außen, nicht aus dem Innern, sondern treten an ihn heran, sofern das, worin sein Leben sich bewegt, ihn etwas angeht, sofern er sich gar nicht isolieren kann, weder als Zuschauer noch als Einsiedler.

Wir in unserer wissenschaftlichen Arbeit haben die Welt als Objekt unserer Betrachtung vor uns. Die Wahrheiten der wissenschaftlichen Erkenntnis sind allgemeine Wahrheiten, die[,] objektiv neutral gewonnen, konstatiert werden. Wir sind Zuschauer. Es ist demgegenüber wohl begreiflich, wenn gerade aus den Kreisen der wissenschaftlichen Arbeit der Ruf erklingt zur Innerlichkeit, zur mystischen Versenkung, zur Seelenpflege usw. Und doch ist das ein Irrweg. Denn bei der Versenkung in uns finden wir immer nur uns selbst, das heißt unsere Vergangenheit, Vergänglichkeit, uns als Sterbende, vom Tode Gezeichnete.

Nein! Gottes Wort klingt an uns heran, wenn wir uns selbst preisgeben und fragen nach dem, was uns begegnet in der Mannigfaltigkeit des Lebens, in dem wir stehen. Aber eben: »was uns begegnet«, nicht: was sich zuträgt und wobei wir zuschauen. Alles Wissen der Wissenschaft, alles sich orientierende Wissen erfaßt nicht die Zeichen der Zeit, sondern nur die »Gestalt der Erde und des Himmels«.

Die Konsequenz ist natürlich nicht die, daß wir diese Wissenschaft preisgeben, sondern die Konsequenz ist die Einsicht in

Sinn und Problem der Wissenschaft. Aufgeben können wir die Wissenschaft wie jedes sich orientierende Wissen ganz einfach deshalb nicht, weil wir sie gebrauchen als Mittel zum Handeln, sofern wir unsere Situation der Entscheidung erfaßt haben, das heißt, sofern wir zum Handeln Berufene sind. Aber damit ist das Problem der Wissenschaft freilich nicht gelöst; denn die Beziehung der Wissenschaft zum Handeln ist durchaus nicht einfach und eindeutig, daß sie etwa einfach eine Technik des Handelns liefert.

Vielmehr ist uns die Wissenschaft ein Mittel zum Handeln in der Geschichtswissenschaft, Theologie und Philosophie, sofern sie uns über uns selbst, die wir zu handeln haben, orientiert. Und hier ist die Gefahr die, als könnten wir uns als Zuschauer über uns selbst orientieren, als sei hier der Erkenntnisakt etwas, was nicht unser ganzes Sein in Anspruch nimmt, als sei die Wissenschaft etwas Neutrales, das in jedem beliebigen und noch so verschiedenen Leben gleiche Gestalt gewinne. Vielmehr ist das letzte Erkennen der Wissenschaft ein Akt des Lebens selbst, bei dem unser ganzes Sein beansprucht ist. Sofern wir das nicht wissen, gilt auch uns: »Ihr Heuchler, die Gestalt der Erde und des Himmels könnt ihr prüfen, wie prüfet ihr aber diese Zeit nicht?« Wir blicken dann hinein in ein außer uns sich vollziehendes Geschehen, in Begebenheiten, die uns im Grunde nichts angehen. Ist das Wissenschaft, so betrügt sie uns um unser Sein, gerade wenn sie mit dem Anspruch auftritt, unser Sein – als Weltanschauung – zu begründen. Vielmehr führt allein die Wissenschaft, die selbst bewegt ist von der Frage unseres Seins, die nicht nur unsern Intellekt und unser Wissen, sondern die ebenso unsern Willen in Anspruch nimmt, dazu, die Zeichen der Zeit zu sehen, das heißt die Bewegung *des* Lebens zu sehen, zu dem unser Leben als Stück gehört. Das im einzelnen durchzudenken und durchzusprechen, ist hier nicht der Ort. So viel aber sollen wir ohne komplizierte theoretische Überlegungen einsehen, daß die Arbeit, die wir treiben sollen und wollen, nicht als eine glatt zu erlernende Technik betrieben werden kann, aber auch nicht in eine Mysterienweisheit einführt, die uns alle Lebensrätsel löst und uns die Sorge um unsere Existenz abnimmt, sondern daß sie unter der gleichen Verantwortung steht wie unser ganzes Leben.

So werden wir hier zurückgeführt auf das erste: Unsere Gegenwart steht unter der Verantwortung. Und so dürfen wir auch hier die Verheißung hören: Diese unter Verantwortung getriebene Arbeit wird uns Zukunft schenken, wird unserer wissenschaftlichen Arbeit Segen schenken, und zwar jeder, auch der scheinbar fernliegenden Arbeit, in der es sich *direkt* nur um konstatierendes, objektiv orientierendes technisches Wissen handelt, auch dann, wenn wir die Zusammenhänge nicht übersehen. Wenn wir nur eines wissen: daß in unserer Arbeit nicht unsere äußere wirtschaftliche Zukunft, nicht unser Fortkommen, unsere Ehre usw. letztlich auf dem Spiele steht, sondern unser ganzer Mensch, das heißt, wenn wir sie wirklich unter Verantwortung treiben. Dann aber ist eben unsere Arbeit Verheißung für die Zukunft, und also noch einmal: Hoffnung und Verheißung sind uns die Zeichen der Zeit, die Zeichen, unter denen unsere Arbeit steht, unter denen dies Semester beginnen und seinen Lauf nehmen möge!

Johannes 1,14; 3,16
Der Sinn des Weihnachtsfestes

Ansprache bei der Akademischen Weihnachtsfeier am Freitag, den 17. Dezember 1926 in Marburg (Aula der Universität)

Wollen wir durch Weihnachten unsere gemeinsame Arbeit unterbrechen oder vielmehr sie festigen? Wir wollen uns auf den Sinn des Festes besinnen, so daß wir – wenn auch getrennt – zusammen feiern und als solche uns nachher wieder zur Arbeit zusammenfinden.

Was ist der Sinn des Festes? Man hat gesagt: Weihnachten ist das am schwersten zu feiernde Fest. Warum? Leicht zwar ist es, sich dem Zauber der weihnachtlichen Bilder hinzugeben, bei Licht und Lied Erinnerungen wach werden zu lassen und sich der gegenwärtigen Verbundenheit mit den Seinen zu freuen. Leicht ist die Weihnachtsstimmung; aber ist sie der Sinn des Festes? Sie gewinnt ihren Sinn doch erst aus dem Ereignis, das wir feiern, und alles andere ist sinnlos, wenn es uns nicht zu diesem zurückführt und bei uns ein Bekenntnis zu diesem wird. Wir wollen es uns sagen lassen durch zwei Worte des Johannesevangeliums:

> *Das Wort ward Fleisch und wohnte unter uns,*
> *und wir sahen seine Herrlichkeit,*
> *eine Herrlichkeit als des eingeborenen Sohnes vom Vater,*
> *voller Gnade und Wahrheit.*
>
> *Also hat Gott die Welt geliebt,*
> *daß er seinen eingeborenen Sohn gab,*
> *auf daß alle, die an ihn glauben, nicht verloren werden,*
> *sondern das ewige Leben haben.*

Und wir gehen in unserer Besinnung den Weg, der uns entspricht als Akademikern, für die die Wissenschaft zwar nicht ein Ersatz des Lebens sein soll, denen aber die Wissenschaft ein Weg der Besinnung auf die Wirklichkeiten des Lebens ist. So wollen wir anknüpfen an das, was die Wissenschaft zeigt, und wollen sehen, ob wir einen Weg finden, der dahin führt, daß Lieder und Lichter der Weihnacht für uns den Sinn gewinnen, den sie als Verkündigung und Bekenntnis haben wollen. So werden wir ehrlich feiern können, und das Fest mit seiner Stimmung wird nicht zur Unterbrechung des Alltagslebens, sondern mit *seinem* Sinn erschließt es uns den Sinn des Alltagslebens.

Die Wissenschaft hat gezeigt, daß das Weihnachtsfest an die Stelle eines alten *heidnischen Festes* getreten ist, daß Weihnachten aus einem heidnischen Fest in ein christliches verwandelt wurde. Dann muß doch wohl in jenem heidnischen Fest schon etwas liegen, was es geeignet macht (ob bedacht oder unbedacht), zu einem christlichen zu werden. Dann muß aber doch wohl auch an der Umwandlung deutlich werden, worauf es beim christlichen Fest eigentlich ankommt. Es wird aber auch die Möglichkeit bestehen, daß uns das christliche Fest immer wieder zum heidnischen wird. Also ist die Besinnung dringend.

Das alte *heidnische Fest* des Orients ist das Fest der Wintersonnwende, des im Sonnenlauf erscheinenden Zeit- und Weltgottes. Es ist das Fest der Geburt der neuen Sonne, des natürlichen Lichts. Es ist ein Fest der *Natur,* und es weist darauf hin, daß der Mensch in der Natur lebt, daß sein Leben ein Stück Naturleben ist; mit seinen Festen begleitet er den Lauf der Natur und ihrer mächtigen Kraftquelle, der Sonne. Und eben dies war der Sinn des Festes, der es zu einem Vorspiel des christlichen Festes werden läßt: Es weist auf den Zusammenhang hin, in dem unser Leben steht [Ms.-Rand: »es weist darauf hin, daß unser Leben nichts Isoliertes ist, sondern in einem Zusammenhang steht.«]. Jene Heiden, die das Fest feierten, bildeten sich nicht ein, ihres Lebens Meister zu sein, ihr Leben selbst in der Hand zu halten und es aus eigener Kraft zu gestalten, sondern sie wußten sich getragen von einer stärkeren Macht, die um sie und in ihnen waltet, der sie sich fügen, deren sie sich freuen. Sie wußten sich umfangen von einer geheimnisvollen Macht, und wenn sie die weihevolle Nacht der Geburt der Sonne feierten, so erklärten sie sich eins mit ihr. Sie waren Glieder, Kinder der *einen* Natur, in denen sich das Werden der Natur vollzieht, ob man will oder nicht.

Auch das *christliche Fest* weist uns in einen Zusammenhang, in dem wir stehen, ob wir wissen und wollen oder nicht. Wir sind durch ihn getragen und bestimmt, gestempelt und gezeichnet; wir gehören nicht uns selbst. Aber in welchen Zusammenhang werden wir gewiesen? Nicht das *natürliche* Licht, die Sonne, wird gefeiert, das in jeder Wintersonnwende aufs neue den aufsteigenden Jahreslauf beginnt, sondern *der,* von dem es heißt: »Er war das *wahrhaftige* Licht...« (Joh 1,9).

»Das ewge Licht geht da herein,
Gibt der Welt ein neuen Schein.«

(M. Luther, Gelobet seist du, Jesu Christ, 4. Str.)

Welches ist dies ewige Licht? Es ist *nicht* etwa im Gegensatz zum natürlichen Licht der Sonne das *geistige Licht*, das in unserm Innern, in unserm Geistesleben leuchtete, das das ewige genannt würde, weil es das zeitlose ist; die Sterne in unserer Brust, die unabhängig vom Jahreslauf der Gestirne am Himmel leuchten. Es ist nicht *dieses* Licht, das leuchtete in allem Großen und Hohen, was Menschen ersehnt und geschaffen, gedacht und gedichtet haben, oder das in uns aufleuchtete in stillen Stunden innerer Beglückung und Erhebung. Sondern es ist ein Licht, das einmal in die Welt kam und die Geschichte dieser Welt teilte, wie die Sonnwende den Lauf des Jahres teilt. Wir werden nicht von der Natur in das ewige Reich des Geistes verwiesen und nicht in unser eigenes Innere, wo dieser Geist sich regte in Gedanken und Gefühlen. Sondern wir werden in die *Geschichte* verwiesen: »Das Wort ward Fleisch.«

In die Geschichte als den großen Zusammenhang, in dem wir stehen, die uns bestimmt, ob wir wollen oder nicht. Aber wir werden nicht in die Geschichte im allgemeinen verwiesen, nicht daran erinnert, daß jeder Mensch immer und überall in einen großen unentrinnbaren Zusammenhang von Ursache und Wirkung verflochten ist, daß wir alle zeitgeschichtlich bedingte Wesen sind. Auch nicht daran, daß in diesem Zusammenhang befreiende und erhebende Mächte des Guten und Schönen wirksam sind, die jeden irgendwie berühren, die Licht auf jeden Weg werfen. Sondern wir werden auf *ein* ganz bestimmtes Ereignis verwiesen, das sich einmal in der Geschichte abgespielt hat: »Das Wort ward Fleisch.«

Aber wiederum auch nicht so, als sei dies Ereignis der Ursprung für geistige Werte und Gehalte, die seitdem in der Geschichte wirksam sind, so daß wir das Geburtsfest Jesu Christi feierten so, wie man dankbar der Geburt eines Großen der Geschichte gedenkt, der die Menschheit durch Entdeckungen oder Erfindungen, durch Gedanken oder Schöpfungen reicher und freier gemacht hat. Das gerade nicht! Das Wort ward *Fleisch,* nicht Geist, nicht Menschengröße, sondern gerade das, was wir alle ohne Unterschied sind, ob wir im übrigen zu den Kleinen oder zu den Großen gehören; gerade das, was wir alle immer sind und was zu sein uns demütigt und in Schranken hält.

Das fleischgewordene Wort zeichnet sich also gerade *nicht* durch das aus, wodurch Menschen sich sonst auszeichnen. Jesus steht *nicht* als einer der Heroen neben Platon oder Goethe, neben Augustin oder Ekkhart. Das Ereignis teilt *nicht* die Geschichte in dem Sinne, wie das neue Auftreten großer Gedanken oder Schöpfungen sonst die Geschichte in Epochen zerlegt. Es handelt sich *nicht* um eine neue Epoche in der Weltgeschichte, wie es andere solche Epochen gibt. Es handelt sich vielmehr um ein Ereignis, das alle Geschichte ein für allemal teilt ohne Rücksicht auf geistesgeschichtliche Epochen, ohne Rücksicht auf Fort- oder Rückschritte. Es handelt sich *nicht* um ein Ereignis, dessen Gehalt den Reichtum der Geschichte um einen bestimmten Wert neben anderen Werten vermehrte, sondern um ein Ereignis, das alle Gehalte und Werte für gleichgültig erklärt, sie zurechtrückt und zeichnet.

Es handelt sich also gar nicht um ein Ereignis, das etwas in der Welt zustande gebracht hätte; das nun weiter wirkt und von dem wir alle zehren, ob wir es wissen oder nicht. Wir werden nicht in die Geschichte verwiesen als auf jenen Zusammenhang, in dem es so etwas gibt wie Entwicklung, wie Kultur, wie objektive geistige oder kulturelle Werte. Wir werden freilich in einen Zusammenhang gewiesen, in dem wir stehen, ob wir wollen oder nicht, aber insofern, als uns jenes Ereignis, »das Wort ward Fleisch«, vor eine Frage, eine Wahl, eine Entscheidung stellt.

Wir werden zuerst darauf aufmerksam gemacht, daß jene Geschichte der kulturellen Entwicklung, der objektiven Gehalte oder Werte gar nicht die *echte* Geschichte ist, in der wir unser eigenes wirkliches Leben führen. Denn in ihr sind wir freilich nur abhängig und bedingt; und sofern wir in ihr schaffen und wirken, schaffen und wirken in uns die Mächte der Kultur. Aber jenes Ereignis, »das Wort ward Fleisch«, macht uns darauf aufmerksam, daß unser wirkliches Leben sich in einer ganz andern Sphäre abspielt, in der Sphäre des Gewissens, der Verantwortungen und Entscheidungen. Es ist ja faktisch gar nicht so, wie wir in verbildetem Sehen zu sehen gewohnt sind, daß da in der Geschichte objektive Werte und Gehalte vorliegen, die jeden bestimmen, verpflichten und beschenken. Sondern alles, was vorliegt, sind *Möglichkeiten* für unser Leben, und alles gewinnt Wert und bestimmende Kraft für unser eigentliches Leben erst in dem Augenblick, wo wir es ergreifen, uns dafür einsetzen, uns ihm zur Verfügung stellen. Sofern wir uns betrachtend in jene Kulturgeschichte einreihen, liegt hinter uns der uns determinierende Verlauf alles Geschehens; wir sind, was wir im Lauf der Dinge wurden. Sofern wir aber unser wirkliches Leben, unsere wirkliche Geschichte unter Verantwortung leben, werden wir gefragt, was wir sein sollen und wollen; und hinter uns liegt nicht der gesamte Geschichtsverlauf und seine Notwendigkeiten, sondern hinter uns liegen tausend Möglichkeiten, die uns bestimmen wollen, von denen wir welche ergreifen können, unser Leben daran zu knüpfen. Wir stehen in der Wahl und sind verantwortlich, welche Linie wir weiterführen. Wollen wir Deutsche sein? Wollen wir Humanisten sein? Wollen wir die echten und entschlossenen Nachfolger derer sein, denen wir die Reformation verdanken? Wollen wir die Traditionen jener Zeit Goethes, Humboldts ergreifen? Wollen wir der Sohn unseres Vaters sein in einem echten geschichtlichen Sinne? Soll die Tradition unserer Familie in uns fortleben oder nicht? Tausend Möglichkeiten treten als Fragen aus unserer Geschichte jederzeit an uns heran, ob wir es merken oder nicht. Wir sehen sie, oder wir gehen an ihnen vorbei; wir ergreifen sie oder weisen sie ab. In irgend einer Weise nehmen wir immer Stellung, es mag uns bewußt sein oder nicht. In diesen Zusammenhang werden wir gewiesen, in dem wir als Verantwortliche stehen. Wir beginnen nie die Geschichte aufs neue, wir kommen stets aus einer Vergangenheit, und in jedem Jetzt sind wir gefragt, was gelten soll. Wir können nie einen absoluten Anfang setzen; ein Anfang ist immer schon gesetzt. Aber wir sind verantwortlich, was als Anfang für uns gelten soll.

»Das Wort ward Fleisch« – hier wird uns gesagt: *Dies* ist der Anfang, der für uns gelten soll. Ihm gegenüber haben wir uns zu entscheiden, ob er unsere Geschichte bestimmen soll. So erscheint dieser Anfang als *eine* Möglichkeit unter Tausenden, die hinter uns liegen.

Aber nein! Der Anspruch dieses Anfangs ist ein besonderer. Hier wird uns gesagt: Es gibt in Wahrheit nicht tausend Möglichkeiten, sondern nur *zwei*. Auf der einen Seite dies Ereignis: »Das Wort ward Fleisch«, das alle Geschichte in zwei Teile teilt. Auf der andern Seite alle andern Möglichkeiten der Welt, die dieser einen gegenüber auch nur *eine* Möglichkeit sind. Es wird uns gesagt, daß dies Ereignis alles, was geschieht und geschehen kann, stempelt und zeichnet; daß dies Ereignis die *eine* grundlegende Entscheidung von jedem Leben fordert, so daß jeder, der dies Ereignis als seinen Anfang ergreift, zu einem neuen Leben, einer neuen Geschichte gehört, die ins Leben führt, und jeder, der an ihm vorbeigeht, sich dagegen entschieden hat, gerichtet ist, zum Alten gehört, im Tode bleibt.

Aber was ist das für ein Ereignis? *Wie* ist dadurch die Geschichte geteilt, die Welt gezeichnet?

»Das Wort ward Fleisch und wohnte unter uns,
und wir sahen seine Herrlichkeit,
eine Herrlichkeit als des eingeborenen Sohnes vom Vater,
voller Gnade und Wahrheit.«

In diesem Ereignis ist Gnade und Wahrheit von Gott her zur Möglichkeit für die Menschen geworden. Wahrheit? Nämlich göttliche Wirklichkeit! Aber was ist sie? Liebe!

»Also hat Gott die Welt geliebt,
daß er seinen eingeborenen Sohn gab,
auf daß alle, die an ihn glauben, nicht verloren werden,
sondern das ewige Leben haben.«

Liebe als die Möglichkeit von Gott her! Wir wissen ja wohl, was Liebe ist, denn wir sehnen uns alle nach Liebe, und Liebe leuchtet hin und wieder in unserm Leben auf. Aber je mehr wir von ihr wissen, um so schmerzlicher wissen wir, daß Liebe nicht eine menschliche Möglichkeit ist, die wir mit unserer Kraft verwirklichen. Wir *glauben* nicht an die Liebe; denn gilt uns die Liebe wirklich als die Macht, die in allem Geschehen waltet, das uns umgibt? Wir glauben das nicht, weil wir nicht sehen, daß die Liebe dort waltet, wo wir selbst stehen, weil [Ms.: »daß«] sie nicht in unserm eigenen verantwortlichen Leben alles beherrscht, weil [Ms.: »daß«] unser Reden und Tun faktisch nicht Liebe ist. Wir stehen in Mißtrauen und Selbstsucht, wir stehen im *Haß*.

Hier aber ist besonders klar, was es heißt, daß wir immer aus einer Geschichte, einer Vergangenheit kommen, daß uns immer ein Anfang gesetzt ist. Denn wir wissen sehr gut, daß wir uns nicht selbst einen Anfang des Liebens setzen können, daß wir nicht durch einen kräftigen Entschluß herauskommen können aus dem Haß und plötzlich in Liebe reden und handeln und plötzlich alles, was uns begegnet, mit Augen der Liebe ansehen. Wir kommen immer aus einer Geschichte, die durch Mißtrauen und Haß belastet, durch Mißtrauen und Haß gezeichnet ist. Wir sind immer die Alten, denen ein Anfang gesetzt ist: der Haß. Und solange wir hassen, glauben wir nicht an die Liebe.

Die Botschaft von Weihnachten lautet: Es besteht ein *zweiter Anfang;* jenes Ereignis, »das Wort ward Fleisch«, ist dieser Anfang, in dem Liebe zur Wirklichkeit ward. Wie kann Liebe eine Möglichkeit für uns sein, zur Wirklichkeit für uns werden, wenn wir aus dem Haß kommen? Durch eines nur: dadurch, daß wir geliebt werden. Wie können wir neu werden, einen neuen Anfang ergreifen, von uns selbst loskommen? Durch eines nur, durch Liebe, die vergibt.

»Also hat Gott die Welt geliebt,
daß er seinen eingeborenen Sohn gab,
auf daß alle, die an ihn glauben, nicht verloren werden,
sondern das ewige Leben haben.«

Hier ist diese Liebe erschienen, die Liebe Gottes, die vergibt, die selbst unser Anfang sein will für alle, die an ihn glauben. *Glauben* sollen wir, daß wir immer als Geliebte aus unserer Geschichte kommen, da Gott diesen Anfang gemacht hat. Immer als Geliebte, das heißt als solche, denen ihr Haß immer vergeben ist, die immer in Liebe stehen und deshalb lieben können. Wir dürfen an uns selbst als an Geliebte glauben, wenn wir an ihn glauben; an uns als Geliebte, deren Liebe Liebe wecken kann; wir dürfen als Geliebte aneinander glauben als an Geliebte und Liebende, dürfen an unsere Liebe glauben, da uns vergeben ist. »Wir sahen seine Herrlichkeit, voller Gnade und Wahrheit.«

Aber einmal noch: Es ist uns die *Wahl* gestellt, ob dieser Anfang unser Anfang sein soll. Er ist nicht ein Ereignis, das objektive weltgeschichtliche Werte geschaffen hat, die uns zuteil werden, ohne daß wir wählen, das heißt, ohne daß wir glauben. Es ist nicht ein Ereignis, das zu einem weltgeschichtlichen Geschehen geführt hat, an dessen sogenannten Segnungen wir ohne weiteres alle teilnehmen. Sondern es ist ein Ereignis, das als Anfang *immer* Anfang ist und nicht *einmal* Anfang war und nun längst überbaut, ja überholt wäre durch eine Entwicklung. In jenem heidnischen Gedanken, daß der Gott immer aufs neue geboren wird, in dem kindlichen Gedanken, daß das Christkind immer ein Kind ist, liegt ein bedeutungsvoller Hinweis. Es liegt darin der Gedanke, daß, was uns göttliche Wirklichkeit sein soll, nicht altern kann, keiner geschichtlichen Entwicklung unterliegt. Wir haben an Weihnachten uns nicht daran zu erinnern, daß aus jenem Kinde einmal ein Mann ward, der eine geprägte Individualität, einen Charakter hatte, der in Schicksalen seine Reife gewann und dergleichen. Denn dann haben wir ihn rettungslos der Vergangenheit preisgegeben, die *einmal* Anfang *war,* aber nicht *immer* Anfang *ist*. Gerade das hat seinen Sinn, daß wir seine *Geburt* feiern, das Christ*kind;* denn darin kommt zum Ausdruck, daß wir nichts an ihm meinen, was nach menschlichen Maßstäben groß und imponierend ist, sondern daß wir im Ernste daran festhalten: »Das Wort ward Fleisch.« Aber freilich, wenn wir sagen: »immer Anfang«, so reden wir nicht von einer ewigen Menschwerdung des Göttlichen in der Menschheit, sondern wir reden von jenem einen Ereignis, das die Geschichte teilte, von jenem Menschen, in dem Gottes Liebe als Wirklichkeit erschien. Wenn wir sagen: »immer Anfang«, so meinen wir ja: Dies Ereignis fordert immer unsere Entscheidung. Wir haben zu wählen, ob es für uns Anfang sein soll.

Aber in Wahrheit: Dies Ereignis, das *immer* für uns Anfang

sein will, *ist* faktisch immer Anfang für uns, ob wir wollen oder nicht. Wir *wählen* immer nur, in welchem Sinn es für uns Anfang sein soll. Denn seitdem dies Ereignis stattfand, ist alle Geschichte dadurch gezeichnet. Wer ihn wählt, hat das Leben gewählt, und wer ihn verschmäht, hat nichts Geringeres als das Leben verschmäht, er hat den Tod erwählt. Denn gewählt hat jeder. Ignorieren kann man diesen Anfang nicht, auch ein Ignorieren ist Stellungnehmen, und wer die Liebe verschmäht, der bleibt im Haß.

Und endlich noch einmal: »Das Wort ward *Fleisch*«, Gott ward *Mensch*. Es handelt sich nicht um wunderbare Verwandlung irgendwelcher kosmischen Substanzen, sondern darum, daß durch die Geburt eines Menschen die Geschichte entscheidend bestimmt ist. Aber es handelt sich auch nicht darum, daß wir in besonderen Gehalten und besonderen Erlebnissen Gottes Gnade als etwas Extraes spürten, sondern darum, daß in dem *Menschen* Jesus Christus Gottes Gnade und Wirklichkeit erschienen ist und unsere Geschichte zeichnet. Als Fleisch, als Menschen gehören wir zu der Geschichte, deren Anfang er ist. Wenn wir an ihn glauben, so heißt das, daß wir daran glauben, daß dies Geschehen des Alltags, dies Tun und Leiden, dies Geben und Empfangen, in dem wir als Menschen stehen, durch Liebe gestempelt sein kann, sein soll. Im Blick auf jenen Anfang soll *dies* Leben geführt werden im Glauben an die Liebe, die uns vergebend umfängt; an die Liebe, zu deren Wort, wenn erst jenes eine große Wort gehört ist, alles werden kann. Aber freilich nur dann, wenn wir selbst auch zu einem solchen Wort der Liebe werden, wenn wir lieben. Wie man nur lieben kann als Geliebter, dem Liebe geschenkt ist, so kann man auch nur Liebe empfangen, wenn man sie als die Kraft nimmt, zu lieben, im Gehorsam.

»Darinnen stehet die Liebe nicht, daß wir Gott geliebt haben, sondern daß er uns geliebt hat und gesandt seinen Sohn zur Versöhnung für unsere Sünden. Ihr Lieben, hat uns Gott also geliebt, so sollen wir uns auch untereinander lieben« (1 Joh 4,10 f.).

Johannes 3,19–21

Warten auf den, der gekommen ist

Predigt am Mittwoch, den 16. Dezember 1931 in Marburg

»Gnade sei mit euch und Friede von dem, der da ist und der da war und der da kommt!« (Offb 1,4)

Von dem, der da *kommt!* Nach dem Kommenden schauen wir ja aus, für den Kommenden rüsten wir uns in der Adventszeit, der Zeit des Kommens, der Ankunft. Er wird kommen, und er wird da sein, wenn die Weihnachtsbotschaft erklingt: »Euch ist heute der Heiland geboren!« (Lk 2,11) Er wird dann da sein.

Aber ist das nicht ein Spiel der Phantasie? Versetzen wir uns nicht künstlich in eine Stimmung der Erwartung, damit wir den Glanz der Weihnacht wieder als Überraschung erleben? Haben wir nicht auch im vorigen Jahr Advent gefeiert, uns auf seine Ankunft bereitet? Und *ist* er nicht gekommen am Weihnachtsfest, ist er nicht da? Und werden wir nicht im nächsten Jahr wieder Advent feiern, uns wieder auf sein Kommen rüsten, als sei er *nicht* da? Ja, ist er nicht alle Tage bei uns bis an der Welt Ende? (vgl. Mt 28,20) Wie können wir das *Kommen* dessen erwarten, der *schon da* ist?

Ja, wenn wir es mit dieser Frage nicht ernst nehmen, so wird in der Tat die Adventsfeier zu einem Spiel der Phantasie, so ist es uns mit der Erwartung des Kommenden nicht im tiefsten Ernst. Wir erwarten wohl das kommende Fest, aber eben als ein Fest, das den Alltag der Arbeit und Sorge unterbricht mit seinem Glanz, als ein »brennendes und scheinendes Licht«, in dem wir wohl »eine kleine Weile fröhlich sein wollen« (vgl. Joh 5,35), als ein Fest, das vorübergeht. Ist es uns *Ernst* mit der Erwartung des Kommenden, so erwarten wir den, der zu uns *kommt* und bei uns *bleibt*. Nur so ist der Advent ein echter Advent.

Aber wie ist es dann möglich, daß wir alljährlich wieder und wieder Advent feiern? *Kam* er, und ist er *wieder gegangen?* Und wird er immer wieder kommen und gehen? Ist *das* das traurige

Geheimnis, aus dem die immer wiederholte Adventsfeier entspringt, daß jeder von uns sagen muß: Ja, wohl kam er, aber er ging wieder. Er ist »der Gast, der wieder weiter geht«! (R. M. Rilke, Stundenbuch II, Du mußt nicht bangen, Gott, Z. 37f.) Wohl leuchtete auch in meinem Herzen einmal das Licht der Weihnacht; aber es ist wieder erloschen, es ist wieder dunkel in meiner Seele, und die Seele sehnt sich wieder, daß er Einzug halte.

Ja, so mögen viele von uns, so mögen vielleicht wir alle es erfahren. Und doch ist das nur eine halbe Wahrheit. Das Kommen des Herrn, das die christliche Gemeinde im Advent erwartet und an Weihnachten feiert, ist gar nicht in erster Linie sein Kommen zum einzelnen, sein Einzug in die Seele, sondern sein Kommen in die *Welt*.

> »Das ewge Licht geht da herein,
> Gibt der *Welt* ein neuen Schein.«
>
> (M. Luther, Gelobet seist du, Jesu Christ, 4. Str.)

Nur deshalb, weil der einzelne Mensch in der *Welt* steht, weil der einzelne seine Seele gar nicht so in der Hand hat, als sei er unabhängig von der Welt – nein, weil er abhängig ist von dem Licht oder dem Dunkel der Welt, in der er steht –, *deshalb* hängt auch für den einzelnen und seine Seele alles ab vom Kommen des Herrn – aber eben davon, daß das Licht in die *Welt* gekommen ist und nun auch den einzelnen erleuchten will. Der, dem das Licht erloschen ist, der sich sehnt, daß es wieder aufleuchte in seiner Seele, den verweist Gottes Wort nicht darauf, daß ihm immer wieder ein Weihnachten bevorsteht, an dem der Herr in seine Seele einziehen wird, sondern darauf, daß der Herr gekommen *ist,* daß das ewge Licht der Welt einen neuen Schein gegeben *hat!* Das Kommen, dessen er sich getrösten soll, ist nicht dasjenige, das seine Seele je und je etwa erfahren hat; dieser Trost würde schnell vergehen; sondern es ist das Kommen des Herrn in die Welt, ist das Wort, daß der Herr gekommen *ist* und bei uns *ist*. Ist es uns Ernst mit der Erwartung des Kommenden, so *erwarten wir den, der schon gekommen ist, der schon da ist.*

Wie ist er da? In seinem *Wort!* In dem Wort, das uns Friede und Freude verheißt, das uns Gnade und Friede zuspricht »von dem, der da ist und der da war und der da kommt«. Und *wie* ist dieses Wort das Licht, das der Welt einen neuen Schein gibt? Von allem, was davon gesagt werden kann, sei heute eines gesagt, das uns lehrt, mit Ernst auf den zu warten, der gekommen ist:

> *Das ist aber das Gericht, daß das Licht in die Welt gekommen ist,*
> *und die Menschen liebten die Finsternis mehr als das Licht,*
> *denn ihre Werke waren böse.*
>
> *Wer Arges tut, der hasset das Licht und kommt nicht an das Licht,*
> *auf daß seine Werke nicht gestraft werden.*
>
> *Wer aber die Wahrheit tut, der kommt an das Licht,*
> *daß seine Werke offenbar werden,*
> *denn sie sind in Gott getan.*

»Das Licht scheinet in die Finsternis« (Joh 1,5). »Das ewge Licht geht da hinein, gibt der Welt einen neuen Schein.« So klingt die Weihnachtsbotschaft als eine Botschaft der Freude. Aber eine echte Botschaft der Freude ist es nur dann, wenn das andere Wort daneben nicht vergessen wird: »Das ist aber das Gericht, daß das Licht in die Welt gekommen ist.«

Warum ist es das *Gericht?* Ist nicht das Licht, das die Finsternis vertreibt, das Erfreuende, Erquickende, das »Heil und Leben mit sich bringt« (G. Weissel, Macht hoch die Tür, 1. Str.)? »Das Volk, das im Finstern wandelt, siehet ein großes Licht, und über die da wohnen im finstern Lande, scheinet es helle« (Jes 9,1). Sind wir nicht das Volk, das im Finstern wandelt? Sehnen wir uns nicht nach Licht?

Ja, das ist die entscheidende Frage, ob wir uns *wirklich* nach dem Lichte sehnen! Warum ist es das Gericht, daß das Licht in die Welt gekommen ist? Weil die Menschen die Finsternis mehr liebten als das Licht. Wirklich?

Ja, nach Licht für unsere Wünsche und Pläne sehnen wir uns alle! Wie viele Wünsche nach Licht für unser Volk, für unsere Familie, für jeden einzelnen in uns lebendig sind, brauche ich nicht zu sagen. Daß der Weg, den wir uns vorgenommen, hell sei, daß die Welt, in der und für die wir planen und schaffen, hell sei, das wollen wir alle. Inwiefern lieben wir die Finsternis? Ob wir wirklich das Licht lieben und nicht die Finsternis, das zeigt sich eben daran, ob wir zum ewgen Lichte, zum wahren Lichte kommen. Denn dieses Licht erleuchtet nicht den Weg unserer Wünsche und Pläne; es erleuchtet die Welt nicht so, wie wir sie sehen möchten und mit den schwachen Lichtern unserer Eigenwünsche oder Ideale zu erleuchten versuchen, sondern es gibt der Welt einen *neuen* Schein. Und diesen neuen Schein sieht nur, wer sich selbst von ihm erleuchten, durchleuchten lassen will.

»Die Menschen liebten die Finsternis mehr als das Licht.« Ja; denn die Menschen sind so, daß sie gerne alles im Hellen haben wollen, alles durchsichtig und klar, verständlich, berechenbar und damit beherrschbar haben wollen, nur sich selber nicht. Ist es nicht so, daß wir alle eine Rolle spielen, daß wir mit Masken durchs Leben laufen und ängstlich unser *wahres Gesicht verbergen?* Wir sind für die andern zunächst und in der Regel das, was unsre Stellung und unser Titel, unser Beruf und unser Amt besagt, und mehr wollen wir in der Regel auch nicht für sie sein. Oder wenn es höher kommt, so wollen wir als solche gelten, die sich einsetzen für das Edle, das Schöne, das Gute. Schon Kinder genieren sich, wenn ein Fremder in ihren Kreis hineintritt, werden steif und stumm, reden nicht mehr, wie sie empfinden und denken, sondern wie sie meinen, daß der andere es erwartet. Machen wir Erwachsenen es viel anders? Gewiß, wir haben meist einige gute Freunde und Bekannte, die wir etwas weiter hineinblicken lassen in unsern Kreis. Aber ist uns nicht auch um ihre Achtung und Freundschaft bange, wenn sie alles wüßten, was es von uns zu wissen gibt? Gewiß! Wir lügen durchaus nicht immer, und wir setzen uns unter Umständen mit Opfern ein für die Wahrheit. Aber gehört das nicht auch oft zu der Rolle, die wir übernommen haben, sie vor andern und vor uns durchzuführen? Wir wollen vielleicht ganz ehrlich eine Achtung vor andern und uns erringen, wir wollen etwas sein, was wir im tiefsten nicht sind. Und ist nicht im übrigen unser Leben verhüllt von dem Schleier der Konvention, und wir wollen nicht offenbaren, was dahintersteckt? Oder steckt nichts dahinter, und ist uns unser Leben ganz zur Konvention, zum Betriebe geworden?

Nun, um so ängstlicher hüten wir uns dann, daß niemand dieses Nichts, das hinter der Maske steckt, entdecke. Ja, noch viel mehr verbergen wir es *vor uns selber!* Wir wollen doch vor andern und vor uns selbst gelten und dastehen als respektable und ernsthafte Menschen, die andere achten und von andern geachtet werden wollen und sich selber achten. Ich will nicht davon reden, daß mancher dies und jenes zu verbergen hat, was dahinten liegt in seinem Leben, das er nicht nur vor andern verbergen möchte, sondern woran er auch selbst nur ungern denkt. Ich will nur reden von der Alltäglichkeit mit ihrem Getriebe, ihrer Konvention und ihrer scheinbaren Ernsthaftigkeit. Ertappen wir uns nicht zuweilen in dem Gefühl, daß alle Geschäftigkeit und Betriebsamkeit bei anderen und uns ein Spiel ist, daß wir uns als Gespenster unter Gespenstern bewegen? Zeigt uns nicht dann und wann eine Stunde der Besinnung, wie fragwürdig dies alles ist, was wir mit so großem Ernst betreiben? ein Augenblick, in dem der Ekel oder die Frage erwacht: Wozu dies alles? Zeigt es sich etwa in der Stunde der Enttäuschung, da unser Gebäude zusammenbricht, daß wir nur in ihm, in dem, was wir planten, an dem wir arbeiteten, und nicht in uns selbst unser Leben hatten? in einer Stunde der Angst um unser Liebstes, daß unsere alltägliche Sorge um Dinge ging, die in der Not nichts bedeuten? im Augenblick des Todes, der uns bedrohte in schwerer Krankheit, oder wenn er einen der Unsern von uns nahm?

Aber wessen Leben ist durch diese Frage, durch das Bewußtsein seiner Fragwürdigkeit wirklich bestimmt? Wie schnell sind solche Stunden vergessen, und wir verschleiern uns unsere Fragwürdigkeit im Lauf des Alltags, sei es durch die Arbeit, die uns ablenkt oder fesselt, sei es gar durch Zerstreuung und Leichtsinn! Leben wir wirklich unser Leben, oder leben wir von uns weg? Ist unser Ernst wirklich ein Ernst, der allem standhält, so daß uns nichts die Sicherheit rauben kann, nichts irre machen kann an dem, dem unser Ernst gilt?

Nun, das ist die Frage, ob wir das Licht lieben oder die Finsternis: *Wollen wir uns durchsichtig werden,* oder wollen wir im Finstern bleiben aus Angst, daß das Innere, das etwa sichtbar werden könnte, ein Nichts ist oder ein Greuel, der uns mit Entsetzen erfüllt? Nur dann, wenn wir bereit sind, uns durchleuchten zu lassen, kommen wir an das Licht, leuchtet es für uns und gibt auch unserer Welt einen neuen Schein. Denn dieses Licht ist da. Es ist da *im Worte der Vergebung,* und nur für den, der sich nicht mehr vor sich selbst verbergen will, sagt dies erleuchtende Wort etwas. So lange der Mensch nicht wissen will, daß er im Finstern, in der Sünde steckt und der Vergebung bedarf, so lange bedeutet das ewige Licht für ihn nichts. Denn das zeigt ihm dieses Licht, daß er seinen Sinn und seinen Ernst nicht aus sich gewinnen kann und aus dem, was er plant und treibt, nicht aus der Rolle, die er übernehmen will, sei es die größte und edelste. Denn mit alledem verstrickt er sich in das Nichts, in die Finsternis. Aber dieses Licht zeigt ihm auch, daß er seinen Sinn und seinen Ernst nicht aus sich und aus dem, was er plant und treibt, aus dem, was er aus sich machen will, zu gewinnen *braucht,* sondern einzig aus dem, was Gott ihm schenkt und wozu Gott ihn braucht: aus der Liebe. Das ewige Licht ist da. Es ist da *im Worte der Liebe,* die uns befreit von uns selbst und in den Dienst der Liebe stellt. Und nur für den, der sich nicht vor den anderen verbergen will, sondern den Weg zu ihnen sucht, sagt dies erleuchtende Wort etwas. So lange der Mensch nicht dessen inne wird, daß nur in der Liebe ein offenes und helles Miteinander der Menschen möglich ist, so lange bedeutet das ewige Licht für ihn nichts. Denn das zeigt ihm dieses Licht, daß wir allein in der Liebe für die andern offen und durchsichtig werden und sie für uns, daß allein in der Liebe all unser Schaffen und Treiben einen Ernst gewinnt, der unzerstörbar ist. Denn in der Liebe brauchen wir nicht eine Rolle zu wählen, sei es eine Stellung, glänzend vor andern, sei es ein Lebensideal, groß in unsern eigenen Augen. Sondern in der Liebe fragen wir nach dem Nächsten, wie wir für ihn da sind und was die Stunde in seinem Dienst erfordert. Und die Wahrheit und Offenheit der Liebe ist keine künstlich abgerungene Enthüllung von Geheimnissen unseres sogenannten Innenlebens, sondern die keusche und ungewollte Offenbarung dessen, was wirklich in uns lebendig ist.

Das ewige Licht *ist da* und richtet uns. Und indem es uns richtet und wir uns richten lassen, befreit es uns von uns, so wie wir waren, und tut uns eine neue Zukunft auf: Das ewige Licht *kommt.* Es wird uns immer leuchten, wenn wir die Zukunft unter seine richtende und erneuernde Kraft stellen.

»Wer Arges tut, der hasset das Licht und kommt nicht an das Licht, auf daß seine Werke nicht gestraft werden.

Wer aber die Wahrheit tut, der kommt an das Licht,
daß seine Werke offenbar werden,
denn sie sind in Gott getan.«

So wäre denn schon alles entschieden? So zeigt das Licht, wenn es kommt, nur, was schon erledigt ist? So würden die Menschen nur geschieden in die, die das Arge tun, und [die,] die die Wahrheit tun? Und über uns, über dich und mich wäre schon entschieden? Und es hätte keinen Sinn mehr, vom Kommen des Lichtes zu reden und darauf zu warten, da doch alles beim alten bliebe! Ja, wer ist denn überhaupt unter uns, von dem es heißen könnte, daß er die Wahrheit tue? Tun wir nicht alle das Arge?

Nun, keiner unter uns Menschen, die wir alle im Finstern stecken, ist ganz gut und keiner ganz schlecht. Wir sind weder Engel noch Teufel. Wir sind *eigentümlich gespenstische Zwitterwesen*. Ja, gäbe es kein Licht, das die Welt erleuchtet, so wären wir weder gut noch böse. Ob wir gut oder böse sind, ob wir die Wahrheit tun oder das Arge, das wird durch das Licht nicht erst sichtbar gemacht, sondern es wird dadurch überhaupt erst entschieden.

Auch sonst in unserm Leben gibt es *Entscheidungen,* in denen alles auf dem Spiele steht, nicht nur, was sein wird, sondern auch, was gewesen ist, ob unser bisheriges Leben mit seinen Zielen und seinem Streben Sinn, Ernst und Geltung hatte, oder ob es nur ein Spiel war. Wenn wir jetzt in der Entscheidung nicht an dem festhalten, was uns bisher trug, so war es uns auch bis dahin nicht wirklich Ernst damit. Jetzt erweist sich unsere Echtheit! Jetzt stehen wir auf der Probe! Und jetzt kann Schwachheit und Versagen alles Edle und Große, das bisher für uns gelten sollte, zu nichte machen; jetzt kommt es zu Tage, daß wir wirklich nur eine Rolle spielten. Aber halten wir jetzt stand, dann war auch alle Schwäche und alles Böse, das einst unser Leben durchzog, nichts, was ernsthaft unser Wesen bestimmte, ja, wunderbar!, es kann vielleicht gar gerade jetzt unserer Entscheidung zu Gute kommen. Denn Gott, der uns in die Entscheidung stellt, vermag dadurch auch unser Böses in Gutes zu verwandeln. So wird im Augenblick der Entscheidung erst über unsere Vergangenheit entschieden.

Nicht anders ist die Entscheidung, die es für uns bedeutet, daß das Licht da ist. Nichts ist schon entschieden, aber jetzt entscheidet es sich, jetzt, da uns die Botschaft wieder ins Ohr klingt: Das Licht ist in die Welt gekommen. Jetzt entscheidet es sich, ob wir das Arge taten oder die Wahrheit, daran, ob wir an das Licht kommen oder nicht. Jetzt steht alles auf dem Spiele, was wir sind, was wir waren und was wir sein werden. *Das Licht ist da:* Die Möglichkeit ist für uns alle da, daß wir uns erleuchten lassen, daß für uns Welt und Leben Klarheit und Ernst gewinnen. Und *das Licht kommt;* es kommt so lange, als wir das Wort der Vergebung und der Liebe hören dürfen. So lange wir uns noch entscheiden dürfen in diesem Lichte, so lange wir die Entscheidung, die wir im Glauben geben wollen, in der Tat der Liebe Tag um Tag durchführen dürfen. Wir wissen nicht, wie lange, und jede Entscheidung kann die letzte sein. Noch schwebt über unserm Leben die Möglichkeit, daß wir aus dem Argen oder aus der Wahrheit sind. Noch besteht die Möglichkeit, daß alles licht werde, alles Dunkel, das in uns liegt, das hinter uns liegt, das vor uns liegt! *Erwarten* wir das Licht? Es ist da und will uns erleuchten; wollen wir uns erleuchten lassen? Erwarten wir es als das Licht, das *kommt?* Soll es auch für uns die Entscheidungsfrage sein, die über unsere Vergangenheit und Zukunft entscheidet? Erwarten wir es als das Licht, das *immer wieder* kommt, ohne je zu gehen? Verstehen wir, daß diese Entscheidungsfrage nicht ein einmaliges Jasagen ist, sondern eine Entscheidung, die festgehalten werden muß durch alle Zukunft, deren Kraft und Ernst sich stets aufs neue erweisen muß in den kleinen und großen Entscheidungsfragen des Lebens? Erwarten wir es als das Licht, das *kommt und bleibt?* Ja! Wir sehnen uns und hoffen, die eine Entscheidung zu fällen und gefällt zu haben, die in sich über alle künftigen Entscheidungen schon entschieden hat. Ja, wir sehnen uns und warten, daß die Weihnachtsbotschaft auch bei uns Wahrheit werde:

> »Das ewge Licht geht da herein,
> Gibt der Welt ein neuen Schein!«

1. Johannes 4,7–12

Gott ruft uns
durch die andern zu uns selbst
und von uns selbst zu den andern

Predigt im Akademischen Gottesdienst am 2. Juli 1933 (3. Sonntag nach Trinitatis) in Marburg

Ihr Lieben, lasset uns untereinander lieben. Denn die Liebe ist von Gott, und wer lieb hat, der ist von Gott geboren und kennet Gott. Wer nicht lieb hat, der kennet Gott nicht; denn Gott ist die Liebe.

Daran ist erschienen die Liebe Gottes gegen uns, daß Gott seinen eingeborenen Sohn gesandt hat in die Welt, daß wir durch ihn leben sollen.

Darinnen stehet die Liebe, nicht daß wir Gott geliebet haben, sondern daß er uns geliebet hat und gesandt seinen Sohn zur Versöhnung für unsere Sünden.

Ihr Lieben, hat uns Gott also geliebet, so sollen wir uns auch untereinander lieben. Niemand hat Gott jemals gesehen. So wir uns untereinander lieben, so bleibet Gott in uns, und seine Liebe ist völlig in uns.

I

Aus dem Bewußtsein, eine entscheidende Wendung der Geschichte erlebt zu haben, blickt man heute gerne auf die abgelaufene Epoche zurück als auf die Epoche des Individualismus. *Der Individualismus ist abgetan!* Wir erkennen, daß der einzelne nicht aus sich selbst und für sich selbst lebt, sondern aus der Gemeinschaft und für die Gemeinschaft.

Diese Erkenntnis, auf die hin wir uns von den letztvergangenen Generationen unterscheiden, – bedeutet sie eigentlich, daß wir uns für so viel *besser* halten als unsere Väter und Großväter? Wir kennen doch aus den vorangegangenen Geschlechtern leuchtende Beispiele vom Einsatz des persönlichen Lebens zum Besten der Gemeinschaft, des Ganzen! Wir kennen Vorbilder selbstlosen Dienstes und freudigen Opferwillens! Beispiele und Vorbilder aus allen Kreisen des Lebens, aus Staat und Wissenschaft so gut wie aus der Welt der Arbeit aller Art und aus der Sphäre des persönlichen Lebens in Familie und Freundschaft. Ja, kennen wir nicht, wenn wir an den kleinen Kreis denken, aus dem unser persönliches Leben seinen Ursprung nahm und in dem es seine eigene kleine Geschichte hatte, Menschen, an die wir mit Dank und Verehrung denken? Eltern, Erzieher, Lehrer und Freunde, deren Güte und Treue wir das Beste schulden, was wir haben?

Waren die Menschen der abgelaufenen Zeit des Individualismus als einzelne so viel schlechter als wir? Sind wir so viel besser? Nein; diesen Sinn kann offenbar jene Erkenntnis, kraft deren wir die abgelaufene Epoche überwunden haben, nicht haben. Sie kann nur *den* Sinn haben, daß wir erkennen, wie alle einzelne Treue und Hingabe, so viel sie je dem einzelnen schenkte und so viel sie im kleinen Kreise bedeutete, doch nicht die Kraft hatte, das Leben des *Ganzen*, das Leben der *Gemeinschaft* zu gestalten. Wir erkennen, daß die Güte und Treue, wenn sie sich in der Erziehung und den staatlichen Ordnungen auswirkte, so oft geleitet war vom Blick auf ein falsches, ein *individualistisches Menschenideal,* von der Frage nach dem *Einzel*menschen, wozu *er* es bringen kann, was aus *ihm* werden soll. Wir erkennen, daß die Ordnungen der Gemeinschaft nicht entworfen und gestaltet werden dürfen unter dem Gesichtspunkt, daß sie nur allen einzelnen Möglichkeit und Freiheit geben, ihr Leben nach den eigenen Zielen zu leben, und daß sie es dem einzelnen selbst überlassen, ob für oder gegen die Gemeinschaft sein will, ob er ein Leben in der Vereinzelung der Selbstsucht oder in der Gemeinschaft des Schenkens und Empfangens führen will. Daß es mit der Zeit des Individualismus zu Ende sein müsse, hat den Sinn der Forderung, daß die Ordnungen des Ganzen von vornherein unter den *Gedanken der Gemeinschaft* gestellt werden, daß das öffentliche Urteil über das, was Wert und Unwert ist, von vornherein durch den Gedanken der Gemeinschaft bestimmt werde.

Wenn es aber so ist, daß wir nicht besser sind als unsere Väter (vgl. 1 Kön 19,4), daß die neue Erkenntnis nicht unser Verdienst, sondern ein Geschenk, ein Glück ist, so ist auch klar, daß das

Neue, dessen wir uns freuen, *für jeden einzelnen* den Charakter der *Forderung* hat. Der Individualismus ist abgetan? Es [er?] ist mit der *Erkenntnis* der Forderung noch lange nicht abgetan, sondern erst mit ihrer *Erfüllung!* Und ihre Erfüllung ist auch noch nicht damit gegeben, daß die öffentlichen Ordnungen durch staatliche Gesetzgebung unter dem Gesichtspunkt der Gemeinschaft neu gestaltet werden, sondern erst dadurch, daß Menschen in diesen Ordnungen leben, die die Forderungen sinnvoll erfüllen. Es ist eine alte Erkenntnis: Nicht mit *dem* Staat steht es am besten, der die besten Gesetze hat, sondern mit *dem,* dessen Gesetzen am besten gehorcht wird. Das bedeutet freilich gewiß nicht, daß sich der Staat nicht um die beste Gesetzgebung bemühen soll. Aber es bedeutet, daß die Verantwortung für den einzelnen nicht erst die ist, für die besten Gesetze zu sorgen, oder daß er gar im Bewußtsein des Besitzes der besten Gesetze der Verantwortung enthoben ist; sondern es bedeutet, daß er zuerst zu sorgen hat, daß es mit ihm *selber* recht stehe.

Wir sind nicht besser als unsere Väter. Vielmehr: Was an Gemeinsinn, an Kraft der Hingabe, an Güte und Treue in ihnen lebendig war, das soll auch in uns lebendig sein, damit wir nicht, trotz besserer Erkenntnis, schlechtere Bürger werden als sie. Die Überwindung des Individualismus in unserem öffentlichen Leben, in Staat und Gesellschaft, in Erziehung und Bildung muß, wenn sie echt sein soll, begründet sein in der Überwindung des Individualismus, der Ich-Sucht, des Eigenwillens, *in uns selber*.

II

Was wir soweit gesagt haben, das können und sollen wir uns selber sagen und brauchen dazu noch nicht Gottes Wort. *Gottes Wort* aber soll uns weiter führen. Wenn unser Text uns zur Liebe ruft, so will er uns offenbar auch über den Individualismus der Ich-Sucht, des Eigenwillens hinausführen. Wie tut er das?

Er tut das, indem er uns *zuerst zu uns selbst zurückruft*. Denn die Forderung: »Lasset uns untereinander liebhaben!« begründet er sehr merkwürdig, nämlich damit, daß er sagt: »Denn die Liebe ist von Gott, und wer lieb hat, der ist von Gott geboren und kennt Gott.«

Er begründet also das Liebesgebot nicht mit dem Hinweis auf ein Ganzes, das durch die liebende Hingabe des einzelnen Gestalt und Kraft gewinnen müßte. Kein Idealbild einer Volks- oder Menschheitsgemeinschaft oder auch einer kirchlichen Bruderschaft wird aufgerichtet. Es heißt zunächst einfach: »Denn die Liebe ist *von Gott*.« Und auch dieser Satz soll nicht eigentlich die unverbrüchliche Autorität des Liebesgebotes begründen: Die Liebe ist Gottes Befehl; wehe, wer sich ihm entzieht! Vielmehr: Die Liebe ist Gottes Gabe; wohl dem, der sie empfängt! Denn der Satz, daß die Liebe von Gott ist, wird weitergeführt: »Wer lieb hat, der ist von Gott geboren und kennet Gott.«

Der Text spricht in der Begriffsweise seiner Zeit; aber wir verstehen ihn unmittelbar: »Von Gott, aus Gott geboren sein« heißt: den Ursprung seines ganzen Seins, seines Denkens und Wollens nicht im Sichtbaren, Vergänglichen haben, sondern im Unsichtbaren, Ewigen; es heißt: seine Maßstäbe für Gut und Böse, für Wert und Unwert nicht aus dem nehmen, was die Stunde bringt und wieder nimmt, sondern aus dem, was nie voll in eine Stunde eingeht und was von keiner Stunde geraubt wird; es heißt: sich leiten lassen nicht von Zielen, die Menschengedanke entwirft und Menschenkraft verwirklicht, sondern von Zielen, die dem Menschen von jenseits gesteckt sind. Es heißt deshalb: eine innere Freiheit haben von der Welt des Vergänglichen mit ihrer Sorge und Geschäftigkeit, mit ihrem Verwirrenden und Beängstigenden, mit ihrem Bestrickenden und Betäubenden; es heißt: eine innere Sicherheit haben, die weder durch die Rätsel des Schicksals noch durch Feindschaft und Bosheit der Menschen erschüttert werden kann. »*Gott kennen*« heißt: mit Gott verbunden sein; heißt: dahin gekommen sein, wonach letztlich die Frage des Menschen fragt, wohin das Heimweh des Menschen geht.

Das *Gebot der Liebe* wird also gar nicht – in modernen Begriffen gesprochen – sozialistisch, sondern es wird *individualistisch begründet*. Es wird dadurch begründet, daß in der Liebe allein der Mensch zu Gott, und das heißt: wahrhaft zu sich selbst kommen kann. Der Text weiß, daß es jedem Menschen zuletzt um sich selbst geht, und er will dem Menschen zeigen, in welcher Weise es ihm um sich selbst gehen müsse: Geht es ihm um sich selbst, so soll er lieben, da er nur so zu sich selbst kommen kann. In eigentümlicher Weise ist also die Liebe verschlungen mit der Sorge des Menschen um sich selbst. Der Mensch, in dem die Frage nach sich selbst erwacht ist, der fragt, was er tun muß, um wirklich er selbst sein zu können, – er wird von sich selbst weggewiesen auf die andern, die er lieben soll. Nur so kommt er zu sich selbst, denn nur so kommt er zu Gott.

Aber besteht darin nicht ein eigentümlicher *Widerspruch?* Kann meine Liebe echt sein, wenn es mir im Grunde nicht um die andern, sondern um mich selbst geht? wenn meine Liebe zu den andern nur das Mittel ist, daß ich mich selbst finde? Daß der Text das nicht so meint, gibt er deutlich zu verstehen durch den Satz: »Gott ist die Liebe.« Es kann gar nicht *so* sein, daß ich die Liebe nur als ein *Mittel* benutze, um zu Gott zu kommen; denn finde ich *Gott,* so finde ich eben die *Liebe;* ich kann nicht anders bei Gott sein, als wenn ich liebe. Aber *das* setzt allerdings der Text voraus, daß nur der recht verstehen kann, was Liebe heißt, dem es um sich *selbst* geht, der fragt, wie er zu sich *selbst* kommen kann. Der Satz, daß der Mensch, um zu sich selbst zu kommen, lieben müsse, kann also auch umgekehrt werden in den Satz, daß der Mensch, um zu lieben, zu sich selbst kommen müsse.

Denn freilich wäre es unverständlich, daß wir, um zu Gott und zu uns selbst zu kommen, lieben müssen, wenn Liebe etwas wäre, das wir schon vorher leisten könnten, ehe wir bei Gott und bei uns selbst sind; wenn die Liebe gleichsam ein Weg wäre, den wir uns zwingen zu gehen, um ihn hinter uns zu bringen. Nein: *Gott ist die Liebe!* Geht es uns um uns selbst, so soll es uns um die Liebe gehen; und geht es uns um die Liebe, so soll es uns um uns selbst gehen. Wir können gar nicht lieben, ohne bei uns selbst zu sein.

Aber wenn uns gesagt wird, daß wir lieben müssen, um zu uns selbst zu kommen, und wenn uns doch gleichzeitig das Mittel dazu, die Liebe, gleichsam aus der Hand geschlagen wird, da wir ja schon bei Gott und bei uns selbst sein müssen, um überhaupt lieben zu können, – sind wir dann nicht in die *Ratlosigkeit* versetzt? Wie sollen wir dann zu Gott und zu uns selbst kommen?

Die Antwort gibt uns der Text: *Gott ist schon bei uns.* »Daran ist erschienen die Liebe Gottes gegen uns, daß Gott seinen eingeborenen Sohn gesandt hat in die Welt, daß wir durch ihn leben sollen. Darinnen stehet die Liebe, nicht daß wir Gott geliebt haben, sondern daß er uns geliebt hat und gesandt seinen Sohn zur Versöhnung für unsere Sünden.«

Gott ist schon bei uns! Er hat die Ferne, in der wir von ihm stehen, schon überbrückt durch seine Liebe. Was er in Jesus Christus getan hat, ist das Geschenk seiner Liebe. Wir stehen schon in seiner Liebe und können lieben.

Aber gerade das verstehen wir nur, wenn es uns wirklich *um uns selbst* geht. Wir können seine Liebe und unsere Kraft zu lieben nur als sein Geschenk empfangen, wenn wir dieses Geschenk für uns wollen, wenn uns der Sinn dafür aufgeht, daß wir nur so zu uns selbst kommen können, wenn es uns also wirklich um uns selbst geht.

III

Wir können die Wahrheit, die darin liegt, zunächst auch einfach so ausdrücken: Wir können nur lieben, wenn wir *schon etwas für uns selbst sind*. Der Mensch, der um die Liebe eines andern wirbt und seine Liebe dem andern schenken möchte, der ist ja von der Gewißheit getragen, daß der andere etwas für sich ist; daß er eine Sicherheit und Heiterkeit, einen Reichtum und eine Güte hat, die ihm selber fehlen, die ihn bereichern und zu einem vollen Leben kommen lassen würden. Und er selber kann ehrlich seine Liebe dem andern nur anbieten, wenn er sich sagen kann, daß auch er für sich etwas ist, daß er bei aller Armut und Halbheit doch eine Kraft hat, die schenken kann, daß er doch wenigstens Möglichkeiten enthält, die für den andern etwas bedeuten, ihn bereichern können. Jeder, der um Liebe wirbt, dem muß es um sich selbst gehen, sonst ist sein Werben eine Erniedrigung des andern; er ehrt das Geschenk des andern gerade darin, daß er vom andern erhofft, daß er ihn zu sich selbst bringe. Und jeder, der Liebe schenkt, muß auch etwas für sich sein, um für den andern etwas sein zu können.

Wer sich von Gott durch das Gebot der Liebe zu den andern gerufen weiß, der weiß sich *zuerst zu sich selbst* gerufen. Wer für die Gemeinschaft etwas sein will, der muß für sich selbst etwas sein.

1. Johannes 4,7–12

Jeder *Sozialismus,* jeder Wille zur Gemeinschaft, gehört notwendig mit einem *Individualismus,* dem Willen, selbst zu sein, zusammen, und wie die Art eines Sozialismus ist, so ist auch die Art des dazugehörigen Individualismus. Die abgelaufene Zeit des Individualismus war ja auch eine Zeit des Sozialismus; auch sie kannte den Ruf zur Gemeinschaft. Aber warum rief dieser Ruf den Menschen in die Irre? Weil er ihn nicht zuerst zu sich selbst rief! Mag dieser Sozialismus vom Standpunkt der Politik als eine Torheit, ein Wahnsinn oder gar ein Verbrechen beurteilt werden – das geht uns hier nichts an. Hier besinnen wir uns aber darauf, daß jener Ruf zur Gemeinschaft, zur Sozialisierung ein Ruf der *Verzweiflung* war. Ein Ruf der Verzweiflung derer, die äußerlich und innerlich heimatlos waren; derer, die kein erfülltes Leben mehr kannten, die keine Stunden hatten, in denen sie bei sich selbst sein konnten; die keine von Freude und Dank erfüllte Gegenwart mehr hatten, sondern die aus einer leeren Gegenwart in eine phantastische Zukunft blickten, eine Zukunft, in der erst alles werden soll, in der alle Erfüllung kommen soll, in der es sich wieder lohnen soll zu leben und ein Mensch zu sein. In der Empfindung der heimatlosen Einsamkeit lebte das dunkle Wissen, daß die Menschen auf einander angewiesen sind, daß der Mensch, um bei sich selbst zu sein, mit den andern in Liebe verbunden sein muß. Und es erwuchs ein Sozialismus, der die Liebesverbundenheit der Menschen durch *Organisation* herbeiführen will, indem er die »Wohlfahrt« organisiert. Der einzelne soll sich als Glied des Ganzen wissen, soll im Ganzen aufgehen und für das Ganze und seine Zukunft sein. Alles Handeln ist bestimmt durch den Zweck, der erreicht werden soll und durch vernünftige, planvolle Organisation erreicht werden kann; alles Handeln muß zweckmäßig und vernünftig sein. *Das Leben wird rationalisiert.* Bei solchen Menschen kann wohl der Wille zur Hingabe, der Mut zum Opfer, ja die Leidenschaft zum Martyrium lebendig sein. Aber es lebt keine echte Liebe. Denn eine Liebe, die nur zweckvoll organisieren und nicht aus eigenem Reichtum schenken kann, ist keine echte Liebe. Der eine reißt den andern in den Taumel hinein, an etwas ewig Fernem zu bauen. Keine Gegenwart ist erfüllt, sondern jedes Jetzt steht im Dienst des unendlich Fernen; kein Leben hat den Sinn in sich, sondern ist Mittel zum Zweck für etwas Kommendes; keiner kommt zu sich selbst, und keiner hat einen inneren Besitz, mit dem er den andern beschenken kann, um im Schenken reicher zu werden. Man will die Menschheit glücklich machen am einzelnen Menschen vorbei (vgl. Fr. Werfel, Die christliche Sendung [1917], GW [X], 1975, S. 568 f.).

Und wäre der Bau der Zukunft einmal vollendet? Dostojewski hat in der erschütternden Erzählung »Stimme aus dem Untergrund« [»Aufzeichnungen aus einem Kellerloch«] die Verzweiflung geschildert, die den Menschen erfaßt bei der Vision der Vollendung dieses Sozialismus. Sie wäre die Vollendung eines zweckvoll konstruierten Apparats[,] einer Maschine; der einzelne wäre so etwas wie eine Klaviertaste oder ein Orgelregister. Es wäre die Ordnung der Welt in einem rationalisierten und durchorganisierten System auf einander abgestimmter Eigeninteressen, die in solcher gegenseitiger Abstimmung angeblich das Gesamtinteresse, das Interesse eines Abstraktums, vertreten sollen. »Freilich garantieren kann man nicht..., daß es dann nicht, beispielsweise, entsetzlich langweilig sein wird, ... dafür wird aber alles höchst vernünftig sein« – heißt es ironisch (vgl. F. M. Dostojewski, SW II/20, München 1922, S. 31). Das Innere des Menschen sträubt sich, wenn er so seiner selbst entleert werden soll. Er wird zu sich selbst zu kommen suchen gerade durch das Böse, in dem er – wenngleich in perverser Weise – doch wenigstens er selbst ist. Er wird am Sinn der Wohlfahrt zweifeln, und er wird schließlich das Leiden lieben, weil es ihn wenigstens zu sich selbst bringt.

Den Irrweg dieses Sozialismus – des rationalistischen – hat unsere Gegenwart erkannt, und sie will einen neuen, einen *anderen Sozialismus* verwirklichen aus der Erkenntnis, daß die Verbundenheit der Menschen nicht erst durch zweckvolle Organisation geschaffen werden kann, sondern daß sie am Anfang, am Ursprung liegt, in der Volksgemeinschaft; daß alle zweckvolle Organisation nur den natürlichen Kräften dieser ursprünglichen Gemeinschaft Gestalt geben kann, ihr zur reinen Wirksamkeit verhelfen und sie vor Irrwegen und Störungen bewahren kann.

Dieser neuen und befreienden Erkenntnis gegenüber haben wir hier nicht kritische Fragen in *dem* Sinne zu stellen, ob unter dem Rausch der neuen Einsicht nun nicht doch das planvolle Organisieren zu laut und forciert ist, ob es zu hart eingreift und in die Gefahr gerät, Kräfte zu schädigen, zu verfälschen und zu ersticken, die nur von selbst wachsen können. Solche Fragen wird sich die nationale Bewegung selbst zu stellen haben. Hier haben wir von Gottes Wort aus nur *eine einzige kritische Frage* zu stellen, und sie *müssen* wir stellen: Wird über der Entdeckung der Volksgemeinschaft auch nicht vergessen, daß der Mensch zu sich selbst kommen muß? daß zur Gemeinschaft nur fähig ist, wer für sich selbst etwas ist? daß die Gemeinschaft den Menschen zu sich selbst bringen muß? Wird im Kampf gegen einen Individualismus der Eigeninteressen und der Selbstsucht auch nicht vergessen, daß es *einen* Individualismus gibt, ohne den kein Sozialismus, auch der völkische nicht, Substanz und Kraft hat? der Individualismus nämlich, der fordert, daß der Mensch für sich selbst etwas sei, daß er zu sich selbst komme? *Diesen* Individualismus muß die christliche Verkündigung fordern; denn daß der Mensch bei sich sei, heißt, daß er vor Gott steht, und wenn sie den Menschen zu sich selbst ruft, so ruft sie ihn vor Gott.

Diesen Ruf zu vertreten hat die Kirche gerade heute Anlaß und Pflicht. Denn gerade in einer Zeit, in der gemeinsame Erkenntnisse, gemeinsame Schaffensfreude, gemeinsame Begeisterung oder auch gemeinsame Not und Sorge die einzelnen erfüllt, wird leicht die Stimme im Inneren übertönt, die von sich aus schon den Menschen zu sich selbst ruft.

Kennen wir noch die Stimme des Innern? Haben wir noch Stunden der *Einsamkeit* und der *stillen Besinnung auf uns selbst?* Ist unsere Zeit zu aufgeregt, daß sie nicht mehr jene Stunden der Stille kennt, in denen die Fülle dessen, was der Wechsel des Tages oder der Wochen brachte, sich gleichsam in uns entfaltet und uns beglückend gegenübertritt? Jene Stunden, von denen Rilke redet:

»Wer jetzt nicht seine Augen schließen kann,
Gewiß, daß eine Fülle von Gesichten
In ihm nur wartet, bis die Nacht begann,
Um sich in seinem Dunkel aufzurichten: –
Der ist vergangen wie ein alter Mann.

Dem kommt nichts mehr, dem stößt kein Tag mehr zu,
Und alles lügt ihn an, was ihm geschieht; ...«

(R. M. Rilke, Stundenbuch II, Jetzt reifen schon die roten Berberitzen, Z. 5–11)

Oder jene anderen Stunden – denn auch sie fehlen keinem echten Menschenleben –, in denen uns das Bewußtsein der *inneren Leere* überkommt? Halten wir sie aus? Wir sollen sie aushalten; auch in ihnen ruft uns Gott zu uns selbst.

Kennen wir die Stunden der Einsamkeit und Stille mit der Frage: »Was soll all der Schmerz, die Lust?« und mit der Bitte um den Frieden, der unsere Brust erfüllen möge (vgl. J. W. v. Goethe, Wandrers Nachtlied, Z. 6–8)? Stammen solche Klänge aus einer versunkenen Zeit? Oder enthalten sie nicht eben jenen Individualismus, der nie verloren gehen darf, wenn nicht auch das Gemeinschaftsleben leer und schal werden soll? Wem solche Stunden verloren gehen, der hat auch im tiefsten kein Verständnis mehr für die andern. Er wird ihnen nur helfen, sich in Eifer und Geschäftigkeit zu betäuben; und wenn einmal bei ihnen das Leid aufbricht, das alles fraglich macht, wird er hilflos dabeistehen.

Die *Fraglichkeit*, von der wir hier reden, ist ja eine völlig andere als die der kritischen Fragen, ob dies oder jenes Urteil, diese oder jene Maßnahme richtig oder falsch sei. Es ist die tiefe Fraglichkeit, in der all unser Wollen und Tun steht und durch die es hindurchgegangen sein muß, um echt und sicher zu werden.

Kennen wir die Stunden, in denen uns die *Relativität* alles dessen, was wir wollen und schaffen, auch des Besten und Edelsten, zum Bewußtsein kommt? eine Relativität vor den Augen des einzigen, der jenseits alles Relativen steht, des ewigen Gottes? Gottes, in dessen Hand wir all unser Wollen und Tun legen, von ihm Abstand nehmend, und aus dessen Hand allein wir es wieder empfangen können, nun neu gestempelt mit dem Charakter eines absoluten Anspruchs! So allein gewinnen wir die Sicherheit der Unterscheidung echter und falscher Ansprüche, die uns begegnen. So allein kann ein Vertrauen auf Gott und eine Berufung auf ihn für unser Werk echt begründet sein, wenn wir rein für uns selbst, auf uns selbst vereinzelt, vor Gottes Augen standen, von unserm Werk Abstand nehmend und es in der Nichtigkeit vor Gott erkennend, die all unser Tun vor Gott hat.

Kennen wir nicht mehr jenen Ruf, der uns zu uns selbst ruft: die Stimme des *Gewissens?* Im Gewissen ist jeder einsam; und der Christ weiß, daß er in dieser Einsamkeit vor Gott steht, und daß er in dieser Einsamkeit vor Gott die Verantwortung übernimmt für Recht oder Unrecht seines Tuns. Diese Verantwortung nimmt ihm keiner ab, auch keine Volksgemeinschaft. Wohl redet man auch von einem Volksgewissen; und es hat seinen guten Sinn, auf das sogenannte Gewissen des Volkes zu hören, auf das Urteil, das die Sitte des Volkes fällt. Aber es ist ja nur ein bildlicher Sprachgebrauch, vom Volksgewissen und Volksbewußtsein zu reden. Denn im Ernste ist Bewußtsein und Gewissen ja nur im einzelnen, und aus dem Urteil der vielen einzelnen setzt sich zusammen, was wir Volksbewußtsein nennen. Aber wie der einzelne sein Urteil an der Sitte des Volkes prüfen soll, so soll er ebenso wissen, daß er als einzelner für das Urteil des Volkes mitverantwortlich ist. Wir wissen doch: Ein Volk hat gute und schlechte Sitten; und was gute Sitte eines Volkes sein kann und soll, steht immer bei der Gewissensentscheidung des einzelnen. Auch hier gilt keine Majorität; und gerade, wenn der einzelne der Gemeinschaft dienen will, so muß er auch die Kraft haben, sich in seinem Gewissen unter Umständen *gegen* das Urteil aller zu stellen. »Führerschaft ist die Kraft zum Alleingehenkönnen aus tiefster Bestimmung und weitester Verpflichtung« (vgl. M. Heidegger, Die Selbstbehauptung der deutschen Universität, [1933] 1983, S. 14).

Endlich: Kennen wir nicht mehr den Spruch des Gewissens, der uns in die letzte Einsamkeit stellt? seinen *Richterspruch,* der uns *verurteilt?* Es wäre ein trauriges Zeichen für die sittliche Kraft der nationalen Bewegung, wenn einzelne Mißgriffe, Härten und Ungerechtigkeiten zwar anerkannt werden, aber mit der allgemeinen Weisheit entschuldigt werden, daß es bei einem solchen Umschwung nicht ohne Härten abgeht. Wo Holz gehackt wird, da fallen Späne. Gewiß, das muß der Betroffene sich zum Troste sagen, und dieses Urteil kann auch die Geschichte sprechen, aber nicht der verantwortlich Handelnde selbst. Vor Gott ist er mit dieser Weisheit nicht entschuldigt. Wissen wir nicht mehr, was

Schuld und Sünde heißt? Kennen wir nicht mehr die Stunden, in denen in unserer Seele laut wird, was der Psalm in die Worte faßt:

»Aus der Tiefe rufe ich, Herr, zu dir.
Herr, höre meine Stimme,
Laß deine Ohren merken auf die Stimme meines Flehens!
So du willst, Herr, Sünde zurechnen,
Herr, wer wird bestehen?
Denn bei dir ist die Vergebung, daß man dich fürchte.
Ich harre des Herrn,
Meine Seele harret, und ich hoffe auf sein Wort.«
(Ps 130, 1–5)

Das Gewissen, das in die Einsamkeit ruft, stellt den Sünder vor Gott, und aus solcher Einsamkeit allein, aus der demütigen Beugung vor Gott, der allein die Vergebung schenken kann, der die zerschlagenen Herzen heilt, der Jesus gesandt hat zur Versöhnung für unsere Sünden, vermag der Mensch wieder Reinheit und Kraft zum Handeln zu gewinnen, zu einem Handeln, das sich nicht in der Selbstbetäubung des Rausches und der Geschäftigkeit vollzieht, sondern in der Klarheit der Verantwortung.

IV

Gott ruft uns durch die andern zu uns selbst. Er ruft uns *von uns selbst zu den andern.*
»Ihr Lieben, hat uns Gott also geliebet, so sollen wir uns auch untereinander lieben. Niemand hat Gott jemals gesehen. So wir uns untereinander lieben, so bleibet Gott in uns, und seine Liebe ist völlig in uns.«

Wir brauchen darüber nicht mehr lange zu reden. Denn es ist ja deutlich, daß wir jenes Zu–uns–selbst-Kommen, jene Vereinzelung, nicht verstehen als eine Beschränkung auf uns selbst, als das Suchen der Selbstberuhigung im Selbstgenuß der Einsamkeit, sondern als eine Quelle der Kraft für die Gemeinschaft. Liebe, die nicht *für sich empfangen* will, ist keine Liebe; aber Liebe, die nicht *schenken,* die nicht *sich* dem andern schenken will, ist auch keine Liebe. Aus jener Vereinzelung des Zu-sich-selber-Kommens wächst die *Kraft des Schenkens*.

Zur *Mitteilung* drängt die Stunde der Fülle innerer Gesichte. Zum *andern* flieht der Mensch aus der Einsamkeit der Leere und versteht, was der andere für ihn bedeutet. Und mit solchem Verstehen beschenkt er ihn, indem er ihn spüren läßt, daß er seiner bedarf. Freiheit für den andern gibt jenes Innewerden der Relativität, der Nichtigkeit des eigenen Wollens und Schaffens. Aus der Einsamkeit, in die das Gewissen ruft, wächst der Sinn und die Kraft der Verantwortung und der Blick für den Anspruch des anderen. Und endlich: Die eigentliche Liebe wächst aus jener Einsamkeit vor Gott, die das Geschenk seiner Liebe empfangen hat und deren Dank das Lieben ist.

»Niemand hat Gott je gesehen.« Er ist nicht anschaubar und verfügbar. Und der Gehalt jeder Stunde der Einsamkeit vor Gott zerrinnt uns, wenn wir nichts weiter wollen als ihr Bild rückschauend vor uns heraufbeschwören. Aber die Kraft jeder solchen Stunde bleibt bei uns, wenn wir uns von Gott zu den andern weisen lassen. Man kann ja seine vergebende Liebe nicht empfangen, ohne von ihr umgeschaffen zu werden zum vergebenden Lieben. Und aus jener Einsamkeit vor Gott erwächst die höchste Kraft der Liebe, für die das »Liebet eure Feinde!« (Lk 6,27 par.) keine unnatürliche Forderung ist, sondern die natürliche Form des Dankes, der im Hingeben empfängt.

Dieses, daß Gott uns durch die andern zu uns selbst ruft und von uns selbst zu den anderen, sollen wir uns durch Gottes Wort sagen lassen. Dieses Wort Gottes richtet die kritische Frage an unsere Zeit, die kritische Frage an uns selbst: *Können* wir noch einsam sein vor Gott? *Wollen* wir noch einsam sein vor Gott? Und eben diese kritische Frage will in uns die Kraft entbinden, in der wir als Christen helfen können am Bau der Gemeinschaft unseres Volkes.

Eine Legende kann uns zum Schluß unserer Besinnung noch deutlich machen, worum es sich handelt. Es ist die Legende, die Hebbel in seinem Gedicht »Die heilige Drei« gestaltet hat. Dem Bayernherzog Heinrich erscheint, als er im Gebet vor Gott kniet, eine leuchtende Drei. Er hält sie für das Zeichen, daß Gott ihm nach drei Tagen den Tod senden wird, und bereitet sich mit

Fasten und mit Beten auf das Sterben vor. Allein die drei Tage verstreichen, und der Tod kommt nicht. Er meint, daß ihm noch drei Monde geschenkt sind, und benutzt sie für Werke der Liebe. Allein auch die drei Monde verstreichen, und der Tod bleibt aus. »Dann sind drei Jahre mein!«, und er nutzt die drei Jahre, um seinem Herzogtum ein gesetzlich verbrieftes Recht zu schaffen. Als der letzte Tag des dritten Jahres naht, hüllt er sich in sein Leichenhemd, legt sich in den Sarg, und die Totenfeier wird gehalten. Da erklingt Trompetenschall; vom Reichstag wird die Botschaft gebracht, daß Herzog Heinrich zum Kaiser des Deutschen Reiches erwählt ist.

> »Er blickt beschämt nach oben:
> ›Verstand ich dich so schlecht?
> Doch sei mein Wahn erhoben,
> Er weihte mich erst recht!
> Ihm dank' ich einen Frieden,
> Der selbst dem Tod nicht weicht,
> Und was du mir beschieden,
> Jetzt nehm' ich's doppelt leicht.
>
> So führt mich denn zum Throne,
> Da Gott ihn mir beschert,
> Und schmückt mich mit der Krone,
> Und stärkt mich durch das Schwert.
> Den Streit der Welt zu schlichten,
> Trag' ich des Purpurs Pracht,
> Doch um mich selbst zu richten,
> Das Totenkleid bei Nacht.‹«

(Fr. Hebbel, Die heilige Drei, 19. u. 20. Str.)

1. Korinther 8,4–6
Der Glaube an Gott den Schöpfer

Predigt im Akademischen Gottesdienst am 1. Juli 1934 (5. Sonntag nach Trinitatis) in Marburg

So wissen wir nun von der Speise des Götzenopfers, daß ein Götze nichts in der Welt sei, und daß kein anderer Gott sei als der Einige. Und wiewohl sind, die Götter genannt werden, es sei im Himmel oder auf Erden (sintemal es sind viel Götter und viel Herren), so haben wir doch nur Einen Gott, den Vater, von welchem alle Dinge sind und wir zu ihm, und Einen Herrn, Jesum Christ, durch welchen alle Dinge sind und wir durch ihn.

Die spezielle Frage, die Paulus in diesem Kapitel behandelt, ist für uns vergangen. Es ist die Frage, ob der Christ Fleisch essen darf, das den Götzen als Opfer dargebracht war. In die Lage, solches Fleisch zu essen, konnte der Christ jener Zeit auf verschiedene Weise kommen. Das Fleisch der im Tempel geopferten Tiere wurde nachher auf dem Markt verkauft. Oder es wurde etwa dem Christen von heidnischen Verwandten oder Bekannten bei einer Mahlzeit, zu der er geladen war, vorgesetzt. Diese Frage bewegte die Christen damals vielfach. Manche urteilten, man dürfe es unbedenklich essen, da ja die Götter, denen es dargebracht sei, keine wirklichen Götter seien und also auch das Opferfleisch nichts anderes sei als gewöhnliches Fleisch. Andere waren ängstlich: Sind die Götzen auch keine wirklichen Götter, so sind es doch unheimliche Dämonen! Befleckt sich der Christ nicht, wenn er etwas anrührt, was in ihren Bereich gehört?

Die Antwort, die Paulus gibt, ist die: Grundsätzlich haben die ersten recht. Der sogenannte Gott, dem das Fleisch geopfert ist, bedeutet für die Christen nichts; das Opferfleisch ist harmloses Fleisch wie anderes auch, und die christliche Freiheit braucht sich nicht durch den Wahnglauben der Heiden beschränken zu lassen. Aber die christliche Freiheit hat in sich selbst eine Grenze in der liebevollen Rücksicht auf den ängstlichen Bruder, der sich von der Vorstellung der unheimlichen Macht jener Götter nicht freimachen kann und der sich vor der Befleckung fürchtet. Mit Rücksicht auf ihn soll auch der Starke lieber verzichten, damit der Schwache nicht verleitet wird, mit bösem Gewissen etwas zu tun, was er von sich aus, aus eigener Einsicht, nicht tun würde (vgl. 1 Kor 8,7–13).

Christliche Freiheit hat also ihre Grenze an der Bruderliebe. Oder besser gesagt: Sie hat daran nicht eigentlich ihre Grenze, sondern sie betätigt sich gerade in der Bruderliebe. Denn diese Freiheit ist ja die innere Freiheit des Lassens so gut wie des Tuns. Also soll man lassen, was dem Bruder ein Ärgernis gibt und ihn verführt, gegen sein Gewissen zu handeln.

So ist aus der Behandlung dieser für uns vergangenen Frage zu lernen, wie christliche Freiheit und Liebe zusammengehören, wie Freiheit eine innere Haltung ist, die so gut im Lassen wie im Tun lebendig sein kann, und wie ihre Betätigung davon abhängig zu machen ist, wie sie auf andere wirkt.

Aber wir haben heute dieses Kapitel nicht aufgeschlagen um dieser Lehre willen, wie sich die christliche Freiheit zu *betätigen* habe, sondern um der wenigen verlesenen Verse willen, um aus ihnen zu lernen, worin die christliche Freiheit *begründet* ist.

Dieser Grund liegt im *Glauben an Gott als den Schöpfer*. Auf diesen *Grund der christlichen Freiheit* uns zu besinnen, haben wir gerade heute allen Anlaß, da der Schöpfungsglaube zu einer Kampfparole im kirchlichen Streit geworden ist. Hat nicht, so sagen viele, die christliche Kirche den Schöpfungsgedanken viel zu wenig betont? Hat sie nicht den ersten Artikel von Gott dem Schöpfer ungebührlich zurücktreten lassen hinter dem zweiten Artikel von Christus dem Erlöser? Müssen wir uns nicht heute aufs neue auf den Schöpfungsglauben besinnen?

Gewiß, diese letzte Frage ist richtig, wie es auch mit den andern Fragen stehen mag. Wir müssen uns aufs neue auf den Schöpfungsglauben besinnen, und wie er von Paulus zum kritischen Prinzip gemacht ist in jener für uns verschollenen Frage nach dem Götzenopferfleisch, so muß er auch für uns heute als kritisches Prinzip gelten in den konkreten Fragen unserer Zeit. Und gerade unser Text soll uns zu dieser Besinnung helfen, da ja in ihm unmittelbar neben den ersten Artikel der zweite gestellt

1. Korinther 8,4–6

ist: »So haben wir doch nur Einen Gott, den Vater, von welchem alle Dinge sind und wir zu ihm, und Einen Herrn, Jesus Christus, durch welchen alle Dinge sind und wir durch ihn.«

Für Paulus also, das ist klar, gehören beide Sätze zusammen, und man kann nicht den einen gegen den andern ausspielen. Es fragt sich also, wie ihre Zusammengehörigkeit zu verstehen ist.

Was bedeutet es, daß Gott der *Schöpfer* ist? Vers 4: »Wir wissen, daß es keinen Götzen gibt in der Welt (Luther: »daß ein Götze nichts in der Welt sei«), und daß kein Gott sei als der Eine.«

Das erste, was Paulus betont, ist die Nichtigkeit aller anderen Wesen, die als göttliche gelten. Sagt Paulus: Solche Wesen *gibt* es nicht, so macht der folgende Satz klar, wie das gemeint ist; Vers 5: »Und wiewohl es sogenannte Götter gibt, sei es im Himmel oder auf der Erde, wie es denn in der Tat viele Götter und viele Herren gibt«. Es *gibt* sie also wohl, nämlich als irgendwo und irgendwie vorhandene Wesen. Und inwiefern gibt es sie *nicht*? Als *göttliche* Wesen, als Mächte, die auf unsere Verehrung einen Anspruch erheben könnten, die uns verpflichten könnten. Für *uns* gibt es sie nicht, denn »*wir* haben – Vers 6 – nur einen Gott, den Vater«, genauer: »Für *uns* gibt es nur einen Gott, den Vater.« Nur er verpflichtet uns, nur er hat Anspruch auf unsere Verehrung.

Paulus weiß sehr wohl, daß es viele Götter und Herren gibt, das heißt, daß es viele *Mächte* in der Welt gibt, die uns beanspruchen und deren Anspruch von vielen Menschen als göttlicher Anspruch vernommen wird. Was für Mächte? Antike Menschen und so auch Paulus haben sich die Mächte, denen das menschliche Dasein ausgesetzt ist, als persönliche Wesen vorgestellt, das heißt, sie haben diese Mächte als den Herrschaftsbereich von Göttern und Dämonen gedacht. Da gibt es unheimliche Dämonen; ihre Gier ist es, die im Menschen als Trieb und Sinnenlust wirkt; aber auch erhabene Geister, Gestirngeister; ihr Gesetz regelt alles Geschehen auf der Welt; Götter der Lebenskraft und Fruchtbarkeit; aus ihrer Lebensfülle entspringt alles Sprossen, Blühen und Reifen der Erdgewächse, alle Vitalität in Tier- und Menschenwelt; waltende Gottheiten des Rechtes und der Ordnung, die die Schicksale von Volk und Staat in der Hand halten; reine Geister, die menschlichem Denken die Regel setzen und menschlichem Wollen die Verantwortung auferlegen.

Sind das alles für uns keine Mächte? Wir müssen uns doch, wollen wir wirklich begreifen, was Paulus meint, nicht an die *Vorstellungen* halten, mit denen antikes Denken sich das menschliche Dasein verständlich macht, sondern uns auf die *Sachverhalte* besinnen, die in solchen Vorstellungen gemeint sind. Gewiß, die Vorstellungen von Dämonenscharen und von Göttergestalten sind für uns versunken. Aber sind auch die Mächte versunken, deren Wirksamkeit und deren Anspruch einst in diesen Vorstellungen ihren Ausdruck fanden? Keineswegs!

Oder ist der Wahn vergangen, daß in solchen Mächten uns göttlicher Anspruch begegne, daß wir in ihnen das Göttliche zu verehren hätten? Keineswegs!

Überall da stehen die vielen Götter und Herren noch in Geltung, wo in diesen Mächten die Wirklichkeit gesehen wird, die unser Leben trägt und unser Wollen bestimmt. Sei es der eherne Gang der Gesetze der Natur, sei es die vitale Triebkraft des Naturlebens, die sich leuchtend und lockend oder grausig und erschütternd in den Gestalten und Vorgängen der Natur und in der Mannigfaltigkeit ihrer Arten offenbart. Sei es die Welt der Ideen und Ideale, der zeitlose Geist, aus dem sich die Normen des Guten, Wahren und Schönen entfalten, sei es der Nomos von Volk und Staat. Überall da stehen die vielen Götter und Herren noch in Geltung, wo in diesen Mächten das Letzte gesehen wird, das unserem Leben Sinn gibt und unsere Verehrung fordert.

War in der vergangenen Zeit des Idealismus und des Positivismus der absolute Geist oder das Naturgesetz der Abgott des modernen Menschen, so ist es heute die Vitalkraft, die im Naturleben wirkt, und – vielfach mit ihr in eines gesehen – der Nomos, der dem Volk und Staat seine Gestalt gibt.

Von all diesen Mächten sagt Paulus, daß sie nichts sind angesichts des Einen Gottes. Er sagt nicht, daß sie überhaupt nicht wären, daß sie uns also überhaupt nichts angehen könnten. Aber er sagt, daß sie nichts Göttliches sind, daß sie uns im entscheidenden nichts angehen, daß sie es nicht sind, die Grund und Sinn unseres Lebens bedeuten.

1. Korinther 8,4–6

Das erste, was der christliche Gedanke von Gott als dem Schöpfer sagt, ist also dieses, daß *Gott jenseits all der großen Mächte* in Natur und Geschichte, im Volks- und im Geistesleben steht, in deren Bereich sich unser Leben bewegt, die es beanspruchen, in Bewegung halten und seine Hingabe verlangen. Hier, in diesem Bereich, ist Gott nicht! Dienen wir diesen Mächten, so dienen wir damit Gott noch nicht, geben wir ihnen die Ehre, so versagen wir sie Gott dem Schöpfer. Er ist jenseits ihrer. Er ist ihr Ursprung, denn aus ihm sind alle Dinge.

Aber sind sie aus ihm, – zeigen sie dann nicht den Stempel seines Wesens? Offenbaren sie dann nicht seine »ewige Kraft und Gottheit« (Röm 1,20), zwingen sie uns dann nicht doch zur Verehrung? Und beugen wir uns, wenn wir sie verehren, nicht eben vor ihrem Ursprung, dem Schöpfer?

Hier gilt es, die entscheidende Erkenntnis zu finden. Hier scheiden sich die Geister. Es ist klar, daß Paulus beides sagt: Erstens, alle Dinge sind *aus ihm* – also auch jene Mächte; zweitens, diese Mächte sind *nichts vor ihm*. Diese beiden Sätze gehören im christlichen Schöpfungsglauben zusammen. Und wenn es richtig ist, daß wir in allem Geschaffenen den Stempel des Wesens, die Spur des Waltens des Schöpfers erkennen können, dann ist das nur *so* richtig, daß wir *zugleich* der Nichtigkeit alles Geschaffenen inne werden.

Wie ist das zu verstehen? Wir müssen uns klar machen, daß dadurch, daß von irgend etwas in der Welt ausgesagt wird, es sei Gottes Geschöpf, damit zugleich gesagt wird, daß es in sich und von sich aus nichts ist. Das Geschaffene hat nicht seine eigene Existenz. Die Welt als Gottes Schöpfung ist nicht wie das Werk eines Künstlers, das, nachdem er es geschaffen hat, nun neben ihm da ist und seine eigene Existenz hat, das auch dann noch da ist, wenn er, der Künstler, längst begraben liegt, und das den späteren Geschlechtern noch zeigt, welcher Geist in dem Künstler lebendig war. Gottes Schöpfung ist Schöpfung aus dem Nichts, und Gottes Geschöpf sein heißt: schlechthin und in jeder Gegenwart in Gott seinen Ursprung haben, so daß, wenn er seinen Schöpferwillen zurückzöge, das Geschöpf in nichts zerfiele. *Gottes Geschöpf sein* heißt also: *stets von der Nichtigkeit umfangen und bedroht sein.*

»Verbirgst du dein Angesicht, so erschrecken sie;
Du nimmst ihren Odem weg, so vergehen sie
Und werden wieder zu Staub.«

(Ps 104,29)

Wir verstehen die Welt als Gottes Schöpfung nur dann, wenn wir um diese Nichtigkeit wissen, die alles Geschaffene umfängt; nur dann, wenn wir über aller Wichtigkeit, die das Geschaffene für uns gewinnen kann, die letzte Unwichtigkeit nicht vergessen, die ihm als Geschaffenen aufgeprägt ist; nur dann, wenn wir über aller Schönheit der Welt, die uns entzücken mag, den Schatten des Nichts nicht vergessen, der über aller Pracht liegt und an den uns ihre Vergänglichkeit ja ständig erinnern will; nur dann, wenn wir über aller Großartigkeit geschichtlicher Gestalten und Leistungen nicht die letzte Harmlosigkeit vergessen, die alles Treiben der Menschen vor dem Ewigen hat, vor dem tausend Jahre wie der Tag sind, der gestern vergangen ist (vgl. Ps 90,4); nur dann, wenn wir über der Achtung vor allem Adel menschlicher Größe nicht vergessen, daß auch der Edelste und Größte vor Gott ein nichtiger Mensch ist.

Aber wir werden das besser begreifen, wenn wir auf die zweite Aussage achten, die neben der ersten steht. Es heißt: »So haben wir doch nur Einen Gott, den Vater, von dem alle Dinge sind *und wir zu ihm.*« Wir sind wie alles Geschaffene aus ihm, und wir sind zu ihm, das heißt, unser Woher und Wohin ist Er. Von ihm sind wir umfangen, von ihm haben wir unser Sein, und für ihn haben wir es, ihm gehören wir.

Was heißt das? Dieser Satz bedeutet nicht eine weltanschauliche Theorie, daß das menschliche Sein auf das göttliche Sein als auf seine Ursache oder seine Substanz zurückgeht, daß unser menschliches Sein, weil es aus ihm stammt, mit seinem Wesen ausgestattet sei, so daß wir nun göttliches Wesen in uns trügen. Es heißt vielmehr zunächst dieses, daß wir Kreatur sind, daß wir Staub und Asche, daß wir in uns selbst nichtig sind (vgl. Gen 18,27). Daß wir in uns selbst keinen Bestand haben und in uns selbst nichts haben, worauf wir ein eigenes Recht und eigene Ansprüche gründen könnten, nichts, was wir selbst als Sinn und Wert unseres Lebens behaupten könnten. Wir sind von der gleichen Nichtigkeit umfangen wie die ganze Schöpfung, wir schweben im Nichts.

Nein! Wir stehen in des Schöpfers Hand! Gewiß, aber sowie wir vergessen, was das bedeutet, sowie wir vergessen, daß wir durch seinen Schöpferwillen sind, was wir sind, obwohl wir doch nichts sind, sowie wir vergessen, ihm für unser Sein zu danken und ihm die Ehre zu geben (vgl. Röm 1,21), so sind wir faktisch nichts.

Und das ist gerade dann der Fall, wenn wir die Schöpfung statt des Schöpfers verehren (vgl. Röm 1,25). Und tun wir das nicht stets, oder sind wir nicht wenigstens stets in der Versuchung, es zu tun, auch wenn wir keine Götzenbilder und Götzenopfer mehr kennen?

Was gibt unserem Leben, so wie wir es gewöhnlich verstehen und führen, seine Realität und seinen Sinn? Doch eben die Hingabe an jene Mächte der Natur und der Geschichte, die, wenn sie uns nicht auf ihren Ursprung weisen, in sich nichtig sind. Was nimmt denn faktisch all unser Denken und Tun vom Morgen bis zum Abend in Anspruch? Sind wir dessen eingedenk, wenn unser Denken und Tun durch unser natürliches Dasein geleitet, beglückt oder erschüttert wird, daß diese Natur, die uns Kraft und Freude spendet, die uns auch Schmerz und Leid bringt, – sind wir dessen eingedenk, daß sie unser eigentliches Sein nicht begründet, daß sie unser eigentliches Wollen nicht in Anspruch nehmen darf, unsere Leidenschaft in Freude und Schmerz nicht mit sich nehmen darf? Sind wir frei von der Überheblichkeit und dem Leichtsinn, zu dem uns ihre Gaben verführen? Sind wir frei von der Sorge und Angst, die aus der Bindung unseres Lebens an die Natur erwächst?

Oder sind wir eingedenk, wenn unser Denken und Tun in Anspruch genommen ist durch die Entwürfe und Pflichten des bürgerlichen und politischen Lebens, durch die Ideale unseres Volkes und seiner Geschichte, daß wir hier stets nur mit einem inneren Vorbehalt beteiligt sein können, weil all dies, wenn es nicht aus seinem Ursprung, aus Gott, verstanden wird, nicht Gottes Anspruch ist? Kennen wir jene eigentümliche Distanz zum Leben, von der Paulus redet:

»Die da Weiber haben, daß sie seien, als hätten sie keine,
Und die da weinen, als weinten sie nicht,
Und die sich freuen, als freuten sie sich nicht,
Und die da kaufen, als besäßen sie nicht,
Und die diese Welt brauchen, als hätten sie nichts davon.
Denn das Wesen dieser Welt vergehet«?
(1 Kor 7,29–31)

Oder übertäubt der Lärm der Freuden und der Leiden, der Geschäftigkeit und der Pflichten, der Pläne und der Ideale jenes Wissen um das unheimliche dunkle Nichts, in dem wir schweben? jenes Wissen, daß wir wie der Schiffbrüchige verlassen im Unendlichen über der unendlichen Tiefe schwimmen und versinken müssen, wenn Gott uns nicht hält?

Das also ist das erste im Schöpfungsglauben, das Wissen um die Nichtigkeit der Welt und des eigenen Ich, das Wissen um unser völliges Preisgegebensein. »Darum sollte uns«, wie Luther im Großen Katechismus sagt, »dieser Artikel alle demütigen und erschrecken, wo wirs glaubten« (WA 30/1, S. 185). Ja, um das Glauben handelt es sich. Denn jenes Wissen ist ja nur echt und wahrhaftig, wenn es nicht ein bloßes Wissen oder gelegentliches Gefühl ist, sondern wenn es unserer Haltung, unserem Wollen und Tun wirklich seinen Stempel aufdrückt, wenn wir uns wirklich an Gott preisgeben. Das heißt für ihn sein, ihm seine Ehre geben.

Es heißt nicht, von Gott als der letzten Ursache alles Seienden reden und die Wirksamkeit dieser letzten Ursache überall in Natur und Geschichte behaupten oder auch ihr nachforschen und sie bestaunen. Es ist leicht, bewundernd und ehrfürchtig die Fülle und das Walten der Naturkräfte zu betrachten und den Reichtum der Geschichte zu bewundern. Aber das ist noch keine Ehrfurcht vor Gott dem Schöpfer. Vielleicht hat solches Staunen und solche Ehrfurcht auch Platz und Recht im Schöpfungsglauben; aber erst dann, wenn sich solche Ehrfurcht auf dem Grunde des Wissens um die eigene Nichtigkeit erhebt. Auf solchem Grunde erhebt sich der Preis des Schöpfers im 104. Psalm, den wir vom Altar hörten, und in P. Gerhardts Morgenlied von der »güldenen Sonne«, das wir gesungen haben. Am Anfang des Schöp-

1. Korinther 8,4–6

fungsglaubens steht solches Wissen, und ohne dieses Wissen ist der Schöpfungsglaube unecht, nämlich Verehrung des Geschöpfes statt des Schöpfers.

Aber freilich: Ist das allein schon christlicher Schöpfungsglaube? Nein! Denn dieses Wissen kann sich auch schon im Heidentum erheben, wenn es an seinen Göttern irre wird, wenn sich die Frage nach dem eigentlichen Sinn des Menschenlebens ernsthaft erhebt.

»Tagwesen! Sind wir eigentlich? Sind wir eigentlich nicht?
Eines Schattens Traum ist der Mensch.«

(Pindar, Pythien VIII, Z. 95 f.)

»Leben ist nur ein wandelnd Schattenbild.«

(W. Shakespeare, Macbeth V, 5)

»Wir sind solch Zeug
Wie das zu träumen, und dieses kleine Leben
Umfaßt ein Schlaf.«

(W. Shakespeare, Sturm IV, 1)

Und dies Wissen um die Nichtigkeit alles menschlichen Treibens kann sogar zum resigniert-tröstlichen Gedanken werden, der über den Lärm des Tages hinaushebt:

>»Den bängsten Traum begleitet
>Ein heimliches Gefühl,
>Daß alles Nichts bedeutet,
>Und wär' uns noch so schwül.
>Da spielt in unser Weinen
>Ein Lächeln hold hinein.
>Ich aber möchte meinen,
>So sollt' es immer sein.«
>
>(Fr. Hebbel, Dem Schmerz sein Recht 11)

Zum christlichen Schöpfungsglauben wird solches Wissen erst dadurch, daß *neben dem ersten Artikel der zweite* steht. Wir haben nicht nur Einen Gott, den Vater, aus dem alle Dinge sind und wir zu ihm, sondern auch *Einen Herrn, Jesus Christus,* durch den alle Dinge sind und wir durch ihn.

Was heißt es, daß *alle Dinge durch ihn* sind? Paulus benutzt, wenn er so redet, eine weltanschauliche Formel gebildeter Heiden seiner Zeit und gibt ihr einen bestimmten Sinn. Wo man den Gedanken des einen überweltlichen Gottes erfaßt hatte – und das war bei manchen Denkern der Fall –, da war man in die Frage geraten: Wie kann dieser jenseitige, ewige, geistige Gott etwas zu tun haben mit dieser vergänglichen, materiellen, körperhaften Welt, in der wir leben? Ist er jenseits der Welt und soll doch die Welt nicht ganz von ihm verlassen sein, so ist nichts anderes möglich, als daß es zwischen dem Jenseits und dem Diesseits einen Übergang, eine Vermittlung gibt. So entstand die Theorie von einem Zwischenwesen, das diesen Übergang herstellt, das zwischen Gott und Welt vermittelt. Ein Sohn Gottes ist es, der in sich zusammenfaßt, was in der Welt an göttlichen Kräften wirksam ist, der der Welt den höchsten Gott gleichsam nahebringt, in dem der höchste Gott anschaulich ist. Was ist dieser Sohn Gottes? Er ist in Wahrheit nichts anderes als eine Abstraktion, eine Personifikation der Kräfte und Gesetze, die in der Welt wirksam sind, ein Gedankengebilde.

Aber Paulus greift doch diesen Gedanken auf: Ja, es gibt einen Mittler zwischen Gott und Welt, der uns Gott nahebringt, in dem Gott uns anschaulich wird, durch den die Welt für uns zur Schöpfung Gottes wird. Kennen wir ihn, so kennen wir Gott, kennen wir ihn nicht, so kennen wir auch Gott nicht. Aber wie bringt er uns Gott nahe? Wie wird uns Gott in ihm anschaulich? Ist er eine Personifikation aller Weltgesetze und Lebenskräfte? Keineswegs! Er ist ein Mensch wie wir, in dessen Handeln Gott handelt, in dessen Schicksal Gott wirkt, in dessen Wort Gott redet. Er ist am Kreuz gestorben – für uns, und er lebt doch in Ewigkeit – für uns! Und nur, wenn wir das verstehen, verstehen wir, daß Gott der Schöpfer ist, und so wird durch ihn die Welt Gottes Schöpfung – für uns!

Wie das aber möglich ist, ist nur verständlich, wenn der letzte Satz verstanden ist: »*und wir durch ihn*«. »Wir« – Paulus redet von Christen, die in ihm Gottes Handeln zu erfahren glauben; sie haben durch ihn ihre Existenz gewonnen.

Wie haben sie das? Paulus hat vorher in seinem Briefe gesagt: Christus ist »uns gemacht von Gott zur Weisheit und zur Gerechtigkeit und zur Heiligung und zur Erlösung« (1 Kor 1,30). Das ist gesprochen zu Menschen, die meinen, daß sie durch ihre eigenen Gedanken weise, durch ihr eigenes Tun gerecht und heilig werden müßten, daß sie durch eigene Kraft erlöst, das heißt frei von dem werden müßten und könnten, was uns alle bändigt, vom Gemeinen. Zu solchen also, die nicht durch ihn sind, sondern die durch sich sind, die Grund und Sinn ihrer Existenz in sich selbst sehen. Er ist *gemacht* zur Weisheit und Gerechtigkeit, zur Heiligung und Erlösung – das heißt, er hat uns nicht darüber aufgeklärt. Denn jene Anschauung, daß wir aus eigener Kraft Grund und Sinn unserer Existenz gewinnen könnten und sollten, ist nicht einfach ein Irrtum, der durch Aufklärung beseitigt würde, sondern das und nichts anderes ist *die Sünde*.

Denn das eben ist Sünde: vergessen, daß wir geschaffen sind, ja, gar den Schöpfungsgedanken dazu mißbrauchen, daß wir sagen: Gott ist in uns, wir spüren in uns die göttlichen, schöpferischen Kräfte und gestalten in solcher Kraft unser Leben und bauen die Welt. Und diese Sünde, dieses Der-eigenen-Nichtigkeit-Vergessen, überliefert den Menschen erst recht an die Nichtigkeit, an den Tod. Sieht er Gott nicht mehr, so sieht er um sich nur noch das Nichts. Aber er flieht den Anblick des Nichts und verbirgt sich seine Nichtigkeit. Doch wer sich seine Nichtigkeit verbirgt, der sucht immer das Leben aus der Schöpfung statt aus dem Schöpfer. Und über ihn gewinnen alle jene Mächte ihre Macht, die doch selbst nichtig sind. Und weil der Mensch es nicht erträgt, dem Nichts ins Auge zu schauen, so umkleidet er diese Mächte mit dem Schimmer der Göttlichkeit und zollt ihnen seine Verehrung. Sie bezahlen ihn dafür mit der Nichtigkeit, mit dem Tode.

»Christus ist uns gemacht von Gott zur Weisheit und zur Gerechtigkeit, zur Heiligung und zur Erlösung«, das heißt, durch ihn hat Gott Sünde und Tod zunichte gemacht. Im Kreuz Christi ergeht Gottes Urteil über alles Große und Stolze in der Welt, über alle Weisheit, Gerechtigkeit, Heiligkeit und Selbsterlösung der Welt. An den Gekreuzigten glauben heißt: sich mit Christus kreuzigen lassen, heißt: dieses Urteil auch über sich selbst sprechen lassen. An das Kreuz Christi glauben heißt bereit sein, Gott als den Schöpfer wirken zu lassen. Gott schafft aus dem Nichts, und wer vor ihm zunichte wird, den macht er lebendig. Dann, wenn das Kreuz Christi mich wirklich zur Erkenntnis meiner Nichtigkeit und zum Bekenntnis meiner Sünde führt, bin ich offen für Gottes Schöpferwalten, der meine Sünde vergibt und die Nichtigkeit, den Tod, von mir nimmt. So ist Christus, als der, der uns zu Gott dem Schöpfer des Lebens führt, unser Herr, durch den wir sind. So steht der zweite Artikel neben dem ersten. Der erste führt zum zweiten, und der zweite führt zum ersten zurück.

Luther sagt einmal: »Das ist der höchste Artikel des Glaubens, darin [Ms. u. Erstdruck: »davon«] wir sprechen: Ich glaube an Gott, Vater, Allmächtigen, Schöpfer Himmels und der Erden. Und welcher das rechtschaffen glaubt, dem ist schon geholfen, und der ist wieder zurechtgebracht und dahin gekommen, da Adam von gefallen ist. Aber wenig sind ihrer, die so weit kommen, daß sie völliglich glauben, daß er der Gott sei, der alle Dinge schafft und macht. Denn ein solcher Mensch muß allen Dingen gestorben sein, dem Guten und Bösen, dem Tod und Leben, der Hölle und dem Himmel, und im Herzen bekennen, daß er aus eigenen Kräften nichts vermag« (Vorrede zu den Predigten über das 1. Buch Mose 1527, WA 24, S. 18). Dieses aber, daß wir dahin kommen, sollen wir am Kreuze Christi lernen, und deshalb ist er unser Herr, durch den alle Dinge sind und wir durch ihn.

In solchem Glauben ist die *christliche Freiheit* begründet. Denn solcher Glaube weiß, daß nichts auf der Welt mich im letzten beanspruchen kann, daß aber auch nichts in der Welt mich zunichte machen kann. Frei ist der Glaubende von der Angst, weil er Gott fürchtet und sonst nichts in der Welt. Frei ist der Glaube nun, Gottes Schöpferkraft in Natur und Geschichte zu bewundern:

> »Herr, wie sind deine Werke so groß und viel!
> Du hast sie alle weislich geordnet,
> Und die Erde ist voll deiner Güter!«

(Ps 104,24)

Frei ist der Glaubende für die Aufgaben des Tages, weil er in jener Distanz des Habens, als hätte er nicht, frei ist von der Aufregung und der angstvollen Sorge:

> »Abend und Morgen
> Sind seine Sorgen,
> Segnen und Mehren,
> Unglück verwehren
> Sind seine Werke und Taten allein.«
>
> (P. Gerhardt, Die güldne Sonne, 4. Str.)

Frei ist der Glaube zur Liebe, die ihm die Augen öffnet für das, was Gott von ihm im Augenblick fordert.

Die Mächte der Welt verführen heute wie einst und immer den Menschen, seine Freiheit preiszugeben, und sie versprechen ihm die Herrschaft über die Welt, wenn er sie anbetet. Der Glaube weiß, daß solche Anbetung Götzendienst ist (vgl. Mt 4,8–10 par.). Und wie steht es mit dem Götzenopfer? Hat jene vergangene Frage doch etwa in anderer Form noch heute ihre Aktualität? Gewiß! Denn die Frage ist immer aktuell, ob und wie wir uns als Christen beteiligen dürfen an dem Umgang mit der Welt, der für andere als ein Dienst an jene Mächte vollzogen und verstanden wird, an ihrem Schaffen wie ihrem Genießen, an ihren Urteilen wie ihren Idealen. Unsere Beteiligung hängt davon ab, daß wir uns selbst darüber klar sind und auch bei den andern kein Mißverständnis darüber entstehen lassen, daß diese Mächte für uns keine letzten Mächte sind, daß über ihnen Gottes Schöpfermacht steht, die uns verbietet, uns vor ihnen zu beugen in Verehrung, weil alle Ehre allein Gott dem Schöpfer gebührt. Alles, was wir im Bereiche der Welt tun, kann in dem doppelten Sinn getan werden: entweder als ein Tribut an die Weltmächte oder im Gehorsam gegen den Schöpfer, entweder als Götzendienst oder, im Glauben an Gott den Schöpfer, als Liebesdienst. Amen.

1. Korinther 10,31
Alles tut zu Gottes Ehre!

Trauungsansprache am Montag, den 20. August 1934 in Dedesdorf/Oldb.

Ihr esset nun oder trinket, oder was ihr tut, so tut es alles zu Gottes Ehre!

Zu einer *christlichen* Ehe wollt ihr euch verbinden; das heißt, die Lebensgemeinschaft, die ihr führen wollt, wollt ihr unter *Gottes* Augen führen, unter seinem Anspruch und unter seinem Segen. Deshalb wollt ihr euch hier im Hause Gottes und an seinem Altar Treue geloben. Ihr sagt damit, daß ihr bei diesem entscheidenden Entschluß, der eurem ganzen Leben seine Gestalt geben soll, nicht nur euch selbst *verantwortlich* seid, sondern auch dem, der euch das Leben schenkt und erhält; ja, nicht nur *auch* ihm, sondern ihm *zuerst*. Deshalb wollen wir uns unter das Wort stellen: »Ihr esset nun oder trinket, oder was ihr tut, so tut es alles zu Gottes Ehre!«

Alles tut zu Gottes Ehre! Das ist ein ernstes Wort, das uns die freie Verfügung über unser Leben entzieht; ein *Befehl*, der uns zwingt, auch von *dem* innerlich Abstand zu nehmen, was uns das Innerlichste und Wesentlichste ist. Und dieser Befehl gilt auch euch, gerade indem ihr euch Liebe schenken und Treue geloben wollt.

Alles tut zu Gottes Ehre! Wohl kann damit nicht der eigentliche Grund eures Entschlusses gemeint sein. Denn aus keinem andern Grunde wollt ihr euch verbinden, als weil ihr euch liebt. Und ein anderer Grund kann und darf ja auch eine echte Ehe nicht begründen. Wie wir ja auch nicht essen und trinken, um Gott zu ehren, sondern um Hunger und Durst zu stillen. Aber mit dem Befehl: »Alles tut zu Gottes Ehre!« ist ja nicht ein bestimmtes *Was* des Tuns angegeben, sondern ein *Wie* unseres Tuns. Alles, was wir tun, aus welchen Gründen es auch immer entspringt, soll *so* getan sein, daß es Gott zur Ehre geschieht.

Wie geschieht das? Alles tut zu Gottes Ehre! Darin ist für all unser Tun eine *Grenze* gesetzt. Das heißt aber: Wir sollen uns bewußt sein, daß wir in all unserm Tun nicht uns selbst gehören, daß all unser Tun, auch unsere eheliche Liebe, nicht in sich selbst und durch sich selbst Erfüllung, Unendlichkeit hat; daß es uns nie ganz, nie im letzten in Anspruch nehmen darf, sondern daß über allem Gottes Anspruch steht. Diese Grenze, die all unsere Hingabe, unsere Leidenschaft begrenzt, sei es in der Arbeit, sei es in der Liebe, läßt sich nicht wie eine Regel, wie ein äußeres Gesetz angeben. Aber dem wird sie deutlich, der nach ihr fragt.

Wir dürfen uns aber ihren Sinn noch deutlicher machen. Vgl. Kierkegaard: »Die weltliche Weisheit meint, die Liebe sei ein Verhältnis zwischen Mensch und Mensch; das Christentum lehrt, daß die Liebe ein Verhältnis zwischen Mensch und Gott und Mensch ist.« »Jeder Mensch ist Gottes Leibeigener; darum darf er nicht einem andern Menschen in Liebe zugehören, ohne in derselben Liebe Gott anzugehören, und nicht jemanden in Liebe besitzen, ohne daß [der andere und] er selbst in dieser Liebe Gott zugehört. Ein Mensch darf nicht einem andern Menschen angehören, als wäre dieser andere Mensch ihm alles; ein Mensch darf nicht zulassen, daß ein anderer ihm so angehöre, als wäre er diesem [anderen] alles« (S. Kierkegaard, Leben und Walten der Liebe, hg. v. Ch. Schrempf, S. 112 f. 114; vgl. GW XIX, 1966, S. 119. 120).

Wohl meint die natürliche Empfindung der Liebenden, daß sie *einander alles sein* und von einander alles erwarten können. Aber in welchem Sinn darf das gelten, wenn dadurch nicht der Anspruch Gottes verletzt werden soll: »Alles tut zu Gottes Ehre!«? Das scheinbar Widerspruchsvolle, daß Menschen gerade dann einander alles sein können, wenn sie nicht meinen, sie könnten es sein, wird uns deutlich, wenn wir uns darauf besinnen, daß in der Liebe der eine den andern, an den er sich gebunden weiß und den er an sich binden will, gleichzeitig *frei gibt*.

Solche Freigabe ist ja schon durch die *täglichen Pflichten* gefordert, die für einen jeden bestehen. Der Mann hat seinen Beruf, die Frau den ihren, wie weit der Kreis auch je gesteckt sei. Es bedarf auch keines Wortes, daß keine Ehe in der Wirklichkeit des Lebens dauerhaft ist, in der sich nicht die Gatten frei geben für ihre Pflichten. Je mehr der eine den Beruf des andern versteht, um so leichter ist es. Aber keiner Ehe bleibt es erspart, daß hier und dort das beglückende Miteinander den Forderungen von Beruf und Pflicht zum Opfer gebracht werden muß. Aber jede solche Probe der Liebe enthält ja die Möglichkeit, daß das Vertrauen der Liebe durch die Freigabe nur um so sicherer wird.

Schwerer ist es, sich in dem frei zu geben, was wir die *Individualität,* die persönliche Eigenart nennen. Aber auch hier ist es klar, daß, wenn ich den andern wirklich liebe, ich ihn gerade in dem freigebe, was sein eigentümliches Wesen ist, und ihn nicht nach dem Bilde meiner Wünsche formen will. Auch das ist leicht in der ersten Zeit der Freude aneinander. Aber die Ehe läßt immer deutlicher erkennen, was in Wahrheit damit gefordert ist. Denn in der Alltäglichkeit des Lebens stößt die Eigenart des einen mit der des andern zusammen, und es kann sein, daß hier und dort die Eigenart des einen dem andern befremdlich oder unbequem ist. Das ist wieder eine Probe für die Liebe, ob der Liebende es vermag, den andern frei zu geben. Nur so ist er wirklich für ihn, und nur so vermag er sich schenken zu lassen, was der andere ihm aus der Fülle seines Wesens geben kann. Nur so wird auch die Gefahr gebannt, die für jede Ehe besteht, daß sie gewohnt und alltäglich wird. Soll sie stets ihren jungen Glanz behalten, soll sie stets neuen Reichtum entfalten, so muß sie in einer Liebe gegründet sein, die dem andern Freiheit gibt.

Endlich eine dritte Weise, dem andern Freiheit zu geben! Es kann ja sein, daß die Eigenart eines Menschen seine *Schwäche* ist, also in Wahrheit gar nicht wirkliche Eigenart persönlicher Bildung, wirkliche Gestalt der Seele, sondern Mißgestalt, nicht aus echtem Wuchs entsprungen, sondern enger Eigensinn, Laune. Und jeder, der sich dem andern gegenüber auf *seine* Eigenart berufen möchte, soll sich prüfen, ob er sich nicht in Wahrheit auf seinen Eigensinn beruft. Indem er sich zum Bewußtsein bringt, daß er nie frei ist von Eigensinn und Laune, von Schwächen und Fehlern, daß er dem andern zumutet, ihn mit alledem hinzunehmen und zu tragen, soll er sich sagen, daß er den andern frei zu geben hat mit dessen Schwächen und Fehlern. Aber was heißt hier: frei geben? Nun, es heißt einfach: Er soll sich nicht zum Richter aufwerfen, sondern den andern tragen in gütiger und vergebender Liebe: »Einer trage des andern Last, so werdet ihr das Gesetz Christi erfüllen« (Gal 6,2).

Nur wo diese *Bereitschaft,* den andern frei zu geben, in die Liebe aufgenommen ist, wird eine Ehe fest und reich und froh sein, ja es immer mehr werden. Diese Bereitschaft also soll das natürliche Empfinden *begrenzen,* dem andern alles zu sein und von ihm alles zu erwarten. Solche Begrenzung aber ist nichts anderes als die durch den *Anspruch Gottes. Seinen* Anspruch erkennen wir an, *ihm* geben wir die Ehre, wenn wir uns gegenseitig frei geben für die Pflichten des Berufs. Wir erkennen damit an, daß wir nicht uns selbst gehören, und daß auch unsere eheliche Gemeinschaft in dem Dienst steht, zu dem wir allen Brüdern verpflichtet sind, und für ihn fruchtbar werden soll. *Seinen* Anspruch erkennen wir an, *ihm* geben wir die Ehre, wenn wir den andern frei geben in der Eigenart, die er, der Schöpfer, ihm verliehen hat, und ihn nicht nach unsern Wünschen formen wollen. *Seinen* Anspruch erkennen wir an, *ihm* geben wir die Ehre, wenn wir dem andern begegnen in der Bereitschaft des Tragens und Vergebens als die, die durch Jesus Christus Vergebung empfangen haben und ihrer stets neu bedürfen.

Aber wenn so der Befehl: »Alles tut zu Gottes Ehre!« die Grenze der ehelichen Liebe ist, so ist er zugleich ihre *Begründung.* Freilich nicht als Motiv unseres Willens, aber insofern, als in ihm die Möglichkeit, wie jedes gesegneten menschlichen Vorhabens, so auch einer gesegneten Ehe begründet ist.

Denn wer hat die *Kraft,* so zu lieben, daß er in aller Bindung und Gebundenheit jene Freiheit walten läßt? Wer anders als der, der sich stets begrenzt weiß durch den letzten und höchsten Anspruch, der über ihm steht, durch Gottes Anspruch! Und wir kennen Gottes Anspruch als den Anspruch seiner Liebe. Denn er ist uns offenbar in Jesus Christus, in dem er uns geliebt hat. Seine Liebe, die all unserem Tun und all unserem Lieben zuvorkommt, erhebt an uns den Anspruch, zuerst für *ihn* zu sein und alles zu seiner Ehre zu tun. Aber eben in diesem seinem Anspruch wird wiederum nichts als seine uns haltende Liebe kund. Kennen wir sie und hören wir ihren Anspruch, so finden wir in ihr die Kraft, unser gegenseitiges Lieben so zu gründen, daß es unter seinem Segen steht.

Wir sagten, daß das natürliche Empfinden der Liebe, dem andern alles zu sein und von ihm alles zu erwarten, durch den Befehl der Ehre Gottes begrenzt werde. Wir verstehen jetzt, daß dieser begrenzende Befehl unserem natürlichen Verlangen, dem andern alles zu sein und von ihm alles zu erwarten, erst seine eigentliche und echte Erfüllung bringt. Denn wo beide sich so begrenzt, gebunden und begründet wissen, daß ihr gegenseitiges Lieben unter dem: »Alles tut zu Gottes Ehre!« steht, da ist dies gegenseitige Lieben von einem Vertrauen getragen, das es unbesieglich macht.

Wenn das Christentum sagt, daß Liebe ein Verhältnis zwischen Mensch und Gott und Mensch sei, so scheint Gott gleichsam trennend zwischen die Liebenden zu treten. »Ja, es ist wie eine Trennung; und doch ist es das Vertrauen der Ewigkeit, das [so] zwischen ihnen aufgerichtet wird« (S. Kierkegaard, a.a.O., S. 159; vgl. GW XIX, S. 169).

Johannes 6,60–69
Echtes Bekenntnis

Predigt im Abendgottesdienst am Samstag, den 6. April 1935 in Bremen

Viele nun seiner Jünger, die das hörten, sprachen: »Das ist eine harte Rede; wer kann sie hören?« Da Jesus aber bei sich selbst merkte, daß seine Jünger darüber murrten, sprach er zu ihnen: »Ärgert euch das? Wie, wenn ihr denn sehen werdet des Menschen Sohn auffahren dahin, da er zuvor war? Der Geist ist's, der da lebendig macht; das Fleisch ist kein nütze. Die Worte, die ich rede, die sind Geist und sind Leben. Aber es sind etliche unter euch, die glauben nicht.« Denn Jesus wußte von Anfang wohl, welche nicht glaubend waren, und welcher ihn verraten würde. Und er sprach: »Darum habe ich euch gesagt: Niemand kann zu mir kommen, es sei ihm denn von meinem Vater gegeben.«

Von dem an gingen seiner Jünger viele hinter sich und wandelten hinfort nicht mehr mit ihm. Da sprach Jesus zu den Zwölfen: »Wollt ihr auch weggehen?« Da antwortete ihm Simon Petrus: »Herr, wohin sollen wir gehen? Du hast Worte des ewigen Lebens; und wir haben erkannt und geglaubt, daß du bist der Heilige Gottes!«

Liebe Gemeinde! Wir wollen uns von den Textworten leiten lassen zur Besinnung darauf, was ein *echtes Bekenntnis* ist, wie es entspringt aus der *Überwindung des Anstoßes,* den die »harte Rede« Jesu gibt, und in welcher Weise es *Antwort* auf diese »harte Rede« ist.

Die Worte des Textes schließen sich an Jesu Rede an, in der er sich als das Brot des Lebens darbietet (vgl. Joh 6,27–59). Diese Rede erscheint vielen seiner Jünger als eine *»harte Rede«.* Warum? Weil er, ein Mann aus Nazareth, dessen Vater und Mutter man kennt, ein Mensch ihresgleichen, sich ihnen gegenüberstellt als einer, der nicht ihresgleichen ist; als der, der von Gott gesandt ist, der Welt das Leben zu geben, als der einzige Weg zu Gott; als der, an den der Mensch glauben soll, wenn er das Leben haben will.

Die Worte des Textes könnten aber auf jede Rede des Evangeliums folgen; denn jede Rede ist eine »harte Rede«. Jede enthält den Anspruch, daß Jesus, ein Mensch, der sich durch nichts ausweisen kann, der auch durch das Besondere, was er tut, nur Anstoß und Feindschaft erweckt, – daß er der Offenbarer Gottes ist.

Jesu Rede ist deshalb eine harte Rede, weil sie die *Vorstellungen, die der Mensch von Gott und Gottes Offenbarung* hat, in Frage stellt. Jeder Mensch hat ja solche Vorstellungen, eigentümlich gewoben aus seinen Wünschen und Idealen, aus dem, was er für erfreund und beglückend, wie aus dem, was er für verpflichtend und gefordert, für groß und edel hält. Jeder Mensch fragt irgendwie nach Gott oder dem Göttlichen und schaut aus, wo ihm Gott oder Göttliches begegne, und ist bereit, von Offenbarung des Göttlichen zu reden, wo ihm Ergreifendes und Beglückendes begegnet; ist bereit, in einer Forderung, die ihm Zeit und Lage deutlich stellt, göttliche Forderung zu sehen.

Jesu Rede ist eine »harte Rede«, indem sie zu solchen Vorstellungen ein *hartes Nein!* spricht. Stehe es im übrigen mit dem Sinn und Recht solcher Erlebnisse und Ideale, wie es wolle – sie mögen an ihrem Platz Sinn und Recht haben –, Jesu Rede fordert jedenfalls, daß der Mensch, wenn er wirklich nach Gott und seiner Offenbarung fragt, zuerst alle Vorstellungen fahren lassen muß, die er sich von Gott macht. Jesu Rede stellt alles in Frage, was unter Menschen als beglückend und erfüllend, als groß und edel gilt. All das ist nicht Gott! All das ist fragwürdig und zweideutig; in all dem kann vielleicht Gott zu uns reden, aber all das kann uns auch Gott verhüllen, kann uns verführen von Gott weg zur Aufrichtung unserer eigenen Selbstherrlichkeit. All das muß versinken, wenn wir ernsthaft nach Gott fragen. Jesu Rede fordert zuerst, daß der Mensch, der nach Gott fragt, dafür bereit sei, daß Gott ihm ganz anders begegne, als er es sich gedacht hat; daß der Mensch sich jedes Gottesbild als ein Götzenbild zerschlagen lasse; daß er sich gleichsam an das Nichts preisgebe, wenn er den Gott kennen lernen will, der aus dem Nichts das Sein schafft (vgl. Röm 4,17).

So tritt Jesus mit seiner »harten Rede« auch heute an uns heran. Es ist natürlich leicht, auf die Vergangenheit zurückzublicken und sich zu wundern über diejenigen, die sich damals ihre althergebrachten Gottesvorstellungen nicht in Frage stellen ließen, die nicht die Bereitschaft fanden, sich zu öffnen für die neue, unerwartete Offenbarung Gottes. Aber Gottes Offenbarung wird nie zum Besitz des menschlichen Geisteslebens wie Erkenntnisse, Kunstwerke, Kulturgüter; sondern Gottes Offenbarung ist *stets nur in neuem Geschehen* da und fordert heute wie stets die Bereitschaft zur Preisgabe der Vorstellungen, die wir uns von ihr machen.

Das ist vielleicht eine gefährliche Rede; denn ist nicht *Jesus Christus*[,] derselbe gestern und heute und in Ewigkeit[,] Gottes Offenbarung? (vgl. Hebr 13,8) Ja! Aber *wie* ist er es? Nicht in *der* Weise, daß wir auf seine Gestalt zurückblicken könnten, wie man auf einen großen Mann der Vergangenheit zurückblickt und sich dessen freut, was er geleistet hat, der in den Früchten seines Werks gegenwärtig ist und dessen man dankbar gedenkt. Nicht *so* ist er die Offenbarung Gottes, nicht *so* ist er derselbe gestern, heute und in Ewigkeit. Vielmehr *so,* daß uns sein Wort stets aufs neue als »harte Rede« trifft – in unsere Erlebnisse, unsere Ideale hinein! in unser Selbstbewußtsein und unsere Programme hinein! uns fragend, ob uns das alles fragwürdig, unendlich klein gelten soll angesichts der Heiligkeit und Ewigkeit Gottes. In unsere Freuden und Sorgen hinein, ob wir uns von ihnen beherrschen und mitnehmen lassen wollen, oder ob sie uns als fragwürdig und klein gelten sollen vor den Augen Gottes. Aber auch in unsere Leiden und Schmerzen hinein, ob sie uns beherrschen und mitnehmen sollen, oder ob wir sie als fragwürdig und klein gelten lassen wollen vor Gottes Augen. Nur dann ist Jesus uns der Offenbarer Gottes, wenn wir seine Rede nicht umfälschen in eine Bestätigung dessen, was dem Menschen groß und wichtig dünkt, sei es edel und heroisch, sei es ergreifend und erschütternd. Nur dann, wenn uns seine Rede eine »harte Rede« bleibt und immer aufs neue wird. Wenn sein Wort uns, wie Luther sagt, tötet und lebendig macht, uns aus uns selbst und all dem Unsern heraushebt und uns in Gott und alles, was Gottes ist, setzt (nach WA 56, S. 375, Z. 18–20?).

»*Ärgert euch das?*« fragt Jesus, als die Jünger murren. Und seltsam fährt er fort: »Wie, wenn ihr denn sehen werdet des Menschen Sohn auffahren dahin, da er zuvor war?« Auf den ersten Blick scheint es, als wolle Jesus sagen: Wartet! Habt Geduld, wenn euch jetzt meine Worte ärgerlich und rätselhaft dünken! Das Rätsel wird gelöst werden durch meine Erhöhung. Aber das wäre ein Mißverständnis. Denn was werden die Jünger zu sehen bekommen bei seiner Erhöhung? Nichts anderes, als was alle Welt sehen wird: das *Kreuz!* Der Sinn des Textes ist also der: Wenn schon meine Rede euch ein Ärgernis ist, so wird es das Kreuz erst recht sein! Bedenkt also wohl, wenn ihr meine Jünger sein wollt: Es geht nicht nur darum, daß ihr befremdliche Worte zu hören bekommt, die alte liebgewordene Vorstellungen zerstören. Es gilt nicht nur, daß ihr euch vielleicht durch die Worte erschüttern und überzeugen laßt. Nein; es wird ernst! Wie Gott in meinen Worten sein Nein spricht zu euren Vorstellungen von Größe und Göttlichkeit, so wird er es in meinem Schicksal erst definitiv tun. Seid ihr bereit, in meinem Kreuz meine Erhöhung zu sehen?

Wieder ist es leicht, im Blick auf die Vergangenheit von Jesu Kreuz zu reden; sich zu erinnern, wie alles Große auf Erden [aus] der Tat heroischen Opfers erwächst, und im Gekreuzigten den Helden zu verehren. Aber damit ist der Sinn des Kreuzes nicht erfaßt. Auch das Kreuz ist *nicht ein Ereignis der Vergangenheit,* auf das man bewundernd und dankbar zurückblickt, sondern es steht ewig gegenwärtig aufgerichtet: »Jesus Christus gestern und heute und derselbe auch in Ewigkeit« nicht nur in seinen Worten, sondern auch in seinem Schicksal, im Kreuz!

Es kann sein, daß wir mit seinen *Worten* fertig werden, das heißt, daß wir sie ganz recht verstehen und es einsehen, daß Gottes Offenbarung ein Nein zu aller weltlichen Größe ist, ja, daß wir sogar mit einer gewissen Freude die Paradoxie der Offenbarung erfassen, daß – menschlich gesprochen – im Nichts das Leben Gottes walte. Wir können uns selbst täuschen und meinen, im *Gedanken* Gottes schon *Gott* zu haben. Aber es kann ernst werden, und es ist heute ernst geworden. Sind wir bereit, das *Kreuz* für uns gelten zu lassen? das heißt, zu leiden und im Leiden Gottes Herrlichkeit zu sehen? Es ist heute eine harte Probe für viele, ob sie ihm treu bleiben wollen, ob sie das vermögen, was wir nennen: die Existenz aufs Spiel setzen; Zurücksetzung erleiden, aus Amt und Brot gehen, mit der Familie in Not geraten. Wir dürfen freilich nicht meinen, daß es sich nur um dies ausgezeichnete Leiden um Jesu willen allein handelt, sondern um die Frage, ob wir bereit sind, im Leiden überhaupt auf Gottes Herrlichkeit zu warten, in der kleinlichen Not des Alltags, in Verdruß und Krankheit, in allem, was unser Leben und Schaffen hemmt – hemmt eben in dem Sinne, wie wir von uns aus das Leben beurteilen.

So sind wir gefragt mit der Frage, wie wir uns zu Jesu Kreuz stellen. Und je nach dem, wie wir uns zum Kreuz stellen, sind auch seine Worte uns Gottes Offenbarung oder sind es nicht.

Jesus fährt fort: »Der Geist ist es, der da lebendig macht; das Fleisch ist kein nütze.« Das möchte vielleicht jeder anerkennen. Aber wie ist es gemeint? »Die Worte, die ich geredet habe, die sind Geist und sind Leben.« Also gerade die Worte, die ärgerlich sind! Gewiß, der Geist ist es, der lebendig macht; aber wo weht der Geist? Der *Geist* ist ja nicht, was wir Geist zu nennen gewohnt sind, nicht menschliche Geistigkeit und Geisteskraft, sondern Gottes Wunderkraft. Der Geist weht, wo er will (vgl. Joh 3,8), und nicht, wo wir wollen und denken, in unseren Entschlüssen und Entwürfen, in unseren Anstrengungen und Leistungen. »Die Worte, die ich rede, die sind Geist und sind Leben.« Dann begegnet der Geist also auch gerade dort, wo menschliches Auge nur Fleisch sieht; das Wort ward ja Fleisch, und am Fleischgewordenen ist Gottes Herrlichkeit zu schauen (vgl. Joh 1,14).

Wie aber kann es dann heißen: »Das Fleisch ist kein nütze«? Das Wort ist zu denen gesprochen, die auch in ihrer Weise von einer *Offenbarung des Göttlichen im Fleisch* zu reden wissen, die der Meinung sind, daß im Fleisch, in unserm irdisch-natürlichen Wesen göttliche Kräfte wirksam sind, und die diese Kräfte da wirksam sehen, wo sich das Fleisch in gewaltiger, imponierender Größe zeigt. Das Fleisch ist dabei nicht das Ärgernis, der Anstoß, sondern im Gegenteil: Es ist das Transparent des Göttlichen, die organische Gestalt der göttlichen Kraft. Für sie ist irdisch-menschliche Größe, sei es Schönheit und Kraft der Rasse, sei es Kraft und Leistung der Persönlichkeit oder des Volkes, direkte Offenbarung Gottes. Für sie ist die Größe Gottes kommensurabel der Größe des Menschen, wird die Größe Gottes an der Größe des Menschen gemessen.

Demgegenüber gilt: »Das Fleisch ist kein nütze.« Gott offenbart sich nicht in der *Größe* des Fleisches; sondern wenn er es zum Mittel seiner Offenbarung macht, so offenbart er sich in der *Niedrigkeit* und *Unscheinbarkeit*. Gottes Offenbarung im Fleisch ist Anstoß und Ärgernis.

> »Was töricht ist vor der Welt, das hat Gott erwählt,
> Daß er die Weisen zu Schanden mache;
> Und was schwach ist vor der Welt, das hat Gott erwählt,
> Daß er zu Schanden mache, was stark ist;
> Und das Unedle vor der Welt und das Verachtete hat Gott erwählt, und das da nichts ist,
> Daß er zu nichte mache, was etwas ist;
> Auf daß sich vor ihm kein Fleisch rühme.«
>
> (1 Kor 1,27–29)

»Die Worte, die ich geredet habe, die sind Geist und sind Leben«, das ist die *Verheißung* für diejenigen, die den Ruhm des Fleisches preisgeben, und die darauf vertrauen, daß Gottes Kraft in der Schwachheit mächtig ist (vgl. 2 Kor 12,9). Für alle andern sind Jesu Worte nur *Anstoß* und *Ärgernis*.

Und er tut nichts, um den Anstoß zu erleichtern; er tut alles, um den Anstoß deutlich zu machen. Der *Glaube* soll die *Überwindung des Anstoßes* sein; er soll keine Bejahung einleuchtender Wahrheiten, sondern Beugung unter das richtende Urteil sein: »Das Fleisch ist kein nütze.« Der Glaube entspringt nicht dem befriedigten Gefühl, daß Jesus bestätigt und bereichert, was der Mensch von sich aus wünscht und träumt, wonach er strebt und worum er ringt; sondern der Glaube ist die Entscheidung gegen den Menschen und für Gott und nichts als Gott.

Jesus weiß, daß viele sind, die nicht glauben; denn er weiß, daß der Glaube nicht menschlicher Kraft entspringt. »Niemand kann zu mir kommen, es sei ihm denn von meinem Vater gegeben.« Menschliche Vernunft kann nicht die Glaubensentscheidung einleuchtend machen. Jesus sieht, daß viele von seinen Jüngern »hinter sich gehen«, das heißt sich von ihm abwenden und ihren eigenen Weg gehen. Und die Entscheidungsfrage, die indirekt in seinen Worten schon enthalten war, richtet er jetzt direkt an die Zwölf: »Wollt ihr auch weggehen?«

Sein Entscheidungsruf hat zur Scheidung geführt. Viele haben sich gegen ihn entschieden; es bleibt nur noch eine kleine Schar. Für sie ist der Anstoß noch gesteigert durch die Situation, in der sie Jesu Entscheidungsfrage trifft. Denn sie sind *die Wenigen gegenüber den Vielen*. Sie wissen: Wenn sie sich für Jesus entscheiden, so werden sie einsam sein. Wie man sich von ihm abwandte und seine Rede für eine »harte Rede« hielt, für absurd, anmaßend, anstößig, so wird man auch ihre Rede, ihr Verhalten für absurd, für anmaßend, für anstößig erklären. Sie werden ja *dem* widersprechen müssen, was die allgemeine Meinung für göttlich und verbindlich erklärt, was die Menge gleichsam heilig spricht. Sie werden hinweisen müssen auf Gottes Heiligkeit, die jenseits alles Großen und Verpflichtenden auf Erden steht. Sie werden ja die Nichtigkeit und letzte Harmlosigkeit alles Irdischen bezeugen müssen. Sie werden reden müssen vom Hochmut und von der Sünde der Welt! Wird man sie ruhig anhören? Wird man sie nicht verlachen als die Narren? sie schelten als die Hochmütigen? sie zum Schweigen zwingen als solche, die den natürlichen Lebenstrieb und gesunden Lebensmut verbiegen und brechen wollen? die durch ihre Rede den Menschen zum Knechtssinn verführen, die seinen edlen Stolz brechen und sein natürliches Gefühl für Größe und Ehre verfälschen wollen? Wird man sie nicht schelten als solche, die die Einheit der natürlichen Gemeinschaft stören und sprengen? die als Diener dessen, der auf die Erde nicht den Frieden, sondern das Schwert brachte (vgl. Mt 10,34), die Gemeinschaft und Geschlossenheit des Volkes zerstören? Nun, all das müssen sie auf sich nehmen; all dem müssen sie ins Auge sehen, wenn sie bei ihm bleiben wollen. »Wollt ihr auch weggehen?«

Petrus antwortet für die Zwölf: »Herr, wohin sollen wir gehen? Du hast Worte des ewigen Lebens.« Petrus bekennt sich zu ihm, und sein Wort ist ein echtes Bekenntnis; denn es wächst aus der Situation heraus und ist die Antwort auf die Frage, die im Worte Jesu gestellt ist.

Echtes Bekenntnis wächst aus der Situation, ist Entscheidung in einer konkreten Situation. Um uns das klar zu machen, besinnen wir uns darauf, daß das Wort »Bekenntnis« (ebenso wie das lateinische »confessio«) in einem doppelten Sinne gebraucht wird. Wir verstehen einmal darunter eine überlieferte Bekenntnis*formel;* Sätze, die früher einmal bekannt wurden und die nun als grundlegende Lehre der Kirche gelten. »Bekenntnis« heißt aber auch *das Bekennen selbst;* ganz allgemein das Bekennen dessen, was verborgen in mir ist, meiner Liebe, meiner Zweifel, meines Glaubens, und speziell auch das Bekennen meines Glaubens an das Bekenntnis im ersten Sinn. Und so bekennt sich die christliche Gemeinde im Gottesdienst zum Bekenntnis. Sie legt Bekenntnis zum Bekenntnis ab.

Aber was heißt das? Bekennender Glaube ist *nicht eine allgemeine Zustimmung zu Lehrsätzen,* die im sogenannten Bekenntnis formuliert sind. Das sehen wir heute sehr deutlich. Denn wir sehen, daß man sehr schnell bereit sein kann, zu sagen: Wir erkennen das Bekenntnis an! Wir verletzen es nicht! Wir sagen nichts dagegen! Nun, mit solcher Rede ist nichts getan! Wir wollen nicht dabei verweilen, daß das Handeln solcher, die so reden, nachher oft in Widerspruch zum Bekenntnis tritt. Das ist ja ganz natürlich; denn hier ist von vornherein gar nicht verstanden, was Bekennen heißt. Es heißt eben nicht: im allgemeinen Ja sagen zu einem überlieferten Bekenntnis, es unangefochten gelten lassen; sondern es heißt: *selbst bekennen.* Es hat gewiß seinen guten Sinn, wenn man sagt: Ich bekenne mich zum Bekenntnis. Aber es ist mißverständlich; es darf nicht heißen: Ich akzeptiere das, was andere bekannt haben, sondern nur: Ich bekenne, was und wie sie bekannt haben. Das aber ist gemeint, wenn wir sagen: Echtes Bekenntnis erwächst [aus] der konkreten Situation; es ist nicht eine allgemeine Zustimmung zu zeitlosen Wahrheiten, sondern zu Sätzen, die mich angehen, die mich betreffen, die mich *jetzt* angehen, mich *jetzt* betreffen, und deren Gültigkeit ich jetzt, den Anstoß überwindend, anerkenne.

Ich glaube, wir dürfen es uns nicht ersparen, uns klar zu machen, daß in früheren Zeiten der *Bekenntnisstreit* oft verfälscht war; ich meine jenen Streit zwischen Orthodoxie und Liberalismus. Es gab in der Tat eine unfruchtbare *Orthodoxie,* die meinte, es sei genug, wenn man sich zu dem altkirchlichen Bekenntnis als überlieferter Lehre bekenne in *dem* Sinne, daß man diese Lehre für wahr hält und nicht bestreitet. Ja, man suchte – und das ist für diese Orthodoxie so bezeichnend – solche Anerkennung gegen Zweifel und Kritik zu rechtfertigen, indem man es unternahm, durch theologische Argumentation die einzelnen Sätze des Bekenntnisses sicher zu stellen, ihre allgemeine Wahrheit nachzuweisen. Wo das die Meinung ist, da ist das Bekenntnis nicht [aus] der konkreten Situation erwachsen, sondern [aus] der Theorie. Und gegen diese Orthodoxie konnte ein Kritiker im Recht sein, wenn er ehrlich sagte: Von diesem Bekenntnis kann ich diesen oder jenen Satz nicht mitsprechen; denn er sagt ja nichts darüber aus, wie *ich* zu Gott stehe, wie *ich* Gott höre, wie *meine* Situation durch Gott bestimmt ist. Und der Auffassung vom Bekennen als der Anerkennung eines überlieferten Bekenntnisses trat eine andere Anschauung entgegen: Bekenntnis kann nie etwas Festgelegtes, Allgemeingültiges sein, sondern nur die stets neue freie Aussprache dessen, was in mir lebendig ist, meines Gotteslebens.

Dies der Standpunkt des *Liberalismus*. Aber auch er weiß nicht, was Bekennen heißt. Er hat wohl das eine richtig erfaßt, daß das Bekennen je meiner Situation entspringen muß; daß allgemeine Zustimmung zu Lehren noch nicht Bekennen heißen darf. Aber er hat verkannt, daß Bekennen stets ein Bekenntnis *zu* ist, nicht schon ein Bekenntnis *von*. Nicht ein Aussprechen, eine Konfession im Sinne der Romantik, in der sich das innere Leben der Seele ausströmt und Gestalt gewinnt, so wie lyrische Gedichte Bekenntnisse des Erlebens des Dichters sind; sondern ein Sich-Bekennen *zu,* das heißt ein Sich-Stellen zu dem, was nicht in mir ist, sondern was Gott an mir tut. Das hat die Orthodoxie gewußt und festhalten wollen. So ist es im früheren Bekenntnisstreit allerdings um echte Fragen gegangen, aber doch in dem unseligen Mißverständnis, daß der eine nicht das Recht des andern sah; daß der eine nicht verstand, was er vom andern zu lernen hatte.

Es könnte uns heute geschenkt werden, daß wir *über jenen alten Streit hinauskommen*. Und wir *müssen* es, wenn unsere Kirche Bestand haben soll, indem jeder vom andern lernt, und zwar dadurch, daß wir durch die geschichtliche Situation zum Bekennen gezwungen sind und uns dabei von Gottes Wort leiten lassen. Echtes Bekenntnis muß beides sein: Bekenntnis *zu,* nämlich zu dem, was Gott getan hat und tut, und Bekenntnis *von,* oder besser *aus,* nämlich aus der Situation heraus, die von mir fordert, gerade so, gerade dies zu bekennen.

Wir sehen das heute, wo der christliche Glaube angefochten wird, besonders deutlich, daß *echtes Bekenntnis aus der Situation erwächst;* aber wir sollen uns klar machen, daß das *immer* so ist. Denn immer ist es so, daß in uns menschlicher Eigenwille und Stolz, menschliche Sorge und Gewohnheit zur Herrschaft kommen wollen, und immer klingt in unsere Situation Jesu Rede als eine »harte Rede« hinein, und immer ist Bekenntnis die Beugung unter diese »harte Rede« in der Überwindung des Anstoßes, den [Ms.: »die«] sie dem natürlichen Menschen bereitet. Ich könnte auch sagen: Bekenntnis ist immer *Sündenbekenntnis;* auch diesen speziellen Sinn hat ja »confessio« im kirchlichen Sprachgebrauch erhalten. Sünde ist ja nichts anderes als der stolze Eigenwille des Menschen; und Sündenbekenntnis ist nichts anderes als das Opfern, das Preisgeben dieses Eigenwillens auf die »harte Rede« Jesu hin.

So ist es gemeint, daß das echte Bekenntnis aus der Situation erwachsen muß. Und daran wird klar, daß es mit einer bloßen unverbindlichen Anerkennung des überlieferten Bekenntnisses nicht getan ist. Denn diejenigen, die offiziell und laut erklären, daß sie das Bekenntnis nicht antasten, die bekennen gar nicht *durch den Anstoß hindurch.* Sie finden im Bekenntnis entweder Lehren über himmlische Dinge, die sie gerne gelten lassen, da sie sie im Grunde gar nicht interessieren, da sie sich innerlich gar nicht dadurch berühren lassen. Oder sie finden darin eine Bestätigung ihrer sogenannten Weltanschauung.

Sie sehen nicht, daß schon der *erste Artikel,* der Gott als den Schöpfer bekennt, für den natürlichen Menschen ein Anstoß ist. Denn Gott als den Schöpfer bekennen heißt nicht: glauben, daß in der Schöpfung und so auch im Menschen göttliche Kräfte immanent sind; sondern es heißt zuerst: die Nichtigkeit aller Kreatur und so auch die Nichtigkeit des Menschen vor Gott dem Schöpfer anerkennen. Es heißt: anerkennen, daß nicht ich über das Leben und seine Güter verfüge, sondern daß Gott mir das Leben und alle Güter schenkt »aus lauter väterlicher, göttlicher Güte und Barmherzigkeit ohn all mein Verdienst und Würdigkeit; des alles ich ihm zu danken und zu loben und dafür zu dienen und gehorsam zu sein schuldig bin« (M. Luther, Kl. Katechismus, WA 30/1, S. 365). »Darum sollte uns dieser Artikel alle demütigen und erschrecken, wo wirs glaubten«, wie Luther im Großen Katechismus sagt (ebd., S. 185). Und anderwärts sagt er: »Das ist der höchste Artikel des Glaubens, darin [Ms.: »davon«] wir sprechen: Ich glaube an Gott, Vater, Allmächtigen, Schöpfer Himmels und der Erden. Und welcher das rechtschaffen glaubt, dem ist schon geholfen und ist wieder zurechtgebracht und dahin gekommen, da Adam von gefallen ist. Aber wenige sind ihrer, die so weit kommen, daß sie völliglich glauben, daß er der Gott sei, der alle Dinge schafft und macht. Denn ein solcher Mensch muß allen Dingen gestorben sein, dem Guten und Bösen, dem Tod und Leben, der Höll und dem Himmel, und im Herzen bekennen, daß er aus eigenen Kräften nichts vermag« (Vorrede zu den Predigten über das 1. Buch Mose 1527, WA 24, S. 18).

Damit aber ist der *Zusammenhang des ersten und zweiten Artikels* schon klar gemacht; das heißt, den ersten Artikel kann ehrlich nur bekennen, wer den zweiten Artikel bekennt, das heißt, wer Jesus Christus als seinen Herrn bekennt, der »mich verlorenen und verdammten Menschen erlöset hat« (Kl. Katechismus, WA 30/1, S. 366). Und so ist auch der *dritte Artikel,* der den heiligen Geist bekennt, nichts anderes als das Bekenntnis zum Worte Gottes: »Ich glaube, daß ich nicht aus eigener Vernunft noch Kraft an Jesum Christ, meinen Herrn, glauben oder zu ihm kommen kann, sondern der heilige Geist hat mich durchs Evangelium berufen« (ebd., S. 367) – und damit ist er zugleich das Bekenntnis zur Kirche, die dieses Wort verkündigt, das ja nicht den Gedanken menschlicher Weisheit oder der Arbeit menschlicher Forschung entspringt, sondern nichts anderes ist als die »harte Rede« Jesu, deren Verkündigung der Kirche aufgetragen ist.

Bekenntnis ist die Überwindung des Anstoßes, ist die Beugung unter die »harte Rede«, die den Menschen seiner eigenen Verfügung, seinen eigenen Wünschen und Idealen entreißt, ist Sündenbekenntnis, das sich der Gnade Gottes öffnet.

Aber noch ein Letztes lehrt uns unser Text. »Und wir haben geglaubt und erkannt, daß du bist *der Heilige Gottes!*« So lautet der ursprüngliche griechische Text, an dessen Stelle später in Übersetzungen getreten ist, was wir bei Luther lesen: »daß du bist Christus, der Sohn des lebendigen Gottes«. Gerade hier ist es wichtig, auf den ursprünglichen Text des Evangeliums zurückzugehen. Denn der Titel, den das Bekenntnis des Petrus hier Jesus beilegt, ist ein ganz ungewöhnlicher, neuer, der im Johannesevangelium bis dahin noch nicht gebraucht war und der auch sonst fast nirgends begegnet. Das eben ist das Merkwürdige, daß Petrus hier nicht einen der Namen und Titel nennt, die üblich waren oder die Jesus selbst gebraucht hat, sondern von sich aus den neuen Namen findet für das, was Jesus bedeutet.

Wir lernen daraus, daß das Bekenntnis *stets wieder neue Form und Gestalt* finden muß, daß es nicht einfach bei der Wiederholung alter Formeln bleiben kann. Nicht, daß das Alte nicht auch gesagt, neu bekannt werden sollte, ja müßte, wenn es fälschlich angefochten wird! Nicht, daß etwas Neues und Anderes bekannt werden sollte! Sondern das Eine und Bleibende soll bekannt werden; aber es muß neu bekannt werden, und es muß auch jeweils in neuer Form bekannt werden.

Und das kann uns lehren, daß wir *nicht den Anstoß,* der überwunden werden muß, *falsch verstehen.* Es gibt viele Menschen, denen die überlieferte Form des Bekenntnisses ein Anstoß ist; aber nicht in dem echten Sinne, daß sie sich gegen die Forderung sträuben, die eigene Herrlichkeit preiszugeben und demütig die Sünde zu bekennen, sondern in *dem* Sinne, daß sie das Bekenntnis überhaupt nicht verstehen. Es bietet nicht ihrem Eigenwillen Anstoß, sondern einfach ihrem Verstand, oder besser gesagt: ihrer *Wahrhaftigkeit.* Ich habe in dieser Zeit manche Menschen gehört, die, abgestoßen ebenso von einem künstlichen neuen Heidentum wie von einem verfälschten Christentum, mit der Kirche bekennen möchten und die doch von Fragen und Zweifeln gequält und zerrissen sind: Müssen wir da nicht allerlei bekennen, was wir nicht verstehen, was uns nichts sagt, was zu bekennen unehrlich wäre? Meine Freunde! Die Beugung unter die »harte Rede« Jesu ist nicht Beugung und Brechung der Wahrhaftigkeit, sondern kann im Gegenteil nur in radikaler Wahrhaftigkeit geschehen. Jenes alte *»credo quia absurdum«* ist richtig, wenn unter dem Absurden dies verstanden ist: dort Nichts zu sehen, wo menschliches Auge Glanz und Größe sieht, und dort hoffend an Gottes Leben glauben, wo menschliches Auge nur

Tod sieht; sein echter Sinn ist der Auferstehungsglaube (vgl. Tertullian, De carne Christi V,4). Aber es ist unsittlich und unchristlich, wenn das Absurde bedeutet: etwas, was ich ehrlicher Weise als sinnlos ansehen muß.

Nun, solchen ehrlich Fragenden hilft unser Text, und von ihm angeleitet sollen auch wir ihnen helfen. Das Alte soll neu und auch in neuer Form bekannt werden. Das Alte und Eine! Denn wenn Petrus sagt: »Du bist der Heilige Gottes!«, so sagt er ja nichts anderes als dies: daß Jesus der Welt schlechthin gegenübersteht und zu Gott gehört; daß in seiner »harten Rede« der jenseitige Gott begegnet. Und nicht nur dies Negative, sondern damit das Positive: Jesu Worte sind nicht nur die Worte des Richters, vor dem die Welt zu nichte wird, sondern sie sind damit die Worte der vergebenden Gnade, die Worte, die Geist und Leben sind. Indem er *gegen* die Welt steht, gegen ihren Stolz und Eigensinn, ist er zugleich *für* die Welt da als das Brot des Lebens, als das Licht, als die Wahrheit (vgl. Joh 6,35; 8,12; 14,6).

In diesem Sinne bekennt Petrus ihn als den Heiligen Gottes, und wer ihn so bekennt, bekennt ihn recht. Mag er *alte Formeln* nicht wiederholen können! Daß die Wiederholung als solche nichts bedeutet und geradezu unchristlich sein kann, haben wir gesehen. Aber vielleicht wird auch dem ehrlich Fragenden einmal der Sinn aufgehen für die alten Formeln, für Sätze des Bekenntnisses, die er jetzt nicht versteht. Und er wird verstehen lernen, daß alle Formeln immer nur das Eine bedeuten: Bekenntnis durch den Anstoß hindurch, den *einen* Anstoß, daß der Mensch zu nichte werden soll vor Gott, daß Gott durch Christus Leben schenkt aus dem Tod.

Neu muß die Form des Bekenntnisses freilich nicht in der Weise werden, daß sich einige Theologen hinsetzen und grübeln und spekulieren, welches heute die zeitgemäße Form des Bekenntnisses sei. Auch hier gilt: Das Bekenntnis erwächst *nur [aus] der Situation*. Denn stets erregt Jesu »harte Rede« in neuer Weise Anstoß; stets erhebt sich ja der stolze Eigenwille des Menschen in neuer Form. Stets erhebt sich deshalb *neue Irrlehre,* und gerade ihr muß jeweils neu gesagt werden, was das Evangelium bedeutet. War es vorgestern der Glaube an die Kraft des menschlichen Geistes, der im Fluge des Denkens zu Gott empordringt, weil er selbst göttlich ist, – war es gestern der Glaube an die positiven Wissenschaften, deren Ergebnisse dem Menschen seine Weltanschauung vorschreiben wollten, so ist es heute der Glaube, daß die Naturkräfte, die aus Blut und Boden entspringen und die in Volk und Staat Gestalt gewinnen, göttliche Kräfte seien. Und so gilt es heute, gerade dieser Irrlehre gegenüber neu und in neuen Worten zu bekennen, daß Jesus der Heilige Gottes ist.

Es ist möglich, daß aus den Kämpfen heute wieder eine kirchliche Bekenntnisformulierung herauswächst, so wie die altkirchlichen und reformatorischen Bekenntnisse aus dem Kampf erwachsen sind. Ansätze dazu liegen ja schon vor. Aber das Wichtigste ist, daß *jeder an seinem Platze neu bekennt,* wo ihm die Irrlehre begegnet, aus seiner Situation heraus neu den Anstoß überwindend, und daß er *so* zu anderen redet, daß sie verstehen, daß Jesu »harte Rede« sie wirklich etwas angeht, sie wirklich trifft. In *neuen* Worten und doch das *alte* Bekenntnis zu Jesu »harter Rede« als den Worten, die Geist und Leben sind, zu Jesus als dem »Heiligen Gottes«! Amen.

Römer 13,11–12
Advents-Bereitschaft

Predigt am 1. Dezember 1935 (1. Advent) in Marburg

Und weil wir solches wissen, nämlich die Zeit, daß die Stunde da ist, aufzustehen vom Schlaf, sintemal unser Heil jetzt näher ist, denn da wir gläubig wurden. Die Nacht ist vergangen, der Tag aber herbeigekommen. So laßt uns ablegen die Werke der Finsternis und anlegen die Waffen des Lichtes.

> »Macht hoch die Tür, die Tor macht weit!
> Es kommt der Herr der Herrlichkeit«,
>
> (G. Weissel)

so haben wir gesungen. Denn die Adventszeit ist heute angebrochen; die Zeit, in der wir uns bereiten sollen auf den »*Tag des Herrn*«, auf Weihnachten.

Auch unser Textwort, seit alters von der Kirche für den ersten Adventssonntag bestimmt, richtet unseren Blick auf den »Tag des Herrn«. Aber es meint den Tag, an dem diese Welt ein Ende nehmen wird, den »*jüngsten Tag*«.

Was will die Kirche damit sagen, daß sie diese Mahnung zur Bereitschaft auf den »jüngsten Tag« als die Mahnung zur Bereitschaft auf Weihnachten gewählt hat?

Nun, dieses, daß die Bereitschaft für das *Freudenfest der Weihnacht* dann die rechte ist, wenn sie zugleich die Bereitschaft ist für den *letzten Tag der Welt;* daß die Freude auf Weihnachten dann die echte ist, wenn sie sich freut auf das, was uns von jenseits dieser Welt begegnet. Aber auch umgekehrt, daß das Bevorstehen des letzten Tages der Welt das Bevorstehen einer großen Freude ist, und daß wir diesem Tage mit Weihnachtsfreude entgegen sehen sollen.

Dann wäre es also die *rechte Vorbereitung* auf Weihnachten, die rechte Besinnung in der Adventszeit, wenn wir uns das klar machen können, daß unsere Weihnachtsfreude hinausgehen soll über die Freude an dem Glanz der weihnachtlichen Lichter, über die Festfreude des gegenseitigen Schenkens und Empfangens, hinaus auf eine Freude, vor der all dieses verblaßt, auf eine Freude, von der wir uns überhaupt keine Vorstellungen machen können, weil sie jenseitige Freude ist. Und darin bestünde die *rechte Selbstprüfung,* ob für uns der Gedanke einer über alle vorstellbare Freude hinausgehenden Herrlichkeit überhaupt einen Sinn hat. Denn das ist ja klar, daß für uns als natürliche Menschen dieser Gedanke des Endes der Welt, an dem alles versinkt, was uns als groß und schön, als Freude und Lebensinhalt erscheint, – daß dieser Gedanke für uns zunächst ein Grauen bedeutet.

I

Können wir wirklich auf das *Jenseits der Welt und unseres Lebens* blicken als auf die *große bevorstehende Freude?* Ist uns *das* an Weihnachten das Wichtigste, daß es uns ein Vorspiel, ein Unterpfand ist jener überirdischen Freude? Für Paulus gilt die Zeit dieser Welt als die dunkle Nacht, jenseits deren der helle Tag steht, dessen Anbrechen er sehnsüchtig erwartet. Für ihn ist es selbstverständlich, daß er sich auf das Ende dieser Welt freut. Er teilt auch mit seiner Zeit die Vorstellung, daß dieses Ende in kurzer Frist da sein wird; *so* bald, daß er sagen kann: Unser Heil ist jetzt schon näher, als da wir gläubig wurden. Diese Erwartung hat sich nicht erfüllt, und es gibt heute nur noch wenige Menschen, die an das Ende der Welt ernsthaft denken und ernsthaft mit ihm rechnen.

Wir wissen in der Tat nicht, wie lange diese Welt noch bestehen wird. Aber es ist auch ganz gleichgültig. Denn *das* wissen wir, daß für einen jeden unter uns die Welt früher oder später ein Ende nimmt, daß in der *Stunde unseres Todes* alles zerbricht und versinkt, was uns hier einen Halt gab, was Inhalt unseres Lebens war an Sorge und Arbeit, an Freude und Leid; was in diesem Meer der Zeit uns Richtung gab, uns trug und trieb. Es wird alles zergehen und versinken, und es wird gelten: »Vor deinen Thron tret ich hiermit« (J. Gesenius).

Sehen wir dieser *Stunde des Endes,* des Weltendes je für uns, mit *Weihnachtsfreude* entgegen? Und bedeutet Weihnachten für uns, daß uns diese Stunde des Endes immer vertrauter wird? Wie gewinnen wir diese echte Weihnachtsbereitschaft?

Darauf scheint es eine einfache Antwort zu geben. Weihnachten ist doch nicht nur das Fest des Kommenden, eine Vorausnahme der Zukunft jenseits von Welt und Zeit, sondern es ist doch auch das Fest des *schon in der Vergangenheit Geschehenen*. Es ist doch das Geburtsfest Jesu Christi, das Fest, an dem wir im Blick auf jene Geburt singen:

> »Das ewge Licht geht da herein,
> Gibt der Welt ein neuen Schein.«
>
> (M. Luther, Gelobet seist du, Jesu Christ, 4. Str.)

Wir feiern doch, was uns schon geschenkt *ist*; nicht nur, was uns erst geschenkt werden *soll*. Ist nicht Weihnachten das Fest, an dem wir uns immer neu zum Bewußtsein bringen, was wir *schon haben* und was wir, indem wir es uns zum Bewußtsein bringen, immer neu gewinnen?

In der Tat, so ist es. Wir feiern das, was vergangen ist, wir blicken zurück auf die *Geburt Jesu Christi*. Aber was ist das, was vergangen ist? Was bedeutet die Geburt Jesu Christi? »Als die Zeit erfüllt ward, sandte Gott seinen Sohn«, sagt Paulus (Gal 4,4); und: »Das Alte ist vergangen; siehe, es ist alles neu geworden« (2 Kor 5,17).

Das bedeutet: Wir schauen auf die Geburt Christi nicht zurück wie auf die Geburt eines großen Mannes, dem die Welt oder ein Volk die Erschließung neuer Lebenskräfte und neuer Lebensgüter, neue Erkenntnisse oder neue Ideale verdankt, sondern als auf das Ereignis, das den ganzen Weltlauf in zwei Teile teilt. Paulus sagt, daß in Christus die *neue Welt*, die Welt der Gottesherrschaft, angebrochen ist mitten in der Zeit. Seine Geburt ist deshalb nichts Vergangenes, wie wir sonst von Vergangenem in der Geschichte reden. Und seine Person und sein Werk wirken auch nicht so in der Geschichte weiter, wie sonst Vergangenes weiterwirkt, so daß jeder, er mag persönlich dazu stehen, wie er will, er mag es wissen oder nicht, von den Früchten des Vergangenen zehrt, von seinen Wirkungen lebt. Gerade das nicht! Sondern was Christus bedeutet, bedeutet er immer nur dadurch, daß er jeden vor die *Entscheidungsfrage* stellt, ob er in seiner Person das

Ende der alten und den Anbruch der neuen Welt erkennen, ob er von ihm die Teilnahme an der neuen Welt empfangen will. Und deshalb geht sein Werk nie wie das Werk großer Männer in den Werdestrom der Geschichte ein, um weiter entwickelt, ausgestaltet, bereichert zu werden; sondern es ist stets das gleiche, das es war: das *Ende des Alten,* des Vergänglichen, und der *Anbruch des Neuen,* des Unvergänglichen.

Die Antwort auf die Frage: Wie bereiten wir uns recht auf Weihnachten als auf die Freude, die uns aus dem Jenseits von Welt und Zeit geschenkt werden soll? Wie verstehen wir die *Einheit der Weihnachtsfreude mit der Freude auf das Jenseits?* – die Antwort ist also insofern eine einfache Antwort, als sie sagt: *Dies Jenseits ist ja schon in Jesus Christus gegenwärtig geworden.* Und deshalb braucht uns das, was unser wartet jenseits von Welt und Zeit, jenseits unseres Todes, nicht zu schrecken, sondern es kann Gegenstand unserer Freude sein, so wenig wir uns von dieser Freude eine Vorstellung machen können. Nur *darauf* kommt es an, daß wir an *ihm,* Christus, unsere Freude haben, von ihm uns haben schenken lassen, was uns eine entscheidende Freude bedeutet.

II

Aber so einfach die Antwort ist, so schwer ist es, sie sich wirklich anzueignen und im Leben durchzuführen. Denn: Von ihm empfangen haben bedeutet ja, ihn als das *Ende der Welt* zu verstehen und jetzt schon aus einer Welt, die jenseits *dieser* Welt ist, [zu] leben. Es bedeutet, daß uns schon jetzt *diese* Welt mit ihren Aufgaben und Idealen, mit ihrer Freude und ihrem Leid in die Ferne gerückt ist, verblaßt und versinkt. Es bedeutet, daß wir auf sie gleichsam zurückschauen können als auf etwas, das wir verlassen haben, – oder, damit wir nicht übertreiben: daß wir uns in ihr als *in der Fremde* fühlen, die nicht unsere Heimat ist. Es bedeutet, daß wir auf die Vollendung des Angebrochenen *warten,* daß wir mit *Freude* warten, daß die Aussicht auf das Jenseits von Welt und Zeit uns wie die Erwartung des Weihnachtsfestes ist.

Für Paulus ist das selbstverständlich: »Die Nacht ist vergangen; der Tag aber ist herbeigekommen.« Genauer übersetzt: »Die

Nacht ist vorgerückt, ist im Vergehen; der Tag aber hat sich genaht.« Wer in diesem Bewußtsein lebt – das begreifen wir –, freut sich auf den Tag, an dem Welt und Zeit ein Ende nehmen, und er meint zu spüren, wie alle Kreatur sich seufzend nach diesem Tage sehnt (vgl. Röm 8,22).

Tun *wir* das? Es gab wohl Zeiten, da die *Erwartung des Endes* lebendig war; mit dieser Erwartung wohl auch das Grauen und der Schrecken vor diesem Ende: »Dies irae, dies illa« (vgl. Zef 1,15 bzw. Th. v. Celano [?], Requiem-Sequenz); aber zugleich auch die Freude auf dieses Ende. Auch Luther freute sich auf den »lieben jüngsten Tag« (Brief Nr. 3152 vom 16. 7. 1540, WABR 9, S. 175, Z. 17; vgl. WA 10/I,2, S. 110, Z. 27 ff.). Und es gab und gibt Menschen, die sich auf das Ende der Welt für sie selbst, auf den Tag des Todes als der Erlösung, freuen. Aber im Durchschnitt vermögen wir das nicht. Es braucht nicht Leichtsinn oder Vermessenheit und es braucht nicht das Vergessenwollen der Verzweiflung zu sein, was uns das Auge wegwenden läßt von jener Grenze von Welt und Zeit, der wir uns doch alle unaufhaltsam nähern. Es kann einfach sein die Inanspruchnahme durch die täglichen Aufgaben, durch die drängende Verantwortung für die nächste Zeit, für Familie und Volk, die Freude an Verantwortung und Arbeit, der kraftvolle Einsatz für hohe Ziele, die Freude an der Gemeinschaft und dem beglückenden Austausch mit den Unseren. Wen gibt es im Durchschnitt, der sich auf das Ende freute?

Aber *steht* nicht das Ende uns allen *unheimlich bevor?* Und ist es die rechte Art, damit fertig zu werden, wenn man es ignoriert, die Augen davor schließt? Oder gehört nicht das klare Wissen um die Todesnähe zu einem vollen und reifen Menschsein? Wievielmehr zu einem vollen und reifen Christsein? Sollten wir nicht das Wissen um das bevorstehende Ende miteinsetzen müssen in unsere Freude an Arbeit und Verantwortung? in unser Gemeinschaftsleben, in die Freude aneinander in Familie, Freundschaft und Volk? Sollen wir unser Ohr verschließen vor der Stimme der »Boten des Todes«, von denen das Märchen erzählt (s. o. S. 78), und die uns täglich leise erinnern will, daß wir sterben müssen? Die Krankheit, das Altern und der »leibliche Bruder« des Todes, der Schlaf! Und ist nicht ein »Bote des Todes« an uns jede Nachricht, daß wieder einer, dem wir nahe standen, durch den Tod entrissen ist?

Manche sind unter uns, die eine Aufführung des großen unvollendeten Werkes »Die Kunst der Fuge« von J. S. Bach gehört haben. Sie werden sich daran erinnern, wie der Strom der Töne auf einmal stillsteht, und wie sich beklemmend, erschreckend gleichsam ein Nichts auftut. Der junge und unglückliche Meister, der dieses Werk für unsere Zeit wieder erschlossen hat [W. Graeser], hat dem unvollendet abbrechenden Werk einen Schluß gegeben in dem Choral, dem Bach auf seinem Sterbebette die Fassung gegeben hat; und aus jenem dunklen Nichts klingt es nun auf einmal: »Vor deinen Thron tret ich hiermit!« Bringt diese Musik für die, die sie ergriffen hören, nur eine ästhetische Erschütterung? Oder sagt sie etwas mehr? »Lehre uns bedenken, daß wir sterben müssen, auf daß wir klug werden!« (Ps 90,12)

III

Jeden Menschen mahnen die »Boten des Todes«. Den *Christen* mahnt das bevorstehende *Weihnachtsfest* als das Fest der jenseitigen Freude, bereit zu sein und zu *warten* auf den Tag des Herrn. Und das Weihnachtsfest als das Fest der schon empfangenen Gabe kann uns zu solchem Warten helfen, *will* uns zu solchem Warten helfen. Denn in der Tat, von uns selbst aus können wir mit dem Tode, mit dem Ende nicht fertig werden, können wir nicht das Grauen überwinden, sondern höchstens für eine Weile betäuben, können wir uns nicht zwingen, daß unser Warten auf das Ende ein Warten der Freude sei.

Aber wir können eines: uns *dem zuwenden, was uns in Jesus Christus schon geschenkt ist,* zu dem, was über Welt und Zeit hinausliegt. Und wir können hoffen, daß, wenn wir uns ihm zuwenden, es uns aneignen, daß dann in uns die Kraft wächst, den Blick getrost auf jenes Ende zu richten, das wie ein dunkles Tor vor uns steht.

Und was ist es, das uns in ihm geschenkt ist? Das erste – und vielleicht ist das eine überraschende Antwort – ist dieses, daß wir *überhaupt warten,* das heißt, daß wir durch ihn ständig daran erinnert werden, in der Fremde zu sein, unterwegs zu sein; daß Jesus Christus die große Störung der Weltgeschichte und jedes einzelnen Lebens ist, daß er, wie es im Neuen Testament heißt, der »Stein des Anstoßes« ist (Röm 9,32 f.).

Es gab schon vor Christus Menschen, und es gibt außerhalb seines Kreises Menschen, die diese Welt als Fremde empfanden und die daran zweifelten, ob dieses Leben hier den Namen Leben verdiene. Wir wollen hier nicht fragen, wie ernst, wie radikal ihr Fragen und Zweifeln war, ob ihre Verzweiflung an der Welt ein Verzweifeln an sich selbst war. Genug, seit die christliche Predigt auf Erden erklingt, ist *die Frage radikal gestellt:* Kann *diese Welt* deine *Heimat* sein oder nicht? Seit die christliche Predigt erklingt, ist das Nein radikal ausgesprochen: »Wir haben hier keine bleibende Stadt,« und ist der Ruf zum Warten auf das Kommende radikal erklungen: »sondern die zukünftige suchen wir« (Hebr 13,14).

Damit ist aber jenes andere Zweifeln und Fragen zu Kraft und Klarheit gebracht und läßt sich nicht wieder betäuben. Die Predigt von Jesus Christus ist die *große Störung* der Weltgeschichte und des weltlichen Lebens. Er ist der »Stein des Anstoßes« gerade dadurch, daß er die Verneinung aller Zufriedenheit, allen Sich-zu-Hause-Fühlens ist, daß die, die ihm folgen, in dieser Welt keine höchsten Werte, keine letzte Bindung, keine wirkliche Erfüllung finden können, sondern zu allem Weltlichen in einer eigentümlichen Distanz stehen; daß sie in alle Weltbegeisterung nicht mehr ohne Vorhalt einstimmen können, und daß so auch *sie,* wie er und wie die Predigt von ihm, eine Störung bedeuten. Sie wecken das Gefühl des Unbehagens und der Fremdheit, wo die Weltbegeisterung durch den Zusammenklang aller Stimmen ihrer selbst gewiß werden möchte. Die christlichen Klänge verderben den Zusammenklang der Weltsymphonie, sie stören die Begeisterung, die den Gott in der eigenen Brust zu fühlen meint.

Wir verstehen, wenn die Stimmen empörter *Feindschaft gegen das Christentum* laut werden. Sie haben das Christentum so weit ganz richtig verstanden: Es *ist* die Störung der Welt. Sie haben es besser verstanden, als viele Christen, eingeschlafen und bezaubert durch die Welt, es verstanden hatten. Wir verstehen, daß diese Stimmen zurückrufen möchten zu altem Glauben an göttliche Mächte, die in der Natur und im Menschengeist, im Blute und im Wollen des Volkes sich regen. Wir verstehen es, daß für manche der Name Heidentum wieder als Ehrenname gilt.

Und doch gibt es *gar kein ursprüngliches naives Heidentum mehr,* wo einmal die christliche Predigt erklungen ist. Was wieder naives Heidentum sein möchte, ist nur ein krampfhaftes Bemühen, das seine Leidenschaft nicht aus positiven Kraftquellen schöpft, sondern aus der Empörung gegen das Christentum, aus dem Kampf gegen die große Störung.

Aber wir sagten, diese *Störung,* dies Ins-Warten-gerufen-Werden sei Geschenk vom Jenseits her, sei *Gottes Gnade!* Ist es das nicht? Bringt nicht dieser Ruf, der uns die Welt als Fremde verstehen lehrt, – bringt er uns nicht *wahrhaft zu uns selbst?* Ruft er uns nicht zu einer radikalen inneren Ehrlichkeit? Sagt er uns nicht, daß jene vereinzelten Fragen hier und dort, die am letzten Sinn von Welt und Leben zweifelten, recht haben? Und beruht nicht eben darauf die nicht wieder zu beseitigende Macht der großen Störung, daß wir im innersten Gewissen diesem Ruf recht geben müssen?

Das ist unbestreitbar, daß so wie der Ruf der christlichen Botschaft nichts den Menschen zwingt, in sich selbst einzukehren, sich selbst *Rechenschaft* abzulegen. Rechenschaft vor wem? Ja – vor einem Richterstuhl, der nicht im Raume dieser Welt steht, und vor dem die Maßstäbe dieser Welt nicht gelten. *Das* ist unbestreitbar, daß so wie der Ruf der christlichen Botschaft nichts den Menschen zwingt, sich ständig zu fragen, ob das, was ihn beansprucht, ihn mit Recht beansprucht, ob er sich nicht an Dinge verliert, die ihm das Leben rauben und ihn der Nichtigkeit verfallen lassen. *Das* ist unbestreitbar, daß so wie die christliche Botschaft nichts dem Menschen sein ständiges Unbefriedigtsein, seine ständige Unruhe, sein ständiges Hungern und Dürsten – nicht erst einpflanzt, nein, radikal aufdeckt, ihn sich selbst in seiner Fragwürdigkeit ehrlich sehen läßt und ihm jede Flucht in die Zerstreuung, in die Betriebsamkeit und in die Begeisterung abschneidet.

Ist das *nicht* Gnade? Vielleicht seltsame Gnade! Aber doch *Gnade,* wenn anders es Gnade ist, daß der Mensch radikal zur Frage nach sich selbst gebracht, radikal ehrlich sich selbst gegenüber gemacht wird. Gnade, die wohl als *Gericht* wirkt, deren Gericht aber keiner wegwünschen möchte, der es einmal erfahren hat, weil er weiß, daß er nur unter dem Auge dieses Richters ehrlich sein kann.

Ja, ist es wirklich *Gnade,* so ins *Gefühl des Fremdseins in der Welt* gebracht zu werden? so ins Warten gebracht zu werden, wenn man doch gar nicht weiß, worauf man wartet?

Ja, es ist dann Gnade, wenn dieses Warten wirklich ein *echtes Warten* ist; das heißt, wenn es eine wirkliche Preisgabe der Erwartungen ist, die aus eigenen Wünschen und Idealen emporsteigen und die doch in Wahrheit ein Festhalten an der Welt sind; in denen sich verrät: daß mir nicht die Welt als Welt fremd und zweifelhaft geworden ist, sondern nur eine bestimmte Gestalt der Welt, die gerade meinen Wünschen nicht entspricht. Echtes Warten ist der Verzicht auf die eigenmächtigen Wünsche. Echtes Warten ist die schweigende Bereitschaft für das, was Gott mir zeigen, aus mir machen will. Echtes Warten ist die Bereitschaft dafür, daß Gott mir gerade da begegnet, wo ich es nicht erwartet habe; daß er mir gerade in einer Gestalt begegnet, die nicht dem Bilde entspricht, das ich mir von ihm gemacht hatte. Ich weiß: Es gibt heute manche, die Christen sein möchten, und die aus Ehrlichkeit nicht wissen, ob sie es sein dürfen. Denn vieles, was sie in der Bibel lesen oder in der Predigt hören, das können sie nicht glauben, weil sie, wenn sie sich ehrlich prüfen, gestehen müssen, daß sie das nicht erlebt haben, nicht erfahren haben, wovon die christliche Botschaft als von der Gnade redet. Ihnen gilt: Wartet! Haltet im Warten aus! Aber in einem echten und reinen Warten!

Es gab einst im Judentum ein großes Warten auf das Heil, auf »den, der da kommen sollte«, der das Heil bringen sollte (vgl. Mt 11,3 par.). Aber es war kein echtes Warten. Denn der Bringer des Heils sollte aussehen, wie man es sich gedacht, sollte bringen, was man sich gewünscht hatte. Und wer kam? Ein Mensch, dessen Vater und Mutter man kannte, ein Mensch wie unser einer, ein Armer, der auf dem Esel ritt (vgl. Joh 6,42; Mk 11,1–10 par.). Und dann? Dann ward er der *Gekreuzigte;* und der Gekreuzigte sollte der Erwartete und der Bringer des Heils sein? Ja, am

Kreuz wurde die Frage vollends klar: Ist vielleicht *dort* das Heil, wo für menschliches Auge Schmach und Tod ist? Wird es vielleicht *dem* offenbar, der das Kreuz als Gericht über die Herrlichkeit der Welt anzuerkennen bereit ist? Aber das heißt ja: für den, der bereit ist zu einem echten und reinen Warten, in dem alle Wünsche zum Schweigen gebracht sind; für den, der alle Stützen fahren läßt, der sich ins Dunkel sinken läßt, wartend, ob Gottes Hand ihn umfange. Denn Gott macht nicht lebendig, er töte denn zuvor (M. Luther, vgl. z. B. WA 4, S. 8, Z. 23).

Gott begegnet, wo und wie wir es nicht erwarten. Die christliche Legende erzählt von Christophorus, der den stärksten Herrn suchte, in dessen Dienst er seine Kraft stellen könnte. Er wurde zum Christusträger, als er *den* auf seine Schultern nahm, in dem er den Herrn der Welt am wenigsten erwartet hatte. Aber er konnte warten (vgl. Die Legenda aurea des Jacobus de Voragine, aus dem Lat. übers. v. R. Benz [1917/21], Heidelberg o. J., S. 498–503).

Stehen wir im Warten, so kann, so soll es uns begegnen, daß wir erfahren dürfen, was uns in Christus ferner geschenkt ist. Die christliche Verkündigung bezeichnet es mit dem Worte *Vergebung*. Auch das ein für viele, namentlich heute, befremdliches Wort. Aber *dem* wird es faßlich sein, der sich einmal durch jenen Ruf hat stören und erwecken lassen, der sich in die Stille der Selbstbesinnung und Rechenschaftsablage hat zwingen lassen. Er weiß ja, wie schwer, nein, wie unmöglich es dem Menschen ist, loszukommen von sich selbst, von seinen Wünschen und Erwartungen, von seinen Schwächen und seinen Leidenschaften, von seinen Hemmungen und von seiner Qual, in das reine Warten hinein. Er versteht, daß das Wort von der Vergebung das *göttliche Wort* ist, das ihn *von sich selbst befreit,* daß in diesem Worte Gott ihm selbst zuvorgekommen ist, ihm gleichsam lächelnd seinen Kampf, sein Ringen erläßt und ihn, den Erbärmlichen, den Verzweifelnden, so nimmt, wie er ist, ihn so gelten läßt, wie er ist, aber ihn, den Erbärmlichen, den Verzweifelnden, zugleich gelten läßt als den Reinen, den Befreiten, den Erlösten; ihm zuruft, sich glaubend der göttlichen Liebe zu öffnen, die ihn getragen hat, ihn trägt und tragen wird.

Das Wort der Vergebung ist das *Wort der Liebe*. Und ob wir

das Wort der Vergebung recht verstanden haben, das erkennen wir nicht daran, ob wir etwa besondere Kämpfe der Buße durchgemacht haben und auf besondere Erlebnisse zurückblicken können, sondern an etwas sehr Einfachem: ob wir uns freuen, *lieben zu dürfen*. Denn zum Liebendürfen befreit uns die göttliche Vergebung. Wir erkennen es daran, ob die Mahnung unseres Textes in uns Widerhall findet: »Die Nacht ist vergangen, der Tag aber herbeigekommen; so laßt uns ablegen die Werke der Finsternis und anlegen die Waffen des Lichtes!« Die »Waffen des Lichtes« – das ist nicht nur die sittliche Reinheit, von der Paulus in den folgenden Versen redet, sondern vor allem die Liebe, von der er in den vorangehenden Versen als dem einen großen Gesetz Gottes geredet hat (vgl. Röm 13,8–10.13 f.). Ich sagte ausdrücklich: Wir sind befreit zum Liebend*ürfen*. Denn es gibt auch so etwas wie eine *Flucht in die Liebe*, das heißt ein Wegfliehen von sich selbst in den Liebesrausch oder den Eifer der Liebesbetätigung – in die »Werke«, würden Paulus und Luther sagen. Das wäre nur eine neue Flucht, ein letzter Versuch, der Welt durch unser eigenes Tun und Bemühen doch noch einen Sinn zu geben. Es wäre nur ein Erliegen gegenüber der letzten und feinsten Versuchung der Welt. Nein! Die *echte Liebe* wächst auf dem Grunde der Erkenntnis von der Nichtigkeit der Welt und der Nichtigkeit all unseres Unternehmens. Sie wächst aus dem Wissen um das gemeinsame Verlorensein und das gemeinsame Angenommen- und Getragensein von der Macht der göttlichen Liebe in Christus. Dies Wissen läßt unser Tun, obgleich immer gefangen in der Gestalt weltlichen Tuns, doch sinnvoll erscheinen. Denn Gottes uns tragende Liebe gibt dem an sich Nichtigen unseres Tuns eine Bedeutung und gibt ihm neue Kraft.

Dante, der Dichter, der die Wanderung durch Hölle und Fegfeuer zum Paradies in frommer Phantasie beschreibt, endet sein Werk mit dem Bilde der göttlichen Liebeswelt, in die ihm ein Blick geschenkt ist:

»Da ward mein Geist von einem Blitz durchdrungen,
Der, was die Seel ersehnte, ihr verlieh.
Hier war die Macht der Phantasie bezwungen,
Schon aber folgten Will und Wünschen gerne,

Gleichwie ein Rad, gleichmäßig umgeschwungen,
Der Liebe, die beweget Sonn und Sterne.«

(Dante, Göttl. Komödie, Paradies XXXIII, Z. 140–145)

Wir hoffen und bitten: Möge uns in dieser Adventszeit gelingen, – möge uns geschenkt werden ein echtes und reines *Warten,* daß wir als Wartende das Wort der göttlichen Vergebung und Liebe in Christus hören und verstehen können, daß wir Weihnachten feiern können als das Fest der erschienenen und der kommenden Liebe Gottes, die nicht von dieser Welt ist! Amen.

Psalm 90,1–6.10.12; Matthäus 5,8
Der Mensch vor der Ewigkeit

Trauansprache für den Maler Carl Bantzer am Dienstag, den 23. Dezember 1941 in Marburg

Herr, Gott, du bist unsere Zuflucht für und für.
Ehe denn die Berge worden und die Erde und die Welt geschaffen wurden,
Bist du, Gott, von Ewigkeit zu Ewigkeit,
Der du die Menschen lässest sterben
Und sprichst: Kommt wieder, Menschenkinder!
Denn tausend Jahre sind vor dir wie der Tag, der gestern vergangen ist,
Und wie eine Nachtwache.
Du lässest sie dahinfahren wie einen Strom, und sind wie ein Schlaf;
Gleichwie ein Gras, das doch bald welk wird,
Das da frühe blühet und bald welk wird und des Abends abgehauen wird und verdorret.
Unser Leben währet siebenzig Jahre,
Und wenn es hoch kommt, sind es achtzig Jahre,
Und wenn es köstlich gewesen ist, so ist es Mühe und Arbeit gewesen;
Denn es fähret schnell dahin, als flögen wir davon.
Lehre uns bedenken, daß wir sterben müssen,
Auf daß wir klug werden.

Nach den ernsten Worten des Psalmes, die von Gottes Ewigkeit und des Menschen Vergänglichkeit reden, hören wir ein Wort Jesu Christi aus dem Anfang der Bergpredigt:

Selig sind, die reines Herzens sind,
Denn sie werden Gott schauen.

Schmerzbewegt stehen wir am Sarge dieses teuren Entschlafenen, Abschied zu nehmen von seinem sterblichen Rest. Wohl dürfen wir dankbar sagen, daß hier ein reiches, erfülltes Leben zu seinem Ende kam – ein fast seltenes Geschenk in dieser Zeit, in der so manches junge Leben vorzeitig hinweggerafft wird. Und wohl sind wir alle, zumal die Seinigen, dankbar dafür, daß ihm ein langes Leiden erspart blieb, und daß er, der bis zuletzt tätig sein durfte, sanft entschlafen ist. Aber es gilt doch auch hier das Wort des Matthias Claudius:

> »Ach, es ist so dunkel in des Todes Kammer,
> Tönt so traurig, wenn er sich bewegt
> Und nun aufhebt seinen schweren Hammer
> Und die Stunde schlägt.«
>
> (M. Claudius, Der Tod)

Ihr, denen er angehörte, und wir, die wir ihn kannten, – wir alle dürfen ihm nicht mehr ins Auge blicken, in dieses klare blaue Auge voll Güte, voll Ernst und zugleich voll Heiterkeit. Die Zeit ist zu Ende, da ihr euch seiner Liebe freuen und ihm Liebe erweisen konntet. Es ist Abschiedsstunde, und wir wollen über ihren Ernst nicht hinwegreden, sondern uns beugen vor der Majestät der Ewigkeit, die uns in der Gestalt des Todes begegnet.

»Unser Leben währet siebenzig Jahre, und wenn es hoch kommt, so sind es achtzig Jahre, und wenn es köstlich gewesen ist, so ist es Mühe und Arbeit gewesen.« Von dem Entschlafenen gilt es, daß seine Lebenszeit hoch kam; über 84 Jahre wurden ihm geschenkt. Und es gilt auch, daß sein Leben mit seiner Mühe und Arbeit köstlich gewesen ist. Aber ebenso gilt auch der Schluß: »Denn es fähret schnell dahin, als flögen wir davon.«

Wir können wohl sagen: Ganz kann er uns nicht verloren gehen! Nicht nur, daß in jedem, der ihn kennen lernen durfte, ein unvertilgbares Bild seines Wesens bleiben wird. Es bleiben auch seine Werke, aus denen er immer wieder zu uns sprechen wird. Er hat seiner hessischen Heimat durch die Bilder von ihrer Landschaft und ihren Menschen das Bewußtsein ihrer Schönheit und ihres Ernstes erschlossen und wird es durch seine Bilder immer wieder tun; und so ist seine Arbeit unverloren. Aber ist dieser Gedanke der einzige und der letzte Trost in dieser Stunde?

Wer das Antlitz des Entschlafenen auf dem Totenbette noch einmal sehen durfte, der weiß, daß uns dieser Gedanke zwar freundlich begleiten darf, daß er aber nicht das letzte sein kann, was uns an diesem Sarge erfüllen soll. Denn das Antlitz des Entschlafenen war ehrfurchtgebietend, geprägt vom Ernst der Ewigkeit. Reden wir davon, daß menschliche Werke den Tod überdauern, so bewegen sich unsere Gedanken noch im Raume der Zeit. Das Antlitz des Entschlafenen aber und dieser Sarg hier heißen uns, an die Ewigkeit zu denken. Und vor der Ewigkeit sind auch alle unsere Werke »wie das Gras, das da frühe blühet und bald welk wird und am Abend abgehauen wird und verdorret«. Uhland hat auf den Tod eines Kindes den Vers gedichtet:

> »Du kamst, du gingst mit leiser Spur,
> Ein flücht'ger Gast im Erdenland;
> Woher? wohin? Wir wissen nur:
> Aus Gottes Hand, in Gottes Hand.«
> (L. Uhland, Auf den Tod eines Kindes)

Auf den Tod eines Kindes! Aber bedenken wir das menschliche Leben, auch wenn es hoch kommt, in seinem Verhältnis zur Ewigkeit, so schrumpft es zusammen und ist wie das Leben eines Kindes vor den Augen dessen, vor dem »tausend Jahre sind wie der Tag, der gestern vergangen ist, und wie eine Nachtwache«.

Und das ist schließlich das letzte Wort, das er zu uns spricht, die letzte Gabe, die er uns schenkt, – daß er uns lehrt, daß wir sterben müssen. Ja, vernehmen wir dieses sein letztes Wort hier am Sarge, so werden uns auch die Augen neu geöffnet für sein Werk. Ist es nur das Wesen der Heimat, das er uns in seinen Bildern erschlossen hat? Hat er uns in ihnen nicht noch tiefer das Wesen des Menschen erschlossen? Das Wesen des Menschen! Das heißt aber dieses: daß der Mensch vor die Ewigkeit gestellt ist, ihr entgegen geht, vor ihr Rechenschaft abzulegen hat! Ich denke nicht nur an jene bekannten Bilder »Das Abendmahl in einer hessischen Dorfkirche« und »Die Männer vor der Kirche«. Ich denke vor allem an manche seiner Porträts, an Bauernköpfe, an die Bildnisse alter Frauen, besonders an das seiner eigenen Mutter – an jene Gesichter mit dem tiefen, wissenden Blick. Wissend? Was wissen sie? Sie wissen um die Ewigkeit, vor der des Menschen Leben dahinfährt, »als flögen wir davon«.

> »Du kamst, du gingst mit leiser Spur,
> Ein flücht'ger Gast im Erdenland;
> Woher? wohin? Wir wissen nur:
> Aus Gottes Hand, in Gottes Hand.«

»Wir wissen *nur?*« Freilich ist es ein Wissen, das sich beschränkt, das um seine Grenze weiß: »Wir wissen *nur!*« Aber wenn wir wissen: »aus Gottes Hand, in Gottes Hand«, so wissen wir genug. Auf dem Gesicht des Entschlafenen prägte sich nicht nur der Ernst, sondern auch der Friede der Ewigkeit aus, ein tiefer Friede, der den Beschauer andächtig machte. Und wieder werden ihm die Augen geöffnet für das Werk des entschlafenen Meisters. In der Skizze seines Lebens sagt er selbst einmal: »Von jeher hatte ich eine große Vorliebe für die Schilderung des Abends, der großen Stille in Wald und Feld und bei den von der Arbeit ruhenden Menschen.« Jetzt, wo er selbst in die große Stille eingegangen ist und von seiner Arbeit ruht, wird uns der Ewigkeitsgehalt seiner Abendbilder recht deutlich. Neben ihnen malte er gerne, wie er selbst sagt, »Blicke aus dunklem Wald in heitere sonnige Fernen«. Warum waren ihm solche Blicke besonders lieb? Nur um des malerischen Reizes willen? Doch vielmehr deshalb, weil ein solcher Blick seiner inneren Haltung entsprach. Der Blick aus dem Waldesdunkel in das Licht der Sonne ist der Blick aus dem hiesigen Leben hinaus in das Licht der Ewigkeit.

In die Ewigkeit ist er eingegangen; »aus Gottes Hand, in Gottes Hand« führte sein Leben, und *das* soll unser Trost sein. Wir können es heute um so zuversichtlicher sagen, da wir an der Schwelle der Weihnacht stehen, von der es heißt:

> »Das ewig Licht gehet da herein,
> Gibt der Welt ein neuen Schein.«
>
> (M. Luther, Gelobet seist du, Jesu Christ, 4. Str.)

Wir können es um so zuversichtlicher sagen, wenn wir dem Licht der Weihnacht unser Herz öffnen und in diesem Lichte der Liebe Gottes, die uns hier geschenkt wird, auch unsern Abschied von dem Entschlafenen verstehen. Und so soll an diesem Sarge eines das andere stützen und stärken: des Entschlafenen Mahnung, den Blick in die Ewigkeit zu richten, und der Glaube an die göttliche Liebe, die uns in dieser dunklen und verworrenen Welt einen hellen Schein in unser Herz gibt.

Wir sollen an einem Sarge nicht zuerst über den Entschlafenen reden, sondern wir sollen die Ewigkeit, die sich in der Majestät des Todes offenbart, zu uns reden lassen. So aber redete auch der Entschlafene selbst zu uns; denn durch ihn spricht die Ewigkeit. Sie spricht zu uns eben aus dem Toten im Sarge. Und wenn wir hier ihre Stimme hören, so spricht sie zu uns auch aus seinen Werken. Aber wenn wir so hören, was er, der Verewigte, jetzt als sein letztes und gewichtigstes Wort zu uns spricht, so dürfen wir auch *über* ihn reden, ja, wir müssen es. Denn unser Wort über ihn ist ein Wort des Dankes an ihn und an Gott, der ihn uns schenkte und der durch ihn zu uns sprach und spricht. Was aber sollen wir über ihn sagen? Blicken wir auf ihn und sein Leben zurück, so dürfen wir es unter die Verheißung stellen: »Selig sind, die reines Herzens sind, denn sie werden Gott schauen!«

Denn das spürte jeder, der ihm begegnete, daß er ein Mann reines Herzens war. Ein reines, klares Herz sprach aus seinem Blick, aus seinem Wort und spricht aus seinen Werken. Euch, den Seinen, die ihr ihn tiefer kanntet als wir anderen, muß jeder Versuch, sein Wesen zu zeichnen, als unvollkommen erscheinen. Aber wir dürfen doch andeuten, wie wir ihn sahen. Echtheit, Wahrhaftigkeit und Rechtlichkeit verbanden sich bei ihm mit Heiterkeit und großer Güte. Anspruchslos und bescheiden, neidlos in der Anerkennung anderer, offen für Freundschaft und Geselligkeit, offen für alles Schöne, Echte und Gute, lebendigen Geistes im Aufnehmen und Durchdenken, nüchtern und klug, bedächtig und bestimmt im Wort, voll Humor auf dem Grunde tiefen Ernstes – so kannten wir ihn. In seiner Arbeit voll unermüdlichen Fleißes, voll Selbstkritik und Gewissenhaftigkeit, nie auf Effekte hin arbeitend, sondern der Größe seiner Verantwortung bewußt. Ein Mann, vor dem das Gemeine schweigen mußte, in dessen Umgebung man sich wohl fühlte, weil alles klar und sauber war. Die Begegnung mit ihm weckte ebenso das Vertrauen wie das Gefühl der Verpflichtung. Ein Mann reines Herzens – so dürfen wir dankbar sagen.

»Selig sind, die reines Herzens sind, denn sie werden Gott schauen« – die Verheißung meint das Gottschauen in der Ewigkeit jenseits der Zeit. Daß sie sich an ihm erfülle, das hoffen wir. Ja, wir dürfen des frohen Glaubens sein, daß sie sich erfülle, *ganz* erfülle. Denn wir dürfen doch auch sagen, daß sie sich schon hier so weit erfüllt hat, wie es im Leben eines Künstlers möglich ist. Die strahlende Schönheit, die Gott, der Schöpfer, über die Landschaft ausgegossen hat, die Pracht der Frühlingswiese, das Geheimnis des Waldes – er schaute alles mit den reinen Künstleraugen. Der Ernst, die Würde und der Adel des Bauernlebens und seiner Arbeit, wie sie sich ausprägen in Gesicht und Haltung von Mann und Frau, – ihm waren die Augen dafür geöffnet. Der Überschwang gesunder Lebenskraft, wie sie in bunter Festfreude aufleuchtet, das Ahnungsvolle und Verheißungsvolle heranblühender Jugend, das Glück der Verbundenheit von Mutter und Kind, die innere Geschichte eines Menschen, wie sie Ausdruck gewinnt im Antlitz, – er durfte es verstehend schauen, durfte in alledem Gottes Schöpfertum schauen und im Bilde gestalten. Vor allem war ihm das gegeben, wovon wir schon sprachen: Er hatte das Auge dafür, wie der Mensch vor der Ewigkeit steht, wie im Menschen gewissermaßen das Leben zum Tode reift. Das heißt aber doch, alles zusammengenommen: Ihm, der reines Herzens war, war es geschenkt, Gott zu schauen in dieser unserer Welt, Gottes verschwenderische Schöpfermacht und -herrlichkeit, und ebenso Gottes tiefes Geheimnis und Gottes ernste Frage an den Menschen.

»Selig sind, die reines Herzens sind, denn sie werden Gott schauen.« So dürfen wir des frohen Glaubens sein, daß diese Verheißung ihre volle Erfüllung findet jetzt in der Ewigkeit, deren Schwelle er überschritten hat; eine Erfüllung, von der wir nicht reden können. Aber in diesem frohen Glauben wollen wir danken für das, was ihm geschenkt war und was er treu und verantwortungsbewußt verwaltet hat, – danken für das, was uns in ihm geschenkt war und ist. So dürfen wir neben die ernsten Worte des 90. Psalms die von dankbarer Freude getragenen Worte des 103. Psalms stellen:

»Lobe den Herrn, meine Seele,
Und was in mir ist, seinen heiligen Namen!
Lobe den Herrn, meine Seele,
Und vergiß nicht, was er dir Gutes getan hat ...«

Anhang

1. Zur Textgestalt

Die abgedruckten Predigten, Andachten und Ansprachen Rudolf Bultmanns werden einerseits *als solche* gelesen werden, andererseits als Quellentexte für die Geschichte des theologischen Denkens Bultmanns. Aus diesem doppelten heutigen Leseinteresse ergab sich für die Herstellung der Druckfassung das Ziel, größtmögliche Lesbarkeit mit größtmöglicher Texttreue zu verbinden. Da Bultmann seine Predigten durchweg wörtlich ausgearbeitet hat – von den wenigen nicht vollständig ausgearbeiteten Andachten wurde keine in die vorliegende Auswahl aufgenommen –, standen nur wenige Fragen der Textgestaltung zur Entscheidung. Dabei wurde folgendermaßen verfahren:

Der von den Manuskripten gebotene *Lautstand* ist, von der Berichtigung offensichtlicher Schreibfehler abgesehen, vollständig gewahrt; auch grammatische Ungenauigkeiten wurden (durch Hinzufügungen in eckigen Klammern) nur geglättet, wenn andernfalls der Sinn fraglich geblieben oder die Lektüre ungebührlich gestört worden wäre.

Während oder nach der Niederschrift am Manuskriptrand vorgenommene *Ergänzungen* wurden ohne näheren Hinweis in den laufenden Text übernommen, wenn dies bruchlos möglich war; andernfalls wurden sie an der dafür am besten sich eignenden Stelle eingefügt: [Randbemerkung im Ms.: »...«] o. ä.

In wenigen begründeten Fällen wurden auch im Manuskript *gestrichene Passagen* mitgeteilt: [Im Ms. gestrichen: »...«].

Veraltete *Schreibweise* wurde in der Regel dem heutigen Gebrauch angepaßt (z. B. »gibt« statt »giebt«, »so daß« statt »sodaß«), jedoch dann beibehalten, wenn sie einen ursprünglichen Wortsinn treuer wiedergibt als die heutige Schreibweise (z. B. »für einander« statt »füreinander«; »Teil haben« statt »teilhaben«).

Auch die *Zeichensetzung* wurde modernisiert; in Rücksicht auf den Rede-Charakter der Texte wurde jedoch »rhetorische« Interpunktion dann beibehalten, wenn sie die flüssige Lektüre nicht stört (Komma-Setzung zwischen verbundenen gleichrangigen Gliedsätzen; Ausrufezeichen statt Fragezeichen u. ä.); die in den Manuskripten häufig anzutreffende Kleinschreibung selbständiger Sätze nach Doppelpunkten wurde nur beibehalten, wenn der Doppelpunkt uneigentlich, d. h. etwa in der Funktion eines Gedankenstrichs, gebraucht ist.

Die *Absatzgliederung* folgt bis auf wenige Ausnahmen den Manuskripten; dagegen wurden die sehr häufigen feingliedernden Gedankenstriche innerhalb der Absätze getilgt.

Abkürzungen im laufenden Text (u., d. h. usw.) wurden aufgelöst, die seltenen Abkürzungen »cf.« und »etc.« durch »vgl.« und »usw.« ersetzt.

Unterstreichungen im Manuskript erscheinen hier im *Kursivdruck;* doch wurden die ausgedehnten Hervorhebungen in den Manuskripten vor allem der dreißiger Jahre behutsam auf die wirklichen Kernwörter, -ausdrücke und -sätze reduziert.

Biblische Zitate und zitatartige Anspielungen sind, gegebenenfalls mit dem Zusatz »vgl.«, jedoch ohne Vers-Feingliederung (z. B. statt Joh 1,14a nur Joh 1,14), in Klammern nachgewiesen, nicht jedoch Zitate aus dem jeweiligen Predigttext und eher unbetonte bibelsprachliche Anklänge. In den Fällen, wo innerhalb des fortlaufenden Manuskript-Textes nur die ersten Worte eines erneut zu zitierenden Stückes aus dem Predigttext angegeben sind, wurde das Zitat in seinem mutmaßlich beabsichtigten Umfang ergänzt.

Die Fundorte *nicht-biblischer* Zitate, für deren Herkunft insbesondere in den früheren Manuskripten oft jeglicher Hinweis fehlt, wurden, soweit sie sich durch beträchtlichen, aber nicht uferlosen Suchaufwand ermitteln ließen, ebenfalls in Klammern nachgewiesen, und zwar möglichst knapp, aber so präzis wie zum Auffinden nötig; auf charakteristische Abweichungen der Zitate von der in kritischen Ausgaben gebotenen Textfassung macht der Zusatz »vgl.« vor dem Nachweis aufmerksam.

Die thematischen *Predigtüberschriften* stammen teilweise als solche von Bultmann; die anderen geben entweder das – vor allem in den frühen Predigten – am Ende der Predigteinleitung formulierte Predigtthema wieder oder aber einen Zentralbegriff oder -satz der jeweiligen Predigt bzw. des Predigttextes (vgl. im einzelnen die nachfolgende Gesamtübersicht). *Zwischenüberschriften* zu den Hauptteilen wurden mitgeteilt, wenn sie am Manuskriptrand oder/und in den gesonderten Predigt-Dispositionen enthalten sind.

Bei Sonntagspredigten/-andachten/-ansprachen wurde der *kirchliche Name des Sonntags* immer mitgeteilt; ansonsten wurde nur der Wochentag vermerkt, da sich die kirchenjahreszeitliche Stelle, wenn sie von Belang ist, aus dem Datum ergibt. Vollständig in dieser Hinsicht ist die nachfolgende Übersicht. Die *Rede-Anlässe* sind, soweit bekannt, ebenfalls angegeben.

In drei Fällen (13. 2. 1921; 5. 5. 1925; 23. 12. 1941) ist der *Predigttext* in den Manuskripten nicht ausgeschrieben. Für die Andacht vom 5. 5. 1925 wurde er dem Andacht-Manuskript vom 16. 12. 1922, in den beiden anderen Fällen der Luther-Übersetzung entnommen; dabei wurde auf den noch nicht amtlich revidierten und durchgesehenen (von Cansteinschen) »Normal-Text« des 19. Jahrhunderts zurückgegriffen, der auch Bultmanns ausgeschriebenen Predigttexten und Zitaten in der Regel zugrunde liegt.

2. Gesamtübersicht über Rudolf Bultmanns Predigtwerk

In dieser Übersicht sind in chronologischer Reihenfolge alle bis jetzt (Mai 1984) bekannt gewordenen Texte Rudolf Bultmanns aufgeführt, die dem Genus »Wortverkündigung« im weiten Sinn zuzurechnen sind*; 81 Predigten, 21 Andachten (sowie ein Andachtsplan), 10 Kasualreden und -ansprachen, 8 Bibelarbeiten und 7 besinnliche Zeitungsartikel. Dabei hat die Unterscheidung zwischen *Predigt* und *Andacht* nur relative Bedeutung, da es in beiden Formen um die gottesdienstliche Verkündigung des Wortes von Gericht und Gnade geht; der Gattung »Andacht« wurden solche Texte zugerechnet, deren Mss. zu erkennen geben, daß sie *als* »Andachten« und (bzw. oder) *in* »Andachten« (Morgen-/

---

* Wahrscheinlich werden bei einer – möglichst bald erfolgenden! – systematischen Erfassung des gesamten literarischen Nachlasses Rudolf Bultmanns weitere hierher gehörige Texte auftauchen.

Abend-, Semesteranfangs-/Semesterschluß-Andachten u. ä.) vorgetragen wurden. Die als *Bibelarbeit* bezeichnete Gattung umfaßt neben Texten mit fortlaufender Auslegung eines Bibelabschnitts auch kleinere Vorträge, die ein Thema in mehr oder weniger strenger biblischer Textbindung durchführen.

Die Original-Mss. befinden sich, soweit noch vorhanden bzw. ermittelbar, gegenwärtig teils im Besitz der Familie Bultmann: Nr. 2–46. 73. 78. 81–84. 86. 88. 90. 102. 104. 107. 111. 117. 119 (Ts.) 121. 122. 123 (Ts.) 124. 125. 126 (Hektogr.), teils im Bultmann-Nachlaß in der UB Tübingen: Nr. 47–53. 57–72. 74–77. 79. 80. 85. 87. 89. 91–93. 95–101. 103. 105. 106. 108–110. 111 (Ts.) 112–116. 118. 120; Ms. Nr. 1 ist im Archiv des OKR Oldenburg (vgl. Anm. 1). Von den in der UB Tübingen nicht vorhandenen Mss. liegen dort Fotokopien vor.

In der *tabellarischen* Übersicht (a.) sind neben der lfd. Nr. das kalendarische und das kirchenjahreszeitliche Datum, der Ort, der Text und das Thema aufgeführt, gegebenenfalls auch die Textgattung (nicht bei Predigten), die Art des Gottesdienstes (= »GD«) oder Redeanlasses sowie ein Hinweis, daß bzw. wo der betr. Text veröffentlicht ist.

Wenn auch die *Stellung im Kirchenjahr* für eine Vielzahl der Texte kaum von Bedeutung ist, so rechtfertigt sich ihre Angabe doch im Blick auf die Sonntags- und Festtags-/Festzeiten-Texte.

Die *biblischen Predigttexte* sind, wie in den Mss., ohne Vers-Feingliederung angegeben.

Die *Thema-Angaben* geben entweder ein von Bultmann selbst so oder ähnlich im Redetext formuliertes Thema wieder – dann sind sie in »Anführungszeichen« gesetzt (auch bei nicht wörtlicher Zitierung); oder sie geben eine von Bultmann selbst formulierte Überschrift wieder – dann sind sie in KAPITÄLCHEN gesetzt; oder (nämlich dann, wenn eine eindeutige Themaformulierung oder Überschrift von Bultmann selbst nicht vorliegt,) sie stellen einen aus dem Rede- oder Bibeltext gewonnenen Leitbegriff, einen Leitsatz oder eine Leitfrage dar – dann sind sie normal gesetzt.

Die *Hinweise auf Veröffentlichungen* beziehen sich auf den vorliegenden Band »Das verkündigte Wort« (Abk.: »VW«), auf die

»Marburger Predigten« (Tübingen [1956] ²1968; Abk.: »MP«)
oder auf Sonderveröffentlichungen (Abk.: »SV«), die dann in der
zugehörigen Anmerkung genau nachgewiesen sind.

Im *Anmerkungsteil* (b.) sind zunächst die in den Mss. enthaltenen *Orts- und Zeitvermerke* angegeben. Sind solche nicht vorhanden, werden die für die Ermittlung von Ort und Datum der betr. Mss. maßgeblichen Argumente mitgeteilt.

Sofern sich Bultmann bei der Textwahl an den »altkirchlichen« oder an den »neuen« Eisenacher *Perikopen*reihen orientiert hat, wird darauf verwiesen, auch dann, wenn er über einen »benachbarten« Text gepredigt hat (etwa an Ostern über einen Karfreitagstext); Texte aus den »neuen« ntl. Reihen werden als »2. Epistel« bzw. »2. Ev.« bezeichnet (vgl. Perikopenbuch, hrsg. im Auftrage der Deutsch-evangelischen Kirchen-Konferenz [1896], Quart-Ausgabe, Sondershausen ²1909).

Neubearbeitungen früherer Texte sind, wenn direkte »Abhängigkeit« wahrscheinlich ist, durch einen Vorverweis bei der früheren, durch einen Rückverweis bei der späteren Fassung kenntlich gemacht. Auf derartige Verweise bei verwandten Texten wurde verzichtet, wenn direkte Abhängigkeit zweifelhaft ist; Texte über gleiche Bibelabschnitte (vgl. v. a. Lk 12; 2 Kor 4; Phil 3!) können mit Hilfe des Bibelstellenregisters leicht aufgefunden werden.

Schließlich werden – außer den schon erwähnten genauen Nachweisen anderwärts veröffentlichter Texte – in den Anmerkungen wissenswerte Details verschiedener Art über einzelne Texte mitgeteilt.

a. Tabellarische Übersicht

1	17. 6. 1906	1. So. n. Trin.	(bei Marburg)	Phil 2,12 f.
2	3. 3. 1907	Okuli	Hammelwarden/Oldb.	Lk 10,17–20
3	1. 4. 1907	Ostermontag	(in/um Oldenburg)	Lk 24,13–32
4	7. 4. 1907	Quasimodogeniti	Rastede/Oldb.	1 Joh 5,1–5
5	28. 4. 1907	Kantate	Atens/Oldb.	Joh 6,60–69
6	26. 5. 1907	Trinitatis (= Saatfest)	Ofen/Oldb.	Röm 11,33–36
7	11. 8. 1907	11. So. n. Trin.	Atens/Oldb.	1 Kor 15,9 f.
	18. 8. 1907	12. So. n. Trin.	Oldenburg	
8	26. 12. 1907	2. Weihnachtstag	Marburg	Mk 4,21
9	19. 4. 1908	Ostersonntag	Oldenburg	Röm 5,20–6,2.11
	20. 4. 1908	Ostermontag	Hammelwarden/Oldb.	
10	8. 6. 1908	Pfingstmontag	Marburg	2 Kor 3,4–6
11	27. 9. 1908	15. So. n. Trin.	Osternburg/Oldb.	Lk 17,7–10
12	4. 10. 1908	16. So. n. Trin.	Ganderkesee/Oldb.	Mt 11,28–30
13	27. 12. 1908	So. n. Weihnachten	Hammelwarden/Oldb.	Tit 2,11–14; 3,1–4
	3. 1. 1909	So. n. Neujahr	Oldenburg	
14	12. 4. 1909	Ostermontag	Hammelwarden/Oldb.	2 Kor 4,6–11
15	22. 8. 1909	11. So. n. Trin.	Ganderkesee/Oldb.	Mt 7,24–27
16	1. 1. 1910	Neujahr	Ohmstede/Oldb.	1 Kor 2,10–16
	2. 1. 1910	So. n. Neujahr	Hammelwarden/Oldb.	
17	27. 3. 1910	Ostersonntag	Schortens/Oldb.	Jes 53,11
	28. 3. 1910	Ostermontag	Hammelwarden/Oldb.	
18	15. 5. 1910	Pfingstsonntag	Marburg	Phil 4,4 f.
	4. 9. 1910	15. So. n. Trin.	Ganderkesee/Oldb.	
19	26. 12. 1910	2. Weihnachtstag	Hammelwarden/Oldb.	1 Kor 13
20	17. 4. 1911	Ostermontag	Marburg	Offb 2,8–10
21	14. 5. 1911	Kantate	Marburg	Joh 16,16–23
22	4. 6. 1911	Pfingstsonntag	Marburg	Joh 3,1–4.6–8
23	10. 12. 1911	2. Advent	Marburg	1 Kor 7,29–31
	1. 1. 1912	Neujahr	Oldenburg	
24	26. 12. 1911	2. Weihnachtstag	Hammelwarden/Oldb.	Mk 10,13–16
25	8. 4. 1912	Ostermontag	Hammelwarden/Oldb.	1 Kor 15,53–58
26	16. 5. 1912	Himmelfahrt	Marburg	Mk 4,26–29
27	23. 6. 1912	3. So. n. Trin.	Marburg	(ohne Text)

Gesamtübersicht über Rudolf Bultmanns Predigtwerk

»Unsere ernste Arbeit an der Seligkeit«	Examenspredigt, VW 1–7	1
»Gottes Wirken und unsere Arbeit«		2
»Wie kommt es zur Gewißheit des Sieges des Lebens über den Tod?«		3
»Unsere Stellung zu Gott und zu unseren Mitmenschen«		4
»Worte und Hörer«		5
»Die Früchte aus der Erkenntnis des Reichtums Gottes«	VW 8–16	6
»Die Einheit von Stolz und Demut in der christlichen Religion«		7
»Die Zukunft im Licht der Weihnacht«	Abend-GD, VW 17–24	8
»Siegesbewußtsein und Ruf zum Kampf«		9
Begeisterung	VW 25–34	10
»Pflicht und Gnade – wie passen sie zusammen?«		11
»Jesu Einladung am Sonntag«		12
»Die Liebe züchtigt«		13
»Hineinwachsen in das Leben des Herrn«	VW 35–44	14
Der kluge und der törichte Mann		15
»Was können wir von der Zukunft wissen?«		16
»Wie bekommen wir Teil an Jesu Sieg über den Tod?«		17
»Der Sinn der Mahnung zur Freude«		18
Liebe	VW 45–55	19
»Wie uns das Bild des Auferstandenen ein Vorbild sein soll«	Abend-GD	20
»Der Segen der Erinnerung«	VW 56–64	21
»Genug im Überfluß«		22
»Was bedeutet uns der Glaube an die Zukunft«	VW 65–75	23
Kindessinn		24
»Wie bekommen wir jetzt schon Teil am Auferstehungsleben?«	VW 76–85	25
»Die Mahnung zum Glauben an den Sieg des Guten«		26
LEBEN UND ERLEBEN	Studenten-GD, VW 86–95	27

28	1. 1. 1913	Neujahr	Hammelwarden/Oldb.	Lk 12,54–57	
29	26. 1. 1913	Sexagesimae	Marburg	Lk 12,54–57	
30	24. 3. 1913	Ostermontag	Hammelwarden/Oldb.	Offb 2,8–10	
31	1. 2. 1914	4. = letzter So. n. Epiph.	Marburg	Mt 12,33–37	
32	12. 4. 1914	Ostersonntag	Osternburg/Oldb.	2 Kor 5,15–17	
	13. 4. 1914	Ostermontag	Hammelwarden/Oldb.		
33	12. 7. 1914	5. So. n. Trin.	Marburg	(ohne Text)	
34	19. 7. 1914	6. So. n. Trin.	Marburg	Röm 12,14–21	
35	20. 9. 1914	15. So. n. Trin.	Hammelwarden/Oldb.	Mt 10,28–31	
36	6. 12. 1914	2. Advent	Marburg	Mk 13,33–36	
37	27. 12. 1914	So. n. Weihnachten	Hammelwarden/Oldb.	Mt 10,34; Joh 14,27	
38	2. 4. 1915	Karfreitag	Huchting/Bremen	2 Kor 4,7–10	
39	4. 4. 1915	Ostersonntag	Oldenburg	2 Kor 4,7–10	
	5. 4. 1915	Ostermontag	Hammelwarden/Oldb.		
40	29. 8. 1915	13. So. n. Trin.	Bardewisch/Oldb.	Gal 6,2	
	5. 9. 1915	14. So. n. Trin.	Ganderkesee/Oldb.		
	12. 9. 1915	15. So. n. Trin.	Hammelwarden/Oldb.		
41	1. 1. 1916	Neujahr	Osternburg/Oldb.	Hebr 13,14	
	2. 1. 1916	So. n. Neujahr	Hammelwarden/Oldb.		
42	1916(?)		(?)	Hebr 13,14	
43	23. 1. 1916	3. So. n. Epiph.	Marburg	Offb 1,4	
44	11. 6. 1916	Pfingstsonntag	Marburg	(ohne Text)	
45	27. 5. 1917	Pfingstsonntag	Breslau	1 Kor 2,9–12	
46	1. 7. 1917	4. So. n. Trin.	Breslau	Mk 10,13–16	
47	23. 5. 1920	Pfingstsonntag	Breslau	Joh 3,1–8	
48	13. 2. 1921	Invokavit	Gießen	2 Kor 4,5–7.16	
49	5. 6. 1921	2. So. n. Trin.	Gießen	Röm 8,26 f.	
50	Dez. 1921 (?)		Marburg (?)	(ohne Text)	
51	18. 2. 1922	Sa. v. Sexagesimae	Marburg	(ohne Text)	
52	20. 5. 1922	Sa. v. Rogate	Marburg	Hiob 22,22 f.26	
53	8. 7. 1922	Sa. v. 4. So. n. Trin.	Marburg	1 Joh 3,1 f.	
54	6. 7. 1922	Do. v. 4. So. n. Trin.		Hiob 22,22 f.26	
	13. 7. 1922	Do. v. 5. So. n. Trin.		Ps 19,1.8	
	27. 7. 1922	Do. v. 7. So. n. Trin.		1 Joh 3,1 f.	

Gesamtübersicht über Rudolf Bultmanns Predigtwerk 319

»Was erwartet das neue Jahr von uns?«	VW 96–103	28
»Was verlangt die Zeit von uns?«		29
»Wie uns das Bild des Auferstandenen ein Vorbild sein soll«		30
»Unsere Verantwortung für unsere Worte«		31
Das neue Leben in der neuen Welt		32
DIESSEITS- UND JENSEITSRELIGION	Studenten-GD, VW 104–114	33
»Freut euch mit den Fröhlichen!«		34
GOTTES VORSEHUNG IM KRIEGE	VW 115–125	35
»Warten auf den Frieden«		36
»Wie werden wir des Friedens Gottes im Kriege gewiß?«		37
Leben als Frucht des Leidens und des Opfers		38
Leben als Frucht des Leidens und des Opfers		39
»Unsere Pflichten gegenüber denen im Felde«	VW 126–134	40
»Wir haben hier keine Heimat«		41
»Wir haben hier keine Heimat«		42
Zwiespalt und Einheit von Krieg und täglichem Leben		43
»Geist des Betens – Geist der Freude – Geist der Liebe«	Lazarett-GD	44
VOM GEHEIMNISVOLLEN UND VOM OFFENBAREN GOTT	SV und VW 135–147	45
Welt der Arbeit – Welt des Spiels	VW 148–162	46
Wiedergeburt	VW 163–172	47
DER WEG ZU SICH SELBST	Akademischer GD (?), VW 173–181	48
Beten	Akademischer GD (?), VW 182–189	49
Stimme des Schicksals – Gottes Stimme	Trauenansprache, VW 190–193	50
Nacht	Abendandacht, VW 194–197	51
Gottes Allgegenwart in der Natur	Abendandacht	52
Als Ewig-Vorläufige vor dem Ewigen	Abendandacht, VW 198–202	53
GOTT IN DER NATUR 1.	Leitglosse ChW	54
2.	Leitglosse ChW	
3.	Leitglosse ChW	

55	3. 8. 1922	Do. v. 8. So. n. Trin.		Klgl 5,5
56	10. 8. 1922	Do. v. 9. So. n. Trin.		Röm 8,26 f.
57	17. 8. 1922	Do. v. 10. So. n. Trin.		Röm 8,28
58	Juli/August 1922		Marburg od. Jena(?)	2 Kor 4,5–18
59	August 1922		Jena (?)	(ohne Text)
60	7. 8. 1922	Mo. n. 8. So. n. Trin.	Pforta	(ohne Text)
61	16. 12. 1922	Sa. v. 3. Advent	Marburg	Lk 12,54–56
62	17. 12. 1922	3. Advent	Marburg	Mk 10,13–16
63	2. 9. 1923	14. So. n. Trin.	Langwarden/Oldb.	Joh 5,24 f.
64	Febr. 1924		Marburg (?)	Kol 3,12–17
65	Febr. 1924		Marburg (?)	Joh 6,35.49 f.60. 66–69
66	29. 2. 1924	Fr. n. Sexagesimae	Marburg	Jes 43,1
67	31. 7. 1924	Do. n. 6. So. n. Trin.	Marburg	Gen 32,11; Phil 3,13
68	19. 12. 1924	Fr. n. 3. Advent	Marburg	1 Joh 4,7–9.16–19
69	Febr. 1925		Marburg (?)	1 Thess 5,1–11
70	1. 3. 1925	Invokavit	Marburg	(ohne Text)
71	5. 5. 1925	Di. n. Jubilate	Marburg	Lk 12,54–56
72	10. 11. 1925	Di. n. 22. = drittletzter So. n. Trin.	Marburg	Mt 6,25–34
73	2. 6. 1926	Mi. n. Trin.	Zürich	1 Kor 10,31
74	25. 6. 1926	Fr. n. 3. So. n. Trin.	Marburg	Hebr 10,35–39
75	17. 12. 1926	Fr. n. 3. Advent	Marburg	Joh 1,14; 3,16
76	21. 2. 1927	Mo. n. Sexagesimae	Marburg	Phil 3,7–15
77	Herbst 1927		(?)	Lk 17,7–10
78	28. 2. 1928	Di. n. Invokavit	Marburg	Phil 3,12–15
79	23. 8. 1928	Do. n. 11. So. n. Trin.	Karlshof	Kol 3,9–17
80	16. 7. 1929	Di. n. 7. So. n. Trin.	Marburg	1 Petr 1,3–12
81	Um 1930		(?)	Röm 14,8
82	16. 12. 1931	Mi. n. 3. Advent	Marburg	Joh 3,19–21
83	2. 7. 1933	3. So. n. Trin.	Marburg	1 Joh 4,7–12
84	25. 2. 1934	Reminiscere (= Heldengedenktag)	Marburg (?)	Joh 12,23–32
85	19. 6. bis 24. 7. 1934		Marburg	
86	1. 7. 1934	5. So. n. Trin.	Marburg	1 Kor 8,4–6
87	20. 8. 1934	Mo. n. 12. So. n. Trin.	Dedesdorf/Oldb.	1 Kor 10,31

Gesamtübersicht über Rudolf Bultmanns Predigtwerk

Unruhe und Ruhe	Leitglosse ChW	55
Vom Beten	Leitglosse ChW	56
Vom Schicksal	Leitglosse ChW	57
Das religiöse Erlebnis	Bibelarbeit	58
Gottes Offenbarung und des Menschen Tun	Andacht (?)	59
Anspruch der Tagung an den einzelnen	Morgenandacht	60
Advent: Gottes Ankunft zum Gericht	Abendandacht	61
Weihnachten: Gott schenkt	Andacht	62
»Die Wanderschaft nach der Ewigkeit«		63
Religiöse Gemeinschaft	Bibelarbeit	64
Grenzen des Menschen und ihre Überwindung	Abendandacht am Ende gemeinsamer Arbeit	65
»Das Wort von der Grenze«	Abendandacht zum Semesterschluß	66
Zwischen Vergangenheit und Zukunft	Semesterschlußandacht, VW 203–207	67
Gott ist die Liebe	Weihnachtsandacht, VW 208–215	68
Bestimmtheit der Existenz durch die Zukunft	Bibelarbeit	69
Gedenken an die gefallenen Brüder	Friedhofsansprache, VW 216–221	70
Die Zeichen der Zeit	Abendandacht zum Semesterbeginn, VW 222–229	71
Sorge um das Heute	Andacht zum Semesterbeginn	72
Frage und Antwort	Morgenandacht	73
Parrhesie – Geduld – Glaube	Bibelarbeit DCSV	74
Der Sinn des Weihnachtsfestes	Ansprache bei der Akadem. Weihnachtsfeier, VW 230–238	75
Der Sinn des Kreuzes	Bibelarbeit	76
»Wie verhalten sich Knechtspflicht und Gnade?«	Bibelarbeit (?)	77
»Selbstkritik«	Abend-GD zum Semesterschluß	78
Gemeinschaft der Sünder, denen vergeben ist	Andacht (?)	79
»Warum, worauf und wie Christen hoffen«	Bibelarbeit	80
Leben wir, so leben wir dem Herrn	Trauungsansprache	81
Warten auf den, der gekommen ist	VW 239–246	82
Gott ruft uns	Akademischer GD, SV und VW 247–260	83
Das Leidensgesetz der Welt		84
	Andachtsplan »Morgenandachten«	85
Der Glaube an Gott den Schöpfer	Akademischer GD, SV und VW 261–273	86
Alles tut zu Gottes Ehre!	Trauungsansprache, VW 274–278	87

88	6. 4. 1935	Sa. v. Judika	Bremen	Joh 6,60–69
89	13. 5. 1935	Mo. n. Jubilate	Marburg	Phil 3,12–14
90	1. 12. 1935	1. Advent	Marburg	Röm 13,11 f.
91	28. 1. 1936	Di. n. 3. So. n. Epiph.	Marburg	2 Kor 13,8
92	6. 5. 1936	Mi. n. Jubilate	Marburg	Gal 3,26–28
93	Mai 1936 (?)		Marburg (?)	1 Petr 4,7–11; 5,1–5
94	7. 6. 1936	Trinitatis	Marburg	Apg 17,22–32
95	15. 11. 1936	23. = vorletzter So. n. Trin.	Marburg	Mt 6,25–33
96	9. 5. 1937	Exaudi	Marburg	Gen 8,22
97	27. 6. 1937	5. So. n. Trin.	Marburg	Phil 3,7–14
98	15. 5. 1938	Kantate	Marburg	Joh 16,5–15
99	27. 6. 1938	Mo. n. 2. So. n. Trin.	Marburg	Joh 14,27
100	24. 7. 1938	6. So. n. Trin.	Marburg	Mt 11,28–30
101	11. 12. 1938	3. Advent	Marburg	Mt 11,2–6
102	23. 6. 1939	Fr. n. 2. So. n. Trin.	Marburg	Hebr 13,14
103	2. 7. 1939	4. So. n. Trin.	Marburg	Röm 8,18–27
104	14. 8. 1939	Mo. n. 10. So. n. Trin.	(?)	Röm 14,8
105	14. 12. 1939	Do. n. 2. Advent	Marburg	Joh 8,12; 9,39; 12,35 f.
106	4. 8. 1940	11. So. n. Trin.	Marburg	Lk 18,9–14
107	31. 10. 1940	Reformationsfest	Marburg	Röm 3,28
108	8. 12. 1940	2. Advent	Marburg	Offb 3,14–20
109	22. 6. 1941	2. So. n. Trin.	Marburg	Lk 14,16–24
110	13. 7. 1941	5. So. n. Trin.	Marburg	Lk 5,1–11
111	23. 12. 1941	Di. n. 4. Advent	Marburg	Ps 90,1–6.10.12; Mt 5,8
112	10. 5. 1942	Rogate	Marburg	Lk 17,7–10
113	16. 8. 1942	11. So. n. Trin.	Marburg	Mt 20,1–15
114	30. 5. 1943	Rogate	Marburg	Joh 16,22–33
115	12. 12. 1943	3. Advent	Marburg	Mt 5,3–10
116	17. 6. 1945	3. So. n. Trin.	Marburg	2 Kor 4,6–11
117	8. 10. 1945	Mo. n. 19. So. n. Trin.	Marburg	1 Kor 4,1–4
118	23. 6. 1946	1. So. n. Trin.	Marburg	Klgl 3,22–41
119	12. 6. 1947	Do. n. 1. So. n. Trin.	Marburg	Offb 14,13

Gesamtübersicht über Rudolf Bultmanns Predigtwerk 323

ECHTES BEKENNTNIS	Abend-GD, VW 279–292	88
Geschenk und Anspruch des neuen Tages	Morgenandacht	89
ADVENTS-BEREITSCHAFT	VW 293–304	90
Wahrheit Gottes: Mahnung und Ermutigung	Morgenandacht	91
Der christliche Vorbehalt	Morgenandacht	92
AUFTRAG UND VERHEISSUNG DER CHRISTLICHEN GEMEINDE	Bibelarbeit	93
Angst – Selbstsicherung – Störung	Akademischer GD, SV und MP 1–13	94
Sorge	MP 14–25	95
»Gottes Gegenwart in der Natur«	MP 26–40	96
Nicht mehr – noch nicht – doch schon	Abendmahls-GD zum Semesterschluß, MP 41–47	97
Die Situation der christlichen Gemeinde	MP 48–59	98
Der Friede der Ewigkeit	Abendl. Abendmahls-GD zum Semesterschluß, MP 79–86	99
»Der Sonntag als Ruf des Herrn«	MP 71–79	100
»Bist du, der da kommen soll?«	MP 87–97	101
Wir haben hier keine bleibende Stadt	Traueransprache für H. Brachmann	102
»Wir sind, was Gott mit uns vorhat«	MP 60–70	103
Leben wir, so leben wir dem Herrn	Trauungsansprache	104
Klarheit der Existenz	MP 98–106	105
Geltungsdrang	MP 107–117	106
»Warum feiern wir das Gedächtnis von Luthers Tat?«		107
Die Ewigkeit klopft an	MP 118–125	108
Bereit sein für Gottes Ruf	MP 126–136	109
»Was ist christlicher Wunderglaube?«	Akademischer GD, MP 137–147	110
Der Mensch vor der Ewigkeit	Traueransprache für Carl Bantzer, VW 305–310	111
Der Mensch als Sklave vor Gott, seinem Herrn	Akademischer GD, MP 148–158	112
»Die Einheit von Gottes Freiheit und Güte«	MP 159–168	113
»Die rechte Art des Betens«	Akademischer GD, MP 169–179	114
Selig sind, die da warten!	MP 180–188	115
DAS LEBEN IN ZWEI WELTEN	Akademischer GD, SV und MP 189–200	116
Dank	Traueransprache für Hans von Soden, SV	117
Geduld	MP 201–215	118
Selig sind die Toten, die in dem Herrn sterben	Traueransprache für Katharina Kippenberg, Privatdruck	119

120	25. 7. 1950	Di. n. 7. So. n. Trin.	Marburg	Mk 13,31–33
121	9. 9. 1953	Mi. n. 14. So. n. Trin.	Cambridge	1 Thess 5,1–10
122	10. 9. 1953	Do. n. 14. So. n. Trin.	Cambridge	2 Kor 13, 8
123	25. 12. 1953	1. Weihnachtstag		(ohne Text)
124	25. 7. 1954	6. So. n. Trin.	Tübingen	Lk 20,38; 1 Kor 7,29–31; Ps 31,16
125	7. 9. 1954	Di. n. 12. So. n. Trin.	Marburg	Ps 100; 111,2 f. 7–10
126	26. 4. 1959	Kantate	Syracuse/NY	Mt 25,31–46
127	24. 12. 1964	Heiligabend		(ohne Text)
128	23. 10. 1966	20. So. n. Trin.		Phil 3,12–14

b. Anmerkungen

1. Ms.-Titel: »Predigt über Phil 2,12 und 13. Rudolf Bultmann«. Predigt über den aufgegebenen Text für das »Tentamen pro licentia concionandi« (= 1. theol. Examen) beim Evangelisch-lutherischen Oberkirchenrat in Oldenburg 1906/07 (Abschlußzeugnis vom 31. 1. 1907), eingereicht zum 18. 6. 1906, begutachtet von Geh. Oberkirchenrat D. Hansen (Oldenburg), Pfr. Iben (Vechta), Kirchenrat Püschelberger (Bad Zwischenahn), vgl. Einleitung o. S. X f.; Ms. samt Gutachten im Archiv des Oldenburger OKR (Sign. B. XXIX–316 bzw. Best. 250/No. 316). Vgl. Brief B.s an seinen Tübinger Freund H. Nolthenius vom 25. 6. 1906 (Ms. irrtümlich: »25. VII. 1906«; Originale der Briefe an H. Nolthenius im Besitz der Familie Bultmann): »Ich habe 14 Tage nach Pfingsten [also am 17. 6. 1906] meine erste Predigt gehalten in einem Dorf in der Nähe von Marburg. Erst um 8 Uhr in der Filiale, dann um 10½ Uhr in der eigentlichen Gemeinde.« Diese Angabe und die anschließende Beschreibung der Fahrt »auf offenem Wagen« könnten auf Goßfelden mit seiner Filiale Sarnau als Predigtorte hinweisen.

2. Nachträglicher Ms.-Vermerk: »Hammelw. Febr(?) 1907«. Vgl. Brief B.s an H. Nolthenius vom 25. 3. 1907: »Der Text war die Eisenacher Evglienperikope Lk 10,17–20«; dieser Text ist – als erstes von zwei vorgeschlagenen »2. Evv.« – für den Sonntag Reminiscere (= 24. 2. 1907) bestimmt, der jedoch als Predigtdatum ausscheidet, vgl. im selben Brief: »Vor 14 Tagen [also am 10. 3. 1907!] habe ich wieder gepredigt« und im Brief B.s an seinen Freund W. Fischer vom 26. 3. 1907: »Vor drei Wochen [also am 3. 3. 1907!] predigte ich einmal wieder für einen Onkel an der Weser [Pfr. Johannes August Bultmann, Hammelwarden/Oldb.], u. zwar über ›Gottes Wirken und unsere Arbeit‹ nach Luk. 10,17–20« (Originale der Briefe an W. Fischer im Besitz von R. Smend, Göttingen). Gegen den 10. 3. 1907 und für den 3. 3. 1907 als Predigtdatum spricht die Anzeige, die Pfr. J. A. Bultmann in »Der Weserbote. Braker

Gesamtübersicht über Rudolf Bultmanns Predigtwerk

Wie gewinnt unsere Gegenwart Teil an der Ewigkeit?	Semesterschluß-GD, MP 216–226	120
Dialectics of Christian Being	Morgenandacht	121
Truth of God: Admonition and Encouragement	Morgenandacht	122
WEIHNACHTEN	Zeitungsartikel und GuV III, 76–80	123
Gedenken an die gestorbenen und gefallenen Bundesbrüder	GD beim Stiftungsfest des »Igel«	124
Arbeit in der Furcht Gottes	Andacht zum Tagungsbeginn	125
»The Significance of Our Unconscious Behaviour«	SV	126
WAS IST DER SINN UNSERES WEIHNACHTSFESTES HEUTE?	Zeitungsartikel und GuV IV,138–140	127
DIE KUNST, SICH BESCHENKEN ZU LASSEN	Zeitungsartikel	128

Zeitung für Stadt und Land«, Nr. 25 vom 28. 2. 1907, S. 4, aufgab: »Kirchengemeinde Hammelwarden. Das heil. Abendmahl wird statt am 3. erst am 10. März ausgeteilt«; J. A. Bultmann hat sich demzufolge am 3. 3. 1907 von einem nicht zur Sakramentsverwaltung befugten Prediger, eben vermutlich von seinem Neffen Rudolf Bultmann, vertreten lassen.

3. Nachträglicher Ms.-Vermerk: »Ostermontag 1907« (= 1. 4. 1907). Predigtort unbekannt; vgl. Brief B.s an H. Nolthenius vom 25. 3. 1907: »Am Ostermontag u. am Sonntag nach Ostern [s. Nr. 4] soll ich wieder 2 Pastoren vertreten; über die Texte bin ich mir aber noch nicht klar.« Der Predigttext (Lk 24,13–32) ist das leicht gekürzte altkirchl. Ev. für Ostermontag (Lk 24,13–35). Möglich, aber nicht sehr wahrscheinlich ist, daß B. seinen Vater, Pfr. Arthur Kennedy Bultmann, vertrat, der am Ostermontag, seinem Geburtstag, in der Oldenburger Lamberti-Kirche um 10½ Uhr den zweiten Hauptgottesdienst zu halten hatte (vgl. »Nordwestdeutsche Morgen-Zeitung«, Nr. 87 vom 30. 3. 1907).

4. Nachträglicher Ms.-Vermerk: »Rastede 1907«. Der zu Nr. 3 angeführte Brief (ähnlich Brief B.s an W. Fischer v. 26. 3. 1907), der Predigttext (1 Joh 5,1–5 = neue 1. Epistel für Quasimodogeniti) sowie der Predigtsatz: »Die Festtage der Leidenswoche u. das Osterfest sind wieder vorübergegangen« (Ms. S. 1) stellen den 7. 4. 1907 als Predigtdatum sicher.

5. Nachträglicher Ms.-Vermerk: »Atens 1907«. Der Predigttext (Joh 6,60–69) ist das 2. Ev. für Kantate (= 28. 4. 1907).

6. Nachträglicher Ms.-Vermerk: »Ofen. Saatfest. 1907«. Der Predigttext (Röm 11,33–36) ist die altkirchl. Epistel für Trinitatis (= 26. 5. 1907); vgl. den Predigtsatz: »Die Reihe der großen Feste ist mit dem Pfingstfeste vorübergegangen« (s. o. S. 8).

7. Nachträglicher Ms.-Vermerk: »Atens u. Oldenbg. 1907«. Der Predigttext (1 Kor 15,9–10) ist der Schlußteil der altkirchl. Epistel (1 Kor 15,1–10) für den 11. Sonntag nach Trinitatis (= 11. 8. 1907); das Datum wird bestätigt durch die Bezugnahme auf das »Evg des Sonntags« vom Pharisäer und Zöllner (Lk 18,9–14 = altkirchl. Ev. für 11. So. n. Trin.) in der Predigt (Ms. S. 3). Die Wiederholung der Predigt am 18. 8. 1907 in Oldenburg wird sichergestellt durch »Nachrichten aus Stadt und Land. Zeitschrift für Oldenburgische Gemeinde- und Landesinteressen«, Nr. 224 vom 16. 8. 1907: »Lamberti-Kirche ... So. 18. August ... 1. Hauptgottesdienst 8½ Uhr: Kandidat Bultmann« (so auch Nordwestdeutsche Morgen-Zeitung vom 16. 8. 1907).

8. Ms.-Vermerk: »Marburg, 26. XII. 1907«, nachträglich: »Weihnachten 1907«. Die Predigt wurde gehalten im »Gottesdienst am Abend des zweiten Weihnachtstages« (s. o. S. 17); vgl. Briefe B.s an W. Fischer vom 22. 12. 1907 und vom 24. 1. 1908.

9. Nachträglicher Ms.-Vermerk: »Ostern 1908. Oldenbg. u. Hammelw.« (= 19. und 20. 4. 1908). Vgl. Brief B.s an W. Fischer vom 23. 4. 1908.

10. Ms.-Vermerk: »Marburg, Pfingsten 1908«. Die Predigt selbst läßt nicht erkennen, ob sie für Pfingstsonntag (7. 6.) oder -montag (8. 6. 1908) bestimmt war (vgl. o. S. 25: »... so klingt es wieder in diesen Tagen« und S. 34: »So soll uns denn das Pfingstfest wieder dazu mahnen, ...«). Die Anspielung auf die altkirchl. Epistel für Pfingstsonntag (Apg 2,1–13) in der Predigteinleitung (s. o. S. 25) könnte, muß aber nicht für Pfingstsonntag sprechen; für Pfingstmontag spricht, daß B.s Marburger Predigtverpflichtung in den ersten Jahren die jeweiligen zweiten hohen Festtage betraf (vgl. Brief B.s an H. Noltheniusvom 29. 12. 1907), außerdem die Begründung für die Absage eines geplanten Besuchs im Brief B.s an W. Fischer vom 17. 7. 1908: »Daß ich Pfingsten nicht loskommen konnte, tat mir sehr leid. Nach Pfingstmontag hätte es sich nicht mehr gelohnt ...«

11. Nachträglicher (?) Ms.-Vermerk: »(Osternburg.) 1908«. Datierung nach »Nordwestdeutsche Morgen-Zeitung ...«, Nr. 268 vom 26. 9. 1908: »Osternburger Kirche ... 27. September. Gottesdienst um 10 Uhr. Repetent Bultmann«. – Neubearbeitung dieser Predigt im Herbst 1927 (= Nr. 77).

12. Nachträglicher Ms.-Vermerk: »(Ganderkesee.) 1908«. Der Predigttext (Mt 11,28–30) ist Schlußteil des 2. Ev. (Mt 11,25–30) für den 16. Sonntag nach Trinitatis (= 4. 10. 1908). Drei Erwägungen stützen dieses Datum: a) Daß B. über diesen für die zeitgenössische Jesus-Theologie hochbedeutsamen Text, *wenn* er für den betreffenden Sonntag im Perikopenbuch stand, auch wirklich *gepredigt* hat, ist noch wahrscheinlicher, als daß er für ein vorher gewähltes Predigtthema (»Sonntag«; Teile: »I. Ein neuer Anfang«, »II. Ein neuer Anfang in Gottes Namen«, »III. Der Sonntag ein neuer Anfang in Gottes Namen«) gerade diesen Text nachträglich gewählt hätte, wiewohl das auch nicht unwahrscheinlich ist. b) Daß B. in seiner Predigt über Mt 11,28–30 gerade über »*Jesu Einladung am Sonntag*« sprach, läßt sich als eine im Lichte des vorgegebenen Textes naheliegende Thematisierung eines einzelnen Predigtgedankens

aus der am 27. 9. 1908 (eine Woche vorher!) gehaltenen Predigt (»*Pflicht und Gnade!* wie passen sie zusammen?« [Ms. Nr. 11, S. 2]) einleuchtend erklären; dort heißt es (Ms. Nr. 11, S. 8): »Auch da, wo wir zunächst nicht daran denken, haben wir eine Pflicht. Z. B. ist es für unsre Arbeit in der Woche gar nicht gleichgültig, wie wir den Sonntag hinbringen. Ob es für uns ein Tag der Erholung u. Erquickung oder der Leere u. Ermüdung ist. U. so steht auch unser Verhalten am Sonntag unter dem Gesetz der Pflicht.« Zu diesen auf den 4. 10. 1908 als Predigtdatum hin konvergierenden Argumenten tritt – c) – die Erwägung, daß bei B.s direkt aus den Oldenburgischen Ferien (und nicht von Marburg aus) erfolgender Reise nach Eisenach zur Jahrestagung der »Freunde der Christlichen Welt« (6.–8. 10. 1908; vgl. Brief/Postkarte an W. Fischer vom 17. 7. 1908/9. 10. 1908) ein Zwischenaufenthalt in Ganderkesee (bei Delmenhorst) gut denkbar ist, wo bis 1908 (noch am 4. 10. ?) sein Onkel Christian Friedrich Bultmann Pfarrer war. – Neubearbeitung dieser Predigt am 24. 7. 1938 in Marburg (= Nr. 100, MP 71–79).

13. Ms.-Vermerk: »Sonntag, 27. XII. 08 [später:] (Hammelw., 3. I. 09 Oldenbg.)«. Der Predigttext (Tit 2,11–14; 3,1–4) ist eine freie Kombination der altkirchl. Episteln für den 1. und 2. Weihnachtstag (Tit 2,11–14; 3,4–7). Für den 3. 1. 1909 wurde die Predigt teilweise umgearbeitet.

14. Ms.-Vermerk: »Ostermontag 1909 [= 12. 4.]. Hammelwarden«.

15. Ms.-Vermerk: »22. VIII. 09. Ganderkesee«.

16. Ms.-Vermerk: »Neujahr 1910 1. Jan. Ohmstede. 2. Jan. Hammelwarden«. Vgl. Brief B.s an W. Fischer vom 1. 1. 1910 (Ms. irrtümlich: »1. I. 1909«): »... da ich heute morgen für einen erkrankten Pastoren in der Nähe eine Neujahrspredigt halten mußte, die ich auch morgen noch einmal bei Verwandten an der Weser vom Stapel lasse.«

17. Ms.-Vermerk: »Ostern 1910 [= 27./28. 3.]. (Schortens, Hammelwarden.)«. Der Predigttext (Jes 53,11) ist der altkirchl. Epistel für Karfreitag (Jes 53) entnommen.

18. Ms.-Vermerk: »Marburg, Pfingstsonntag 1910 [= 15. 5.]. [später:] Ganderkesee 4. X. 10«. Der 4. 10. 1910 – ein Dienstag – als Datum der Predigtwiederholung ist unmöglich; am 17. 9. 1910 lädt B. seinen Freund W. Fischer zu einem Besuch in Marburg vom 26. 9. bis zum 30. 9. 1910 ein: »Ich habe ... an meine Hausfrau geschrieben, daß ich am 26. Sept. in Marburg sein würde. ... ich bin bis zum 25. hier in Oldenburg.« Vom 25. 9. 1910 – B. macht offenbar Zwischenstation auf der Fahrt von Oldenburg nach Marburg – datiert »ein sehr lustiges Abschiedspoem«B.s im alten Gästebuch des Ganderkeseer Pfarrhauses, das eine nach diesem Datum gehaltene Predigt ziemlich sicher ausschließt (frdl. Mitteilung von H. Bultmann, Oldenburg-Osternburg, vom 10. 3. 1984). Da B. in den Sommersemesterferien nach dem genannten Brief an W. Fischer mit größter Wahrscheinlichkeit schon vor dem 25. 9. 1910 einmal in Ganderkesee gewesen ist – dort bekleidete sein Vetter Friedrich Rudolf Adolf Bultmann seit 1910 die zweite Pfarrstelle –, dürfte die dortige Wieder-

holung der Pfingstpredigt auf Sonntag, den 4. *September* 1910 zu datieren sein; der Verschreiber »4. *X*.« ist vermutlich durch Einwirkung der Jahreszahl »19*10*« entstanden.

19. Ms.-Vermerk: »Weihnachten 1910. Hammelw.«. Die Predigt spricht von »unserer Andacht am 2. Weihnachtstage« (s. o. S. 46).

20. Ms.-Vermerk: »Ostermontag 1911 [= 17. 4.]. Marburg«. Die Predigt wurde »am Abend des 2. Ostertages« gehalten (Ms. S. 1). – Wenig veränderte Bearbeitung dieser Predigt am 24. 3. 1913 in Hammelwarden (= Nr. 30).

21. Ms.-Vermerk: »Sonntag Kantate, 14. V. 1911. Marburg«. Der Predigttext (Joh 16,16–23) ist das altkirchl. Ev. für Jubilate.

22. Ms.-Vermerk: »Pfingsten 1911. (1. Pfingsttag [= 4. 6.]) Marburg«. Der Predigttext (Joh 3,1–4.6–8) ist dem altkirchl. Ev. für Trinitatis (Joh 3, 1–15) entnommen. – Durchgreifende Neubearbeitung dieser Predigt am 23. 5. 1920 in Breslau (= Nr. 47, s. o. S. 163–172).

23. Ms.-Vermerk: »2. Advent, 10. XII. 1911. Marburg. [später:] Neujahr 1912 Oldenburg«. In der Wiederholung wurde – von kleineren Ergänzungen abgesehen – der auf den 2. Advent bezogene einleitende Abschnitt (s. o. S. 65) weggelassen, der letzte Abschnitt von Teil II (»Und unsere Freude, ...«, s. o. S. 71) wahrscheinlich durch eine – nicht ausgeschriebene – Passage »Dieser Glaube an Neujahr« (Ms. S. 10, Rand) ersetzt und der Schlußteil ab »Es klingen zu uns herüber...« (s. o. S. 73) neu geschrieben.

24. Ms.-Vermerk: »2. Weihnachtstag 1911, Hammelwarden«.

25. Ms.-Vermerk: 2. Ostertag 1912 [= 8. 4.], Hammelwarden«. Der Predigttext (1 Kor 15,53–58) ist eine geringfügige Erweiterung der 2. Epistel für Ostermontag (1 Kor 15,54–58).

26. Ms.-Vermerk: »Himmelfahrt 1912 [= 16. 5.]. Marburg«.

27. Ms.-Vermerk: »Marburg, 23. VI. 1912. Studentengottesdienst«. Vgl. Eduard Simons, Prediger-Professoren?, ChW 31, 1917, (Sp. 305–309) Sp. 308: In den Studentengottesdiensten, »vor einigen Jahren in Marburg eingeführt und bis zum Krieg fortgeführt«, wurden »religiöse Vorträge von Dozenten und Religionslehrern gehalten, von kurzem Choralgesang eingerahmt. Sie fanden zahlreiche Beteiligung aus der Studentenschaft, darunter waren solche, die wie es hieß in keine Kirche gehen wollten und denen man mit der Aufforderung zum Gebet nicht meinte kommen zu dürfen. Nur daß hier vom Gottesdienst, wenn man sein Wesentliches in der andächtigen Feier sieht, nicht genug vorhanden war, aber zu viel von verstandesmäßiger Beschäftigung mit den Problemen, die von den geistig regen unter den Studierenden die Woche hindurch redlich ›gewälzt‹ werden, und daß der Zusammenhang der Studenten mit den anderen Christen nicht gestärkt wurde, eher der Meinung Vorschub geleistet werden konnte, Studenten seien auch in Sachen der Religion etwas Sonderliches und hätten besondere Ansprüche zu erheben.«

28. Ms.-Vermerk: »Neujahr 1913, Hammelwarden«. Die Ms.-Zusätze (s. o. S. 99. 100. 102) hat B. möglicherweise für eine zunächst vorgesehene Wiederholung der Predigt eingefügt, bevor er sich zu einer Neubearbeitung mit neuer Niederschrift entschloß (vgl. zu Nr. 29).

29. Ms.-Vermerk: »26. I. 1913. Marburg«. – Neubearbeitung der Predigt vom 1. 1. 1913 in Hammelwarden (= Nr. 28, s. o. S. 96–103), deren erster Teil erweitert, deren zweiter – auf Weihnachten und Neujahr bezogener – Teil weggelassen und deren dritter Teil noch verschärft wurde. Entsprechend dem Zusatz in Nr. 28 »Frage nach der Stellung zu Jesus« (s. o. S. 100) heißt es am Ende von I.: »U. 1000 solche Fragen mehr. Aber wir können sie alle in *eine* Frage zusammenfassen, die für uns heute entscheidend ist, wie sie es damals war: es ist die Frage nach unserer Stellung zu Jesus. Geht uns in seinen Worten die Welt Gottes auf? eine Welt der Unendlichkeit, die uns schwindeln macht? eine Welt der Heiligkeit, die uns bedrückt u. reinigt? eine Welt der Gnade u. Freiheit u. Kraft, die uns beglückt u. erhebt? – Stehn wir unter dem Einfluß seines Geistes, so werden wir wach sein wenn Gott seine Entscheidungsfragen an uns stellt. ›Prüft diese Zeit‹, das verlangt die Zeit von uns: wach sein für Gottes Welt u. ihre Fragen« (Ms. S. 8f.)

30. Ms.-Vermerk: »Ostermontag 1913 [= 24. 3.]. Hammelwarden«. – Wenig veränderte Bearbeitung der Predigt vom 17. 4. 1911 in Marburg (= Nr. 20).

31. Ms.-Vermerk: »Marburg, 1. Febr. 1914«.

32. Ms.-Vermerk: »Ostern 1914 [= 12./13. 4.]. Osternburg, Hammelwarden«. Der Predigttext (2 Kor 5,15–17) ist der 2. Epistel für Karfreitag (2 Kor 5,14–21) entnommen.

33. Ms.-Vermerk: »Studentengottesd. Marburg 12. VII. 14«. Bzgl. »Studentengottesdienst« vgl. zu Nr. 27. B. hat im mittleren Teil des Ms. die ursprüngliche Reihenfolge durch rückläufige Bezifferung [3.), 2.), 1.)] geändert. Der oben abgedruckte Text (s. o. S. 104–114, speziell 109–111) gibt die veränderte Fassung wieder. Dabei wurde der Wortlaut nicht angetastet, doch konnten an zwei Stellen die erforderlichen »Schnitte« nicht genau zu Beginn des jeweiligen Absatzes durchgeführt werden, ohne dadurch zugleich einen sinnvollen Gedankengang durchzuschneiden. Die ursprüngliche Absatzgliederung und B.s Bezifferung im Ms. (S. 9–12) haben folgendes Aussehen (die »Schnitte« sind durch »|« bezeichnet):

»... Nur wer überhaupt etwas von einem Jenseits weiß, das erhaben ist über das Diesseits, kann einen Sinn für Religion haben. | Aber welchen Sinn hat das Jenseits der Religion? Wir müssen sie selbst darüber reden hören.

3.) Die Welt der Religion steht in einem ganz anderen Verhältnis zum Diesseits als jenes Jenseits des Geistes, von dem wir sprachen. ...
... Kann die Rede von einem solchen Jenseits Sinn für uns erhalten? |

2.) Was oft gegen die Religion eingewandt wird, kann dazu dienen, ihr wahres Wesen nur deutl. zu machen. ...

... Aber das kann ihm klar werden: gibt es Religion, so gibt es sie nur jenseits alles menschl. Denkens, jenseits aller Humanität.
1.) Das also muß uns ganz klar sein. | – Wir sagten vorhin: in jener Welt des Geistes werden wir getragen von ihren geistigen Kräften. ...
... So ist diese Welt des Geistes eine Welt edelsten Menschentums, – aber des Menschentums. Gott ist nicht darin.

Und gibt es eine Welt Gottes? Es führt keine Brücke in sie hinüber, ...«

34. Ms.-Vermerk: »Sonntag, 19. VII. 14. Marburg«.

35. Ms.-Vermerk: »Hammelwarden 20. IX. 1914«.

36. Ms.-Vermerk: »Marburg, 2. Advent, 6. XII. 1914«. Der Predigttext (Mk 13,33–36) ist eine Parallele zum Schlußvers des altkirchl. Ev. für den 2. Advent (Lk 21,25–36).

37. Ms.-Vermerk: »Sonntag d. 27. Dez. 1914. Hammelwarden«.

38. Ms.-Vermerk: »Karfreitag 1915 [= 2. 4.], Huchting«. – Wenig veränderte Fassung dieser Predigt am 4. und 5. 4. 1915 in Oldenburg und Hammelwarden (= Nr. 39).

39. Ms.-Vermerk: »Ostern 1915 [= 4./5. 4.]. Oldenburg, Hammelwarden«. – Wenig veränderte Fassung der Predigt vom 2. 4. 1915 in Huchting (= Nr. 38).

40. Ms.-Vermerk: »29. VIII. Bardewisch. 5. IX. Ganderkesee. 12. IX. Hammelwarden. 1915«. Der Predigttext (Gal 6,2) stammt aus der altkirchl. Epistel (Gal 5,25–6,10) für den 15. Sonntag nach Trinitatis (= 12. 9. 1915).

41. Ms.-Vermerk: »Neujahr 1916 in Osternburg 2. Jan. 1916 in Hammelwarden«. – Neubearbeitung dieser Predigt s. Nr. 42.

42. Ms. ohne Orts- und Zeitvermerk. Es handelt sich um eine Neubearbeitung der Predigt vom 1./2. 1. 1916 (= Nr. 41); die Neujahrsbezüge sind getilgt, die Hörer sind (überwiegend?) Kriegsteilnehmer, evtl. – wie bei Nr. 44 – im Lazarett. Vgl. Ms. S. 1: »M. Frde! Die wir hier [Oldenburg? Marburg?] versammelt sind, kommen aus Nord u. Süd, Ost u. West. ... Der Krieg hat uns durcheinander gewürfelt. ... Der Kampf für diese Heimat, das Leiden für diese Heimat hat Nord u. Süd, Ost u. West zus.gebracht. ... Ihr wißt es besser als ich, aber auch mir hat mancher Brief aus dem Feld davon erzählt, wie gern die Gedanken draußen in der Heimat weilen ...« und Ms. S. 4: »Das können wir alle: die draußen stehen u. die drinnen bleiben u. auch die, die draußen waren u. nicht mehr hinaus können.«

43. Ms.-Vermerk: »Marburg, 23. I. 16«. Von dieser Predigt liegen zwei Mss. vor: eine ausgeschriebene und durchkorrigierte Fassung und eine inhaltlich unveränderte saubere Abschrift.

44. Ms.-Vermerk: »Pfingsten 1916. Reservelazarett Marburg«. Gemeint ist zwei-

fellos Pfingstsonntag (= 11. 6.), vgl. Ms. S. 1: »Zum Pfingstfest laden heute die Glocken« und Brief B.s an H. Feldmann vom 27. 5. 1917 (Original im Besitz der Familie Bultmann). Der Predigt (bzw. Ansprache) liegen zugrunde die Strophen 5–7 aus P. Gerhardts Lied »Zeuch ein zu deinen Toren«. B. nimmt Bezug auf diese Predigt in der Pfingstpredigt vom 27. 5. 1917 in Breslau (= Nr. 45, vgl. o. S. 135).

45. Ms.-Vermerk: »Pfingsten 1917, Breslau«. Die Predigt wurde, auf Anregung des B. befreundeten Pfarrers Ernst Moering, am Pfingstsonntag (= 27. 5.) gehalten in der Breslauer Königin-Luise-Gedächtniskirche (vgl. Fr. Peerlinck, R. Bultmann als Prediger. Verkündigung als Vollzug seiner Theologie, ThF 50, Hamburg-Bergstedt 1970, S. 17); B. veröffentlichte sie auf Vorschlag Rudolf Ottos, der die Predigt gehört hatte, in ChW 31, 1917, Sp. 572–579 (vgl. Brief B.s an M. Rade vom 3. 6. 1917, Original im Rade-Nachlaß in der UB Marburg, Ms. 839). Die oben (S. 135–147) abgedruckte Fassung folgt diesem gegenüber dem Ms. kaum veränderten Erstdruck.

46. Ms.-Vermerk: »Breslau 1. VII. 1917«.

47. Ms.-Vermerk: »Breslau, Pfingsten 1920«. Sehr wahrscheinlich Pfingstsonntag (= 23. 5.); für Pfingstmontag als grundsätzlich ebenfalls mögliches Predigtdatum fehlt in Predigt und Liturgie jeglicher Hinweis. Der Predigttext (Joh 3,1–8) ist eine verkürzte Fassung des altkirchl. Ev. für Trinitatis (Joh 3,1–15). Das »Gedicht von Ernst« (s. o. S. 172) ist der Disposition bzw. »Kanzelvorlage« entnommen; seine Herkunft konnte nicht ermittelt werden. – Durchgreifende Neubearbeitung der Predigt vom 4. 6. 1911 in Marburg (= Nr. 22).

48. Ms.-Vermerk: »Giessen, 13. II. 21«. Vermutlich im Akademischen Gottesdienst gehalten, vgl. neben dem Charakter der Predigt auch Brief B.s an H. v. Soden vom 21. 12. 1921, wonach in Gießen die Akademischen Gottesdienste »als reine Universitätsgottesdienste (... in der Aula) ... mit eigener Liturgie und einer spezifisch akademischen Predigt« stattfanden (Originale der Briefe B.s an H. v. Soden im B.-Nachlaß in der UB Tübingen). Die Sätze aus H. Hesses »Demian« sind im Ms. auf einem Extra-Blatt ausgeschrieben und wurden für den Druck dem laufenden Text eingefügt (s. o. S. 178 f.).

49. Ms.-Vermerk: »Giessen 5. VI. 1921«. Vermutlich im Akademischen Gottesdienst gehalten, vgl. zu Nr. 48. Das im Ms. nicht nachgewiesene Zitat: »Wir steigen im Gebete...« (s. o. S. 186 u. ö.), das in B.s Jesus-Buch Kap. IV, 5 (^{1}1926: S. 173) und in MP S. 179 (hier zweizeilig) A. v. Arnim zugeschrieben ist, konnte nicht aufgefunden werden. – Ein Auszug aus dieser Predigt ist die Leitglosse »Vom Beten« vom 10. 8. 1922 (= Nr. 56).

50. Ms. ohne Orts- und Zeitvermerk. Terminus a quo ist das Sommersemester 1921 (Ms.-Rückseiten: Marburger Vorlesungsbelegscheine; B. vertrat dort im SS 1921 von Gießen aus die wegen W. Heitmüllers Weggang nach Bonn vakante Professur); das Gebet verrät die Weihnachtszeit: »... und in die Weihnachtsfreude gibst du Totenklage« (s. o. S. 192). Der gegenüber den folgen-

den Jahren noch sehr gedrängte, steile Schriftduktus spricht ebenso für die Weihnachtszeit 1921 wie die thematische Nähe zur Predigt vom 5. 6. 1921 (= Nr. 49) im Zusammendenken von Gott und Wirklichkeit; vgl. Nr. 49: »*Ist* Gott, so ist er das Wirkliche, das unverschleierte Wirkliche, und je mehr für uns Schein und Lüge versinken, desto näher kommen wir der Wirklichkeit... Vielleicht beginnen wir aber doch zu spüren, daß die Wirklichkeit nichts anderes ist als Gott« (s. o. S. 186) mit Nr. 50: »Das wenigstens ist wahr, daß Gott nur die letzte, tiefste Macht unseres Seins, die letzte, tiefste Wirklichkeit bedeuten kann, und ebenso dies, daß das Schicksal des Todes uns vor solche letzte Wirklichkeit stellt. Und die Frage ist, ob wir aus solchem Schicksal Gottes Stimme zu hören vermögen« (s. o. S. 190). Eine Datierung auf die Weihnachtszeit 1922 kann jedoch nicht prinzipiell ausgeschlossen werden. Ort der Ansprache war vermutlich Marburg; von einem Verlassen Marburgs in der Weihnachtszeit 1921 verlautet in der Korrespondenz an H. v. Soden (Brief/Postkarte vom 21. 12./31. 12. 1921) nichts.

51. Ms.-Vermerk: »Marburg, 18. II. 1922 im Michelchen, abends«. Zur rechten Würdigung des Eindrucks, den Karl Barth von dieser Andacht empfing (vgl. Einleitung o. S. XI), sei der Gang der Andacht mitgeteilt; *1.* Lied: »Nun ruhen alle Wälder« (P. Gerhardt), Str. 1–3; *2.* Eingangsgebet mit Ps 139,12; *3.* Liedstrophe: »Dieser Tag ist nun vergangen« (aus: J. Rist, »Werde munter, mein Gemüte«); *4.* Gebet (Sündenbekenntnis) mit Hiob 7,1–4.13f.11; *5.* Liedstrophe: »Aus tiefer Not schrei ich zu dir« (M. Luther); *6.* Gnadenworte: Jak 5,7f.; Sach 14,7; *7.* Lied: »Aus tiefer Not...«, Str. 4 u. 5; *8.* Lesung: Ps 121; *9.* Lied: »In allen meinen Taten« (P. Fleming), Str. 1–3; *10.* Lesung: Lk 24,13–29; *11.*Liedstrophe: »So sei nun, Seele, seine« (aus: »In allen meinen Taten«); *12.* Andacht und stille Andacht; *13.* Lied: »Nun ruhen...«, Str. 4–7; *14.* Gebet mit Lk 24,29; *15.* Vater-Unser-Gebet; *16.* Segen; *17.* Liedstrophe: »Hirte deiner Schafe« (B. Schmolck).

52. Ms.-Vermerk: »Sonnabend-Abend, 20. V. 22 im Michelchen, Marburg«. – Ein (überarbeiteter) Auszug aus dieser Andacht ist die Leitglosse »Gott in der Natur [1.]« vom 6. 7. 1922 (= Nr. 54/I).

53. Ms.-Vermerk: »Sonnabend-Abend, 8. VII. 1922 im Michelchen, Marburg«. – Eine (vielleicht teilweise vorher erstellte) parallele Fassung dieser Andacht stellen die Leitglossen »Gott in der Natur [2.]« und »Gott in der Natur 3.« vom 13. 7. 1922 und vom 27. 7. 1922 (= Nr. 54/II und III) dar. Der Ruhe-/Unruhe-Gedanke zu Beginn und Ende der Andacht (s. o. S. 198. 201 f.) präludiert die Leitglosse »Unruhe und Ruhe« vom 3. 8. 1922 (= Nr. 55).

54. Leitglossen »Gott in der Natur [1.–3.]« in ChW 36, 1922, Nr. 27 vom 6. 7. 1922 (Sp. 489–491), Nr. 28 vom 13. 7. 1922 (Sp. 513f.) und Nr. 30 vom 27. 7. 1922 (Sp. 553f.). – Überarbeitungen bzw. Parallelfassungen der Andachten vom 20. 5. 1922 und vom 8. 7. 1922 (= Nr. 52 und 53). Keine Mss.

55. Leitglosse »Unruhe und Ruhe« in ChW 36, 1922, Nr. 31 vom 3. 8. 1922 (Sp. 569f.). – Weiterführung eines Gedankens der Andacht vom 8. 7. 1922 (= Nr. 53). Kein Ms.

56. Leitglosse »Vom Beten« in ChW 36, 1922, Nr. 32 vom 10. 8. 1922 (Sp. 593 f.). – Auszug aus der Gießener Predigt vom 5. 6. 1921 (= Nr. 49). Kein Ms.

57. Leitglosse »Vom Schicksal« in ChW 36, 1922, Nr. 33 vom 17. 8. 1922 (Sp. 609 f.). Ms.-Entwurf ohne Orts- und Zeitvermerk; Terminus post quem: 3. 7. 1922 (Briefdatum Rückseite), ungefähre Datierung also Juli/August 1922. Die Verwendung eines violetten Schreibstifts (Niederschrift) und eines Bleistifts (Korrekturen) lassen es als möglich erscheinen, daß B. diesen Text als Andacht in Schulpforta vortrug (vgl. zu Nr. 58 und 60).

58. Ms. ohne Orts- und Zeitvermerk: »Das relig. Erlebnis (2. Kr 4, 5–18)«. Gliederung: »1. Das Erlebnis als seelisch-geschichtl. Geschehen« (V. 5); »2. Das Erlebnis als Tat Gottes« (V. 6 f.); »3. Das Kriterium des Erlebnisses« (V. 7–11.16); »Schluß: Verheißg.« (V. 17 f.). Die Datierung auf Juli/August 1922 – Terminus a quo ist das Wintersemester 1921/22 (Rückseiten: Vorlesungsbelegscheine) – stützt sich auf die Verwendung des auch in Nr. 57 benutzten violetten Schreibstifts. Als Forum dieses bibelarbeitartigen Vortrags ist – auch wegen der griech. Zitate – die Marburger Theologenschaft gut vorstellbar (vgl. Brief B.s an H. v. Soden vom 23. 12. 1922: »Die Theologenschaft veranstaltet häufig Abende«); in Frage kommt aber auch die Theologenschaftstagung in Jena vom 1./2. 8. 1922, wo B. einen Vortrag über »Kirche und Jugend« hielt, weniger der 2. Christliche Studententag in (Schul-)Pforta vom 3.–7. 8. 1922, zu dem B. die Morgenandacht am Schlußtag beitrug (= Nr. 60); doch verlautet darüber in B.s ausführlichem Bericht über diese Tagungen im Brief an H. v. Soden vom 8. 9. 1922 nichts.

59. Ms. ohne Orts- und Zeitvermerk: »Wir wissen, daß Gott in all unserem Werk nicht zu finden ist... Sollen wir deshalb unser Werk liegen lassen? ... sollen wir ihn [sc. Gott] suchen in der Stille der Versenkung u. zu solcher Stille uns schulen durch Sammlung u. Schweigen? ... Evangel. Glaube aber enthält den Mut zur Paradoxie: ... gerade weil es ihm ernst ist, daß Gott nur von sich aus dem Menschen sich schenkend offenbart, weist er den Menschen in das Tun, die Arbeit. So« (hier bricht das Ms. ab). Die Verwendung des violetten Schreibstifts (vgl. zu Nr. 57 und 58) weist auf Juli/August 1922; die am Fuß des Ms. notierten, dann gestrichenen Gesichtspunkte für eine »Richtlinien«-Diskussion (u. a. »Stenogramm der Vorl.«; »Dr Arbeiten«; »Betrieb wissenschaftl«) könnten auf eine Diskussion bei der Theologenschaftstagung Anfang August 1922 in Jena hindeuten (vgl. zu Nr. 58). Nr. 59 ist dann möglicherweise das Konzept einer dort (nur geplanten? oder auch gehaltenen?) kritischen Andacht.

60. Ms.-Vermerk (= Beginn der Andacht): »Letzte Andacht in Schulpf[orta]. Besinnung auf die Tagung...«. Datum also 7. 8. 1922 (vgl. zu Nr. 58). Bleistift (wie Korrekturen bei Ms. Nr. 57).

61. Ms.-Vermerk: »Marburg, 12. XII. 22 (Sonnabd. vor 3. Advent). Michelchen«. Gemeint ist 16. 12. 1922 (verschrieben wohl unter Einwirkung der Monatszahl). Vgl. Brief B.s an H. v. Soden vom 23. 12. 1922: »Wenn ich noch nachtrage, daß ich ... einen Advents- u. einen Weihnachtsgottesdienst

[= Nr. 62] für die Theologenschaft halten mußte...«. Die beiden Andachten sind unter den Stichworten »Gericht« und »Gnade (bzw. Gabe/Geschenk)« aufeinander bezogen.

62. Ms.-Vermerk: »Weihnachtsandacht, 17. XII. 22. Marburg (Michelchen)«. Vgl. zu Nr. 61.

63. Ms.-Vermerk: »Langwarden, 2. IX. 1923«. B. verbrachte bei dem dortigen Pfarrer Thorade einen Erholungsurlaub (vgl. Postkarte B.s an H. v. Soden vom 27. 8. 1923).

64. Ms. ohne Orts- und Zeitvermerk: »Relig. Gemeinschaft. Kl. 3,12–17«. Terminus post quem: 7. 2. 1924 (Poststempel Rückseite). Es handelt sich um einen kleinen Vortrag mit biblischer Verifikation (am Schluß) in gewisser thematischer Verwandtschaft und zeitlicher Nähe zu Nr. 65 und 66. Der Text Kol 3,12–17 ist die altkirchl. Epistel für den 5. Sonntag nach Epiphanias, der 1924 (10. 2.) zugleich der letzte So. n. Epiph. war; ob man Nr. 64 als exeget.-theol. Predigtzurüstung für den 10. 2. betrachten und somit an ein »Predigerforum« (Pfarrkonvent) als Zielgruppe denken darf, ist wegen der kurzen Frist zwischen dem 7. und 10. 2. 1924 fraglich. Aber auch dann, wenn man als Forum die Marburger Theologenschaft annimmt, stammt Nr. 64 noch aus dem Wintersemester 1924, ist also vor Nr. 66 (29. 2. 1924) anzusetzen.

65. Ms. ohne Orts- und Zeitvermerk. Ms. S. 4: »Gang der Andacht: ... Lied: Der Mond ist aufgegangen...«, also Abendandacht. Die Andacht entspricht im Gedankengang (Thema: »Grenzen des Menschen und ihre Überwindung«; Gliederung: »I. Erweiterung der Grenzen des Menschen«; »II. Überwindung der Grenzen durch Offenbarung«; »Schluß: Verhältnis von Mensch zu Mensch«) und im Wortlaut (v. a. im ersten Teil, nicht jedoch in der Einleitung) weitgehend der Andacht vom 29. 2. 1924 über Jes 43,1 (= Nr. 66); die Benutzung desselben Ms.-Papiers (Belegscheine vom SS 1922, ein Blatt in Nr. 66 vom WS 1921/22) spricht für direkte zeitliche Nachbarschaft. Die Priorität scheint Nr. 65 zuzukommen: Zu ihr gehört die Disposition, in ihr finden sich Korrekturen, die in Nr. 66 in den laufenden Text übernommen sind; Terminus ante quem ist also für Nr. 65 der 29. 2. 1924. Doch kann nicht ganz ausgeschlossen werden, daß Nr. 66 die spätere Abschrift einer nicht erhaltenen, dann möglicherweise vor Nr. 65 anzusetzenden Urschrift vor den 29. 2. 1924 darstellt; dafür spricht der (am Kopf eines vollständig ausformulierten Textes merkwürdige) Zusatz »(Skizze)«, das Fehlen fast jeglicher Korrektur auch in den von Nr. 65 abweichenden Passagen sowie das Fehlen eines Liturgieblatts. – Beide Andachten sind (Semester-)Schlußandachten; während für Nr. 66 die Theologenschaft als Zielgruppe gut vorstellbar ist, scheint die Anrede in Nr. 65 spezieller zu sein und auf eine direkte Zusammenarbeit – im Seminar? bei einer Arbeitssitzung/-tagung? – Bezug zu nehmen; vgl. Ms. S. 1: »M. Frde! *Stunden* [Hervorhebg. nicht im Orig.] gemeinsamer Arbeit liegen hinter uns... Das bedeutet für die *gemeinsame* [H. i. Orig.] Arbeit...«.

66. Ms.-Vermerk: »Marburg, Michelchen, 29. II. 24 abends (Skizze)«. Vgl. zu Nr. 65.

Gesamtübersicht über Rudolf Bultmanns Predigtwerk 335

67. Ms.-Vermerk: »31. VII. 1924. Marburg, Michelchen«. (NB: »Jordanfurt« statt »Jabbokfurt« [s. o. S. 207) schon im Ms. [hier S. 4: »Jordanfuhrt«])

68. Ms.-Vermerk (Liturgieblatt): »Weihnachtsandacht, Marburg 19. XII. 24, Michelchen«.

69. Ms. ohne Orts- und Zeitvermerk: »1. Th 5,1–11«. Bibelarbeit in drei Abschnitten (V. 1–4.5 f.6–11 [Ms. irrtümlich: »6–10«]). Das mit dem Papier der Ansprache Nr. 70 identische Ms.-Papier (farbige Briefcouverts) sowie der durch Poststempel vom 18. 2. 1925 (Rückseite) markierte Terminus post quem weist diese Bibelarbeit in unmittelbare Nähe zum 1. 3. 1925. Darf man wieder – wie bei den vergleichbaren Mss. Nr. 58 und 64 – in erster Linie an die Marburger Theologenschaft als Forum denken, wofür auch die Verwendung griech. Termini spricht, so ist die Datierung auf den Schluß des WS 1924/25 vor dem 1. 3. 1925, also auf Ende Februar 1925, am wahrscheinlichsten. Wie bei Nr. 58 und 64 ist jedoch grundsätzlich auch ein wenig späterer Termin möglich.

70. Ms.-Vermerk: »1. III. 1925«. Als Ort kommt wohl nur Marburg in Frage. Über den in der Ansprache anklingenden Konflikt um ein republikanisch oder deutsch-national gesinntes Heldengedenken dürfte die Marburger Lokalgeschichte Aufschluß geben.

71. Ms.-Vermerk: »Dienst. 5. V. 25, abends im Michelchen«; ebenso auf dem Liturgieblatt. Das Ms. ist zweiteilig: S. 1–5 beidseitig beschrieben; S. 7–11 einseitig beschrieben (Briefcouverts). Sehr wahrscheinlich hat B. zunächst die Seiten 1–11 und das Liturgieblatt (ohne Seitennummer) auf Briefcouverts ausgeschrieben und dann die ersten 6⅔ Seiten (davon 1–6 nicht mehr vorhanden) noch einmal abgeschrieben bzw. überarbeitet (= Ms. S. 1–5); S. 5 Z. 2–17 der Abschrift stimmen i. w. mit S. 7 Z. 1–17 der Urschrift überein (»Und wer sich festhalten will . . .« bis ». . . unter denen dies Semester beginnen möge, s. o. S. 226). In dieser Passage folgt die oben abgedruckte Fassung dem Text der Abschrift bzw. Überarbeitung (= Ms. S. 5).

72. Ms.-Vermerk: »(Michelchen, 10. XI. 25)«. Andacht zum »Beginn des Sem.« (Ms. S. 2).

73. Ms.-Vermerk: »Zürich, 2. VI. 1926«. Untertitel: »Die Frage stellen wir. Die Antwort wird uns gegeben.« Morgenandacht. B. hielt am 1. 6. 1926 abends in Zürich einen Vortrag »Der Sinn der christlichen Ethik« (vgl. den Brief E. Thurneysens an K. Barth vom 10. 6. 1926, in: Karl Barth – Eduard Thurneysen, Briefwechsel Band 2, 1921–1930. Bearb. u. hrsg. von E. Thurneysen, Karl Barth GA V, Zürich 1974, S. 421 f., sowie ebd., S. 423 Anm. 3). – Neubearbeitung dieser Andacht am 13. 5. 1935 (= Nr. 89).

74. Ms.-Vermerk: »(DCSV [= Deutsche Christliche Studentenvereinigung], 25. VI. 26)«. Ort vermutlich Marburg. Bibelarbeit mit fortlaufender Texterklärung und griech. Zitaten.

75. Ms.-Vermerk: »Weihnachten 1926 (Aula)«. Nach einem Tagebucheintrag von H. Mörchen, Frankfurt, handelt es sich um die Ansprache in der Akademi-

schen Weihnachtsfeier vom 17. 12. 1926; sie wirkte »scharf und ernst« und nahm »bewußt von aller Liturgie und Weihnachtsstimmung Abstand« (frdl. mitgeteilt am 21. 1. 1984). Das Ms. (S. 9) weist als – ausschließlich biblische – (Schluß-)Gebete das Benedictus (Lk 1,68–75), das »Herr, wir danken dir...« (Ps 106,1 u. ö.), das Vater-Unser-Gebet (Mt 6,9–13) und den Aaronitischen Segen (Num 6,24–26) aus.

76. Ms.-Vermerk: »Bibelstunde 21. II. 27«. Anrede (Ms. S. 9): »m. Frde«. Wieder ist in erster Linie die Marburger Theologenschaft als Forum denkbar (vgl. Nr. 58, 64, 69 und 80).

77. Ms. ohne Orts- und Zeitvermerk. Terminus post quem: 26. 9. 1927 (Poststempel Rückseite); Terminus ante quem: 28. 2. 1928 (= Nr. 78, wo erstmals das Wort »durch« durch ein durchgestrichenes »d« abgekürzt wird, wie schon ab Nr. 75 das Wort »gegen« durch ein durchgestrichenes »g« abgekürzt wird; Nr. 77 ist das letzte Ms., in dem wohl schon das Wort »gegen«, aber noch nicht das Wort »durch« abgekürzt ist). Wahrscheinlichster Zeitraum: Herbst 1927. Der Text erscheint als eine von Predigt- bzw. Andachtsmerkmalen durchsetzte Bibelarbeit (nicht vollständig ausformuliert; griech. Zitat). Nach Thema und Gliederung (»I. Von der Gnade zur Pflicht«; »II. Von der Pflicht zur Gnade«), z. T. sogar bis in den Wortlaut hinein (v. a. bei der zu Nr. 12 zitierten »Sonntagsstelle« aus Nr. 11), folgt der Text Nr. 77 der Predigt vom 27. 9. 1908 (= Nr. 11) – ceteris imparibus.

78. Ms.-Vermerk: »28. II. 1928, abends, St. Joost, Marburg«. Gemeint ist die Kapelle St. Jost (»Jöstchen«), verschrieben evtl. unter Einwirkung des Ortsnamens St. Joost/Oldb. Semesterschlußgottesdienst (vgl. Ms. 1 f.). Eindrückliches Beispiel einer als Homilie konzipierten thematischen Predigt (»Selbstkritik«; vgl. Einleitung o. S. IX).

79. Ms.-Vermerk: »(23. VIII. 28, Karlshof)«. Andacht (bzw. Bibelarbeit?) mit fortlaufender Texterklärung auf einer Tagung für Theologen, möglicherweise Pfarrkonvent, vgl. Ms. S. 3: »... wir wollen über die eigene Situation klar werden, die *wir als Theologen* hier zus.kommen, die das Wort von der Vergebung nicht nur hören, sd auch weitergeben sollen. *Wie* wir sie weitergeben, darüber nachzudenken soll ja die Tagung dienen... *1.) Ohne Illusionen!* über uns selbst! (nicht über die Gmde). ... U. wenn wir als Theologen *wissenschaftl. reden*, so steht das zwar äußerl. neben dem kult. Wort; aber es soll innerl. eins mit ihm sein, dad. daß unsere Arbeit geweckt ist d. das Wort, das wir hörten, u. daß auch in der wissensch. Arbeit sich das Hören vollzieht, es als ein Dank geschieht.«

80. Ms.-Vermerk: »Marb. 16. VII. 29«. Bibelarbeit mit fortlaufender Textauslegung. Forum evtl. wieder Theologenschaft (vgl. Nr. 58, 64, 69, 76).

81. Ms. ohne Orts- und Zeitvermerk: »Rm 14,8«. Das Ms. dieser Trauungsansprache wurde zwar – nicht von B.s eigener Hand – mit dem Zusatz »Hochzeit 14. August 1939« versehen, doch erweckt das Ms.-Papier (Briefcouverts aus den Jahren 1928/29) sowie die Verwendung schwarzer Tinte (B. verwendete seit den dreißiger Jahren m. W. durchweg blaue Tinte) Zweifel an der

Richtigkeit dieses Zusatzes; deshalb die wahrscheinlichere Datierung »um 1930«. Vgl. Nr. 104.

82. Ms.-Vermerk: »Marburg, 16. XII. 1931«.

83. Ms. ohne Orts- und Zeitvermerk. In überarbeiteter Fassung veröffentlicht in: Neuwerk. Ein Dienst am Werdenden, hrsg. von Prof. Lic. Hermann Schafft, 15. Jg., Kassel(-Wilhelmshöhe) 1933, Heft 2 (Juni/Juli 1933): Die werdende Kirche. Verkündigung und Gestalt, S. 70–81, unter dem Titel: »Gott ruft uns. Predigt im Akademischen Gottesdienst zu Marburg am 2. Juli 1933, gehalten von Professor D. Bultmann«. Die ausführliche Themaformulierung (s. o. S. 247) steht dort (S. 71) unter dem ausgedruckten Predigttext, im Ms. unter dem Textvermerk. Die oben abgedruckte Fassung (S. 247–260) folgt dem Text des Erstdrucks.

84. Ms. ohne orig. Orts- und Zeitvermerk: »Joh 12,23–32«. Da auf diesen Bibeltext kein direkter Bezug genommen wird und da der Gedankengang nur bis zum *Aufbrechen* der Gottesfrage führt, handelt es sich bei Nr. 84 vielleicht, aber nicht notwendig, um eine nicht zum Ende geführte erste Predigthälfte. Beginn: »Der heutige Sonntag ist der 2. Sonntag der Passionszeit, u. er soll zugl. der Heldengedenktag sein.« Frühester Termin ist der 25. 2. 1934, da erst 1934 der fünfte Sonntag vor Ostern (= Reminiscere) offiziell als »Heldengedenktag« eingeführt wurde. Spätester Termin ist der 5. 3. 1939, da vom Krieg nur rückblickend als von dem (großen) Krieg die Rede ist (= Erster Weltkrieg). Da sich B.s Schrift nach einer Periode der Vergrößerung (etwa 1934–1937) gegen Ende der dreißiger Jahre wieder auffällig verkleinert und Nr. 84 den »größeren« Schrifttyp bietet, sind der 5. 3. 1939 und auch den 13. 3. 1938 weniger wahrscheinlich. Für die Ansetzung auf einen frühen Termin spricht auch der Eingangssatz – die Neuheit der Festsetzung des Heldengedenktages auf diesen Sonntag scheint anzuklingen –, außerdem die Erwähnung von »sog. Berufskrankheiten« (Ms. S. 4): »Durch die großen Erdarbeiten, [durch] die in der Gegenwart Tausenden von Volksgenossen wieder Arbeit und damit Lebensfreude beschafft worden ist, hat auch wieder eine Lungenkrankheit neue Möglichkeiten der Ausdehnung gewonnen.« Diese Indizien sprechen am stärksten für den 25. 2. 1934, schließen aber den 17. 3. 1935, den 8. 3. 1936 und auch den 21. 2. 1937 nicht definitiv aus. Sicher unrichtig ist der nachträglich – nicht von B.s Hand – angebrachte Ms.-Vermerk »early 1940s«.

85. Ms. ohne Orts- und Zeitvermerk: »Morgenandachten«. Es handelt sich um einen vom »19. VI.« bis zum »24. VII.« reichenden Andachtsplan (zum Beginn der Vorlesung? für einen Kreis der Theologenschaft?), in dem jeweils ein Lied, ein Bibeltext und ein »Lektüre«-Abschnitt aus Kierkegaard bzw. Luther verzeichnet sind. Das Ms.-Papier (Briefcouverts, letzter Poststempel 3. 4. 1934) und die wahrscheinlichste Andachtssequenz (zwei Tage Andacht, ein Tag Lücke, zwei Tage Andacht, zwei Tage Lücke = Mo, Di, Do, Fr, beginnend an einem Dienstag), die auch die Abwechslung zwischen »Kierkegaard- und Luther-Wochen« wahrt, weisen eindeutig in das Jahr 1934 (das nächste Jahr, in dem solche Sequenz möglich ist, ist 1945!). Ein beiliegendes Exzerpt

aus Luthers Vorlesung über den Römerbrief 1515/1516, hrsg. von J. Ficker, Leipzig 1908 u. ö., ist als »Lektüre«-Stoff für den 25. 6. 1934 zu identifizieren.

86. Ms.-Vermerk: »Marburg, 1. VII. 34«. Veröffentlicht in: Evangelische Theologie, 1. Jg., München 1934/35, S. 177–189, unter dem Titel: »Der Glaube an Gott den Schöpfer. Von Rudolf Bultmann« und mit der Anmerkung: »Predigt im Akademischen Gottesdienst zu Marburg am 1. Juli 1934. Eingangslied: ›Die güldne Sonne‹ (Paul Gerhardt), V. 1–4. Textverlesung am Altar: Ps. 104,1–4,24,27–33. Predigtlied: ›Lobe den Herrn, o meine Seele‹ (J. D. Herrnschmidt), V. 1–4, Schlußvers: V. 8« (ebd., S. 177). B. hat die Predigt im Ms nach der Niederschrift folgendermaßen eingeteilt: I. ab »Was bedeutet es, daß Gott der *Schöpfer* ist?« (s. o. S. 263); II. ab »Zum christlichen Schöpfungsglauben wird solches Wissen erst dadurch, ...« (s. o. S. 269); III. ab »In solchem Glauben ist die *christliche Freiheit* begründet« (s. o. S. 272). An diesen Stellen – und nach dem ersten (sc. exegetischen) Teil der Einleitung – gliedert die obenstehende Fassung wie der Erstdruck durch je eine Leerzeile.

87. Ms.-Vermerk: »20. VIII. 1934« (B.s 50. Geburtstag!). Trauungsansprache für Marianne Pleus (B.s Nichte) und Kendrick Grobel (B.s Schüler) in Dedesdorf/Oldb. (vgl. Brief B.s an H. v. Soden vom 21. 8. 1934).

88. Ms.-Vermerk (Anm.): »Predigt im Abendgottesdienst am 6. April 1935 in Bremen«. Diese Predigt (Homilie!) und die Predigt vom 1. 12. 1935 (= Nr. 90) schickte B. am 10. 12. 1935 an Karl Barth »mit der Frage, ob Sie sie in einem Heft der ›Theologischen Existenz‹ aufnehmen wollen«, was Barth (und Thurneysen) aber ablehnten (vgl. Karl Barth – Rudolf Bultmann, Briefwechsel 1922–1966, hrsg. v. B. Jaspert, Karl Barth GA V: Briefe, Bd. 1, Zürich 1971, S. 161–163, Zitat S. 161; Antwort Barths vom 22. 12. 1935 ebd., S. 164 f.; vgl. Einleitung o. S. XI f.). Die Identifizierung der Predigt vom 6. 4. 1935 mit der Predigt vom 7. 6. 1936 (= Nr. 94) und deren harmonisierende Datierung auf den 7. 6. 1935, einen Freitag, ebd., S. 163 Anm. 1, beruhen auf einem Irrtum und sind zu korrigieren.

89. Ms.-Vermerk: »Marburg, 13. V. 35, morgens«. Anrede: »M. Frde!«; Forum evtl. ein Kreis der Theologenschaft oder Vorlesungshörer (vgl. Nr. 91 und 92). – Neubearbeitung der Morgenandacht vom 2. 6. 1926 (= Nr. 73).

90. Ms.-Vermerk (Anm.): »Predigt am ersten Advent d. 1. Dezember 1935 in Marburg«. Vgl. zu Nr. 88. Der Predigttext (Röm 13,11 f.) ist die erste Hälfte der altkirchl. Epistel für den 1. Advent (Röm 13,11–14).

91. Ms.-Vermerk: »Mbg, 28. I. 36«. Morgen(?)-Andacht, evtl. für einen Kreis der Theologenschaft oder Vorlesungshörer (vgl. Nr. 89 und 92), vgl. Ms.: »Ermutigung für die Arbeit, die im Dienste der Wahrh. steht – direkt als Theol. oder indir.«. – Neubearbeitung dieser Andacht am 10. 9. 1953 (= Nr. 122).

92. Ms.-Vermerk: »Mbg, 6. V. 36«. Morgenandacht (Lied: »Die güldne Sonne«), evtl. für einen Kreis der Theologenschaft oder Vorlesungshörer (vgl. Nr. 89 und 91).

Gesamtübersicht über Rudolf Bultmanns Predigtwerk 339

93. Ms. ohne Orts- und Zeitvermerk: »1. Pt 4,7–11; 5,1–5 ›Auftrag u. Verheißung der christl. Gmde‹«. Bibelarbeit mit fortlaufender Textauslegung, evtl. für (angehende? amtierende?) Theologen (griech. Zitate; Gunkel-Zitat; Gemeindethematik). Terminus post quem ist der 8. 5. 1936 (Rückseite Poststempel). Falls es sich um einen Pfarrkonvent handelte, wäre der Sonntag Exaudi (= 24. 5.) 1936 als Terminus ante quem zu erwägen, dessen altkirchl. Epistel 1 Petr 4,8–11 ist (vgl. Nr. 64). Schrifttyp und Tinte wie bei Ms. Nr. 92 vom 6. 5. 1936; wahrscheinlichstes Datum also Mai 1936; Ort vermutlich in oder um Marburg.

94. Kein Ms.; Erstveröffentlichung in: Bekenntnispredigten. Schriftenreihe, hrsg. von Julius Sammetreuther, Heft 21, München o. J. (1936), S. 14–26, unter dem Titel: »Predigt über Apostelgesch. 17,22–32 gehalten im Akademischen Gottesdienst zu Marburg von Universitätsprofessor D. Rudolf Bultmann«; nach MP S. 1 gehalten am 7. 6. 1936. Vgl. zu Nr. 88.

95. Ms.-Vermerk: »Marburg, 15. XI. 1936«.

96. Ms.-Vermerk: »Marburg, 9. V. 37«. Zwei nach der Ms.-Niederschrift mit Bleistift geschriebene und wieder gestrichene Zusätze nehmen Bezug auf aktuelle Ereignisse. Ms. S. 12 (= MP S. 34, vor dem letzten Absatz): »Wir können davon heute nicht reden, ohne an die Katastrophe zu denken, durch die vor wenigen Tagen [am 6. 5. 1937] unser dtsches Luftschiff [»Hindenburg«] zerstört worden ist. Wir denken an die, die durch dieses Unglück betroffen sind, in herzl. Mitgefühl. Das Unglück selbst aber können wir nicht anders auffassen als eine Mahnung, der Kleinheit auch des größten Menschenwerks gegenüber den Mächten der Natur eingedenk zu sein.« Ms. S. 16 (= MP S. 37, in Höhe des Goethe-Zitats): »Ja, wie könnten wir z. B. heute mit gutem Gewissen einer Naturfreude uns hingeben, die nicht begrenzt ist durch die Erinnerung daran, daß in dieser Zeit in Europa Krieg geführt wird mit allen Schrecken des Krieges?« – gemeint ist der Spanische Bürgerkrieg: Am 26. 4. 1937 wurde Guernica durch deutsche Bomber zerstört!

97. Ms.-Vermerk: »Marburg, 27. VI. 37«. Predigt im Abendmahlsgottesdienst (vgl. MP S. 46) zum Semesterschluß (Juni!).

98. Ms.-Vermerk: »Marburg, 15. V. 38«. Textangabe im Ms.: »Joh 16,5–12(15)«. Joh 16,5–15 ist das altkirchl. Ev. für Kantate (= 15. 5. 1938).

99. Ms.-Vermerk: »Marburg, 27. VI. 38 [= Montag]«. In MP S. 79 auf 27. *Juli* 1938 (= Mittwoch) datiert. Wegen der Analogie zu Nr. 97 (Semesterschluß-Gottesdienst im Juni) wird man nach dem Datum des Ms. folgen müssen. Der Gottesdienst wurde als abendlicher Abendmahlsgottesdienst gefeiert (vgl. MP S. 79. 86).

100. Dreiteiliges Ms. bzw. Typoskript: *1.* Typoskript S. 1–3 (DIN-A-5- Format), Vermerk: »Sonntagspredigt am 24. 7. 1938 in der Lutherkirche, gehalten von Prof. Bultmann. Text: Matth. 11,28–30«, umfaßt Predigteinleitung und Teil I (MP S. 71–S. 73 Mitte); *2.* Ms. S. 3–7 (DIN-A-5-Format), umfaßt Teil I Ende (ab »ob sie nur Arbeitsmenschen...«, MP S. 73 Mitte) bis Teil IV Mitte (bis

»... die er neu gemacht hat, als die, die«, MP S. 77 unten); *3*. Typoskript S. 5 (DIN-A-4-Format), umfaßt die zweite Hälfte von Teil IV (ab »Wir können keinen neuen Anfang machen...« bis Predigtschluß, MP S. 77 Mitte/unten bis S. 79). – Neubearbeitung der Predigt vom 4. 10. 1908 (= Nr. 12).

101. Ms.-Vermerk: »(Marburg, 11. XII. 38)«. Der Predigttext (Mt 11,2–6) ist dem altkirchl. Ev. (Mt 11,2–10) für den dritten Advent (= 11. 12. 1938) entnommen.

102. Ms.-Vermerk: »Mbg, 23. VI. 39«. Traueransprache unter Verwendung einer von dem Verstorbenen Anfang 1939 entworfenen Predigt (vgl. Ms. S. 2).

103. Vermerk des 2. Ms.: »Marburg, 2. VII. 39 (4. p. Trin.)«. In MP S. 60 fälschlich auf 2. Juli *1938* (= Samstag) datiert. Die Predigt hat eine äußerst komplizierte, hier nicht zu entwirrende Entstehungsgeschichte, wie vor allem das erste, auch schon auf den »2. VII. 39« datierte, mehrfach neu in Angriff genommene, schließlich durch eine Abschrift bzw. Neubearbeitung (= 2. Ms.) ersetzte Ms. vor Augen führt. Der Predigttext (Röm 8,18–27) ist die altkirchl. Epistel für den 4. Sonntag nach Trinitatis (= 2. 7. 1939).

104. Ms. ohne Orts- und Zeitvermerk: »Röm 14,8«. Nachträglicher Vermerk (nicht von B.s Hand): »Trautext A. + R 1939«. Es handelt sich um eine fast unveränderte Abschrift der Trauungsansprache »um 1930« (= Nr. 81). Möglicherweise bezeichnet der Vermerk auf Ms. Nr. 81 (»14. August 1939«) das Datum der Wiederholung (= Nr. 104).

105. Ms.-Vermerk: »Marburg, 14. XII. 39. Kreuz-Kapelle«. »Kreuz-Kapelle« anstelle des gestrichenen »St. Joost« (vgl. zu Nr. 78) nachträglich eingesetzt.

106. Ms.-Vermerk: »Marburg, 4. VIII. 40«. Der Predigttext (Lk 18,9–14) ist das altkirchl. Ev. für den 11. Sonntag nach Trinitatis (= 4. 8. 1940).

107. Ms.-Vermerk: »Reformationsfest 31. X. 40, Marburg«.

108. Ms.-Vermerk: »Marburg, 8. XII. 40 (2. Advent)«.

109. Ms.-Vermerk: »Marburg 22. VI. 41«. Das Ms. beginnt mit den Worten: »Zum Verständnis der Gesch., die Jesus hier erzählt, ist es notwendig eine Sitte zu kennen, die zu seiner Zeit bestand. Wenn...«, vgl. MP S. 127: »Um die Geschichte, die Jesus in unserem Texte erzählt, recht zu verstehen, müssen wir uns einer Sitte erinnern, die zu Jesu Zeit in seinem Lande bestand. Wenn...«. Der in MP S. 126 f. vorausgehende Abschnitt über die aktuelle Nachricht, im Krieg mit Rußland zu stehen, fehlt im Ms., nicht jedoch der Schlußabschnitt MP S. 136, der im Ms. (S. 13) nach Streichung des schon geschriebenen »Amen« angefügt wurde. Der Predigttext (Lk 14,16–24) ist das altkirchl. Ev. für den 2. Sonntag nach Trinitatis (= 22. 6. 1941).

110. Ms.-Vermerk: »Marburg, 13. VII. 1941«. Akademischer Gottesdienst, vgl. MP S. 147, Schlußabschnitt. Dieser Schlußabschnitt wurde nach Streichung

des schon geschriebenen »Amen« im Ms. (S. 13) hinzugefügt. Erhalten ist der Durchschlag eines Typoskripts dieser Predigt: »Akademischer Gottesdienst, Marburg/L, den 13. VII. 1941 Predigt: Professor D. Bultmann«. Der Predigttext (Lk 5,1–11) ist das altkirchl. Ev. für den 5. Sonntag nach Trinitatis (= 13. 7. 1941).

111. Ms.-Vermerk: »Beerdigung Carl Bantzers Marburg, 23. XII. 1941«; Typoskript-Vermerk (wohl nicht von B.s Hand): »Trauerrede für Carl Bantzer gehalten von Rudolf Bultmann«. Der obenstehende Abdruck (s. o. S. 305–310) folgt der gegenüber dem Ms. nur ganz geringfügig (v. a. stilistisch) überarbeiteten Fassung des Typoskripts. – Über Carl Bantzer, *6. 8. 1857 (Ziegenhain/Hessen), †19. 12. 1941 (Marburg), vgl. Allgemeines Lexikon der bildenden Künstler II, Leipzig 1908, S. 444; Lexikon der Kunst I, Leipzig 1968, S. 202; Die große Enzyklopädie der Malerei I, Freiburg u. a. 1976, S. 208 (jeweils mit Bibl.).

112. Ms.-Vermerk: »Marburg, 10. V. 42«. Akademischer Gottesdienst, vgl. MP S. 157.

113. Ms.-Vermerk: »Marburg, 16. VIII. 1942«.

114. Ms.-Vermerk: »Akadem. Gottesdienst, Marburg 30. V. 43«. Der Predigttext (Joh 16,22–33) ist eine geringfügige Erweiterung des altkirchl. Ev. (Joh 16,23–33) für Rogate (= 30. 5. 1943).

115. Ms.-Vermerk: »Marburg, 12. XII. 1943; 3. Advent«.

116. Ms.-Vermerk: »Marburg, 17. Juni 1945«. Als Einzeldruck veröffentlicht unter dem Titel: »Rudolf Bultmann, Das Leben in zwei Welten. Predigt am 17. Juni 1945 in der Universitätskirche zu Marburg an der Lahn« mit dem Zusatz: »Der Reinertrag ist für die Christliche Nothilfe bestimmt«, o. O., o. J. (Exemplar in der UB Marburg, Sign. »[Hessische Predigten] VIII C 1047«).

117. Ms-.Vermerk: »Am Sarge Hans v. Sodens, 8. X. 45«. Veröffentlicht als Nr. 35 in: Theologie und Kirche im Wirken Hans von Sodens. Briefe und Dokumente aus der Zeit des Kirchenkampfes 1933–1945, hrsg. von Erich Dinkler † und Erika Dinkler-von Schubert, bearbeitet von Michael Wolter, Arbeiten zur kirchlichen Zeitgeschichte, Reihe A: Quellen, Bd. 2, Göttingen 1984, S. 347–351. Über Hans von Soden, *4. 11. 1881 (Dresden), †2. 10. 1945 (Marburg), vgl. E. Dinkler, Hans Freiherr von Soden 1881–1945, ebd., Einleitung.

118. Ms.-Vermerk: »Marburg, 23. VI. 46«.

119. Kein Ms.; Typoskript-Vermerk: »Trauerfeier am Sarge Katharina Kippenbergs am 12. Juni 1947«. In fast unveränderter Gestalt erschienen als Privatdruck: »Katharina Kippenberg zum Gedächtnis [XII. Juni MCMXLVII]«, o. O., o. J. (Frankfurt 1947), dort S. 4–10 unter dem Titel: »Worte, gesprochen am Sarge Katharina Kippenbergs von D. Dr. Rudolf Bultmann, Professor an der Universität Marburg«. Von S. 5 f. dieses Privatdrucks ist eine Passage wiedergegeben in: »Die Insel. Eine Ausstellung des Verlages unter

Anton und Katharina Kippenberg«, Katalog von Bernhard Zeller u. a., 2. Aufl., Marbach am Neckar 1965, S. 345. – Über Katharina Kippenberg, *1. 6. 1876 (Hamburg), †7. 6. 1947 (Frankfurt), Autorin, Herausgeberin und Übersetzerin, vgl. ebd., bes. S. 280–289. 290–296.343–347, sowie Deutsches Literatur-Lexikon VIII, Bern und München 1981, Sp. 1185 (mit Bibl.).

120. Ms.-Vermerk: »Sem.-Schlußgottesd., 15. Juli 1950, Marburg«.

121. Ms.-Vermerk: »Cambridge, 9. IX. 53«. Die Morgenandacht (Ms. S. 1: »Let us begin our working this day in hearing...«), die Bezug nimmt auf »our working on NT-exegesis« (Ms. S. 2), wurde gehalten auf der Jahrestagung der »Studiorum Novi Testamenti Societas« (SNTS), die vom 8. bis 10. September 1953 in Cambridge stattfand und auf der B. als Präsident amtierte (vgl. G. H. Boobyer, The Eighth General Meeting, NTS 1, 1954/55, S. 69 f.).

122. Ms.-Vermerk: »Cambridge, 10. IX. 53«. Morgenandacht (Ms. S. 1: »In beginning our daily work...«), vgl. Nr. 121. – Neubearbeitung der Morgenandacht vom 28. 1. 1936 (= Nr. 91).

123. Kein Ms.; Typoskript-Durchschlag: »Das Weihnachtslicht«, veröffentlicht in: Neue Zürcher Zeitung Nr. 354 (Fernausgabe Bl. 6) vom 25. 12. 1953, unter dem Titel: »Weihnachten«; wieder abgedruckt in: R. B., Glauben und Verstehen. Gesammelte Aufsätze, Bd. 3, Tübingen 1960 u. ö., S. 76–80.

124. Ms.-Vermerk: »Tübingen, 25. VII. 1954«. Die Predigt wurde gehalten auf dem »Stiftungsfest« der Akademischen Verbindung »Igel« im »Gottesdienst zum Gedenken unserer gestorbenen u. gefallenen Bundesbr[üder]« (Ms. S. 6).

125. Ms.-Vermerk: »Marburg, 7. Sept. 1954«. Andacht zu Beginn der »gemeinschaftl. Arbeit« (Ms. S. 1), der »wissensch. Arbeit am NT« (S. 2); vgl. Ms. S. 4: »Wir haben uns hier zus.gefunden, um gemeinschaftl. zu arbeiten. Das ist ja der Sinn unserer Societas.« Es handelt sich um die Eröffnungsandacht der SNTS-Jahrestagung, die vom 7. bis 10. September 1954 in Marburg stattfand und auf der B. in Vertretung des abwesenden Präsidenten V. Taylor »as Chairman of the conference« amtierte (vgl. G. H. Boobyer, The Ninth General Meeting, NTS 1, 1954/55, S. 227 f.).

126. Kein Ms.; Hektographie: »Sermon by Rudolf Bultmann, April 26, 1959. Hendricks Chapel, Syracuse, NY«, abgedruckt in: Hören und Handeln. Festschrift für Ernst Wolf zum 60. Geburtstag, hrsg. von H. Gollwitzer und H. Traub, München 1962, S. 47–51, unter dem Titel: »Sermon Hendricks Chapel, Syracuse, NY, 26. April 1959«.

127. Kein Ms.; Erstdruck in: Süddeutsche Zeitung, 20. Jg., Nr. 308/309/310 vom 24./25./26./27. 12. 1964, S. 2 der Beilage, wieder abgedruckt in: R. B., Glauben und Verstehen. Gesammelte Aufsätze, Bd. 4, Tübingen 1965 u. ö., S. 138–140.

128. Kein Ms.; veröffentlicht in: Sonntagsblatt, 19. Jg., Nr. 43 vom 23. 10. 1966, S. 3 (= 21. Folge der Reihe »Glauben und Verstehen«).

3. Bibelstellenregister (Predigttexte und Zitate)

Auf die in der vorstehenden Gesamtübersicht aufgeführten biblischen Predigttexte wird mit der Angabe »Nr.« und, falls die betreffende Predigt im vorliegenden Band oder in den »Marburger Predigten« enthalten ist, mit der entsprechenden Seitenangabe verwiesen; hierbei wie bei den Nachweisen der biblischen Zitate und Anspielungen beziehen sich die normal gedruckten Seitenangaben auf den vorliegenden Band, die *kursiv* gedruckten auf die »Marburger Predigten«.

Genesis

1,27	*36*
3	*61*
8,22	Nr. 96 = *26 ff.*
11,1–9	*123*
18,27	185 266
32,11	Nr. 67 = 203 ff.
	VI 12 21 62 63 101
	188 196 *43 164*
32,23–33	207
32,27	207

Exodus

33,18–23	*204*

1. Könige

19,4	248

Hiob

1,21	192 *147*
2,10	*156*
22,22 f. 26	Nr. 52; Nr. 54/I

Psalmen

19,1.8	Nr. 54/II
19,2–4	*28*
24,1	*76*
31,16	Nr. 124
37,6	*185*
39,5–7	*218*
42,3	87
62,2	124
73,25 f.	210
90,1–6.10.12	Nr. 111 = 305 ff.
90,1	115
90,4	266
90,12	298 *217*
98,1	56
98,4	56
100	Nr. 125
103	310
104	268
104,24	272
104,29	266
111,2 f.7–10	Nr. 125
115,1	*199*
121,1	*91*
126,1 f. 5 f.	73
127,1	*167*
130,1–5	258

Sprüche

16,9	115

Prediger

1,2	27
1,5–9	88 f.
1,14	89
3,1–4.7–9	89
4,2 f.	89 *153*
8,15	*219*
9,7–9	*219*

Jesaja

1,15	115 f.
9,1	241 *180*
21,11	195 *88*
40,6–8	*91*

43,1	Nr. 66	10,29	*22 150*
44,3	143	10,30	*23*
53,11	Nr. 17	10,34	Nr. 37
57,15	*157*		285
63,19	143	10,39	93
		11,2–6	Nr. 101 = *87ff.*
Jeremia		11,3	301
20,14	*153*	11,5f.	98
		11,19	*113*
Klagelieder		11,28–30	Nr. 12; Nr. 100 = *71ff.*
1,1	*203*	11,28f.	4
1,11f.	*203*	11,28	83
2,21	*203*	12,33–37	Nr. 31
3,22–41	Nr. 118 = *201ff.*	16,3	14 223
3,43–50	*202*	18,3	75 114
4,4	*203*	20,1–15	Nr. 113 = *159ff.*
5,2–5	*203f.*	25,31–46	Nr. 126
5,5	Nr. 55		84
		25,35f.	82
Daniel		25,36	129
5,27	223 *114*	25,42f.45	*130*
		26,39	38 118 *156 178*
Zefanja		28,20	239
1,15	297		
		Markus	
Maleachi		4,3–8	*22*
1,11	*30*	4,21	Nr. 8 = 17ff.
		4,26–29	Nr. 26
Matthäus		8,34	*177 198*
4,4	*197*	8,36	6
4,8–10	273	10,13–16	Nr. 24; Nr. 46 = 148ff.;
5,3–10	Nr. 115 = *180ff.*		Nr. 62
5,8	Nr. 111 = 305ff.	10,14f.	*156*
5,14–16	23	10,38f.	58
5,36	*20*	11,1–10	301
5,45	*35*	13,31–33	Nr. 120 = *216ff.*
6,10	74	13,33–36	Nr. 36
6,10f.	*178*		
6,24	*53*	*Lukas*	
6,25–34	Nr. 72	2,10	*99*
6,25–33	Nr. 95 = *14ff.*	2,11	239
6,26	*171*	2,14	23 54
6,28	*171*	4,19	98
6,29	*32*	5,1–11	Nr. 110 = *137ff.*
6,33	*53*	5,31	*113*
7,24–27	Nr. 15	6,27f.	82
10,16–33	*23*	6,27	259
10,28–31	Nr. 35 = 115ff.	9,24	*222f.*
10,29f.	4	10,17–20	Nr. 2

Bibelstellenregister

10,30–37	*109*
11,13	32
12,19	199
12,20	224 *6*
12,24–28	*150*
12,50	58
12,54–57	Nr. 28 = 96 ff.; Nr. 29
12,54–56	Nr. 61; Nr. 71 = 222 ff.
12,56	14
14,16–24	Nr. 109 = *126 ff.*
17,7–10	Nr. 11; Nr. 77; Nr. 112 = *148 ff.*
18,9–14	Nr. 106 = *107 ff.*
18,12	5
19,1–10	6 f.
20,38	Nr. 124
21,25–36	65
22,42	118
24,13–32	Nr. 3
24,29	*46 47*
24,49	*74*

Johannes

1,5	241
1,9	232
1,14	Nr. 75 = 230 ff. 283
3,1–8	Nr. 47 = 163 ff.
3,1–4.6–8	Nr. 22
3,8	189 283
3,16	Nr. 75 = 230 ff. 82
3,19–21	Nr. 82 = 239 ff.
3,19	*58 101*
5,24 f.	Nr. 63
5,24	*176 223 224*
5,35	239
6,27–59	279
6,35.49 f.60. 66–69	Nr. 65
6,35	291
6,42	301
6,60–69	Nr. 5; Nr. 88 = 279 ff.
6,67 f.	6
8,12	Nr. 105 = *98 ff.* 291
8,34	*55*
9,39	Nr. 105 = *98 ff.*
11,25	41
12,23–32	Nr. 84
12,25	39
12,35 f.	Nr. 105 = *98 ff.*
14,6	291
14,27	Nr. 37; Nr. 99 = *79 ff.*
15,14–16,4	*50 52*
15,19	*57*
16,5–15	Nr. 98 = *48 ff.*
16,16–23	Nr. 21 = 56 ff.
16,22–33	Nr. 114 = *169 ff.*
16,23	*100*
17,15	*174*
18,36	41

Apostelgeschichte

5,38 f.	14
17,16	2
17,22–32	Nr. 94 = *1 ff.*
17,23	2
17,28 f.	6

Römer

1,20	265 *30*
1,21	267
1,25	267 *33*
3,28	Nr. 107
4,17 f.	*224*
4,17	280 *222*
5,2–5	*215*
5,20–6,2.11	Nr. 9
6,3 f.	167
7,15	179
7,18 f.	80
7,18	*46*
7,24	3 80
8,1	3
8,9–11	81
8,17	36
8,18–27	Nr. 103 = *60 ff.*
8,22	297
8,26 f.	Nr. 49 = 182 ff.; Nr. 56
8,28	Nr. 57 4 33 66 67 104
8,31	32
8,38 f.	11 22 f. 67
9,32 f.	299
11,33–36	Nr. 6 = 8 ff.
11,33	*147*
11,36	*38*

12,14–21	Nr. 34	4,6–11	Nr. 14 = 35 ff.; Nr. 116 = *189 ff.*
12,14	82	4,6	47 74
12,15	75	4,7–10	Nr. 38; Nr. 39
12,20 f.	43	4,7	172
12,21	82	4,16	172
13,8–10	303	5,7	*96*
13,11 f.	Nr. 90 = 293 ff.	5,15–17	Nr. 32
13,13 f.	303	5,17 f.	77
14,7 f.	192	5,17	20 167 295 *95*
14,8	Nr. 81; Nr. 104		*146 170*
14,17	43 *74*	6,4–10	*95 f.*
		6,8–10	29
1. Korinther		6,9 f.	42 f.
1,27–29	284	11,23.25–29	38 f.
1,29	*116*	12,8–10	*179*
1,30	270 f.	12,9 f.	*224*
2,9–12	Nr. 45 = 135 ff.	12,9	4 284 *44*
2,9	*182*		*46 54*
2,10–12	Nr. 16	13,8	Nr. 91; Nr. 122
2,10	11		
3,21–23	*224*	*Galater*	
4,1–4	Nr. 117	3,23–26	102
4,7	VI *116 117*	3,24	*192*
6,12	*51*	3,26–28	Nr. 92
7,29–31	Nr. 23 = 65 ff.; Nr. 124	4,4	295 *81*
	42 114 155 177	4,7	36
	268 273 *66 103*	5,14	52
8,4–6	Nr. 86 = 261 ff.	5,25	6
8,7–13	261 f.	6,2	Nr. 40 = 126 ff.
8,8	*140*		277
10,24	47 f.	6,7	*92*
10,26	*76*	6,14	*223*
10,31	Nr. 73; Nr. 87 = 274 ff.		
	76	*Epheser*	
12,31	47 50	6,12	132
13	Nr. 19 = 45 ff.		
15,9 f.	Nr. 7	*Philipper*	
15,22	44	1,6	7 *1*
15,50	77	2,12 f.	Nr. 1 = 1 ff.
15,53–58	Nr. 25 = 76 ff.	2,18	1
15,55	146	3,1	1
16,22	75	3,7–15	Nr. 76
		3,7–14	Nr. 97 = *41 ff.*
2. Korinther		3,7	206
1,9	*175 222*	3,10 f.	*223*
3,4–6	Nr. 10 = 25 ff.	3,12–15	Nr. 78
3,18	36 44 143	3,12–14	Nr. 89; Nr. 128
4,5–18	Nr. 58		7
4,5–7.16	Nr. 48 = 173 ff.		

Bibelstellenregister

3,12	206
3,13	Nr. 67 = 203 ff.
4,4 f.	Nr. 18
4,4	1

Kolosser

3,3	*78*
3,9–17	Nr. 79
3,12–17	Nr. 64

1. Thessalonicher

5,1–11	Nr. 69
5,1–10	Nr. 121
5,2	65

2. Thessalonicher

3,10	67

1. Timotheus

4,4	*39 76*
6,16	*33*

Titus

2,11–14; 3,1–4	Nr. 13

Hebräer

10,35–39	Nr. 74
13,8	281 282
13,14	Nr. 41; Nr. 42; Nr. 102 299

1. Petrus

1,3–12	Nr. 80
1,23	44
4,7–11; 5,1–5	Nr. 93

1. Johannes

2,8	215
3,1 f.	Nr. 53 = 198 ff.; Nr. 54/III
3,14	214 *224*
4,7–9.16–19	Nr. 68 = 208 ff.
4,7–12	Nr. 83 = 247 ff.
4,9	*69*
4,10 f.	238
5,1–5	Nr. 4
5,4	215 *171*

Offenbarung

1,4	Nr. 43
	239 240 f.
2,8–10	Nr. 20; Nr. 30
2,24	138
3,14–20	Nr. 108 = *118 ff.*
14,13	Nr. 119
21,4	73 *184*
21,5	*170*
22,20	65

Gesetzt aus der 9 Bembo
und gedruckt auf 80 gr. Werkdruckpapier der Papierfabrik Niefern
von Laupp & Göbel in Tübingen;
Einband von Heinr. Koch, Tübingen.
Umschlaggestaltung von Alfred Krugmann,
Freiberg a. N.